车辆－无碴轨道－桥梁系统振动特性及其应用

李广慧　刘　伟
王中平　杨广军　著

黄 河 水 利 出 版 社

内 容 提 要

本书系统地论述和总结了国内外学者近几年来在轨道交通与无碴轨道领域内所进行的研究工作。其主要内容包括无碴轨道结构的分析与建模，钢轨和箱梁结构的分析与建模，车辆－无碴轨道－桥梁系统耦合振动分析模型的建立以及求解其动力方程的数值方法，轮轨作用力迭代求解方法的改进，轨道不平顺功率谱及数值模拟，无碴轨道系统的结构特性对车桥振动响应影响的分析，无碴轨道系统结构减振优化设计的应用实践。

可供轨道交通和铁道工程中的桥梁设计、施工及相关研究人员阅读，也可供高等学校土木、交通、水利等工程专业的研究生和高年级本科生学习使用。

图书在版编目(CIP)数据

车辆－无碴轨道－桥梁系统振动特性及其应用/李广慧等著.—郑州：黄河水利出版社，2007.9

ISBN 978－7－80734－270－0

Ⅰ.车… Ⅱ.李… Ⅲ.无碴轨道－研究 Ⅳ.U213.2

中国版本图书馆 CIP 数据核字(2007)第 140084 号

出 版 社：黄河水利出版社

地址：河南省郑州市金水路 11 号　　邮政编码：450003

发行单位：黄河水利出版社

发行部电话：0371－66026940　66020550　66028024　66022620(传真)

E-mail：hhslcbs@126.com

承印单位：黄河水利委员会印刷厂

开本：787mm×1 092mm　1/16

印张：15.50

字数：355 千字　　印数：1—1 000

版次：2007 年 9 月第 1 版　　印次：2007 年 9 月第 1 次印刷

书号：ISBN 978－7－80734－270－0/U·27　　定价：35.00 元

前 言

进入21世纪以后,我国的城市轨道交通、高速铁路和快速客运专线等有轨交通迎来了历史性的发展机遇。其将形成覆盖我国主要城市的城市公共交通网、快速客运网和高速铁路网。为了适应有轨交通发展的需要,必须加强技术创新,全面提高技术装备水平;必须依靠科技进步,在工务工程中广泛采用新技术、新设计、新工艺和现代管理方法。作为有轨交通基础的轨道结构是一个复杂的系统,为了降低轮轨动力作用,特别是降低高速机车车辆对轨下基础的动力作用,保持轨道平顺稳定,减少养护维修费用,降低振动和噪声,高速轨道结构必须具有优良的减振性能。传统的轨道结构和轨道力学及分析方法已经不能适应现代铁路轨道的需要,轨道工程和轨道力学在吸收国外先进技术的基础上需要理论创新、方法创新。少维修、高稳定性的无碴轨道的开发与应用,是有轨交通轨道结构发展的必然趋势。但无碴轨道结构刚性大、同时还会反射部分噪声,因此减振降噪是无碴轨道结构必须解决的问题。

由于无碴轨道结构的复杂性,目前国内外采用的车辆-桥梁系统(以后简称"车桥系统")动力分析模型,大多没有详细考虑桥上无碴轨道结构的建模以及车辆、无碴轨道和桥梁之间的动力耦合作用。滞后的无碴轨道结构减振理论研究,显然无法满足我国有轨交通快速发展的技术需求。例如,在对浮置板式无碴轨道进行减振结构设计时,往往将浮置板式无碴轨道简单视为质量-弹簧的一级隔振系统,为了增加减振效果而把浮置板加工得很笨重,对施工、维修和经济效益各方面都带来很多不利因素,限制了浮置板式轨道结构的发展和应用范围。

本书着重探讨了无碴轨道结构对整个动力耦合系统(车辆、钢轨、无碴轨道和桥梁等系统)的影响规律及其在工程中的应用。本书的研究工作主要包括以下6个方面:

(1)建立了较为完善的无碴轨道、桥梁和车辆耦合振动的模型。对于广泛应用于有轨交通的三种无碴轨道结构——板式轨道、弹性支承块式轨道和浮置板式轨道,本书系统地分析了它们的结构特点,将其视为二级隔振系统,并根据轨道板长度尺寸的大小,建立了轨道板结构基于弹性支承上的自由-自由边界的梁模型和刚体模型,并且考虑了车辆、钢轨、无碴轨道、桥梁运动方程的动力耦合作用,分别进行了系统的比较、分析和求解;同时,讨论了两种模型的适用范围,给出了弹性支承的多跨连续Euler梁的理论模型以及本征值问题的求解方法,得到了连续支承Euler梁的本征值问题的理论解,从理论上证明了将钢轨看做有限长简支梁的可靠性。

(2)对轨道板结构特性进行了减振分析。本书分析了轨道板的结构特性,即质量、抗弯刚度、高度和纵向布置等方面对车辆、无碴轨道和桥梁耦合振动影响的规律。本书的分析表明:轨道板的质量增加与车桥系统振动的改善无必然联系,而系统的振动与轨道板的抗弯刚度和轨道板的纵向布置有关;本书还定量分析了它们之间的关系。建议高架桥上的轨道板结构(包括浮置板)采用空心板,以减轻桥梁的恒载和增加轨道板的抗弯刚度。

(3)对轨道板下支承材料性能进行了减振分析。本书系统地分析了连续整体型轨道板和预制式轨道板下支承材料的刚度系数、阻尼系数和支承间距的变化等因素对钢轨、箱梁和车厢振动的影响规律。为了取得较为理想的减振效果,本书对支承材料的刚度系数和阻尼系数值给出了合理的取值范围,对轨道板下支承的材料特性的选择给出了建议。

(4)对钢轨下橡胶垫板材料性能进行了减振分析。本书系统地分析了连续型轨道板和预制式轨道板上或轨下橡胶垫板的刚度系数、阻尼系数的变化对钢轨、桥梁和车厢振动的影响规律。为了取得较为理想的减振效果,本书对轨下橡胶垫板的刚度系数值和阻尼系数值给出了合理的取值范围,对轨下橡胶垫板的刚度系数、阻尼系数等材料性能的选择给出了建议。

(5)秦沈客运专线板式无碴轨道的减振结构优化设计。针对秦沈客运专线沙河大桥桥上通过高速列车时不能满足车辆运行平稳性标准的情况,通过对车桥系统耦合振动的分析,从轨道板的结构(采用空心板、增加截面抗弯刚度、修正纵向尺寸)、轨道板下的橡胶垫板布置以及轨下橡胶垫板的材料性能等方面通过车桥系统耦合振动分析等方面,提出了满足车辆运行平稳性标准和桥梁动力性能评定标准的若干改进建议。

(6)车桥系统耦合振动中轮轨作用力迭代求解的方法和车辆模型的改进及校核。通过车桥耦合振动结果的分析,以及 ANSYS 软件的计算所进行的校核,对文献[145]给出的车辆振动模型和轮轨接触力迭代求解方法给予了改进,结果的分析和比较表明了本书给出的改进方法的合理性。

本书是由郑州航空工业管理学院建筑工程管理系的李广慧、杨广军,以及河南通和高速公路养护工程有限责任公司的刘伟、河南高速公路发展有限责任公司的王中平共同执笔完成的,在本书完成过程中,得到了上海交通大学船舶海洋与建筑工程学院的黄醒春教授的大力支持和帮助,在这里表示衷心的感谢。

本书系统地论述和总结了国内外学者近几年来在轨道交通与无碴轨道领域内所进行的研究工作。其主要内容包括:无碴轨道结构的建模,钢轨和箱梁结构的建模,车辆－无碴轨道－桥梁系统耦合振动模型以及求解其动力方程的数值方法,轮轨作用力迭代求解方法的改进,轨道不平顺功率谱及数值模拟,无碴轨道系统的结构特性对车桥振动响应影响的分析,无碴轨道系统结构减振优化设计的应用实践。本书内容取材新颖,紧跟学术前沿,同时注重与实际联系。期望该书对读者能有一些启发和帮助。然而,限于作者水平,错误和不当之处还请读者批评指正。

最后,感谢国家自然科学基金委员会对本书的完成所给予的资助。

作者

2007 年 2 月

目　录

第1章 绪 论

1.1 有轨交通系统概要

地面交通按大类分为无轨交通(主要指公路)和有轨交通两类[1]。有轨交通,泛指利用轨道作为机车车辆导向的交通方式,它是科学进步和大规模的商品化生产与经济交往的产物。若以1825年英国在达林顿—斯托克顿之间修建的世界第一条由蒸汽机车头做牵引的铁路(21km)(Railway)作为世界有轨交通诞生的标志的话,有轨交通发展至今已有180多年的历史了,是现代交通运输系统的重要组成部分。

有轨交通从它的作用与空间分布来看,有城间轨道交通(习惯称铁路)和城市快速轨道交通(有时简称城市轨道交通或轨道交通)之分。我国的经济处于快速发展期,城市化进程的步伐也在大大加快,客货运输的需求不断增长。建设以快速铁路为主干的国家铁路网络和以轨道交通为主体的城市公共交通网络,是我国未来交通运输发展的重要内容。

1.1.1 铁路的建设与发展

1.1.1.1 世界铁路的建设与发展

世界铁路的建设是从经济发达的西方国家开始的。1825年英国达林顿—斯托克顿间诞生了世界第一条铁路之后,当时世界上经济比较发达的美国、法国、德国等国纷纷效仿修建本国铁路,使铁路成为当时先进生产力的代表;在19世纪后半叶至20世纪初,由于铁路在与水运的竞争中,在速度和价格方面表现出了极大的优越性,西方国家(如美国)在政府投资导向的支持下,进入铁路修建的高潮期;20世纪20年代后,在公路运输崛起以及铁路盲目建设过快的情况下,铁路发展基本上呈停滞状态。特别是第二次世界大战后,欧洲主要发达国家在战后重建中,公路和航空运输发展迅猛,铁路与公路和航空的竞争更加激烈,铁路客货运输量锐减,在无利可图甚至严重亏损的状况下,美、英、德、法等国封闭和拆除了部分铁路。但一些发展中国家开始重视铁路建设。

在改革铁路管理体制的同时,探索其在速度和舒适度上的突破。1964年,世界上第一条高速铁路在日本诞生,随之而来的是铁路运行速度的不断刷新,铁路这个传统产业又焕发出了新的活力。最近30多年来,世界上工业发达国家积极组织研究和开发新技术,促进了高速铁路的发展。日本、法国、德国、意大利、西班牙等国已经修建了多条高速铁路;韩国及我国台湾地区也正在修建高速铁路。各国为何钟情于高速铁路?其主要原因在于:高速铁路具有快速、安全、舒适、环保和大运量、低能耗、全天候等优势,符合可持续发展的要求,在运输市场上具有强大的竞争力。另外,高速铁路不仅有机会创造良好的经济效益,而且可以带动沿线城市的经济发展,取得良好的社会效益。当今世界,发展高速铁路是技术进步的大趋势,是实现铁路现代化、信息化的必由之路。

当今铁路发展两大趋势是客运高速和货运重载。高速和重载运输是铁路现代化的重要标志，同时也带动了铁路运输各生产部门设备和管理的现代化，当然也对线路设计和施工提出了更高的要求。

1.1.1.2 中国铁路的建设和发展

旧中国的铁路建设走过一条漫长而曲折的道路。1876 年未经我国清政府批准由英国擅自修建的上海吴淞铁路(14.5km)是中国大陆上出现的第一条铁路，比世界铁路的问世整整晚了 51 年。在新中国成立前的 70 余年里，旧中国处在列强入侵、军阀混战和国民党腐败政府的统治中，旧中国的铁路发展缓慢、数量少，到 1949 年才建成 2 万多公里；布局偏，仅东北地区的铁路就占中国铁路总长度的 40% 以上；各线间标准低且不统一，宽轨、准轨、窄轨并存；帝国主义分割经营及战乱造成全路管理混乱。

新中国成立后，中国铁路的发展有了长足的进步，主要表现在：①重点突出，铁路建设高潮迭起；②铁路网发展迅速，基本形成了横贯东西、沟通南北、连接亚欧的路网骨架；③依靠科技，提高建设水平，在长江、黄河上架起了“长虹”，修建了长、大隧道，诞生了第一条重载和准高速铁路，革新了牵引动力，使轨道结构现代化；④铁路的建设也带动了铁路通信信号、客货运输组织与管理向现代化迈进[2]。

建设现代化的交通运输体系，是 21 世纪我国经济建设的战略重点之一。我国幅员辽阔，人口众多，资源分布不平衡等因素决定了铁路在综合交通运输体系中的骨干地位。在改革开放的形势下，我国铁路建设取得了长足进步，特别在最近十几年，铁路建设更是持续快速地发展。目前，全国铁路营运里程已近 70 000km[3]，但是我国铁路总体上还处于运输能力不足、技术装备水平较低的阶段。主要干线运输能力长期紧张，客货混跑限制了运输速度的提高。为适应国家经济社会发展和运输市场的需求，我国铁路客运发展的主要目标和任务是：在繁忙的干线上建设快速客运专线，实行客货分线运输；发展高速铁路，逐步形成高速客运网；对主要干线进行提速改造，形成覆盖面较宽的快速客运网。“十五”期间经改造形成的规模为 14 000km 左右、客车运行速度 120～160km/h 的快速客运网，做到了运输距离 500km 范围内列车朝发夕至，1 200km 范围内夕发朝至，2 000km 范围内一日到达。同时，正在深入进行石家庄—太原、郑州—西安、武汉—广州等客运专线与京沪高速铁路的方案比较，积极开展建设准备工作。修建高速铁路和提速、改造既有线都迫切需要加强高速铁路技术和装备的研究。

1.1.2 城市轨道交通的建设与发展

城市轨道交通指市郊铁路、地铁、轻轨、有轨电车和磁悬浮列车等轨道客运交通系统。地铁和轻轨都属于城市快速轨道交通的一部分，因其运量大、快速、正点、低能耗、少污染、乘坐舒适方便等特点，常被称为“绿色交通”。由于世界范围内人口向城市集中，城市化步伐加快，大中城市普遍出现人口密集，住房紧缺，交通阻塞，环境污染严重，能源匮乏等所谓的“城市病”，而地铁和轻轨经过 150 多年的发展，机车车辆、自动控制、通信和信号等技术都有了很大的进步，很多方面体现了当今高新科学技术发展的水平。发达国家的经验表明，地铁和轻轨是解决大中城市公共运输的根本途径，对 21 世纪实现社会经济的可持续发展有非常重要的意义。

1.1.2.1 国外地铁和轻轨的发展

1863年,世界上第一条用蒸汽机牵引的地下铁道线路在英国伦敦建成通车,至今已有140年的历史了。世界第一条地下铁道的诞生,为人口密集的大都市如何发展公共交通取得了宝贵的经验,特别是1879年电力驱动机车的研制成功,使地下客运环境和服务条件得到了空前的改善,地铁建设显示出强大的生命力。从此以后,世界上一些大城市相继修建了地下铁道交通。1886年,美国蒙哥马利市出现了轻轨,从此有轨电车也得到了很快的发展。

回顾轨道交通的发展史,它和其他事物一样,遵循着哲学的普遍规律,即否定之否定的发展过程:有轨电车从大发展到大拆除;然后汽车登上历史舞台,逐渐成了城市交通的主角;到20世纪末,以地铁和轻轨为代表的城市轨道交通又恢复了它的主导地位,这是个螺旋式的上升过程。

(1)19世纪末到20世纪30年代,城市轨道交通经历了诞生和发展时期。轨道交通在城市客运交通中占主角地位。

(2)20世纪30~40年代,随着汽车工业的迅猛发展,由于汽车方便、灵活、舒适,深得人们喜爱;而有轨电车噪声大、有振动、欠舒适、速度慢而逐渐失去人们的青睐;地铁也由于造价昂贵、乘坐不便,遭到了冷落。

(3)20世纪50年代以后,由于小汽车的疯狂发展,道路阻塞、交通危机困扰着世界各大城市。痛定思痛,人们认识到只有发展以轨道交通为骨干的公共交通,才是搞好城市客运交通的唯一出路。目前,世界上已有100多座城市建成了地铁,还有一些城市正在筹建。

(4)20世纪60年代,科学技术的发展为改造有轨电车创造了技术条件,使有轨电车得到了新生。新生后的有轨电车在速度、能耗、噪音、振动、车重、爬坡、制动和运载能力等方面均优于原有有轨电车;在造价(仅为地铁的1/3~1/5)、工期、灵活、方便等方面也优于地铁。1978年3月国际公共交通联合会(EITP)在比利时首都布鲁塞尔举行的会议上,确定了新型有轨电车的统一名称:Light Rail Transit(即轻轨交通,简称“轻轨”)。20世纪80年代和90年代,全世界又掀起了新一轮的轻轨交通系统的建设高潮。据粗略统计[6],现如今已有50多个国家修建了360多条轻轨线路。

1.1.2.2 我国的地铁和轻轨的发展

我国的轨道交通始于1908年,上海建成了第一条有轨电车线路[6],而1965年7月1日北京市动工兴建的北京地铁则翻开了我国现代城市轨道交通建设新的一页。我国城市轨道交通的发展状况须从北京和上海说起。

1.1.2.2.1 北京城市轨道交通

早在20世纪60年代,北京开始修建地铁,1969年第一条线路通车,全长23.6km;1984年第2条线路(环线)通车,全长19.9km;2000年开始,北京开始建设第一条城市轻轨铁路(13号线),全长40.85km,于2003年2月全线开通;2002年,北京第二条轻轨(八通线)开始建设,于2003年底开通,全长18.964km。综上所述,截至2004年底,北京地铁共有车站70座、线路114km,分布在4条运营线中。

北京市的城市轨道交通的规模会随着2008年奥运会的临近,将有一个大发展。2003

年底已开建的北京地铁 5 号线揭开了奥运地铁战役的新篇章;2004 年底开工建设的地铁 4 号线是北京市区轨道交通网中贯穿南北的一条交通主干线。北京的城市轨道交通建设将以每年 40km 的速度发展,预计到 2008 年将建成 300km 地铁和轻轨,2010 年将建立以城市快速轨道交通为主的四通八达的公共交通体系,2030 年将建成 1 000km 的现代城市轨道交通体系。那时,北京市的居民从居住区在 5 分钟内即可到附近的地铁口乘上地铁。

1.1.2.2.2 上海城市轨道交通

上海市的现代城市轨道交通建设始于 1995 年开通的上海地铁 1 号线。后来地铁 1 号线向南延长至莘庄站,向北延长至共富新村,全长 33km,共设车站 25 座、地面站 12 座。2000 年底,地铁 2 号线和轻轨明珠线相继建成通车。上海地铁 2 号线为东西向行驶,全长 27.6km。轨道交通明珠线一期全长 24.97km,线路沿地面或高架,其中地面线 3.6km、高架线 21.37km。轨道交通 4 号线(明珠线二期)于 2003 年开始建设,2005 年通车,全长 22km。轨道交通 5 号线北起莘庄站,与轨道交通 1 号线衔接,沿沪闵路往南至交通大学附近,从东川路折向西南直至天星路上,全线共设 11 座车站,全长 17.2km,除起点端的 410m 地面线外,均为高架线路,是国内首条城市高架轨道交通轻轨线路。

2003 年上海建成了世界上第一条磁悬浮快速列车线路,此线路自浦东新区陆家嘴到浦东国际机场,全长 35km,它的建成展示了最新的城市轨道交通线路在中国大地上开通。

上海市的轨道交通已经制定了一个宏伟的规划,将组成一个宏大的城市轨道交通体系。在未来二三十年内,将组建市级线或快速轨道线 4 条,所谓市级线就是城市轨道交通网络的骨干线,它可从市中心到达市区各大交通枢纽;同时建成 8 条市区级轨道线。它们将一起构成上海市的轨道交通大网络。

1.1.2.2.3 其他城市轨道交通

我国的其他城市,如广州、天津和深圳的轨道交通也有不同程度的发展。此外,大连、长春、武汉、重庆、南京、郑州等城市已经开始建设轻轨或地铁,沈阳、杭州、成都和西安等城市即将开始建设本市的地铁。

21 世纪是中国城市轨道交通的新纪元,经济大发展促进城市化的发展,中国将成为世界上城市轨道交通最大的市场。21 世纪初,中国的城市化水平已达到 45%,城市人口已达到 4.2 亿。已有 10 多座大城市进入城市轨道交通市场,已承建了 450km 的地铁和轻轨线路。在 2021 年,可能建造 33 条地铁和轻轨线路,总长 650km。

从全国范围来看,以北京为中心的城市轨道交通大网络、以上海为中心的长江三角洲轨道交通大网络和以广州、深圳为双中心的珠江三角洲轨道交通大网络将在近 10～20 年内形成,而沈阳、大连、天津、成都、西安、南京、苏州、武汉、重庆等大城市的轨道交通体系也呈星罗棋布之势。我国城市轨道交通在经济发展大潮的推动下必将灿烂辉煌。

1.1.2.3 轨道交通发展方向

轻轨没有产生之前,有轨电车和地铁有一条明显的界限。自轻轨诞生以来,就显示出它的强大的生命力,其飞速地发展,采用了更多的新技术,客运量越做越大,已接近甚至达到了地铁的客运量;而地铁也吸收了轻轨的新技术,从大编组、大间隔、重车体向小编组、小间隔、轻车体方向发展。20 世纪 70 年代以后发展的地铁,由于高架技术的日趋成熟(噪声、振动等问题得到解决),高架桥部分的比例有了明显的增加。

近几年来，由于新技术的不断发展和应用，地铁和轻轨相互渗透发展，其差别越来越小，而且有着共同发展的趋势。按此趋势发展下去，城市轨道交通系统（有轨电车除外），除去客运量大小上的差别外（地铁单向高峰载运3万～6万人次/小时，而轻轨单向高峰载运1万～3万人次/小时），其他方面就很难找到差别了。也许有朝一日，人们不再区别轻轨和地铁，而只需在客运量方面分几个档次。最近我国的轨道交通专家建议，用不着人为地去区分轻轨还是地铁，可通称快速轨道交通，因为达到一定的客运量是目的（客运量可分几级），而架设方式则是达到这一目的的手段，手段可以根据不同的客观因素灵活选择。东南亚一些国家把城市快速轨道交通称为集运系统，台湾则称为捷运系统。

1.2 减振降噪型无碴轨道结构

随着我国铁路客运专线、高速铁路的修建和城市轨道交通的发展，振动与噪声问题也引起了各个方面的关注，如果不加以有效的控制，其污染将成为制约有轨交通发展的主要因素。有轨交通的振动和噪声控制在设计阶段就应该加以考虑，这时可采用控制方案有较大的选择余地，一般可以以较小的代价取得较好的控制效果。如果等建成之后再进行治理和补救，不但所需费用高，给有轨交通的功能和美观会带来不利的影响，而且会构成种种技术困难，使很多原本可以采用的减振降噪手段难以实施，不易取得理想的治理效果。例如，日本的新干线通车后仅几个月，就因噪声问题招致沿线居民的强烈抗议，之后花费十多年时间和大量的资金才使该问题得以缓解，而无法改造的沿线路段和桥梁不得不采用了全封闭处理，花费甚高，且影响美观；美国纽约等城市也有类似的教训。

有轨交通的减振降噪不仅可以产生明显的社会效益，还可带来更加可观的经济效益。合理的减振降噪措施可以缩小沿线噪声重污染区域范围，增加沿线可开发的土地面积，间接效益将是巨大的。1996年10月我国通过了《中华人民共和国环境噪声污染防治法》，其中第三十九条规定了应当减轻因铁路运行造成的环境噪声污染。城市轨道交通振动和噪声的防治可作为环保产业的一部分，在城市轨道交通环境建设方面和经济与环境协调的可持续发展方面都具有重要而独特的意义。

对于减振降噪措施，轨道结构的选择也是一个主要的方面。本节就会对有轨交通中减振降噪型的无碴轨道结构的选择与设计作一些介绍。

1.2.1 无碴轨道结构的振动和噪声特点

1.2.1.1 有碴轨道和无碴轨道结构

轨道结构按其轨下基础的不同可分为两大类[2-5]：有碴轨道（有碎石道床）和无碴轨道（无碎石道床）结构。有碴轨道结构具有造价相对较低、施工速度较快、维修方便及弹性较好等优点。在有碴轨道的应用中，人们逐渐发现了它的缺点：①有碴轨道养护维修量大；②有轨交通线路在其运营期间内进行养护维修几乎不可能；③地铁和轻轨线路在城区内以隧道和高架形式穿越居多，其养护维修作业在空间上受到极大的限制，且隧道内工作条件十分恶劣；④采用有碴轨道道床增加了高架线上桥梁的自重，因而需加大梁高和桩基尺寸，增加投资。此外，有碴轨道道床的粉尘也给城市环境造成污染。

相对于有碴轨道，无碴轨道具有以下的显著优点：稳定性、平稳性、刚度均匀性较好，维修工作量少，简洁易清洗，减少桥梁恒载，降低梁桥的刚度和造价，特别是对消除或减少道床变形其具有更为突出的效果。因此，无碴轨道逐渐被世界上许多国家所重视，并在近几十年里，许多国家对无碴轨道结构已开展了长期、系统的研究工作。一些国家，如日本、德国，已把它作为高速铁路和城市轨道交通的主要结构形式加以发展和利用。

1.2.1.2 无碴轨道结构的振动和噪声特点

少维修、高稳定性的无碴轨道的开发与应用，是有轨交通轨道结构发展的必然趋势。但无碴轨道结构存在刚性大、反射部分噪声等缺点，因此减振降噪是无碴轨道结构必须解决的问题。

轨道结构的噪声分为轮轨噪声(摩擦、振动、冲击引起的轮轨噪声辐射)和桥梁结构的噪声(桥梁振动引起的噪声辐射)，振动源为轨道不平顺。由于噪声和振动在 500～1 000Hz频率范围内线性相关，且钢轨在此范围内是主要辐射体，因此抑制钢轨振动，减少钢轨的振动加速度和频率，对降噪起着关键作用。通过对轨道结构各组成部分参数(比如刚度、阻尼、质量等)的合理匹配可以达到这一目的。轨道结构的减振，可采用隔振技术，阻断振动的传播途径，使得钢轨作为振源向周围土介质或向梁跨结构传递的振动较小，从而避免结构的“二次噪声”。

1.2.1.3 减振降噪型无碴轨道的设计原则

轨道结构的减振降噪应根据不同的环境要求来设计，从而做到物尽其用，经济合理。根据上述无碴轨道结构噪声和振动产生特点的分析，综合其他因素，其减振降噪型轨道结构的设计应遵循以下原则[9]。

(1)在列车长期动荷载作用下，轨道结构应保持安全、可靠的几何状态，并具有足够的承载能力、强度储备和使用耐久性。

(2)轨道结构的振动质量、刚度和阻尼应根据轨道结构动力学原理进行合理选择，以适应减振降噪要求，使结构体系有最大的减振降噪效果，并能减缓轮轨之间的冲击荷载，减轻钢轨的磨耗和波磨。

(3)结构简单，便于组织快速施工和安装，便于配套设备和机械的应用，施工进度应符合铺轨的要求，对于混凝土道床的局部损坏，应考虑修复的可能性。

(4)在轨道的基础已确保坚实稳定的前提下，仍需要考虑因施工误差、曲线超高变化以及预应力混凝土桥梁的伸缩、上拱等因素引起的轨面标高的改变。为此，配套的扣件设计应考虑足够的调整量和可行的调整方法。

(5)合理选材，轨道部件国产化，从而控制轨道结构的成本。由于无碴轨道可大幅度降低维修费用，其综合的经济效益可被接受，从而有推广应用的价值。

(6)因为减振材料的寿命不如混凝土，其少量维修是必要的，因此减振材料的更换应方便。

1.2.2 轨道结构部件与一般减振降噪措施

1.2.2.1 轨道结构部件

轨道结构部件包括钢轨、扣件、轨下基础、道碴、无缝线路，以及其他相关设备(如车挡、防脱装置、线路标志)。其中,与轨道结构减振降噪相关的是前五项内容,而钢轨、扣件和轨下基础对减振降噪的关系最为密切。

对于钢轨的选型,选用50kg/m的钢轨较60kg/m的似乎更为经济合理。但从减振降噪的角度来看,50kg/m轨型的竖向刚度要比60kg/m轨型减少36.7%,故重型钢轨受列车的冲击振动相对较小,更有利于减振降噪。

道岔一直是轨道结构的薄弱环节,由于车轮通过的部件多,造成的振动冲击和噪声也较多,因此从减振降噪角度,可以考虑使用无缝线路,但由于造价较高,目前尚存争议。根据地铁设计规范,轨道交通的正线应铺设无缝线路,可降低轮轨噪声5~10dB。

轨道的弹性,尤其是整体道床,主要取决于扣件的弹性。国内外都做了大量的研究工作,研制开发了满足不同减振要求的钢轨扣件。在减振要求一般的地段,上海地铁采用DTⅢ型扣件,该扣件采用二级减振,在钢轨和铁垫板下都设绝缘橡胶板,弹性好,比北京地铁采用的DTI型减少5~10dB。

减振要求较高的地段,德国科隆、美国华盛顿、法国巴黎、中国上海以及新加坡的地铁均采用了轨道减振型扣件(Cologneegg)。该扣件的承轨板和底座之间用减振橡胶硫化粘贴在一起,利用橡胶圈的剪切变形,获得较低的竖向刚度,较DTI型扣件加速度传递函数减少15~10dB,较DTⅢ型扣件减少10~20dB,减振效果显著,能有效减少对周围环境的干扰。

轨下基础的选择,后文将作详细论述。

1.2.2.2 一般减振降噪措施

一般减振降噪措施有:

(1)采用60kg/m重型钢轨;

(2)全线铺设焊接长钢轨无缝线路,减少钢轨接头;

(3)采用弹性扣件;

(4)对无碴轨道的施工及养护制定严格的规程,以保持轨道结构长期稳定与线路平顺;

(5)定期打磨钢轨,提高轨面平顺度,同时镟圆车轮,提高车轮的圆顺度;

(6)小半径曲线钢轨侧面涂油,以降低尖叫噪声和钢轨侧磨。

1.2.3 无碴轨道结构

无碴轨道分类,国内外不尽一致,本章主要介绍3种铺设在铁路和轨道交通上的减振降噪型无碴轨道:弹性支承块式轨道、板式轨道和浮置板式轨道。

1.2.3.1 弹性支承块式无碴轨道

瑞士国营地铁首次采用弹性支承块式无碴轨道结构(LVT)。瑞士联邦铁路的轨道检查记录显示,运营了1~7年的轨道几何状态仍可保持在标准范围内,最大限度地减少了轨道的维修量,总运营费用较有碴轨道可节省50%。由于其特有的减振、降噪、减磨等优越性能,后来被世界许多国家,如丹麦、英国、法国、葡萄牙等所采用。最高时速200km/h的英吉利海峡隧道通过多种无碴轨道结构比较,采用了该种结构形式(见图1.1),并于1993年6月开始运营。

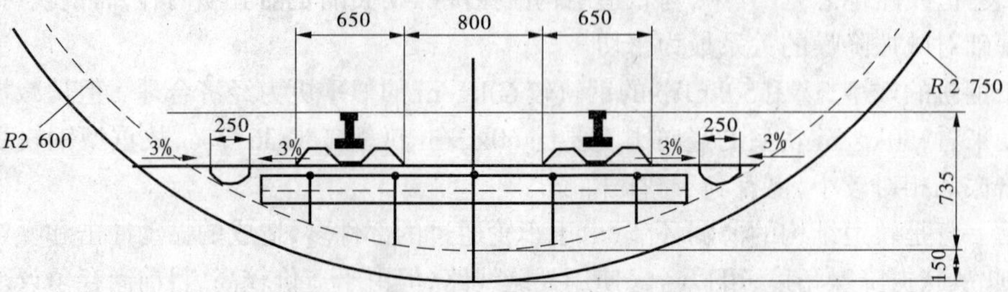

图 1.1　英吉利海峡隧道的 LTV 无碴轨道结构(单位:mm)

在我国,弹性支承块式无碴轨道结构在国铁中刚刚开始应用,在 18km 长的秦岭隧道内,铺设了这种结构的轨道。此外,我国的秦沈客运专线也部分地铺设了这种轨道结构的试验段,以验证其减振性能。由于这种轨道结构减振降噪的效果较为明显,因此对于在城市轨道交通中对振动和噪声较为敏感的地段,特别是高架结构,LTV 轨道结构是一种比较理想的方案[9]。广州地铁 1 号线已铺设,北京地铁于 1972 年在东十四条站铺设了这种轨道,现场测试结果较一般整体轨道振动加速度降低 30%,减振效果良好。经过 20 多年的运营使用,技术状态仍良好。上海地铁 1 号线向北延伸,部分高架地段采用了这种轨道,其结构形式如图 1.2 所示。

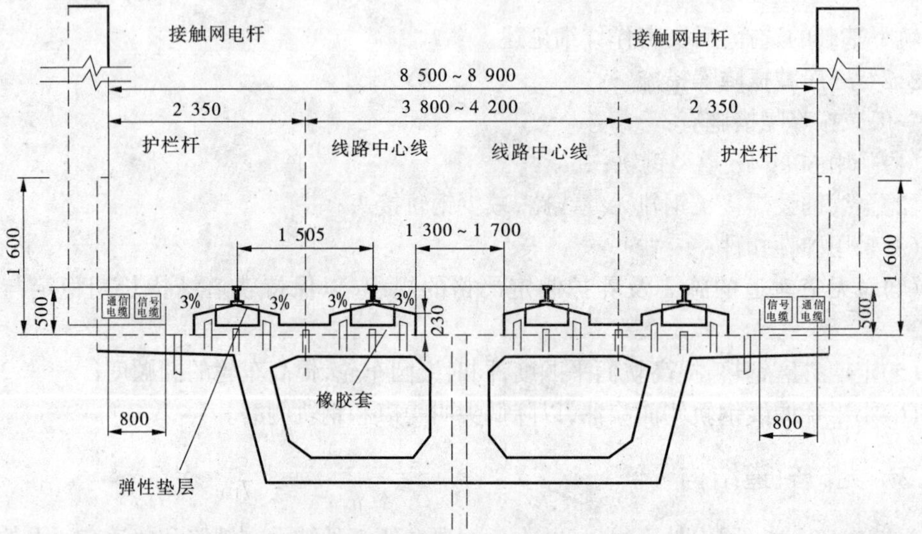

图 1.2　高架桥上的弹性支承块式无碴轨道(单位:mm)

1.2.3.1.1　结构组成[3]

弹性支承块式无碴轨道结构由钢轨及扣件、钢筋混凝土支承块、块下弹性垫层、橡胶靴套、混凝土道床板及混凝土底座等组成,如图 1.3、图 1.4 所示。弹性垫层为无碴轨道提供垂向弹性,橡胶靴套提供横向弹性。弹性垫层质地均匀,使钢轨受力均衡,轨道几何形位易于保持等特点。

1)钢筋混凝土支承块

支承块采用普通钢筋混凝土结构,混凝土强度为 C50,支承块顶面尺寸为 624mm×

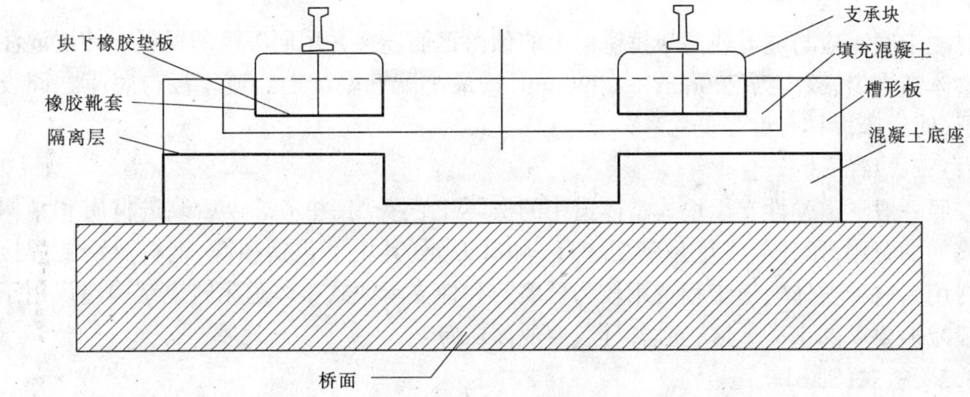

图 1.3　高架桥上弹性支承块式无碴轨道结构

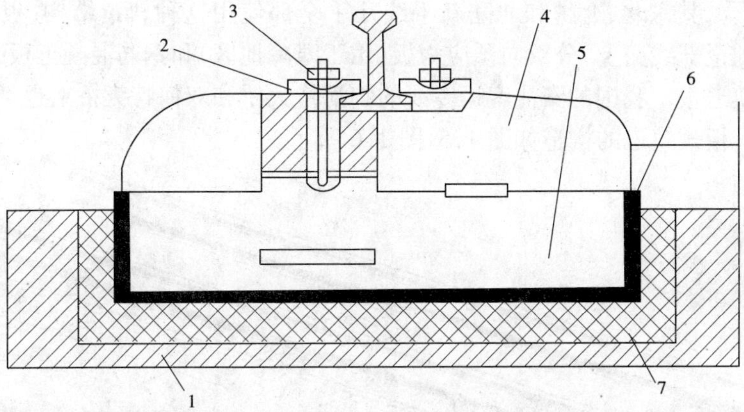

1—基础混凝土；2—扣件；3—螺栓；4—钢筋混凝土轨枕块；
5—泡沫橡胶垫；6—橡胶套；7—水泥砂浆

图 1.4　弹性支承块式无碴轨道结构

324mm，底面尺寸为 600mm×290mm，轨下截面高度为 200mm。

2）橡胶靴套

橡胶靴套是配合支承块使用，靴套的周围和底层厚度均为 7mm。橡胶靴套的功能是缓冲列车横向荷载的冲击作用，故在其横向端面设有沟槽以产生弹性，底部不设沟槽，要求支承块橡胶靴套的静刚度为 140～165kN/mm。

3）块下弹性垫层

块下弹性垫层是放置在橡胶靴套之内支承块的下方的，其平面尺寸为 596mm×284mm，厚度为 12mm。块下弹性垫层的上、下表面均设有沟槽，以满足轨道弹性的要求，块下弹性垫层的静刚度为 95～110kN/mm。

4）混凝土道床板

混凝土道床板由弹性支承块和 C40 级填充混凝土组成。支承块中心距为 600mm，以每 7～8 个支承间距作为一个道床板长度单元，按设计要求配筋。

5)混凝土底座

混凝土底座应与隧道或高架桥桥面上的预留钢筋连接并用同等级的混凝土使之灌注成一整体结构，其截面为 200mm×2 730mm，按最小配筋率配筋。道床板与底座之间设隔离层，使道床板具有可修复性。

1.2.3.1.2　经济效果

按照一般隧道弹性支承块式整体道床的实际工程费用，并考虑今后改进材质和结构可能增加的费用，预计单线每公里 250 万～400 万元（其中不包括扣件、钢轨及钢轨焊接铺设费用），这种整体轨道工程费用较为低廉。弹性支承块式整体道床轨道结构建议用于有一般减振要求的 1 类地区，如居民区、商业区域等。

1.2.3.2　板式(Slab)轨道

这种轨道结构是在类似混凝土高架桥、岩石隧道等坚硬基础上，铺设预制的混凝土或预应力混凝土板而得名的，板与混凝土基床之间填充沥青水泥浆。板式轨道主要在日本铁路中使用[2,3]，其东北、上越和北陆新干线几乎全部使用这种轨道结构，板式轨道用于桥梁和隧道的全部线路上，分双向预应力板（用于寒冷地区）和钢筋混凝土板，形式上有平板式和衬型轨道板。我国的秦沈客运专线的狗河特大桥和双何特大桥上也都铺设了这种板式轨道[6]。板式轨道的构造如图 1.5、图 1.6 所示。

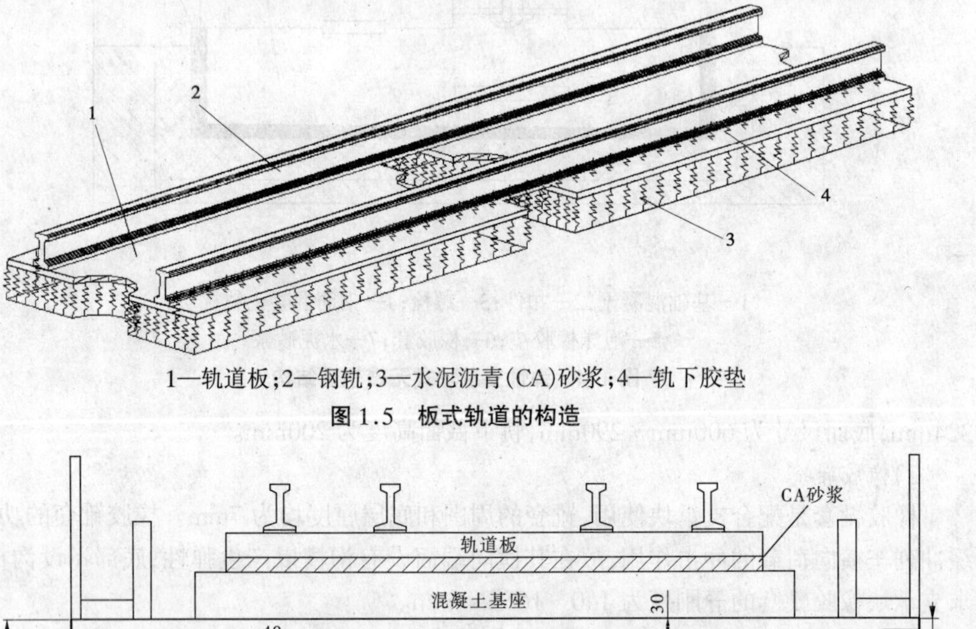

1—轨道板；2—钢轨；3—水泥沥青(CA)砂浆；4—轨下胶垫

图 1.5　板式轨道的构造

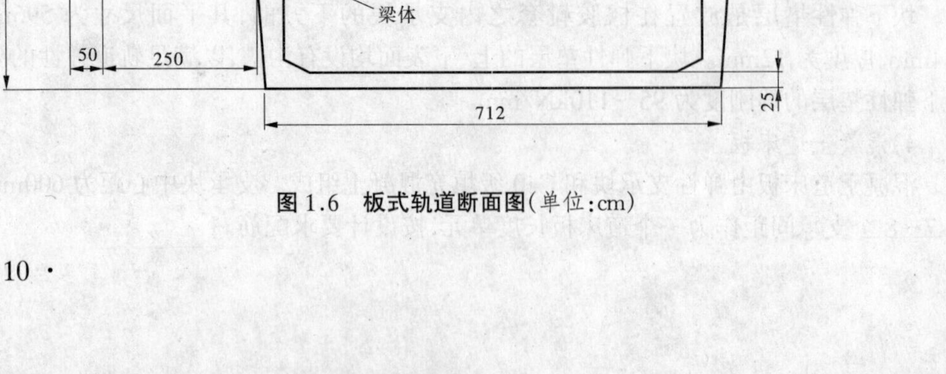

图 1.6　板式轨道断面图(单位:cm)

1.2.3.2.1　结构形式

板式轨道是在工厂或现场预制钢筋混凝土轨道板然后运至铺设现场，调整其高低和方向后，向板下灌注作为缓冲材料用的水泥沥青砂浆(CA 砂浆)而制成的。通过 CA 砂浆填层支承轨道板底面。当少量地基沉降或结构物变形而引起板式轨道的变形时，一般可用钢轨扣件调整高低或轨向。当扣件不能满足要求必须作较大调整时，可用千斤顶等工具将轨道板抬起，在轨道板与 CA 砂浆垫层之间根据需要灌注填充材料。

1)轨道板

轨道板结构依据设计荷载弯矩采用双层双向配筋。其外形尺寸为 4 930mm × 2 400mm × 190mm。每一标准长 25m 的钢轨配置 5 块轨道板，板间留有 70mm 调整缝和伸缩缝。每个板上布置 9 个扣件点，间距为 556mm。在轨道板两端留有半径为 300mm 的半圆缺口，用以与设置在混凝土基床上的凸形挡台嵌合，阻止轨道板的纵横向移动。

2)混凝土基床

混凝土基床是轨道板的基础，并使轨道板和混凝土基床之间的水泥沥青砂浆具有均匀厚度，获得轨道的均匀弹性。混凝土基床还用作曲线超高设置。混凝土基床上设置了半径 250mm、高 250mm 的混凝土凸形圆柱式挡台。

1.2.3.2.2　经济效果

板式轨道比有碴轨道约需增加的投资费用为 14.4%(钢筋混凝土轨枕板)～52%(预应力钢筋混凝土轨枕板)，可在 2～6 年间依靠减少维修费用收回附加投资。如果考虑随着使用板式轨道而带来的恒载作用降低，而使高架桥的造价减少，则总的投资就更小了。因此，它具有良好的经济效果。

1.2.3.3　浮置板式轨道结构

如果将整体道床与基础结构分离，作为具有足够刚度和质量的道床板，再浮置于弹簧元件上，即构成浮置板式轨道结构。它是一种质量－弹簧隔振系统，是降低基础传振和传声的最有效的方法。浮置板式轨道结构的减振降噪机理和房屋中隔绝基座振动噪声的浮置板的减振原理相同。其基本原理就是在轨道上部建筑和基础之间插入一个固有频率很低的线性谐振器，防止振动透入基础。

1.2.3.3.1　国外应用概况

最早采用浮置板式轨道结构的国家是德国。德国对环境标准的要求非常严格，然而随着其国内城市地铁的开通，振动和噪声也不可避免地产生了。针对此情况，德国先开发了有道碴的浮置板式轨道结构，在多特蒙德(Dortmund)的一座轻轨铁路隧道内铺设了试验段。此后，在科隆地铁和波鸿—曼海姆轻轨铁路及杜塞尔多夫的轻轨铁路上铺设了无碴浮置板式轨道。由于其良好的减振性能，这种结构在华盛顿、亚特兰大、多伦多、布鲁塞尔均有铺设。

1.2.3.3.2　国内应用概况

我国第一次采用浮置板式轨道结构的城市轨道交通线路，是广州地铁 1 号线。由于目前全国建成了轨道交通线路的城市只集中于京、津、沪、穗，其他城市也只是处于在建或筹建阶段，因此这种轨道结构在国内的实际运用情况，可通过下一步的试验来进一步阐明。

1.2.3.3.3　浮置板式轨道结构的特点

(1)减振效果最好。据德国有关部门测试,浮置板式轨道结构的阻尼效应可达 30dB,且在垂直荷载 20%~100%变化范围内其隔振的效果几乎保持不变。

(2)轨道绝缘性能强。由于轨道结构四周基本上由绝缘的橡胶支座与混凝土底座隔离,可有效地防止轨道迷流的发生。

(3)体积庞大,施工与维修较为不便。由于浮置板采用了有意增大轨下参振质量和有效阻尼的方法来控制噪声和振动,故一般而言,浮置板体积庞大,需要大型机械施工。维修时,若需要更换支座,在隧道内会造成不便。

(4)由于采用橡胶支座,故造价较高。

浮置板式轨道结构类型包括两种基本类型:①连续型现浇浮置板;②分布式预制浮置板。

连续型现浇浮置板是在橡胶隔振垫上铺一块金属模板,然后将混凝土浇入金属模板,然而这种类型的浮置板施工和维修均不方便。板下橡胶支承方式分为整体支承、线性支承、分布式支承三种。浮置板的基本形式如图 1.7 所示。

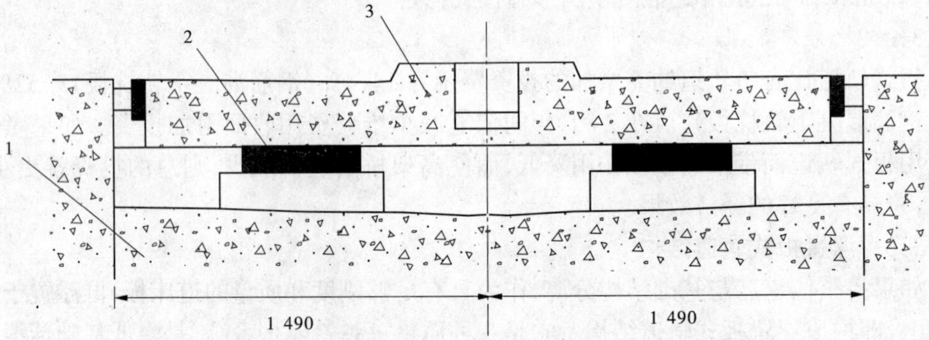

1—轨道基床;2—橡胶支座;3—浮置板

图 1.7　浮置板式轨道结构示意图(单位:mm)

(1)整体支承,在瑞士、法国、西班牙、德国、法国等国地铁中均有应用,其优点是构造简单,施工速度快,支承面积大,道床受力均匀;缺点是橡胶材料用量大,维修不便。其隔振效果在 20dB 左右。

(2)浮置板的线性连续支承,主要在德国地铁中采用,其优点是较整体支承节省材料,轨道结构的固有频率较低。其隔振效果在 20dB 左右。

(3)分布式支承,曾在德国、美国、加拿大、新加坡、我国的香港和广州地铁中采用。其缺点是抵抗轨道纵向力和横向力能力较差,为了限制变形,必须使剪切模量、弹性模量、垫板厚度、垫板大小十分匹配,但是如果设计合理,轨道结构的固有频率低,减振效果较好,维修方便。采用凹槽对橡胶垫进行定位,能有效地提高浮置板的稳定性。其隔振效果在 30dB 左右。

浮置板式轨道与弹性支承块式整体轨道相比,施工和维修都较为困难,但国外的地铁轨道资料表明,如果对板的结构型式和尺寸以及现有板下橡胶支承方式进行改进,比如在浮置板上开孔,采用纵向浮置板式轨道[7],可简化施工和维修,在维修过程中完全可采用简单机具更换橡胶垫板。

1.2.3.3.4　螺旋弹簧支承浮置板

德国 GERB 公司研制了螺旋弹簧支承的浮置板轨道,如图 1.8 所示。钢螺旋圆柱弹簧可由锰钢、硅锰钢、铬钒钢制成。采用螺旋弹簧支承浮置板的道床,其固有频率很低,只有 4~8Hz,因此采用螺旋弹簧支承的浮置板轨道的减振效果要比橡胶垫浮置板轨道的效果好。虽然螺旋弹簧几乎没有阻尼作用(阻尼比为 0.005 左右),但由于浮置板较重(每米 5t 以上),列车通过时引起浮置板的振动加速度较小,因此浮置板支承阻尼作用对路基的影响较小。如果要利用阻尼减小浮置板的振动,可安装与螺旋弹簧并联的黏滞阻尼器,则浮置板的减振效果更好。

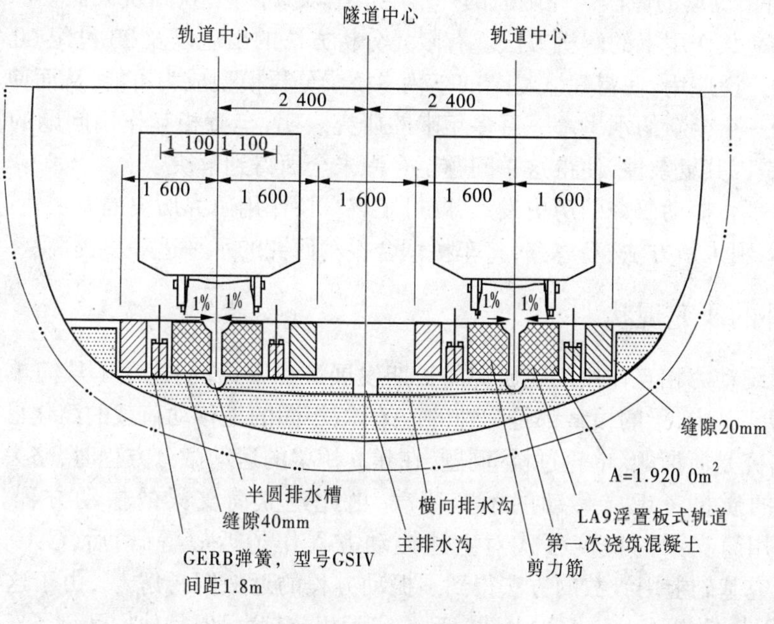

图 1.8　螺旋弹簧支承浮置板轨道结构(单位:mm)

采用螺旋弹簧支承的浮置板道床具有以下特点:①螺旋弹簧具有理想的弹性,能适应不同的荷载、变形量(允许较大相对位移)和较低的共振频率要求;②金属弹簧能够承受较高温度或较低温度、腐蚀性介质和各种溶剂等有害环境因素;③浮置板与隧道底板间只需极小的间隙(约 10mm);④浮置板的钢筋混凝土可以现场浇筑;⑤借助简易工具可抬起浮置板或调整浮置板高度;⑥从浮置板表面可随时更换弹簧;⑦从浮置板表面可随时检查或校正不平顺线路;⑧通过调高螺旋弹簧高度,就可消除线路沉降所引起的不平顺;⑨通过对弹簧表面的特殊处理及弹簧强度储备,弹簧的使用寿命可很长;⑩浮置板可做得较长(40m,甚至 60m),减少连接,降低成本。

1.2.3.3.5　经济效果

浮置板式轨道结构的工程造价为每公里单线 600 万~800 万元,不包括扣件、钢轨及钢轨焊接铺设费用。浮置板式轨道结构建议用于有特殊减振要求的 0 类地区,如心脏病医院、文教类区域等。

另外,还有长轨枕埋入式无碴轨道结构,如图 5.1 所示。其减振结构的减振特点和图 1.1的弹性支承块式无碴轨道相似,只是图 1.1 中的钢筋混凝土支承块被轨枕所取代。

1.3 车辆与结构动力相互作用研究的历史回顾

列车通过桥梁时将引起桥梁结构的振动,而桥梁的振动又反过来影响车辆的振动,这种相互作用、相互影响的问题就是车辆与桥梁之间振动耦合的问题。

人类自 1825 年建成第一条铁路以来,便开始了对列车与桥梁相互作用进行探索研究的漫长历史过程[11]。1849 年 R.Willis[11] 提交了第一份关于桥梁振动的研究报告,探讨了 Chester 铁路桥梁倒塌的原因。在随后的一个半世纪以来,对于铁路桥梁振动的研究主要集于简单移动荷载作用下的解析方法。有限元分析方法的出现以及 20 世纪 60 年代以来电子计算机的广泛应用,使得建立复杂的车辆－桥梁分析模型成为可能,从而使对桥梁振动的研究达到一个全新的水平。一百多年来的研究表明,车桥相互作用问题的复杂性与困难性,且正是因其复杂性,使得这一问题至今尚未全面得到解决。

回顾车桥耦合振动研究的历史发展,既可了解车桥作用研究历史的发展轨迹,又能够密切结合实际,引入新方法、新思路,将车桥耦合振动研究的水平进一步提高。

1.3.1 国外的研究现状

在车桥系统动力相互作用问题研究的长期发展进程中,人们建立了从简单到复杂的各种分析模型。其中,梁的模型都是弹性的连续体,不同的是移动荷载的简化形式。

最早的研究是所谓的“单轮过桥”问题,在建立桥梁的运动微分方程时,略去桥梁的质量,只把轮子的质量考虑成移动的不变荷载,由此建立简支梁的振动方程。1849 年 R.Willis[11] 利用简支梁的挠度公式对上述振动方程作了近似解;稍后,G.G.Stokes 在 R.Willis 的研究基础上用级数的方法得到了振动方程的近似解析解[12],由于这种方法略去了桥梁的质量,使得动力分析的力学模型与实际相差较大,但是他们开创了车桥振动理论分析的先河。

在 1905 年的 Krylov 和 1911 年的 Timoshenko 等人的研究中,考虑了力,如谐振力或冲击力的变化,用简谐荷载模拟了机车动轮偏心对桥梁的冲击作用,并从理论上分析了共振现象发生的机理[13,14]。

1934 年,英国的 Inglis 根据现场实测资料,同时考虑机车车辆和桥梁的质量,将列车荷载简化为移动的周期力和移动质量的惯性力来进行研究[15],他所得到的近似理论解与实测数据比较接近。1937 年,Schallenkamp 以这一力学模型为基础,将桥的挠度和车轮的惯性力都展开为 Fourier 级数,然后求系数间的相互关系,分析了单轮过桥的问题[12]。1953 年,苏联学者 Muchnikov 用积分方程的方法既考虑桥梁本身质量又考虑活载质量的问题,进行了比较严格的分析[16]。1956 年,Mise 和 Kunii 等对 Inglis 的理论进行了补充和修正,建立了相应的计算方法[17]。

1960 年,Wen 建立的簧上质量,同时考虑了沉浮和转动两个惯性力。其假定桥梁动力挠曲线的形状与静力挠曲线相似,并考虑路面不平顺的影响,用能量法研究了两轴车辆(汽车)的过桥问题[12]。

从20世纪70年代开始,车桥动力相互作用问题的研究突破了传统的框架,进入了系统动力学研究阶段。

1964~1972年Fryba[18,19]取单个机车为簧上、簧下两个自由度模型,以机车动轮不平衡质量的周期捶击力及桥面粗糙度为激励源,考虑机车质量、弹簧特性及其进桥时的初始条件,假设桥面粗糙度为简谐函数及桥面系具有简谐变弹簧刚度,建立车桥体系的三个系数竖向振动微分方程。其考虑因素很多,不足之处在于仅考虑单个机车沉浮作用及对轨道不平顺和桥面系弹性刚度的假定性。

与Fryba同期,Biggs也建立过类似的方法[20]。这种将车辆看做由簧上质量和簧下质量组成,认为簧下质量与轨道保持接触,考虑轨道不平顺后,建立振动的微分方程,再用数值方法求解的车桥振动分析方法,已经具有现代车桥振动分析模型的雏形。

近几十年来,随着计算机的广泛应用、计算技术的迅速发展以及高速铁路建设的迫切需要,各国学者在研究中已尽可能地考虑各种因素,先后提出了日趋完善的车桥系统动力分析模型,并用不同的方法导出了考虑各种因素相互关系的运动方程式,然后按照实际的车辆和桥梁参数,根据不同的情况和要求在计算机上进行仿真分析,得出了许多有益的研究成果。

在国外,比较完善的力学模型和运动方程是由松浦章夫[21-23]、朱光汉(K.H.Chu)[24-27]和Diana[28-31]等人建立的。

日本从20世纪50年代开始,对高速列车过桥时的动力问题做了大量的理论研究、现场测试及模型试验。日本铁道技术研究所的松浦章夫、伊藤文人等人,结合东海道新干线上的电动车组以及正在研制的超高速磁悬浮列车,通过分析轮轨横向力、轮重减载率、脱轨系数和车体加速度等指标来研究列车走行性,通过确定桥梁挠度和轨道折角的允许限值来保证列车运行的舒适性与安全性要求,并对桥梁竖向、横向刚度提出了相应的限制标准[21-23,32]。

松浦章夫针对具有二系弹簧悬挂装置的四轴车辆建立了包括车体点头和沉浮、两个转向架点头和沉浮以及4个轮对竖向运动共10个自由度的车辆动力学模型,考虑轨道不平顺,用能量法推导出车辆与桥梁相互作用的运动方程。根据日本新干线实际桥梁的阻尼、频率和载重等确定计算参数,进一步计算和研究了行车速度、轨道不平顺、车辆弹簧和阻尼、桥梁跨度、列车的轴重排列和车辆连接数等因素对桥梁动力系数的影响问题,他还特别研究了车辆与桥梁的共振问题,提出了产生共振的条件[21-23]。

朱光汉、Dhar和Garg较早地开展了车桥系统空间振动的研究[24-27]。他们把桁梁视为三维空间结构,车体考虑为具有沉浮、点头和侧滚3个自由度的刚体,建立了车辆和桥梁体系的空间计算模型和用矩阵表示的动力方程组。他们还用随机振动分析方法研究了车辆与轨道不平顺对桥梁动力系数的影响,利用计算机模拟轨面不平顺随机函数,并用逐步积分法求解车体和桥梁的振动位移和加速度,这是车桥系统随机振动分析方法上的一大进步。

1982年,Bhatti建立了具有21个自由度且考虑两系弹簧竖向和横向振动的车辆分析模型[33]。该模型将车辆分成一个车体、两个摇枕及两个转向架系统，分别建立了桥梁和车辆运动微分方程，以轮轨接触关系将这两个运动方程联系起来，采用了空间桁架铰接模型，研究了跨度为53.34m的简支桁架桥的空间振动响应以及各杆件的动力系数。

1984年，Wang将车辆自由度改为19个，用Bhatti模型重新研究了桁架梁的振动响应以及各杆件的冲击系数[34-38]。Wang还在文献[39]中对Bhatti的车辆模型做了改进，建立了23个自由度的车辆空间振动分析模型，这一模型主要是对转向架自由度的选取提出了新的观点。

20世纪80年代后期，随着对车桥体系动力特性的深入研究，人们逐渐认识到已有的分析方法存在欠缺，其表现在模型中未考虑桥上线路结构在整个动力体系中的作用。已有的研究基本上都是把轨道结构简化为固结于梁体上的钢轨，即钢轨和梁体具有相同的变形特征，而忽略了桥枕、道床的参振作用，这显然与实际情况有较大的出入。此外，对于轮轨的相互作用关系，已有的研究也多通过力的平衡条件和位移相容条件来考虑的，而从实际轮轨接触关系研究车桥耦合振动的却很少，即便是考虑了轮轨接触关系，也大多是考虑轮轨平面接触或假定钢轨本身在振动中不变形。

鉴于上述欠缺，1989年，意大利学者Diana对车桥动力相互作用问题进行了深入、系统的研究[28-31]。他综合分析了不同形式的车辆、桥梁、桥上轨道结构的离散方法，建立了考虑轨道弹性、轮轨作用力影响的车辆－轨道－桥梁动力相互作用系统模型。将每节车辆简化为由7个刚体组成(包括车体本身、两个转向架和四个轮对)，他们之间通过弹性元件和阻尼器元件连接，每节车的车体和转向架各有5个自由度，建立了23个自由度的集中质量车辆模型。

另外一些国家的研究者也进行了类似的较深入研究。1985～1991年，Olsson采用有限元－模态技术求解车桥动力响应[40,41]；1993年，Bogaert采用了简化的车辆模型，研究高速列车通过肋式拱桥的振动冲击响应，并给出了动力系数的简化表达式[42]；1994～1995年，Green和Cebon提出了在频域内求解分离的车桥系统方程的新方法，他们利用模态脉冲响应函数与模态激扰力，采用模态叠加法并结合FFT和IFFT技术来求解桥梁的动力响应[43,44]；1995～1997年，Yang等人采用动态凝聚法求解车桥系统的动力响应问题，通过对车体有关的所有自由度在单元级进行凝聚，使得计算效率大为提高[45-49]。

1.3.2 国内的研究现状

在我国，许多科研院校的科研人员对车桥动力响应问题进行了大量的理论分析和实测工作，尤其是在“八五”、“九五”和“十五”计划期间，随着修建高速铁路提上议事日程，关于车桥耦合振动的研究取得了显著的成就[50,51]。

早在50年代，李国豪教授[52,53]、陈英俊教授[12]、胡人礼高工[54,55]、何度心研究员[56,57]等都曾对车桥振动进行过研究。陈英俊采用改进的Bleich方法，分析了列车速度的提高对桥梁动力系数的影响。

20世纪80年代初期以来，原长沙铁道学院曾庆元院士及其研究生对车桥系统振动理论进行了深入系统的研究[58-68]。他们避开了轮轨衔接条件不确定的困难，将机车抽象成21个自由度的车辆模型，对桁架桥及混凝土桥分别采用空间桁段单元与空间梁段单元进行离散，考虑机车车辆二系弹簧、蠕滑力、重力刚度与重力角刚度及车辆阻尼的影响，建立列车在桥上任意位置时的车桥时变系统总势能的计算式；然后，由势能驻值原理及形成矩阵的“对号入座”法则，将车桥视为一个振动特性随列车过桥时间变化的整体体系，导出了车桥时变系统的振动方程；再以机车车辆构架实测蛇行波为激励元，求解车桥时变系统的振动响应。1998 年，张麒根据车辆－桥梁时变系统的横向刚度振动分析结果以及桥上列车抗脱轨安全度和 Sperling 指标的要求，得出了桁架桥横向刚度控制指标——桥梁容许极限宽跨比（B/L）随跨度 L 的变化曲线[66,69]。1999 年，郭文华、郭向荣对京沪高速铁路南京长江大桥斜拉桥方案车桥系统振动进行了分析，提出了列车－大跨度刚桁梁斜拉桥空间振动系统的有限元分析模型，计算了列车以不同速度通过大跨度斜拉桥的空间振动响应[70,71]。2000 年，他们提出了高速铁路列车－多Ⅱ型并置预应力混凝土梁桥时变系统空间振动分析模型[72]。之后，又提出了结合梁桥振动计算的翼缘混凝土板弹性剪切力法的分析模型及结合梁截面特性计算式，导出了结合梁桥刚度矩阵、质量矩阵和阻尼矩阵的计算式[73]。

20 世纪 80 年代开始，上海铁道大学的曹雪琴教授[74-79]等结合大量的现场实测与理论分析，对钢桁架桥的车激横向振动问题进行了研究，取得许多有价值的成果。他们除了对简支梁桥的竖向振动进行了分析以外，还着重研究了单跨箱型钢桁梁桥在列车过桥时的空间振动问题。其特点是，推导出了车桥体系动力相互作用的平衡方程，采用逐步积分法求解微分方程组，以轨道不平顺和车辆蛇行运动作为车桥体系的横向振动源。在其研究的基础上，曹雪琴教授组织铁路系统内一些单位进行了桥梁检定规范的修订工作，并取得了非常有意义的研究成果。新的《铁路桥梁检定规范》已于 2004 年 6 月正式颁布实施，它对我国铁路桥梁提速的改造及养护维修具有十分重要的意义。

铁道部科学研究院程庆国院士、潘家英研究员于 20 世纪 80 年代初开始对车桥耦合振动进行了系统的研究[80,81]。他们考虑轨道不平顺的影响，轮轨间横向力采用简化的轮轨接触理论，分别建立车辆体系、转向架、轮对的运动方程组及桥梁振动方程组，用假定的轮轨间位移关系将这两组振动方程联系起来求解，以计算车桥空间振动。许慰平利用车桥空间系统的弱耦合性，提出一种分组迭代的方法，可提高求解大跨度、多车辆车桥系统问题的计算效率[82]。1998 年，潘家英指导的博士生按材料非线性原理编制出一套避开传统迭代过程的能自动确定加载步长的梁杆组合结构有限元分析软件[83]。高芒芒对秦沈客运专线和京沪高速铁路的桥梁进行了系统的仿真分析[84]。

与此同时，张煅研究员带领课题组人员结合三大干线的提速试验进行了大量的实桥振动测试工作，并对提速过程中出现的数起列车脱轨事件的原因以及上承式板梁产生的横向摆振的现象进行了剖析[85-87]。2000 年，张煅和高岩运用车桥耦合振动理论，提出高速铁路中小跨度桥梁竖、横向刚度限值及其合理分布[88]。他们还与西南交通大学合作对既有桥梁提高行车速度后桥梁的变化、车辆过桥时走行性以及应采取的对策进行了理论和实测研究分析[89]。

西南交通大学从 20 世纪 80 年代中期开始进行车桥振动研究工作，其中以强士中教授及其研究生所做的工作为代表。1998 年，李小珍以京沪高速铁路南京长江越江方案钢斜拉桥为研究对象，进行了高速列车过桥时的车桥空间耦合振动响应分析[90-92]；1987～

1998年，沈锐利在其硕士、博士论文中详细研究了钢桁架梁桥的车桥空间耦合振动问题[93,94]，他还就高速铁路线上简支梁桥车桥振动问题做了大量的研究[95,96]；葛玉梅、袁向荣等建立了轮对和钢轨之间弹性连接33个自由度的机车车辆力学模型，根据随机振动理论计算了跨度为64m的铁路双线钢桁梁车桥耦合空间振动问题[97]。他们采用分离的车辆、桥梁运动微分方程，利用迭代求解技术来研究车桥系统的空间动力响应。在此基础上，对高速铁路中小跨度桥梁的刚度限值问题、高架桥的结构特性、大跨度钢桥、斜拉桥、提篮式拱桥的动力特性进行了卓有成效的研究。同时，李乔教授指导的博士生对高速铁路曲线梁桥的车桥振动进行了深入的研究[98,99]，他们针对4轴客车建立了35个自由度(车体、前后转向架和四个轮对各5个自由度)的车辆曲线通过模型，研究了曲线半径、曲线超高等因素对车桥动力响应的影响，对高速铁路中小跨度曲线桥梁的刚度限值提出了建议，并从几何和静、动力特性两方面分析了中小跨度曲线梁桥“弯桥直作”的可行性。

1982年以来，北京交通大学的夏禾教授和陈英俊教授带领的课题组对车桥系统的动力相互作用及其相关问题做了一系列的研究，将车辆简化为一系悬挂系统模型，分别建立了车辆横向与竖向振动分析模型，研究了车-桥-墩体系的动力相互作用问题[100]，脉动风与列车荷载同时作用下桥梁的动力响应问题[101,102]，地震荷载对桥上列车运行平稳性的影响[103,104]，车桥系统的动力可靠度问题[105]。1998年以来，他们又与西南交通大学、铁道科学研究院、长沙铁道学院合作研究了秦沈客运专线桥梁动力特性及列车走行性，研究成果对我国第一条客运专线的桥梁设计提供了重要的动力参数[106]。2002年，他们还参加了铁道部组织的秦沈客运专线桥梁动力性能综合试验，成功地对狗河特大桥进行了动力测试[106]。

1.4 车辆与结构动力相互作用研究的发展现状

1.4.1 轨道交通减振降噪问题的研究状况

1863年，世界第一条地铁在英国伦敦建成，但城市轨道交通的减振降噪问题却是从20世纪60年代才开始引起重视的。传统的轨道结构体系对附近地面建筑产生较大的振动和噪声影响。60年代开始用橡胶垫板作为轨道的弹性连接件，但起初的橡胶垫板设计还不能满足一些敏感性大的建筑物的要求，几十年来一直在优化和改进之中。最早隔离地铁对建筑物影响的是1966年英国的阿尔贝民事法院(6层)，采用叠层橡胶作为隔振结构[107]。70年代日本和欧洲高速铁路开始关注振动和噪声问题。80~90年代联邦德国工业技术大学、慕尼黑工业大学、英国Derby铁路技术中心曾对无碴轨道的减振进行了大量的试验。

目前，城市轨道交通振动和噪声控制措施包括浮置板、弹性支承块、轨道板、高弹性扣件、道碴垫、轨下橡胶垫板、铁垫板下橡胶垫板、埋入式钢轨、钢轨和车轮的处理、车辆弹性悬挂系统、声屏障、高架桥采用叠层高阻尼橡胶支座或铅芯叠层橡胶支座和调频质量阻尼器、隔振沟、消振壁、缓冲带、围栏桩、超重型隧道结构、增加隧道埋深、钢轨粘贴阻尼材料、隧道内壁粘贴吸声材料等。

我国在这方面的工作开展得较晚。我国的香港地铁、广州地铁、北京地铁、上海明珠线、秦沈客运专线、洛阳伊河大桥、济南铁路桥、广深线石龙镇铁路桥、秦岭特长隧道和建设中的深圳地铁一期工程采用了浮置板、弹性支承块、板式轨道、高弹性扣件、声屏障等减振降噪措施。

在研究方面,铁道科学研究院[107]采用有限元软件 ANSYS,对车辆－钢轨－浮置板－地基等耦合系统进行了不同工况下的动力学计算机模拟,详细分析了浮置板式轨道结构的动力学性能和隔振效果。并对浮置板进行了 1:1 模型试验,主要测试了浮置板在 3 种不同频率冲击下的振动传递特性。在现场对运营中的浮置板式轨道结构和整体道床进行对比振动测试,测试结果证实了浮置板式轨道结构的减振效果。

近年来,在有关城市轨道交通系统的建设中,已经针对车辆－结构振动对周围环境和周边建筑物内人们的生活和工作可能产生的影响进行了一些预测工作[102,125]。例如,预测了拟建的京沪高速铁路沪宁段高速列车对虎丘塔可能产生的振动的影响等。铁道部科学研究院、北京交通大学、上海交通大学、北京市地铁总公司、上海市地铁建设公司等单位,已经开始结合我国北京、上海、沈阳、青岛等一些大城市修建地铁、轻轨交通系统时车辆引起环境振动的工程实际进行有针对性的研究了。目前,有关地铁、轻轨车辆作用下隧道及高架桥梁的振动特性、振动波的传播及其对周围环境和建筑物的影响的初步成果[126-139]已经陆续发表。在我国台湾,台北至高雄之间的高速铁路对台湾南部科学园区可能产生的影响已经引起了各界人士的广泛关注。台湾大学的杨永斌教授、成功大学的朱圣浩教授等采用了数值分析的方法对高速铁路的环境振动影响进行了系统的分析和预测,并提出了降低环境振动影响的措施[140,141]。在北京、广州、深圳等大城市,包含振动影响在内的环境影响评价已经成为新建轨道交通系统规划设计过程中必不可少的一项程序[135,142]。

1.4.2 高速列车与铁路桥梁相互作用研究的发展现状

近几十年来,结构跨度的不断增大,列车速度的持续提高,车辆轴重的逐步增加,推动了车辆与结构动力相互作用研究的进一步发展,形成了车辆与结构动力相互作用研究的一系列前沿课题。铁路桥梁仍是车辆与结构相互作用研究的重点。

近些年来,随着桥梁技术的发展,国内外形成了一股修建大跨度桥梁的热潮,以悬索桥和斜拉桥为主要形式的大跨度桥梁正在越来越多地被建造,跨度记录连续不断的地被刷新。对大跨度桥梁在运行列车作用下动力行为的研究也越来越被人们所重视。Diana 对一列由 16 节车辆组成的列车以 54km/h 的速度匀速通过一座跨度为 3 300m 的桥梁时梁的变形状态进行了分析[109,110],认为列车在大跨度上行进时,由于梁的下挠而产生的线路附加坡度,是大跨度桥梁特有的问题,它将限制列车在桥上的运行速度。西冈隆等人[111,112]也得出了相似的结论。

1940 年,美国发生了 Tacoma 悬索桥因风致振动而倒塌的著名事故,引起了人们对强风作用下大跨度桥梁及桥上车辆运行安全性的高度重视。为了检验大跨度桥梁的列车可通行性,研究桥梁和列车同时在风荷载作用下的动力状态是非常重要的。西冈隆[111,112]、Diana[110]都发表了平均风和脉动风对大跨度桥的使用性能产生不利影响的研究成果。在我国，随着虎门大桥、江阴大桥、芜湖大桥等一批长大跨度桥梁的相继建造，对大跨度桥梁在风荷载作用下的动力响应及列车运行安全性问题的研究也逐渐开展起来。在新的大跨度公路、铁路两用桥如武汉天兴洲大桥、高速铁路南京长江大桥等的设计中，风对桥梁及运行列车安全性的影响已经引起人们的关注，成为确定桥梁方案的重要评价内容之一[113,114]。

随着铁路设计标准的提高，桥梁在线路中所占的比重越来越大，地震对行车安全性的影响也受到各国学者的重视。研究内容包括地震激励所诱发的车桥系统的振动及行车稳定性、地震动的空间变异性对大跨度桥梁的影响等问题。Diana 对列车以 60km/h 通过桥梁时发生 400 年一遇的地震的情况进行了模拟。他认为，地震发生时，桥梁上运行的车辆在桥梁的振动频率和振幅的激发下，产生滚摆振动，振幅超过一定限度就会有脱轨的危险[110]。日本铁道技术研究所针对多跨简支梁和大跨度斜拉桥在横向正弦波激励和随机激励作用下桥上车辆的走行安全性进行了分析，给出了相应的安全界限[115,116]。台湾大学的杨永斌、姚忠达用 1999 年台湾集集地震波作为输入激励，研究了地震时桥上列车的运行稳定性问题[117]。北京交通大学的夏禾、阎贵平、张楠等对地震引起的铁路斜拉桥、高速铁路桥梁的振动及通过其的列车的安全性进行了分析，结果表明这种影响不容忽视[102,118]。

20 世纪 60 年代高速铁路的出现对车桥系统动力分析提出了新的要求。法国、日本、德国、比利时、西班牙、韩国、瑞典等国以及我国的台湾在高速铁路的发展过程中，都建立了各自的车桥系统动力相互作用分析模型[102]，并采用计算机仿真分析的方法，对桥梁结构在高速列车作用下的动力响应问题进行了系统的研究，为高速铁路桥梁的设计提供了重要的设计参数。在日本，松浦章夫首先研究了高速列车对桥梁的竖向动力冲击作用[21,22]；1987 年，Tanable 针对新干线上的四轴客车建立了 31 个自由度的车辆模型（包括车体和前后转向架各 5 个自由度，四个轮对各四个自由度），并采用有限元－模态综合技术进行求解，分析了车桥系统的空间动力响应[119]。德国学者对桥梁在高速列车作用下的动力行为做了大量现场试验研究并在此基础上编制了计算机分析程序 SIMPACK，用来研究车辆、桥面系、桥梁结构系统的综合振动。他们研究和提出了桥梁和车辆的振动频率与车速、跨度的关系，以及车厢体挠曲振动、转向架的沉浮及点头振动、车厢体的沉浮和点头振动的频率范围。研究成果直接应用于高速铁路桥梁的设计中。2000 年，北方交通大学的张楠等人建立了铰接式列车动力分析模型，对高速列车与桥梁的动力相互作用问题进行了研究[120,121]。

20 世纪 90 年代以来，我国铁路加速了其现代化的进程，在扩大铁路网建设的同时，把提高既有铁路的客货列车速度、建设快速和高速客运专线作为重大技术决策予以实施。通过提速，我国铁路客车速度已经从 80～100km/h 提高到 120～180km/h，货车速度从 50km/h 提高到 60～90km/h。进一步的目标是客车速度达 200km/h，货车速度达 120 km/h。铁路提速后，除需要满足桥梁承载能力和耐久性等要求外，列车通过桥梁时的走行性（走行安全性及乘座舒适度）也是突出的问题。在提速试验过程中，发现中小跨度桥梁普遍存在着横向刚度不足的问题，特别是 20～40m 上承式钢板梁当空载货车以 60～80km/h速度通过时，跨中最大横向振幅达 13mm，大大超出了《铁路桥梁检定规范》的参考限值,严重影响提速列车的运行安全。1996 年 9 月 8 日和 27 日,货物列车在京山线滦河大桥(32m 上承式钢板梁)上两次脱轨,酿成重大事故[122],这是桥梁横向刚度不足影响列车走行安全的一个典型实例。为此,铁道部组织北京交通大学、上海铁道大学与铁道专业设计院以及北京、上海、郑州、沈阳等铁路局合作,并对一些实际的桥梁进行了加固。通过加固前后的对比试验证明,取得了很好的加固效果[122-124]。

随着我国高速铁路等客运专线建设的提上日程,铁路桥梁在高速列车作用下的动力行为及其对桥上运行列车安全性的影响已经成为桥梁工作者所关注的重要研究课题。为保证列车高速、舒适、安全行驶,要求高速铁路桥必须具有足够大的刚度和良好的整体性,以防止桥梁出现较大的挠度和振幅;同时,必须限制桥梁的预应力徐变上拱和不均匀温差引起的结构变形,以保证轨道的高平顺性。一般说来,高速铁路桥梁主要是由刚度而不是强度来控制设计的,所以尽管高速铁路活载小于普通铁路,但实际的高速铁路桥梁在梁高、梁重上超过普通铁路。

在客运专线和高速铁路桥梁的研究中,铁道科学研究院、西南交通大学、北京交通大学和长沙铁道学院组成的课题组,对客运专线和高速铁路桥梁在列车作用下的动力响应及列车走行特性进行了系统而深入的合作研究,提出了适用于快速和高速客运专线(200~300km/h)的中小跨度桥梁的结构形式[71-73,84,91,120,121]。研究成果已经为秦沈客运专线的桥梁设计提供了重要的参数和依据。2002 年秦沈客运专线建成后,在铁道部组织的桥梁动力性能综合试验中,我国自行研制的"中华之星"列车创出了 321.5km/h 的最高记录,实现了我国铁路史上的突破。试验数据表明,秦沈客运专线的桥梁具有良好的动力性能,同时验证了我国桥梁动力仿真分析方法的有效性。这次试验对于我国高速铁路及铁路客运专线的设计建造,对于高速和提速线路桥梁的动力评估、结构改造和强化加固,对于进一步提高和完善我国车桥动力相互作用的分析理论和计算方法,都具有十分重要的理论和工程实践意义。

总之,我国关于车辆与结构动力相互作用问题的分析理论和分析方法已经走在世界上本领域研究的前列,研究成果为我国的现代化建设做出了很大的贡献。

1.5 本书研究的意义、方法和内容

1.5.1 本书研究的意义

上海市城市轨道交通网的兴建是本课题研究的背景。随着经济基础水平的提高,近年来轨道交通在我国发展迅速。事实证明,发展城市轨道交通是缓解城市尤其是像上海这样的特大城市交通压力主要的,也是卓有成效的途径。轨道交通已被确定为上海城市公共交通网的主要运营模式,它将成为上海对外展示的一个窗口,对树立 2010 年上海的世博会形象也会起到很大的作用。上海的轨道交通运营线路很长、布局上交错穿越整个上海市区,并向卫星城镇发展。目前,上海的轨道交通已经暴露出振动和噪声过多的缺陷,随着上海城市轨道交通进程的加快,这一矛盾将愈显突出,成为制约上海轨道交通发展的主要瓶颈之一。由于高架线路在轨道交通网中所占的比重将越来越大,如 2005 年投

入运营的上海轨道交通5号线就是国内首条城市高架轨道交通轻轨线路,考虑其维护要求又都需采用无碴道床,沿线多为人口密度高的居民区和商业区,加上车辆速度快,运营时间长,行车密度高,轨道交通振动和噪声对城市环境的影响十分突出。如果不加以有效控制,振动和噪声污染将成为制约轨道交通发展的主要因素。

轨道交通的振动和噪声控制不仅可产生明显的社会效益,还可带来更加客观的间接经济效益。城市轨道交通振动和噪声的防治作为环保产业的一部分,在城市轨道交通环境建设方面和经济与环境协调可持续发展方面都具有重要而独特的意义。在我国,今后5~15年,随着城市轨道交通的广泛建设,随着《中华人民共和国环境噪声污染防治法》的强制实施,减振降噪技术在城市轨道交通领域将有一段需求猛增的时期。

进入21世纪以来,我国的高速铁路和快速客运专线迎来了历史性的发展机遇,其将形成覆盖我国主要城市的快速客运网,京沪高速铁路等将要开工建设。为了适应铁路发展的需要,必须加强技术创新,全面提高技术装备水平;必须依靠科技进步,在工务工程中广泛采用新技术、新设计、新工艺和现代管理方法。作为有轨交通行车基础的轨道结构是一个复杂的系统,为了降低轮轨动力作用,特别是降低高速机车车辆对轨下基础的动力作用,保持轨道平顺稳定,减少养护维修费用,具有减振降噪的特点,高速轨道结构必须具有优良的减振性能[143]。传统的轨道结构和轨道力学及分析方法已经不能适应现代铁路轨道的需要,轨道工程和轨道力学在吸收国外先进技术的基础上需要理论创新、方法创新。本书开展的减振降噪型的无碴轨道减振分析及结构优化研究,可适用于高速铁路和快速客运专线的许多地段,如车站、隧道、桥梁和有减振要求的地区等。如果通过优化设计能够降低无碴轨道的成本的话,无碴轨道结构能够在高速铁路和客运专线上大规模采用。

1.5.2 本书研究的思路和方法

由于轨道结构的复杂性,目前采用的大多数车桥系统动力分析模型都没有对桥上的轨道结构的建模以及轨道与桥梁结构的动力耦合作用做详细的考虑[93]。文献[6,129]对秦沈客运专线上沙河大桥进行了车桥耦合振动分析,该桥上铺设了长轨枕埋入式无碴轨道,当车辆以300km/h运行时,车辆加速度已超出了舒适度标准,因此文献[6]建议将桥梁高度从2.2m增加到2.4m,这样车辆即可满足高速行车舒适性标准,但其他性能指标无明显改善。

在对弹性支承块式轨道、板式轨道和浮置板式轨道等无碴轨道在车桥耦合动力分析时,本书认为其可建立为相同的力学模型(二级隔振系统),根据轨道板的长度尺寸可处理为自由边界的梁模型和刚体模型。文献[6]在对沙河大桥进行耦合振动分析时,其建议的桥梁高度从2.2m增加到2.4m,但改进后的减振效果并不很理想。本书从无碴轨道对整个动力体系的作用这一角度来考虑问题。本书的出发点是通过对轨道板(质量、抗弯刚度、高度、纵向布置,以及橡胶支座的刚度、阻尼、间距以及轨下橡胶垫板的刚度和阻尼等)对车桥耦合振动响应影响进行分析,找出合理的轨道板结构、橡胶支座以及轨下橡胶垫板的特征设计参数,来实现轨道系统减振结构的优化设计。在上述实例中,如果无碴轨道通过合理的修正能够较好的改善车桥耦合振动响应,则无须对桥梁的截面结构尺寸和跨度进行变更,这样无疑将获得事半功倍的效果。

1.5.3　本书研究的主要内容

本书的研究以车辆、钢轨、无碴轨道和桥梁为一个整体系统作为研究对象，具体内容按各章节安排如下。

第 2 章为车辆－桥梁系统的振动性能评价标准。对于日本、欧洲等国家、地区关于列车作用于桥梁时运行安全性的研究作了介绍。讨论了车辆脱轨系数、轮重减载率和其与脱轨安全性的关系，以及各种舒适性评价指标（Sperling 指标、Janeway 指标等），对各评价指标进行了比较分析。通过对桥梁在不同车速条件下的桥跨结构的自振频率、桥梁横向振幅和加速度，桥梁竖向的振动加速度的限制标准，并介绍了桥梁的变位标准。

第 3 章为结构动力和减振分析的基本理论和方法。简要介绍了系统分析中的模态分析方法，基于叠加原理，将一个多自由度系统的运动，通过模态变换，分解为若干独立模态运动，通过叠加，得到了系统的总的运动。对隔振系统的线性微分方程导出相应的传递函数和频率特性，在阐明幅频特性物理意义的基础上，指出它作为评价隔振系统隔振的品质指标。

第 4 章为车辆－无碴轨道－桥梁系统动力方程的建立。将车辆、钢轨、无碴轨道和桥梁作为一个整体系统来分析，建立了车辆－无碴轨道－桥梁的垂向耦合动力学模型，该模型针对轨道板的纵向尺寸，将轨道板建立为弹性支承的 Euler－Bernoulli 梁和刚体两种模型。

第 5 章为车桥耦合振动分析的程序校核以及轮轨作用力迭代求解方法的改进。通过对车桥耦合振动的结果的分析，以及用 ANSYS 软件的计算所进行的校核，本书对相关文献给出的车辆振动力学模型和轮轨接触力的迭代求解方法给予了改进。通过采用统一模型法、分离模型法（轮轨接触力迭代求解的迭代法）以及 ANSYS 软件的分析这三种方法的比较和分析，表明了本书程序编制的可靠性以及给出的轮轨接触力和车辆模型改进的合理性。

第 6 章为无碴轨道系统的结构特性对振动响应影响的分析。本章系统地分析了连续型和预制式无碴轨道的各组成结构的结构特性对车辆、轨道、桥梁系统的振动特性的影响，包括：轨道板的质量、截面抗弯刚度、轨道板的高度、轨道板的纵向布置、轨道板下支承的刚度、阻尼、间距以及钢轨下橡胶垫板的刚度和阻尼等因素的分析，找出轨道板结构、轨道板下支承以及钢轨下橡胶垫板的特征参数的合理的选择，来实现轨道系统减振结构的优化设计。

第 7 章为无碴轨道系统结构减振优化设计的应用实践。对秦沈客运专线沙河大桥桥上通过高速列车时不能满足车辆运行平稳性标准的情况，从轨道板的结构（采用空心板、增加截面抗弯刚度、修正纵向尺寸）、轨道板下的橡胶垫板布置以及轨下橡胶垫板的材料性能等方面通过车桥耦合振动分析提出了若干改进的建议。

第 8 章为总结全文，得出结论；探讨本课题有待于进一步研究的问题。本章是对本书工作的总结，指出本书工作的创新成果及存在的不足，并展望无碴轨道系统和列车作用时的动力学性能研究的分析与趋势。

第2章　车辆－桥梁系统的振动性能评价标准

列车高速通过桥梁时会对桥梁结构产生动力冲击作用而使桥梁发生振动,同时桥梁的振动又会对桥上车辆运行的安全性和平稳性产生影响。由于这种相互作用直接影响了车辆和桥梁的使用性能,因此对车辆和桥梁的振动必须加以限制。与车辆－桥梁系统振动有关的使用性问题主要包括以下几方面的内容:

(1)桥梁上列车由于振动而产生的运行安全性问题。

(2)桥梁上运行列车的旅客乘坐舒适度问题。

(3)强风发生时大跨度桥梁上列车的运行安全性问题。

(4)地震发生时桥梁上列车的运行安全性问题。

(5)车辆－桥梁系统振动引起的环境振动问题。

(6)高速列车引起的桥梁振动噪声问题。

本章仅集中讨论其第(1)、(2)项问题以及国内外有关的振动控制标准,其他项可参阅其他相关文献[102]。

2.1　桥梁上列车运行安全性与旅客乘坐舒适度的控制因素

桥梁上列车运行安全性与旅客乘坐舒适度问题是在铁路桥梁长期使用过程中提出来的。例如,一百多年前英国一座铁路桥梁在列车通过时失事;前苏联的莫兹尔桥在1925年试车时由于压杆失稳而发生事故;国内外某些桥梁在列车通过时侧向晃动剧烈,引起司机、旅客和桥上人员的不舒适感与不安全感。此外,在实践中还发生过列车脱轨以及列车在桥梁上运行时桥梁突然折断,随车辆一起坠入河中的严重事故。

列车通过时引发的桥梁事故与桥梁的剧烈晃动,主要起因于桥梁本身。压杆失稳,说明桥梁杆件稳定性不够;桥梁断裂,说明桥梁强度不够;列车脱轨,桥梁剧烈晃动,引起司机和旅客的不舒适感与不安全感,如果没有车辆自身的原因,则说明桥梁横向刚度不够。许多桥梁的晃动实例都有证实。这些问题应该引起我们的注意,想办法来保证桥梁结构的强度、刚度和稳定性。

列车通过桥梁,引起桥梁静活载(由于列车自重及载重所产生)及振动应力。振动应力计算很复杂,很难做到准确计算。桥梁竖向振动应力通常采用动力系数法计算[60];苏联学者研究证明,桥梁横向振动应力很小,可以忽略不计,但应考虑列车车轮对横向摇摆力及列车离心力(对曲线轨道桥)的作用。这样,就须考虑动力系数、摇摆力、离心力、列车静活载、桥梁自重、风荷载、温度力、地震力等共同作用,检算桥梁结构的强度、局部稳定性和整体稳定性,才能保证桥梁结构的强度和稳定。

检算应力,可保证桥梁结构的强度和稳定性,但不能保证其刚度。实践证明,桥梁较大幅度的晃动是由于其横向刚度不足,而不是应力问题。较大幅度的晃动会引起司机、旅客的不舒适感和不安全感，使轨道扭曲，产生较大的车辆横向摇摆力，增加轮重减载率，容易引起轮对脱轨，对列车运行的安全、乘坐的舒适度不利。因此，要保证桥梁有足够的横向刚度。

如果桥梁具有较大的竖向挠度将会增大桥梁结构的次应力，造成桥上轨道较大不平顺，引起车辆较大的竖向振动和竖向振动惯性力及司机、旅客的不舒适感；如果车辆具有竖向振动惯性力将会减少轮对载重，产生较大的轮重减载率，容易引起脱轨事故。故需要保证桥梁有足够的竖向刚度。研究证明，控制桥梁横向、竖向刚度的主要因素是司机和旅客的舒适度。此外，还要计算轮对脱轨系数及轮重减载率，以保证轮对脱轨安全度。

我国铁道部门在“八五”、“九五”项目研究中，结合三大干线提速试验、京沪高速和秦沈客运专线运用实际，对列车运行的安全性和乘坐的舒适度评判标准做了很多工作，取得了不少成果；同时也发现由于评价标准不尽统一，导致具体实施过程中产生了不少困难的情况。如在《京沪高速铁路线桥隧站暂行设计规定》中轮重减载率的允许值取 0.25，脱轨系数的允许值取 0.8，但在提速试验中实际测出的轮重减载率普遍在 0.4～0.6 之间，甚至更大，脱轨系数也出现过大于 0.8 或 1.0 的情况，有的甚至达到 2.0，而列车实际运行的安全性是有保障的[92]（见表2.1列出的我国环线212.6km/h提速试验和郑武线

表 2.1　我国 200km/h 以上提速试验机车车辆振动响应实测数据

项目	速度（km/h）	脱轨系数	轮重减载率	横向力（kN）	车体加速度（m²/s）		Sperling 指标	
					竖向	横向	竖向	横向
郑武线	180	0.53	0.63	27.90	0.09g	0.06g	2.30	2.38
双层客车	200	0.56	0.67	33.13	0.08g	0.06g	2.49	2.37
（PW－200）	220	0.57	0.73	21.80	0.09g	0.10g	2.59	2.62
	限值	0.8	0.9				3.0	3.0
	180	0.58	0.39	58.4	0.140g	0.237g	2.52	3.56
郑武线	200	0.66	0.48	78.5	0.168g	0.287g	2.55	3.45
SS8001	220	0.55	0.47	71.1	0.174g	0.290g	2.57	3.59
机车	240	0.51	0.45	62.8	0.207g	0.287g	2.79	3.78
	限值	0.8	0.9	70.0				
环线试验双层客车	195～210	0.55	0.70	44.9			2.67	2.83
（209HS）	合格标准	0.8	0.6	80.0			3.0	3.0
	160	0.38	0.31	19.13			2.40	2.69
环线试验	180	0.42	0.39	31.89			2.45	2.71
SS8002	200	0.45	0.45	43.52			2.59	2.86
机车	210	0.53	0.45	51.27			2.47	2.49
	合格标准	0.8	0.6	80.00				
《铁道车辆动力学性能评定和试验鉴定规范》（GB5599—85）	第一限度	1.2	0.65				<2.5 优秀 2.5～2.75 良好 2.75～3.0 合格	
	第二限度	1.0	0.60					

240km/h 提速试验的实测数据)。因此,如何正确、合理地选取列车运行安全性与乘坐舒适度的评价指标,是评价列车运行安全性和乘坐舒适度的前提。

2.2 车辆运行安全性标准

车辆运行的安全性只有在轮轨处于正常接触状态时才能得到保证。而车辆在线路上运行时会受到各种力的作用,若在最不利的组合情况下,车辆正常运行的条件就有可能被破坏,使得轮轨发生分离,从而造成车辆脱轨或倾覆事故,这就称为车辆失去运行的安全性。为了保证不脱轨,需要研究脱轨条件和评价指标,这是一个非常复杂的问题,至今国内外均未能圆满解决。目前,国内通用的车辆运行安全性(在车辆动力学上)是用脱轨系数 Q/P、轮重减载率 $\Delta P/P$ 及轮轨横向摇摆力等几个重要的参数来评定的[144],而各国的规定值又不尽相同,如我国的车辆部门[144]建议的脱轨系数安全指标为 $Q/P=1.2$(危险程度)和 $Q/P=1.0$(允许限度),建议的轮重减载率安全指标为 $\Delta P/P=0.65$(危险程度)和 $\Delta P/P=0.60$(允许程度);国际铁路联盟 UIC 规定 $Q/P\leqslant1.2$;日本新干线提速时采用的脱轨系数和轮重减载率的允许极限值都为 0.8,车辆横向摇摆力的允许极限值为 58.8kN。

2.2.1 脱轨系数

评定防止车轮脱轨的稳定性指标为"脱轨系数"。脱轨系数可以定义为轮对一侧车辆的横向压力 $Q_1(Q_2)$与动轮重 $P_1(P_2)$之比。由图 2.1 所示的轮轨之间的作用力,根据车轮脱轨的临界状态推导出:

$$\frac{Q}{P}=\frac{\tan\alpha-\mu}{1+\mu\tan\alpha} \tag{2.1}$$

此式为轮缘与轨头接触力的平衡方程式,它表示轮轨相互作用的临界状态。通常称 Q/P 值为单轨脱轨系数,以 P_k 表示。列车运行中,P_k 值超过式(2.1)右边值,则车辆有脱轨的可能性。按照国家标准,将车轮轮缘角 $\alpha=69°12'$,摩擦系数 $\mu=0.2\sim0.3$,代入式(2.1),即可得 P_k 的临界值 $P_k=1.59\sim1.30$。

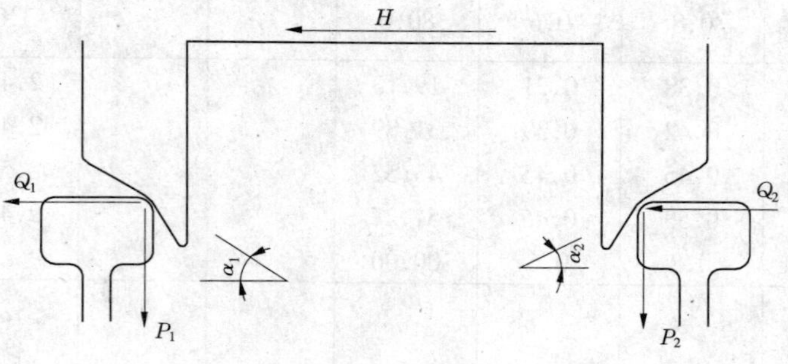

图 2.1 轮对脱轨时的作用力示意

脱轨系数的极限值与车轮的轮缘角 α 和轮缘与钢轨之间的摩擦系数 μ 有关。我国

国家标准《铁道车辆动力学性能评定和试验鉴定规范》(GB5599—85)中规定：车辆脱轨系数安全指标为

$$\left.\begin{aligned} Q/P &= 1.2 \quad (\text{危险程度}) \\ Q/P &= 1.0 \quad (\text{容许程度}) \end{aligned}\right\} \tag{2.2}$$

我国铁道部标准《铁道机车动力学性能试验鉴定方法及评定标准》(TB/T 2360—93)规定的机车脱轨系数安全指标为

$$\left.\begin{aligned} Q/P &= 0.6 \quad (\text{优}) \\ Q/P &= 0.8 \quad (\text{良}) \\ Q/P &= 0.9 \quad (\text{合格}) \end{aligned}\right\} \tag{2.3}$$

脱轨系数不超过“危险限度”是安全的，不超过“容许限度”是希望达到的。这两个限度指标一般适用于低速脱轨的情况。国外对车辆高速运行时由于不稳定的自激蛇行运动而引起的脱轨现象曾进行过模型试验研究。由试验得知，横向力只在很短的时间内起作用，并且可以认为当横向力作用时间大于 0.05s 时出现爬轨现象，而当作用时间小于 0.05s 时出现跳轨现象。有些国家给出了如下的安全指标。

当横向力作用时间 $t>0.05\text{s}$ 时

$$\left.\begin{aligned} Q/P &= 1.0 \quad (\text{危险程度}) \\ Q/P &= 0.8 \quad (\text{容许程度}) \end{aligned}\right\} \tag{2.4}$$

当横向力作用时间 $t<0.05\text{s}$ 时

$$\frac{Q}{P} = 0.04\,\frac{1}{t} \tag{2.5}$$

在高速铁路设计中，日本的铁道结构设计标准和欧洲铁路联盟规范都采用 $Q/P\leqslant 0.8$的标准。在我国 1996 年在环形线 200km/h 以上高速铁路综合运行试验、秦沈客运专线桥梁综合动力试验以及《新建时速 200 公里客货共线铁路设计暂行规定》中，桥梁上列车的脱轨安全性评判标准均采用

$$Q/P \leqslant 0.8 \tag{2.6}$$

2.2.2 轮重减载率

轮对在轨道上运动的过程中，一侧或两侧车轮会由于振动和横向力的作用而发生减载。现场试验表明，当轮重减载量过大的时候，就容易发生脱轨。我国国家标准 GB5599—85 规定用轮重减载率限制车轮的减载量。减载率定义为减载侧车轮的轮重减载量与轮对的平均静轮重之比，记作 $\Delta P/P$，其安全指标为

$$\left.\begin{aligned} \Delta P/P &= 0.65 \quad (\text{危险程度}) \\ \Delta P/P &= 0.60 \quad (\text{容许程度}) \end{aligned}\right\} \tag{2.7}$$

在一般的车辆动力学分析中认为，只有当横向力为零，即在小曲率半径的轨道上低速运行时使用轮重减载率才有实际的意义。但是，车辆在桥梁上高速运行的过程中，当车轮在振动过程中向上运动时，轮重减小，这时即使横向力很小(甚至没有)，由于轨道随桥梁一起运动，也有可能与车轮产生横向相对位移而发生脱轨。因此，在车桥系统动力分析时采用轮重减载率作为衡量防止脱轨安全性的标准，具有实际的意义。

我国 1996 年在环形线 200km/h 以上高速列车综合试验、秦沈客运专线桥梁综合动力试验以及《新建时速 200 公里客货共线铁路设计暂行规定》中，桥梁上列车的轮重减载率安全性评判标准采用

$$\Delta P/P \leqslant 0.60 \tag{2.8}$$

2.2.3 横向力

车辆在桥梁上运行时，如果车轮对钢轨的横向力过大，一方面可能会破坏轨道与梁的连接，造成桥上轨排的横移失稳；另一方面可能使轨距扩大，直接造成车辆脱轨事故，因此必须加以控制。我国国家标准 GB5599—85 对横向力 Q 的评价标准是

$$\left.\begin{aligned} Q &\leqslant 29 + 0.3P \quad (\text{危险程度}) \\ Q &\leqslant 19 + 0.3P \quad (\text{容许程度}) \end{aligned}\right\} \tag{2.9}$$

式中：$Q = Q_1 + Q_2$，为一个轮对上左右两个车轮横向力之和，单位为 kN。此式适合用于横向力使轨距扩大的安全性评定。铁道部标准 TB/T 2360—93 对横向力 H 的评价公式是

$$\left.\begin{aligned} H &\leqslant 0.85\left(10 + \frac{P_1 + P_2}{3}\right) \quad (\text{木枕}) \\ H &\leqslant 0.85\left(15 + \frac{P_1 + P_2}{3}\right) \quad (\text{混凝土轨枕}) \end{aligned}\right\} \tag{2.10}$$

式中，$P_1 + P_2$ 为一个轮对上左右两个轮重之和（即动轮重），单位为 kN。此式适用于横向力使轨排横移的安全性评定。

在我国《新建时速 200 公里客货共线铁路设计暂行规定》中规定，轮对横向水平力应满足 $Q \leqslant 80$kN。

2.3 车辆运行平稳性标准

研究桥梁横向和竖向刚度限值，评价既有桥梁是否具有必要的刚度，需要有表示司机、旅客对机车、车辆振动反映的指标和反映客货车运行平稳性的指标，前者称为舒适度指标，后者称为平稳性指标。车辆运行平稳性通常用来表示车辆的振动性能，它是衡量车辆运行性能的一项重要的技术指标。客车平稳性是评定旅客舒适度的主要依据，它反映了车辆振动对旅客舒适度的影响；货车平稳性主要是评定车辆振动对货物的损坏程度。作为运输工具的铁道车辆，为保证安全运输货物和旅客的需要，应该具有良好的运行平稳性。

在车辆－桥梁动力相互作用系统中，车辆运行平稳性也是判断桥梁竖向刚度和横向刚度能否满足要求的一个重要指标，通常用加速度指标和旅客乘坐舒适度指标来评定。

2.3.1 车体加速度指标

我国国家标准 GB5599—85 关于铁路客车车体加速度的评定标准为

$$\left.\begin{aligned} a &\leqslant 0.2g = 200\text{cm/s}^2 \quad (\text{竖向垂直}) \\ a &\leqslant 0.15g = 150\text{cm/s}^2 \quad (\text{横向水平}) \end{aligned}\right\} \tag{2.11}$$

GB5599—85 关于铁路货车车体加速度的评定标准为

$$\left.\begin{aligned} a &\leqslant 0.7g = 700\text{cm/s}^2 \quad (\text{竖向垂直}) \\ a &\leqslant 0.5g = 500\text{cm/s}^2 \quad (\text{横向水平}) \end{aligned}\right\} \tag{2.12}$$

铁道部标准 TB/T 2360—93 关于我国铁路机车车体振动加速度的评定标准见表 2.2。

表 2.2 TB/T－2360—93 规定的机车车体振动加速度标准

评定等级	优秀	良好	合格
车体竖向振动加速度(cm/s^2)	245	295	363
车体横向振动加速度(cm/s^2)	147	198	245

欧洲规范规定的客车车体竖向加速度标准见表 2.3。苏联对于客货车车体振动加速度的评定标准见表 2.4。

表 2.3 欧洲规范规定的机车车体竖向振动加速度标准

舒适度等级	优秀 b_{v1}	良好 b_{v2}	合格 b_{v3}
车体竖向振动加速度(cm/s^2)	100	200	300

表 2.4 前苏联规定的机车车体振动加速度标准

评定等级		客车		货车	
		车体加速度(cm/s^2)		车体加速度(cm/s^2)	
		竖向	横向	竖向	横向
Ⅰ	优秀	＜100	＜50	＜200	＜100
Ⅱ	良好	100～150	50～100	200～350	100～150
Ⅲ	满意(对客车为容许)	160～200	110～200	360～450	160～300
Ⅳ	容许(对货车为容许)	210～350	210～300	460～650	310～450
Ⅴ	不适合长期运行	≥360	≥310	≥660	≥460
Ⅵ	运行不安全	≥700	≥500	≥700	≥500

在我国高速铁路、秦沈客运专线车辆－桥梁动力分析及《新建时速 200 公里客货共线铁路设计暂行规定》中，桥梁上列车的车体加速度评判标准采用

$$\left.\begin{aligned} a &\leqslant 0.125g = 125\text{cm/s}^2 \quad (\text{竖向垂直}) \\ a &\leqslant 0.1g = 100\text{cm/s}^2 \quad (\text{横向水平}) \end{aligned}\right\} \tag{2.13}$$

2.3.2 舒适度指标

列车过桥时,司机、旅客、桥上行人是否有安全感,取决于其舒适度指标。旅客舒适度是反映旅客在旅途中疲劳程度的综合性生理指标,是一个统计标准。影响旅客舒适度的因素很多,如车内通风、照明、温度、湿度、噪音、窗外景观视觉、振动等,其中振动在车辆的整个运行过程中是始终存在且一直起影响作用的主要因素之一。判别列车是否舒适性运行,目前国际上还没有统一的舒适度指标,我国也没有。日本以等舒适度法——Janeway 舒适度系数 $J=1\sim1.5$ 作为评定标准;多数国家倾向于用平稳性指标法——Sperling 舒适度指标 W 做为评定标准,我国车辆研究和制造部门多采用之;还有以国际标准化组织(ISO)标准为基础的舒适度标准——ISO2631 评定法。即使同样采用 Sperling 指标,各国根据各自的实际情况,制定的客车舒适度指标(在 2.5~3.25 之间)也有差异。

2.3.2.1 ISO2631 评定法

1975 年,ISO 在综合大量有关振动对人体的影响的研究工作和相关文献基础上,制定了国际标准《人体承受全身振动的评价指南》,提出了影响人体的振动评价指标——ISO2631,这样在人体承受全身振动的评价才有了国际性的通用标准。该标准得到了世界各国的重视,并被许多国家作为本国标准采纳,其中有些部分已开始应用于铁路部门。除了车辆振动外,该方法还应用于各种振动公害的评定,是一个适用于多种工矿行业的通用型标准。

ISO2631 标准由表示频率和振动加速度关系的等感觉曲线和处于振动中的允许时间构成。人们对振动加速度的感觉随频率变化而不同,连接同样感觉的点,即得到等感觉曲线。舒适度标准按下面思路确定:先用 ISO2631 的感觉曲线对测到的振动加速度进行感觉修正,以此种修正后的加速度值(随时间变化)为基础,求一定时间内的有效值(a_{rms}),有效值用下列公式表示

$$a_{\mathrm{rms}}=\sqrt{\frac{1}{T}\int_0^T a_w^2(t)\,\mathrm{d}t} \tag{2.14}$$

式中:a_{rms}为振动加速度有效值,m/s^2;$a_w(t)$为按感觉加权修正后的振动加速度值,m/s^2;T 为振动平均时间,s。

不少国家根据 ISO2631 标准制定了车辆平稳性和乘坐舒适度的评定标准。我国铁道部标准 TB/T 2360—93 规定了铁路机车的平稳性等级(司机的舒适度),见表 2.5。

表 2.5 TB/T 2360—93 规定的铁路机车的平稳性等级

舒适度等级	优秀	良好	合格
车体竖向振动加速度有效值 a_{rms}(cm/s^2)	39.3	58.6	84.0
车体横向振动加速度有效值 a_{rms}(cm/s^2)	27.3	40.7	58.0

日本国营铁路采用表 2.6 所列的舒适度水平和振动分级的关系作为评定舒适度的标准。其舒适度水平是将加速度实效值以 a_{rms}换算成振级的形式

$$L=20\lg\frac{a_{\mathrm{rms}}}{a_0}\ (\mathrm{dB}) \tag{2.15}$$

来表示的。式中，$a_0=10^{-5}\mathrm{m/s^2}$ 为加速度的基准值。

该标准中，振动分级 3 是乘客感觉舒适度水平的中分值，振动分级越小，舒适度越高。

表 2.6　日本国营铁路的舒适度水平标准

舒适度等级	1	2	3	4	5
振动级(dB)	≤83	83~88	88~93	93~98	≥98
对应加速度($\mathrm{cm/s^2}$)	≤14.1	14.1~25.1	25.1~44.7	44.7~79.4	≥79.4

2.3.2.2　等舒适度评定法

人体疲劳试验表明，人体对于振动的敏感度随振动方向的不同而变化。对前后振动的敏感度大于对竖向振动的敏感度，对横向振动的敏感度最大。

美国 Janeway 舒适度系数 J 来衡量交通车辆的乘坐舒适性，他把舒适性系数 J 分别按 1.0、1.5、2.0 三个等级表示乘坐舒适性，数字越小，表示乘坐舒适性越好。通过试验，规定了各种乘坐舒适性系数所容许的振动加速度(它一般是车体振动频率 f 的函数)。分别按竖向振动和横向振动将各种频率范围的界限值连成曲线即等舒适度曲线，并把它们作为基准，计算等舒适度的平稳等级 J

$$J(a,f)=\frac{a}{F(f)} \tag{2.16}$$

式中：$J(a,f)$和 a 都是加速度 g 的倍数；$F(f)$分别为两条界限曲线的函数表达式

竖向振动

$$\left.\begin{aligned}F(f)&=0.2 && (0<f\leqslant 1\mathrm{Hz})\\F(f)&=0.2/f && (1\mathrm{Hz}<f\leqslant 6\mathrm{Hz})\\F(f)&=0.033\,3 && (6\mathrm{Hz}<f\leqslant 20\mathrm{Hz})\\F(f)&=0.001\,667f && (f>20\mathrm{Hz})\end{aligned}\right\} \tag{2.17}$$

横向振动

$$\left.\begin{aligned}F(f)&=0.08 && (0<f\leqslant 1\mathrm{Hz})\\F(f)&=0.8/f && (1\mathrm{Hz}<f\leqslant 4\mathrm{Hz})\\F(f)&=0.02 && (4\mathrm{Hz}<f\leqslant 12\mathrm{Hz})\\F(f)&=0.001\,667f && (f>12\mathrm{Hz})\end{aligned}\right\} \tag{2.18}$$

这种方法称为等舒适度评定法。目前主要在日本使用，其评定客车平稳性等级和舒适度的标准如表 2.7。

表 2.7　等舒适度法的平稳性等级标准(日本)

舒适度等级	优秀	良好	一般	差	非常差
平稳性等级 J	<1	1~1.5	1.5~2	2~3	>3

2.3.2.3　平稳性指标评定法

平稳性指标评定法自 20 世纪 40 年代以来至今已有很长的应用历史，目前应用广泛。我国铁路一直采用平稳性指标法评定车辆的运行舒适性，故车桥系统动力分析时一般仍

采用平稳性指标法来评价列车过桥时旅客的乘坐舒适性。

桥梁侧向晃动引起的司机、旅客不舒适感和不安全感,是人体对振动的反应,这种反应与振动特性函数的对应关系只能通过试验得出。早在第二次世界大战以前,德国铁路车辆试验所 Sperling 等人就进行了大量的振动对人体生理感觉的试验。被试验人员坐在专门的振动试验台上,然后从不同的方向进行变频率、变振幅的重复试验。根据被试验人员的反应,将其感觉分级加以记载。在对上千次试验数据统计的基础上,Sperling 提出了平稳性指标。

我国国家标准 GB5599—85 关于车辆的乘坐舒适性判断是以 Sperling 舒适度指标为基础制定的。

Sperling 舒适度指标的计算公式为

$$W = 0.896\sqrt[10]{\frac{a^3}{f}F(f)} \tag{2.19}$$

式中:a 为振动加速度,cm/s^2;f 为振动频率,Hz;$F(f)$为频率修正系数。

竖向振动

$$F(f) = \begin{cases} 0.325f^2 & (f = 0.5 \sim 5.9\text{Hz}) \\ 400/f^2 & (f = 5.9 \sim 20\text{Hz}) \\ 1 & (f > 20\text{Hz}) \end{cases} \tag{2.20}$$

横向振动

$$F(f) = \begin{cases} 0.8f^2 & (f = 0.5 \sim 5.4\text{Hz}) \\ 650/f^2 & (f = 5.4 \sim 26\text{Hz}) \\ 1 & (f > 26\text{Hz}) \end{cases} \tag{2.21}$$

由于车辆的振动实际上是随机的,其加速度和频率随时都在变化。实际工作时将所要分析的加速度波形按频率分组,根据每一组的加速度和频率计算该组的平稳性指标 W_i,整个波形的平稳性指标按下式计算:

$$W = \sqrt[10]{W_1^{10} + W_2^{10} + \cdots + W_N^{10}} \tag{2.22}$$

式中:N 为整个波段的分组总数。

我国铁道部标准 TB/T 2360—93 和国家标准 GB5599—85 关于机车车辆的平稳性指标和对应的舒适度等级见表 2.8。

表 2.8 我国机车车辆的平稳性指标 W

舒适度等级		机车	客车	货车
Ⅰ	优秀	≤2.75	≤2.5	≤3.5
Ⅱ	良好	2.75~3.10	2.5~2.75	3.5~4.0
Ⅲ	合格	3.10~3.45	2.75~3.0	4.0~4.25

文献[92]认为,在相同的车体频率下,由 Sperling 指标、Janeway 指标和 ISO 标准得到的车体振动加速度相差很大,Sperling 指标要求最严,Janeway 指标相对宽松。对于 Sperling指标要求太严,这一点在具体的车体响应分析中也体现出来(见表 2.9)。

表 2.9　秦沈客运专线部分常用桥梁舒适性指标分析结果

桥梁跨度	车速（km/h）	车体振动加速度（m^2/s）		Sperling 指标		Janeway 指标	
		竖向	横向	竖向	横向	竖向	横向
32m 单线箱梁	200	0.45g	0.76g	2.46	2.74	0.74	1.31
	250	0.68g	1.10g	2.74	3.04	1.08	1.36
32m 双线箱梁	200	0.44g	0.52g	2.36	2.60	0.69	1.03
	250	0.58g	0.64g	2.42	2.68	0.87	1.17
16m 双线 T 梁	200	0.24g	0.74g	2.15	2.74	0.38	1.21
	220	0.24g	0.97g	2.17	2.98	0.45	1.38

注：表中计算结果只列出车辆部分，计算时列车为 200km/h 动力集中式电动车组，轨道不平顺为郑武线实测值。

2.4　桥梁动力性能评定及标准

车辆运行舒适性和安全性仅涉及到车辆的振动，如果车辆与桥梁振动的耦合性不太强，则仅考虑车辆振动并不一定能控制桥梁的振动。过大的桥梁振动除了可能使桥梁上线路状态保持（维修）困难、结构疲劳强度降低、道碴道床形状改变外，还会影响桥梁上列车运行的安全性和平稳性。因此，各国的规范都规定，在桥上设计和桥梁检定时，要对桥梁的动力性能进行评定，必要时还应进行车辆－桥梁动力分析，以使桥梁的动力性能满足列车高速运行安全的要求。

EUROCODE 规定，为了保证行车安全，在桥梁设计中，必须考虑如下几个因素。

(1)桥梁是否属于常规车速的铁路，例如是否属于列车提速和高速铁路梁。

(2)是否为简单结构，即是否可以简化为（按轴线计算的梁单元的）简支梁，或刚性支承的可不考虑斜交影响的简支板。

(3)是否属于常用跨度梁。

(4)按乘坐舒适度标准检查梁的挠度是否合格。

(5)梁的自振频率是否在规定的范围。

(6)梁的抗扭转性能是否满足要求。

(7)最高车速和梁的自振频率是否满足检验标准$[v/f_0]_{\lim}$。

(8)检查梁的共振车速 v_R 是否在设计行车速度范围内。

当不满足上面规定的条件时，必须进行专门的车辆－桥梁系统动力分析，采用实际的列车模型计算结构的动力反应。

铁路桥梁应具有足够的竖向刚度和横向刚度，以保证列车以规定的车速通过时桥梁结构不出现剧烈的振动，防止车轮脱轨以及保证客车过桥的舒适性。我国新颁布的《铁路桥梁检定规范》中对于铁路桥梁运营性能的检验规定了两个判别值：

(1)行车安全限值。保证列车以规定的速度安全通过时，桥梁结构必须满足的限值指标。高于此值时，必须采取一定的确保安全措施。

(2)通常值。桥梁在正常运用中的挠度或振幅实测值的上限、频率实测值的下限。桥梁在正常的运用过程中，若超过此值，应仔细检查桥梁结构是否存在隐藏的病害，同时调查列车曾否产生异常激励（车辆装载偏心、车况不良等）。

下面本书将结合我国《铁路桥梁检定规范》，介绍国内外有关桥梁动力性能的评定标准。

2.4.1 桥梁自振频率

为保证桥梁具有足够的横向刚度，我国《铁路桥梁检定规范》给出了各类桥跨结构和桥墩结构的实测横向最低自振频率的通常值，见表 2.10。

表 2.10 桥梁横向最低自振频率通常值

桥梁	结构类型			实测横向最低自振频率通常值(Hz)
桥跨结构	钢梁	无桥面系的板梁、桁梁	普通桥梁钢	$f \geqslant 100/L$
			低合金钢	$f \geqslant 90/L$
		有桥面系的板梁、桁梁	普通桥梁钢	$f \geqslant 100/L$
			低合金钢	$f \geqslant 90/L$
	预应力混凝土梁			$f \geqslant 90/L$
桥墩结构	低墩($H_1/B < 2.5$)			未规定
	高、中墩($H_1/B \geqslant 2.5$)	扩大基础	岩石	—
		沉井基础	—	$f \geqslant 24\sqrt{B}/H_1$
		桩基础	—	$f \geqslant a_1 \cdot 24\sqrt{B}/H_1$
		扩大基础	黏土或砂、砾	$f \geqslant a_3 \cdot 24\sqrt{B}/H_1$

注：①L 为跨度，m；H_1 为墩高，m；B 为墩身横向平均宽度，m。

②a_1 取值：软塑黏土 0.8；硬塑黏土、砂、砾 0.9；嵌岩桩 1.0。

③a_3 取值：砾石、粗砂 0.9；硬塑黏土、中砂、细砂 0.8。

《铁路桥梁检定规范》还规定，为了保证空载货车（或混编货车）通过时车轮抗脱轨的安全度适用于不同的车速条件，桥梁结构横向自振频率 f 不宜小于表 2.11 所列的参考值。

表 2.11 适应不同车速条件的桥跨结构横向自振频率 f 值

结构类型					桥跨结构横向自振频率 f(Hz)		
					$v \leqslant 60$km/h	60km/h$< v \leqslant$ 70km/h	70km/h$< v \leqslant$ 80km/h
钢梁	无桥面系的板梁				$50/L^{0.8}$	$55/L^{0.8}$	$60/L^{0.8}$
	有桥面系	板梁			$45/L^{0.8}$	$52/L^{0.8}$	$55/L^{0.8}$
		桁梁	上承式	$H/L=1/6$	$70/L^{0.8}$	$75/L^{0.8}$	$80/L^{0.8}$
				$H/L=1/8$	$65/L^{0.8}$	$70/L^{0.8}$	$75/L^{0.8}$
			半穿式		$48/L^{0.8}$	$55/L^{0.8}$	$60/L^{0.8}$
			穿式		$50/L^{0.8}$	$60/L^{0.8}$	$65/L^{0.8}$
预应力混凝土梁					$40/L^{0.8}$	$50/L^{0.8}$	$55/L^{0.8}$

注：L 为跨度，m；H 为桁梁高，m；v 为列车速度 km/h。

国外对桥梁自振频率的规定，也常考虑列车速度的影响因素。例如，日本国营铁路研究所给出的限值，在载货车 80km/h、客车 160km/h 的范围内，桥梁横向自振频率（单位为 Hz）应满足

$$f \geqslant 110/L \sim 120/L \tag{2.23}$$

我国《既有线铁路桥隧设备(行车速度 120～160km/h)暂行技术条件》(工桥[1996]24 号)给出的桥梁横向自振频率(单位为 Hz)限值为

$$f_{横} \geqslant 111/L \tag{2.24}$$

日本铁道结构设计标准规定,高速铁路桥梁的竖向自振频率应满足表 2.12 的要求。

表 2.12　日本铁道结构设计标准规定的桥梁竖向自振频率限值

桥梁类别	混凝土桥			钢桥
列车速度(km/h)	$v \leqslant 210$	$210 < v \leqslant 260$	$260 < V \leqslant 300$	$v \leqslant 300$
桥梁自振频率(Hz)	$f_0 \geqslant 55/L^{-0.8}$	$f_0 \geqslant 70/L^{-0.8}$	$f_0 \geqslant 80/L^{-0.8}$	$f_0 \geqslant 70/L^{-0.8}$

欧洲规范规定,桥梁的自振频率 f_0(单位为 Hz)不得低于下式的限值

$$f_L = \begin{cases} 80/L & (4\text{m} \leqslant L \leqslant 20\text{m}) \\ 23.58L^{-0.592} & (20\text{m} < L \leqslant 100\text{m}) \end{cases} \tag{2.25}$$

我国《新建时速 200 公里客货共线铁路设计暂行规定》中关于桥梁竖向自振频率的规定与式(2.25)相同,而《京沪高速铁路设计暂行规定》中规定:跨度小于等于 80m 的简支梁竖向自振频率(单位为 Hz)限值为

$$f_{竖} \geqslant \begin{cases} 120/L & (L \leqslant 40\text{m}) \\ 23.58L^{-0.592} & (40\text{m} < L \leqslant 80\text{m}) \end{cases} \tag{2.26}$$

常用简支梁竖向自振频率限值见下表 2.13。

表 2.13　常用简支梁竖向自振频率限值——中国京沪高速铁路线桥隧站设计暂行规定

跨径(m)	16	20	24	32	40	48	56
自振频率低限(Hz)	5.00	4.00	3.59	3.03	2.65	2.38	2.17

欧洲规范还规定,考虑桥梁的设计车速时,桥梁的自振频率应满足式

$$\frac{v_{max}}{f_0} \leqslant \left[\frac{v}{f_0}\right]_{lim} \tag{2.27}$$

式中:v_{max} 为设计的最高车速,km/h;f_0 为桥梁的竖向自振频率,Hz;$[v/f_0]_{lim}$ 为表 2.14 和表 2.15 规定的容许值。

表 2.14　容许 $[v/f_0]_{lim}$ 值(适用于容许加速度 $a < 350\text{cm/s}^2$ 的简支梁或板)

桥梁跨度 L(m)	桥梁单位长度质量 $\overline{m}$(t/m)							
	$10 \leqslant \overline{m} < 13$	$13 \leqslant \overline{m} < 15$	$15 \leqslant \overline{m} < 18$	$18 \leqslant \overline{m} < 20$	$20 \leqslant \overline{m} < 25$	$25 \leqslant \overline{m} < 30$	$30 \leqslant \overline{m} < 40$	$40 \leqslant \overline{m}$
$15.0 \leqslant L < 17.5$	5.33	6.33	6.33	6.50	6.50	6.50	7.80	7.80
$17.5 \leqslant L < 20.0$	6.33	6.50	6.50	7.17	7.17	10.67	12.80	12.80
$20.0 \leqslant L < 25.0$	7.08	7.50	7.50	13.54	13.54	13.96	14.17	14.17
$25.0 \leqslant L < 30.0$	10.21	10.21	10.21	10.63	10.63	12.75	12.75	12.75
$30.0 \leqslant L < 40.0$	10.56	18.33	18.33	18.61	18.61	18.89	19.17	19.17
$40.0 \leqslant L$	14.73	15.00	15.56	15.56	15.83	18.33	18.33	18.33

表 2.15　容许$[v/f_0]_{\lim}$值(适用于容许加速度 $a<500\mathrm{cm/s^2}$ 的简支梁或板)

桥梁跨度 L(m)	桥梁单位长度质量 $\bar{m}$(t/m)					
	$10\leqslant\bar{m}<13$	$13\leqslant\bar{m}<15$	$15\leqslant\bar{m}<18$	$18\leqslant\bar{m}<20$	$20\leqslant\bar{m}<25$	$25\leqslant\bar{m}$
$15.0\leqslant L<17.5$	6.33	6.50	6.50	6.50	7.80	7.80
$17.5\leqslant L<20.0$	6.50	7.17	10.67	10.67	12.80	12.80
$20.0\leqslant L<25.0$	7.50	13.54	13.75	13.96	14.17	14.38
$25.0\leqslant L<30.0$	10.42	10.63	10.63	12.75	12.75	12.75
$30.0\leqslant L<40.0$	18.33	18.61	18.89	18.89	19.17	19.17
$40.0\leqslant L$	15.00	15.56	15.83	18.33	18.33	18.33

前苏联建议根据自振周期检验梁的横向刚度,其标准为

$$\left.\begin{array}{ll} T \leqslant 0.012L & (L < 150\mathrm{m}) \\ T \leqslant 1.8 & (L \geqslant 150\mathrm{m}) \end{array}\right\} \tag{2.28}$$

式中:T 为梁的横向自振周期,s;L 为跨度,m。

列车在桥上通过,在一定车速时会与桥梁发生共振,使车桥发生共振的列车速度称为共振速度。欧洲规范规定,桥梁的共振车速 v_R(单位为 m/s)按下式估算,即

$$v_R = f_0\lambda_i \tag{2.29}$$

式中:f_0 为桥梁的无载自振频率,Hz;λ_i 为列车荷载的主波长,按 $\lambda_i = d/i\,(i = 1,2,3$ 或 $4)$估算,其中 d 为荷载的规则轴距;v_R 的估计范围为 40km/h 至最高设计车速,km/h。

2.4.2　桥梁横向振幅和加速度

2.4.2.1　桥梁横向振幅标准

为保证桥梁具有足够的横向刚度,使高速运行的列车不致脱轨,我国《铁路桥梁检定规范》对各类简支钢梁、钢筋混凝土梁在荷载平面处桥跨跨中横向水平振幅行车安全限值及通常值,以及桥墩墩顶的实测横向水平振幅通常值做了如表 2.16~表 2.18 的规定,其中$[A_{\max}]_{5\%}$表示超越或然率为 95%的值。

表 2.16　桥梁跨中横向水平振幅行车安全限值$[A_{\max}]_{5\%}$

结构类型				跨中横向水平振幅行车安全限值
钢梁	无桥面系的板梁或桁梁			$L/5\,500$
	有桥面系	板梁		$L/6\,000$
		桁梁	$L\leqslant40\mathrm{m}$	$L/6\,500$
			$40\mathrm{m}<L\leqslant96\mathrm{m}$	$L/(75L+3\,500)$
钢筋混凝土梁、预应力混凝土梁				$L/9\,000$

注:L 为跨度,m。

表 2.17　桥梁跨中最大横向振幅通常值$[A_{max}]_{5\%}$

结构类型			货车重车实测跨中横向最大振幅通常值(mm)	客车实测跨中横向最大振幅通常值(mm)			
				$v\leqslant 120$km/h		120km/h<v≤160km/h	160km/h<v≤200km/h
				有缝线路	无缝线路		
钢梁	无桥面系的板梁、桁梁	普通桥梁钢梁	$\leqslant L/3.8B$	$\leqslant L/9.9B$	$\leqslant L/11.4B$	$\leqslant L/9.4B$	$\leqslant L/8.0B$
		低合金钢梁	$\leqslant L/3.2B$	$\leqslant L/8.3B$	$\leqslant L/9.6B$	$\leqslant L/7.9B$	$\leqslant L/6.7B$
	有桥面系的板梁、桁梁	普通桥梁钢梁	$\leqslant L/2.6B$	$\leqslant L/6.8B$	$\leqslant L/7.8B$	$\leqslant L/6.4B$	$\leqslant L/5.4B$
		低合金钢梁	$\leqslant L/2.2B$	$\leqslant L/5.7B$	$\leqslant L/6.6B$	$\leqslant L/5.4B$	$\leqslant L/4.6B$
预应力混凝土梁			$\leqslant L/7.0B$	$\leqslant L/18.2B$	$\leqslant L/20.9B$	$\leqslant L/17.2B$	$\leqslant L/14.7B$

注:L 为跨度,m;B 对钢梁为主梁中心距,对预应力混凝土为支座中心距,m。

表 2.18　墩顶最大横向振幅通常值$[A_{max}]_{5\%}$

结构类型			实测墩顶最大横向振幅通常值(mm)	
			$v\leqslant 60$km/h	$v>60$km/h
低墩($H_1/B<2.5$)	扩大基础	岩石	$H/30$	$H/25+0.1$
	沉井基础	—		
	桩基础	—	$H/30+0.2$	$h/25+0.4$
	扩大基础	黏土或砂、砾		
高、中墩($H_1/B<2.5$)	扩大基础	岩石	$H_1^2/100B+0.2$	
	沉井基础	—		
	桩基础	—	$(H+\Delta h)^2/100B+0.2$	
	扩大基础	黏土或砂、砾	$H_1^2/100B+0.2$	$1.15H_1^2/100B+0.2$

注:H 为墩全高(自基底或桩承台底至墩顶),m;H_1 为墩高(自基顶或桩承台顶至墩顶),m。

我国秦沈客运专线综合试验段(设计时速 300km/h)桥梁的研究和设计中,参考国外对桥梁振动响应参数的限值,在《秦沈客运专线综合试验段线桥养护维修技术条件》(科技基函[2002]103 号)中规定桥梁跨度的最大横向振幅应满足下式要求即

$$A_{max}\leqslant\frac{L}{26}\tag{2.30}$$

式中:A_{max}为梁的跨中横向振幅半峰最大值,mm;L 为梁的跨度,m。

我国《京沪高速铁路设计暂行规定》中规定,在列车摇摆力、离心力、风力和温度作用下,梁体的水平挠度小于或等于计算跨度的 1/4 000。

日本国营铁路研究所根据不同行车速度的要求,规定桥梁的最大横向振幅应符合表 2.19的要求。

日本长大公路悬索桥较多,到目前为止尚未发现活载振动直接威胁桥梁安全的问题,所以在公路规范中除对挠度有规定外,对水平振动无具体的要求。日本国营铁路技术研究所对于铁路列车在线路上脱轨的临界情况进行了一系列的研究。试验结构表明,当梁

的水平加速度达到 $0.1g \sim 0.2g$ 时，列车就容易脱轨，并由此推算出梁的横向振幅限值。如果按照梁的水平加速度 $0.1g$ 计算，文献[102]认为得出的横向振幅限值 A_{max} 将太小，甚至小于我国《铁路桥梁检定规范》的规定。然而根据我国近几年的实测资料，这几乎是不可能的。于是按梁的水平加速度 $0.2g$ 进行了计算，其结果比较合理。与我国桥梁跨度类型有关的部分结构见表 2.20。

表 2.19　日本国营铁路研究所规定的桥梁横向振幅限值

列车类别	货车	客车
列车速度 v(km/h)	$v \leqslant 80$	$v \leqslant 160$
最大振幅 A_{max}(mm)	$A_{max} \leqslant 0.001\,71L^2 \sim 0.002\,03L^2$	$A_{max} \leqslant 0.001\,67L^2 \sim 0.001\,97L^2$

表 2.20　桥梁横向水平振幅值 A_{max}

桥梁跨度 L(m)	梁体水平加速度 $0.1g$			梁体水平加速度 $0.2g$		
	$v=80$km/h	$v=160$km/h	$v=200$km/h	$v=80$km/h	$v=160$km/h	$v=200$km/h
8	0.244	0.23	0.222	0.487	0.461	0.443
12	0.548	0.519	0.498	1.096	1.037	0.997
16	0.974	0.922	0.886	1.948	1.844	1.772
20	1.522	1.440	1.385	3.044	2.881	2.769
24	1.892	1.803	1.742	3.783	3.606	3.484
32	2.668	2.568	2.498	5.337	5.137	4.997
40	3.483	3.373	3.295	6.965	6.746	6.591
48	4.328	4.210	4.126	8.657	8.421	8.252
64	6.097	5.964	5.869	12.19	11.93	11.74
80	7.950	7.805	7.700	15.90	15.61	15.40
96	9.874	9.719	9.605	19.75	19.44	19.21
100	10.37	10.21	10.09	20.73	20.41	20.18

2.4.2.2　振动加速度标准

限制桥梁竖向振动加速度的目的是避免出现过大的轮轨接触力，使道床不致失稳，以保证列车运行的安全。在我国秦沈客运专线综合试验段（设计时速 300km/h）的桥梁研究和设计中，参考国外对桥梁振动响应参数的限制，提出桥梁跨中的最大竖向振动加速度应满足式(2.31)的规定，即

$$a_{max} \leqslant 0.35g \tag{2.31}$$

欧洲规范规定，计算桥梁振动加速度时至少考虑结构的三阶振型，频率考虑至 $f_{min} = \max[30, \lambda f_0]$，以 Hz 为单位。式中，$f_0$ 是结构一阶自振频率，$\lambda = 1 \sim 2$。桥梁竖向加速度不得大于式(2.32)的标准，即

$$[a]_{max}=\begin{cases}350\text{cm/s}^2 & \text{(有碴道床的桥梁)}\\500\text{cm/s}^2 & \text{(明桥面桥梁)}\end{cases} \quad (2.32)$$

我国《铁路桥梁检定规范》规定，当列车通过时，桥跨结构在荷载平面的横向振动加速度不超过 1.4m/s^2。《秦沈客运专线综合试验段线桥养护维修技术条件》中对设计时速 300km/h 桥梁规定的横向振动加速度限值为 1.0m/s^2。

如前所述，日本国营铁路技术研究所对铁路列车在线路上的脱轨试验结果表明，当梁的横向水平加速度达到 $0.1g \sim 0.2g$ 时，列车就容易脱轨。表 2.17 的分析结果表明，我国关于梁体横向加速度的限值是合理的。

2.4.3 桥梁变位标准

为了保证桥上线路的平顺性和列车运行的安全性，必须对桥梁的挠度加以限制。我国铁道部标准《铁路桥涵设计基本规范》(TB10002.1—99)规定：对于列车运动速度≤140km/h 的新建、改建标准轨距的铁路桥梁，其由列车静活载所引起的竖向挠度不应超过如表 2.21 所示的容许值。

表 2.21 梁式桥跨结构竖向挠度容许值

桥跨结构		挠度容许值
简支钢桁梁		$L/900$
连续钢桁梁	边跨	$L/900$
	中跨	$L/750$
简支钢板梁		$L/800$
简支钢筋混凝土和预应力钢筋混凝土梁		$L/800$
连续钢筋混凝土和预应力钢筋混凝土梁	边跨	$L/800$
	中跨	$L/700$

注：表中 L 为简支梁或连续梁的计算跨度，m。

我国《京沪高速铁路设计暂行规定》中规定，对于跨度 $L\leqslant 80$m 的梁，在 ZK 活载静力作用下，梁体的竖向挠度不应大于表 2.22 所列数值。

表 2.22 京沪高速铁路桥梁竖向挠度限值

跨度	$L\leqslant 24$m	24m$<L\leqslant$40m	40m$<L\leqslant$80m
单跨	$L/1\,300$	$L/1\,000$	$L/1\,000$
多跨	$L/1\,800$	$L/1\,500$	$L/1\,200$

注：表中 L 为梁的跨度，m。

而对于跨度 $L>80$m 的梁，在 ZK 活载静力作用下，梁体的竖向挠度不应大于计算跨度的 1/1 000。

我国《铁路桥梁检定规范》规定，当列车受静活载(换算至中—活载)作用时，实测桥梁跨中竖向挠度比通常值见表 2.23。

表 2.23　桥梁跨中竖向挠度比通常值

桥梁类别	结构类型		竖向挠跨比
钢梁	板梁	普通桥梁钢梁	1/1 200
		低合金钢梁	1/950
	桁梁	普通桥梁钢梁	1/1 500
		低合金钢梁	1/1 250
钢筋混凝土梁	普通高度($h/L=1/7\sim1/9$)		1/4 000
	低高度($h/L=1/13\sim1/15$)		1/1 900
型钢混凝土梁			1/1 250
预应力混凝土梁	普通高度($h/L=1/11\sim1/13$)		1/1 800
	低高度($h/L=1/14\sim1/16$)		1/1 300

注:表中 L 为梁的跨度,m;h 为梁高,m。

当桥梁横向刚度不足时,会产生剧烈的横向振动,导致脱轨或影响旅客的舒适感。对此,《铁路桥涵设计基规范》TB10002.1—99 规定:对于梁的宽跨比(宽度为主桁或主梁的中心距)来说,下承式简支和连续桁梁边跨不宜小于 1/20;连续桁梁除边跨外其余各跨不宜小于 1/25;简支板梁不宜小于 1/5。且对于上述各种情况横向宽度不应小于 2m。

日本铁道结构设计标准规定的桥梁竖向挠度限值见表 2.24。

表 2.24　日本铁道结构设计标准规定的容许设计挠度

<table>
<tr><td rowspan="9">普通铁路</td><td rowspan="2">机车荷载</td><td colspan="3">桥梁跨度(m)</td><td colspan="2">0<L<50</td><td colspan="2">L≥50</td></tr>
<tr><td colspan="3">挠度容许值</td><td colspan="2">L/800</td><td colspan="2">L/700</td></tr>
<tr><td rowspan="7">电车及内燃动车荷载</td><td colspan="3">桥梁跨度(m)</td><td>0<L≤20</td><td>20<L<50</td><td colspan="2">L≥50</td></tr>
<tr><td rowspan="3">两跨以上</td><td rowspan="3">列车速度v(km/h)</td><td>v≤100</td><td>L/800</td><td>L/850</td><td colspan="2">L/700</td></tr>
<tr><td>100<v≤130</td><td>L/1 000</td><td>L/1 100</td><td colspan="2">L/900</td></tr>
<tr><td>130<v≤160</td><td>L/1 300</td><td>L/1 400</td><td colspan="2">L/1 200</td></tr>
<tr><td rowspan="3">单跨</td><td rowspan="3">列车速度v(km/h)</td><td>v≤100</td><td colspan="4">L/700</td></tr>
<tr><td>100<v≤130</td><td colspan="2">L/800</td><td colspan="2">L/700</td></tr>
<tr><td>130<v≤160</td><td colspan="2">L/1 100</td><td colspan="2">L/900</td></tr>
<tr><td colspan="2" rowspan="3">新干线</td><td colspan="3">桥梁跨度(m)</td><td>0<L≤40</td><td>40<L≤50</td><td>50<L<100</td><td>L≥100</td></tr>
<tr><td colspan="2" rowspan="2">挠度容许值</td><td>两跨以上</td><td>L/1 800</td><td>L/2 000</td><td>L/2 500</td><td>L/2 000</td></tr>
<tr><td>单跨</td><td colspan="4">L/1 600</td></tr>
</table>

除了挠度外,相邻墩台之间的相对位移也会引起桥上线路(轨道)的相对变位及产生转折角。表 2.25 给出了有关的限定标准。

欧洲规范关于桥梁横向变形的限值是按表 2.23 所规定的梁端线路水平折角和水平弯曲的曲率半径控制的。这里的横向变形包括梁和下部结构(桥墩、基础等)产生的位移。桥梁的弯曲半径 R、跨度 L 和水平挠度 δ_h 之间的关系式按式(2.33)计算:

$$R = \frac{L^2}{8\delta_h} \tag{2.33}$$

表 2.25　日本新干线规定的轨道变位及转折角的限值

位移方向	最高车速 v(km/h)	变位 δ(mm)	折角(1/1 000)			
			平移折角 θ		转折折角 φ	
			$L<30$m	$L\geqslant30$m	$L<30$m	$L\geqslant30$m
垂直	70	2	9	9	9	9
	110		7.5	9	9	9
	160		5	6	6.5	7
	210		4.5	4	5.5	4.5
	260		3.5	3	4	3
水平	70	2	6	6	6	6
	110		4	4.5	5	6
	160		3	3	3.5	4
	210		2.5	2	3	2.5
	260	1.5	2	1.5	2.5	2

表 2.25 中位移的定义如图 2.2 所示。

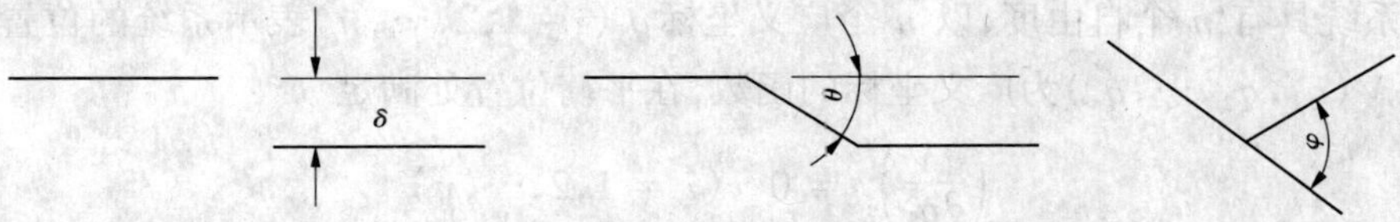

图 2.2　位移定义示意

为了保证高速铁路的行车平稳性,欧洲规范还对桥梁的最大扭转挠度做出了规定:桥梁每 3m 的扭转挠度不得超过表 2.26 所列的限值。

表 2.26　欧洲规范规定的梁端水平折角和水平弯曲半径

车速范围 v(km/h)	梁端最大水平折角 α(rad)	最小弯曲半径 R/m		最大扭转挠度 t (mm/3m)
		单线梁	双线梁	
$v\leqslant120$	0.003 5	1 700	3 500	4.5
$120<v\leqslant200$	0.002 0	6 000	9 500	3.0
$v>200$	0.001 5	14 000	17 500	1.5

扭转挠度示意如图 2.3 所示。

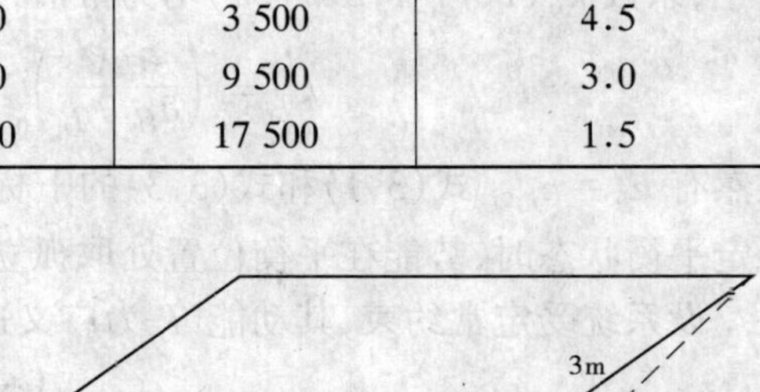

图 2.3　扭转挠度示意

我国《京沪高速铁路设计暂行规定》对桥梁梁体折角也有规定:对于跨度 $L>80$m 的梁,在 ZK 活载静力作用下,梁端的竖向折角不应大于 2‰,水平折角不应大于 1‰;梁体允许最大扭转角为 1‰。

第 3 章　结构动力和减振分析的基本理论和方法

3.1　多自由度线性系统的振动

多自由度系统是指具有有限个自由度的振动系统。许多工程的振动系统都可简化为这一模型,即使是弹性体系统(连续系统或分布参数系统),在经过适当离散化后,也可近似地表示为多自由度系统。所以,多自由度系统振动理论是解决工程振动问题的基础。单自由度系统的振动分析是多自由度系统振动分析的基础,单自由度系统的振动分析可参看相关的文献[156-158]。

3.1.1　多自由度系统的动力学方程

3.1.1.1　系统的势能和动能

对于多自由度系统,采用分析力学的方法便于得到系统动力学的普遍形式。

设系统具有 n 个自由度,以 n 个广义坐标 $q_i\,(i=1,2,\cdots,n)$表示系统的位置。系统的势能 $V(q_1,q_2,\cdots,q_n)$为广义坐标的函数,在平衡位置处满足

$$\left(\frac{\partial V}{\partial q_i}\right)_0 = 0 \quad (i = 1,2,\cdots,n) \tag{3.1}$$

将平衡方程取作广义坐标的零值,则广义坐标也表示系统相对于平衡位置的偏移。当系统在平衡位置附近做微幅振动时,广义坐标及变量在坐标上导数均为小量。设势能 V 在平衡位置处也为零值,将 V 在平衡位置附近展开为泰勒级数,只保留变量的二阶微量,考虑式(3.1),导出

$$V = \frac{1}{2}\sum_{i=1}^{n}\sum_{j=1}^{n} k_{ij}q_iq_j \tag{3.2}$$

式中,系数 $k_{ij}\,(i,j=1,2,\cdots,n)$均为常值,定义为

$$k_{ij} = \left(\frac{\partial^2 V}{\partial q_i \partial q_j}\right)_0 \quad (i,j = 1,2,\cdots,n) \tag{3.3}$$

显然有 $k_{ij}=k_{ji}$。式(3.1)和式(3.3)的下标 0 均表示在平衡位置处取值。只讨论系统的稳定平衡状态时,势能在平衡位置处取孤立极小值,则式(3.2)为广义坐标的正定二次型。

设系统受定常约束,其动能 T 为广义速度的二次齐次函数

$$T = \frac{1}{2}\sum_{i=1}^{n}\sum_{j=1}^{n} m_{ij}\dot{q}_i\dot{q}_j \tag{3.4}$$

式中,系数 m_{ij} 为广义坐标的函数,且有 $m_{ij}=m_{ji}$。系统做微幅振动时,只保留变量的二阶小量,系数 m_{ij} 可用平衡位置处的质量来代替而成为常系数。除非广义速度全部为零,否则动能均应为正实数,因此式(3.4)为广义速度的正定二次型。

引入广义坐标列阵$\{q\}=(q_i)$、质量矩阵$[M]=(m_{ij})$和刚度矩阵$[K]=(k_{ij})$，则式(3.2)和式(3.4)可用矩阵表示为

$$V=\frac{1}{2}\{q\}^{\mathrm{T}}[K]\{q\},T=\frac{1}{2}\{\dot{q}\}^{\mathrm{T}}[M]\{\dot{q}\} \tag{3.5}$$

式中：$[K]$、$[M]$均为 n 阶对称正定方阵。

3.1.1.2 **动力学方程**

设 Q_i 为广义坐标 $q_i(i=1,2,\cdots,n)$对应的保守力，$L=T-V$ 为拉格朗日函数，拉格朗日第二类方程的一般形式为

$$\frac{\mathrm{d}}{\mathrm{d}t}\left(\frac{\partial L}{\partial \dot{q}_j}\right)-\frac{\partial L}{\partial q_i}=Q_i \quad (i=1,2,\cdots,n) \tag{3.6}$$

将式(3.2)和式(3.4)代入拉氏方程，可导出多自由度系统的动力学方程

$$\sum_{j=1}^{n}(m_{ij}\ddot{q}_j+K_{ij}q_j)=Q_i \quad (i=1,2,\cdots,n) \tag{3.7}$$

动力学方程(3.7)可写作矩阵形式

$$[M]\{\ddot{q}\}+[K]\{q\}=\{Q\} \tag{3.8}$$

式中，$\{Q\}=(Q_i)$为非保守力构成的列阵。讨论保实系统的自由振动时，令$\{Q\}=\{0\}$，则方程可化为

$$[M]\{\ddot{q}\}+[K]\{q\}=\{0\} \tag{3.9}$$

3.1.2 多自由度系统的自由振动

3.1.2.1 **固有频率**

首先考虑不受外力影响的无阻尼多自由度体系的自由振动方程

$$[M]\{\ddot{X}\}+[K]\{X\}=\{0\} \tag{3.10}$$

这是一个齐次线性微分方程组，其一般解可以由 n 个特解的线性组合来表示。令其特解为

$$\{X\}=\{A\}\sin(\omega t+\theta) \tag{3.11}$$

式中，$\{A\}=(A_j)$为各坐标振幅组成的 n 阶列阵。此特解表示系统内各个坐标偏离平衡值时均以同一频率 ω 和统一初相角 θ 做不同振幅的简谐运动。将式(3.11)代入式(3.10)并消去公因子 $\sin(\omega t+\theta)$，得到矩阵$[K]$和$[M]$的广义本征值问题

$$([K]-\omega^2[M])\{A\}=\{0\} \tag{3.12}$$

$\{A\}$有非零解的充分必要条件为系数行列式等于零，即

$$|[K]-\omega^2[M]|=0$$

即

$$\begin{vmatrix} k_{11}-\omega^2 m_{11} & k_{12} & \cdots & k_{1n} \\ k_{21} & k_{22}-\omega^2 m_{22} & \cdots & k_{2n} \\ \vdots & \vdots & & \vdots \\ k_{n1} & k_{n2} & \cdots & k_{nn}-\omega^2 m_{nn} \end{vmatrix}=0 \tag{3.13}$$

展开后得到 ω^2 的 n 次代数方程,即系统的本征方程为

$$\omega^{2n} + a_1\omega^{2(n-1)} + \cdots + a_{n-1}\omega^2 + a_n = 0 \tag{3.14}$$

对于平衡状态的正定系数,各坐标只能在平衡位置附近做微幅简谐振动。方程(3.14)存在 ω^2 的 n 个正实根,即系统的本征值。每个本征值所对应的 $\omega_i(i=1,2,\cdots,n)$ 为系统的 n 个固有频率,将其从小到大按序排列为

$$\omega_1 < \omega_2 < \cdots < \omega_{n-1} < \omega_n \tag{3.15}$$

式(3.14)中的 $\omega_i(i=1,2,\cdots,n)$ 分别称为第 1 阶、第 2 阶、…、第 n 阶频率,并总称为频谱。因此,本征方程(3.14)也称为频率方程。与单自由度系统频率相同,多自由度系统的固有频率也是由系统本身的物理参数所决定的,与起始运动状态无关。多自由度系统有多个固有频率,其中的最低固有频率称为系统的基频。

3.1.2.2 模态

模态(也称固有振动模态,或主模态)是多自由度线性系统的一种固有属性,可由系统的特征值(也称固有值)与特征向量(也称主振型)二者共同来表示,它们分别从时间和空间两个方面来刻画系统的振动特性。通过上述分析表明,多自由度线性系统的振动(不论是自由振动,还是强迫振动)都可以由各个模态叠加而成。

分析表明,一方面系统特征值确定了各个模态振动的固有频率和固有阻尼,从而也确定了模态运动实际历程的主要因素(内因);另一方面,系统的特征向量规定了一种空间模式,它确定了在模态运动中各个位移分量之间的相对振幅与相位。由此可见,每个特征值与其相应的特征向量构成一个特征对,由它来刻画模态运动的时空动态特性。

对应于式(3.15)的每一个频率 ω_k,都有一个特解

$$\{X\}^{(k)} = \{A\}^{(k)}\sin(\omega_k t + \theta_k) \quad (k = 1,2,\cdots,n) \tag{3.16}$$

式中:$\{A\}^{(k)}$ 对应于 ω_k 的振幅列向量;$\{X\}^{(k)}$ 则对应于 ω_k 的位移列向量,这样的特解一共有 n 个。其中,对应于每个自由度的位移为

$$x_i = \sum_{k=1}^{n} A_i^{(k)}\sin(\omega_k t + \theta_k) \tag{3.17}$$

根据线性微分方程的理论可知,方程(3.10)的一般解为所有这些特解的线性组合,即

$$\{X\} = \sum_{k=1}^{n}\{A\}^{(k)}\sin(\omega_k t + \theta_k) \tag{3.18}$$

为了考察特解的性质,把方程(3.16)的特解写成展开形式

$$\left.\begin{aligned} x_1^k &= A_1^{(k)}\sin(\omega_k t + \theta_k) \\ x_2^k &= A_2^{(k)}\sin(\omega_k t + \theta_k) \\ &\vdots \\ x_n^k &= A_n^{(k)}\sin(\omega_k t + \theta_k) \end{aligned}\right\} \tag{3.19}$$

这些例子说明,n 个自由度体系中任一质点 m_i 的自由振动都是由 n 个简谐振动合成的。对应于每一个频率 ω_k,各个质点均按该频率做同步的简谐振动。振动的各质点位移的比值为 $x_1^{(k)}:x_2^{(k)}:\cdots:x_n^{(k)} = A_1^{(k)}:A_2^{(k)}:\cdots:A_n^{(k)}$,这一比值与时间无关,从而在整体上组成一种固有的振动形式。通常把对应于每一个频率的简谐振动称为主振动,写做

$$\{x\}^{(i)} = \alpha_i \{\phi\}^{(i)} \sin(\omega_i t + \theta_i) \quad (i = 1,2,\cdots,n) \tag{3.20}$$

式中：α_i、θ_i 为任意常数，取决于初始运动状态；列阵 $\{\phi\}^{(i)}$ 表示系统做第 i 阶主振动时，各坐标幅值的相对比值。此相对比值完全由系统的物理性质确定，与初始运动状态无关，称作系统的第 i 阶模态（或第 i 阶主振型）。n 个自由度的结构有 n 个主振动，相应地有 n 个模态（振型）。系统的固有频率和对应的模态完全由系统的物理参数矩阵$[K]$和$[M]$确定，其为系统的固有特性。

为了确定振型，现以 $\omega=\omega_k$ 代入式(3.12)，即得

$$([K] - \omega_k^2[M])\{A\}^{(k)} = \{0\} \tag{3.21}$$

由于它的系数行列式$|[K]-\omega_k^2[M]|=0$，方程组(3.21)中只有 $n-1$ 行是独立的，因此只能求得每个振型$\{A\}^{(k)}$中各点位移的相对值。如果以第一个自由度的位移作为基数，得到规格化的振型向量$\{\Phi\}_k$ 为

$$\{\Phi\}_k = [\phi_1^{(k)} \quad \phi_2^{(k)} \quad \cdots \quad \phi_n^{(k)}]^{\mathrm{T}} = \frac{1}{A_1^{(K)}}[A_1^{(k)} \quad A_2^{(k)} \quad \cdots \quad A_n^{(k)}] \tag{3.22}$$

式中：$\phi_1^{(k)}=1$。

将$\{A\}^{(k)}=A_1^{(k)}\{\Phi\}_k$ 代入式(3.21)，并消去 $A_1^{(k)}$ 后，得

$$([K] - \omega_k^2[M])\{\Phi\}_k = \{0\} \tag{3.23}$$

设$[\widetilde{E}]^{(k)}=[K]-\omega_k^2[M]$，将式(3.23)写成展开形式

$$\begin{bmatrix} e_{11}^{(k)} & e_{12}^{(k)} & e_{13}^{(k)} & \cdots & e_{1n}^{(k)} \\ e_{21}^{(k)} & e_{22}^{(k)} & e_{23}^{(k)} & \cdots & e_{2n}^{(k)} \\ e_{31}^{k} & e_{32}^{(k)} & e_{33}^{(k)} & \cdots & e_{3n}^{(k)} \\ \vdots & \vdots & \vdots & & \vdots \\ e_{n1}^{(k)} & e_{n2}^{(k)} & e_{n3}^{(k)} & \cdots & e_{nn}^{(k)} \end{bmatrix} \begin{Bmatrix} 1 \\ \phi_2^{(k)} \\ \phi_3^{(k)} \\ \vdots \\ \phi_n^{(k)} \end{Bmatrix} = 0 \tag{3.24}$$

对矩阵式(3.24)将位移幅值分块，并用相应的符号表示为

$$\begin{bmatrix} e_{11}^{(k)} & [\widetilde{E}_{10}^{(k)}] \\ [\widetilde{E}_{01}^{(k)}] & [\widetilde{E}_{00}^{(k)}] \end{bmatrix} \begin{Bmatrix} 1 \\ \Phi_0^{(k)} \end{Bmatrix} = \begin{Bmatrix} 0 \\ 0 \end{Bmatrix} \tag{3.25}$$

展开得到方程组

$$\left.\begin{aligned} e_{11}^{(k)} + [\widetilde{E}_{10}^{(k)}]\{\Phi_0^{(k)}\} &= 0 \\ [\widetilde{E}_{01}^{(k)}] + [\widetilde{E}_{00}^{(k)}]\{\Phi_0^{(k)}\} &= \{0\} \end{aligned}\right\} \tag{3.26}$$

解方程组(3.26)的第 2 个式子可得

$$\{\Phi_0^{(k)}\} = -([\widetilde{E}_{00}^{(k)}])^{-1}[\widetilde{E}_{01}^{(k)}] \tag{3.27}$$

同样过程可以求出 n 个振型中的每一个振型形式，用振型矩阵$[\Phi]$表示为

$$[\Phi] = [\{\Phi_1\}\{\Phi_2\}\{\Phi_3\}\{\Phi_4\}] = \begin{bmatrix} \phi_{11} & \phi_{12} & \cdots & \phi_{1n} \\ \phi_{21} & \phi_{22} & \cdots & \phi_{2n} \\ \vdots & \vdots & & \vdots \\ \phi_{n1} & \phi_{n2} & \cdots & \phi_{nn} \end{bmatrix} \tag{3.28}$$

3.1.2.3 模态的正交性

在多自由度系统中,任意两个不同频率的模态(主振型)之间存在着下面所述的正交性,称为模态(振型)的正交性。

设两个固有频率 ω_i 和 ω_j 所对应的模态分别为 $\{\Phi\}_i$ 和 $\{\Phi\}_j$,应满足式(3.23),则

$$([K] - \omega_i^2[M])\{\Phi\}_i = \{0\} \tag{3.29}$$

$$([K] - \omega_j^2[M])\{\Phi\}_j = \{0\} \tag{3.30}$$

用 $\{\Phi\}_j^{\mathrm{T}}$ 和 $\{\Phi\}_i^{\mathrm{T}}$ 分别左乘式(3.29)和式(3.30),得到

$$\{\Phi\}_j^{\mathrm{T}}([K] - \omega_i^2[M])\{\Phi\}_i = \{0\} \tag{3.31}$$

$$\{\Phi\}_i^{\mathrm{T}}([K] - \omega_j^2[M])\{\Phi\}_j = \{0\} \tag{3.32}$$

注意到式(3.31)等于0,并且$[K]$和$[M]$都是对称矩阵,将式(3.31)左边转置,得

$$\{\Phi\}_i^{\mathrm{T}}([K] - \omega_i^2[M])\{\Phi\}_j = \{0\} \tag{3.33}$$

将式(3.32)和式(3.33)相减,得

$$(\omega_i^2 - \omega_j^2)\{\Phi\}_i^{\mathrm{T}}[M]\{\Phi\}_j = \{0\} \tag{3.34}$$

在两个振型频率不相同($\omega_i \neq \omega_j$)的情况下,由式(3.34)得到模态(振型)的第一正交条件

$$\{\Phi\}_i^{\mathrm{T}}[M]\{\Phi\}_j = \{0\} \tag{3.35}$$

将式(3.35)代入式(3.32),直接得到模态(振型)的第二正交条件

$$\{\Phi\}_i^{\mathrm{T}}[K]\{\Phi\}_j = \{0\} \tag{3.36}$$

3.1.2.4 模态(振型)叠加法

基于叠加原理,一个多自由度系统的运动,可以通过所谓的模态变换,分解为若干个独立的模态运动,其中每个模态运动相当于单自由度系统的运动。因此,可以方便地分别求出各个模态运动,再叠加后,得到系统的总的运动。这就是系统动力分析中的模态分析法。

n 个模态 $\{\phi\}^{(i)}(i=1,2,\cdots,n)$ 的正交性表明它们是线性独立的,可用于构成 n 维空间的基。系统的任意 n 维自由振动可唯一地表示为各阶模态的线性组合。

$$\{X\} = \sum_{i=1}^{n} \{\phi\}^{(i)} q_i \tag{3.37}$$

将式(3.37)与式(3.20)对照,可以认为是系统的振动表示为 n 阶主振动的叠加。这种分析方法即为模态叠加法。式中,$q_i(i=1,2,\cdots,n)$是描述系统运动的另一类广义坐标,称为主坐标,各阶主坐标组成的列阵$\{q_n\}$为主坐标列阵

$$\{q_n\} = (q_1 \quad q_2 \quad \cdots \quad q_n)^{\mathrm{T}} \tag{3.38}$$

则式(3.37)可以用模态矩阵$[\Phi]$表示为

$$\{X\} = [\Phi]\{Q\} \tag{3.39}$$

利用主坐标的正交特性,可以简化多自由度特性的运动方程。考察多自由度系统的一般运动方程

$$[M]\{\ddot{X}\} + [C]\{\dot{X}\} + [K]\{X\} = \{P(t)\} \tag{3.40}$$

在式(3.39)的两边分别对时间求一阶导数和二阶导数(注意:振型不随时间变化),可

以得到$\{\dot{X}\}=[\Phi]\{\dot{Q}\}$和$\{\ddot{X}\}=[\Phi]\{\ddot{Q}\}$。将它们代入式(3.40),即得

$$[M][\Phi]\{\ddot{Q}\}+[C][\Phi]\{\dot{Q}\}+[K][\Phi]\{Q\}=\{P(t)\} \tag{3.41}$$

对式(3.41)左乘第 n 个振型向量的转置向量$[\Phi]_n^{\mathrm{T}}$,式(3.41)变成

$$[\Phi]_n^{\mathrm{T}}[M][\Phi]\{\ddot{Q}\}+[\Phi]_n^{\mathrm{T}}[C][\Phi]\{\dot{Q}\}+[\Phi]_n^{\mathrm{T}}[K][\Phi]\{Q\}=[\Phi]_n^{\mathrm{T}}\{P(t)\} \tag{3.42}$$

根据振型的正交条件,当 $m\neq n$ 时$[\Phi]_m^{\mathrm{T}}[M][\Phi]_n$ 和$[\Phi]_m^{\mathrm{T}}[K][\Phi]_n$ 均等于0,在这个方程的质量和刚度的表达式中,只剩下了与$[\Phi]_n$ 对应的项。如果正交条件也适用于阻尼矩阵,即当 $m\neq n$ 时$[\Phi]_m^{\mathrm{T}}[C][\Phi]_n=0$,则阻尼矩阵也只剩下了与$[\Phi]_n$ 对应的项。为满足阻尼的正交条件,常采用下面的 Rayleigh 阻尼表达式:

$$[C]=\alpha[M]+\beta[K] \tag{3.43}$$

式中,α 和β 是任意的比例系数。如果已知体系的任意两个自振频率 $\omega_1<\omega_2$,并给定了2个对应的阻尼比 ξ_1 和 ξ_2,则 α 和β 可以由下式确定,即

$$\begin{bmatrix}\xi_1\\\xi_2\end{bmatrix}=\frac{1}{2}\begin{bmatrix}\omega_1^{-1} & \omega_1\\\omega_2^{-1} & \omega_2\end{bmatrix}\begin{bmatrix}\alpha\\\beta\end{bmatrix} \tag{3.44}$$

或用频率 $f_1=\omega_1/2\pi$、$f_2=\omega_2/2\pi$ 代替圆频率,可写成显式

$$\left.\begin{aligned}\alpha&=4\pi\frac{\xi_1 f_1 f_2^2-\xi_2 f_1^2 f_2}{f_2^2-f_1^2}\\\beta&=\frac{1}{\pi}\frac{\xi_2 f_2-\xi_1 f_1}{f_2^2-f_1^2}\end{aligned}\right\} \tag{3.45}$$

在工程应用上,阻尼比 ξ_1 和 ξ_2 通常根据经验或实测给定,且常使 $\xi_1=\xi_2$。例如,欧洲规范建议桥梁动力分析时阻尼比 ξ 按表3.1来用。

表3.1 阻尼比的建议值 ξ (%)

桥梁类型	桥梁跨度	
	$L<20$m	$L\geqslant20$m
钢梁或结合梁	$0.5+0.125(20-L)$	0.5
预应力混凝土梁	$1.0+0.07(20-L)$	1.0
钢筋混凝土或衬添混凝土梁	$1.5+0.07(20-L)$	1.5

这样,公式(3.42)就可以简化成

$$M_n\{\ddot{Q}\}+C_n\{\dot{Q}\}+K_n\{Q\}=P_n(t) \tag{3.46}$$

或者

$$\{\ddot{Q}\}+2\xi_n\omega_n\{\dot{Q}\}+\omega_n^2=\frac{P_n(t)}{M_n} \tag{3.47}$$

式中:$M_n=[\Phi]_n^{\mathrm{T}}[M][\Phi]_n$;$C_n=[\Phi]_n^{\mathrm{T}}[C][\Phi]_n=2\xi_n\omega_n M_n$;$K_n=[\Phi]_n^{\mathrm{T}}[K][\Phi]_n=\omega_n^2 M_n$;$P_n(t)=[\Phi]_n^{\mathrm{T}}\{P(t)\}$。它们分别叫做第 n 阶振型的主坐标广义质量、广义阻尼、

广义刚度和广义荷载。

这是一个独立的单自由度方程。也就是说,通过变换主坐标,就可以将质量、阻尼和刚度矩阵由非对角项耦合的 n 个联立运动微分方程转换为 n 个独立的主坐标方程。因此,在计算动力反应时,可首先分别求解每一个主(振型)坐标的反应,然后按照式(3.39)叠加即可得出用原始坐标的反应,该方法即称为振型叠加法。

3.2 隔振与减振原理

所谓隔振,就是在振源和设备或其他物体之间用弹性或阻尼装置连接,使振源产生的大部分能量由隔振装置吸收,以减少对物体的干扰。隔振有两方面的作用:一方面是设备要防止从基础传来的振动;另一方面是要减小振动机械对基础的作用。前者称为运动隔振,后者称为力隔振,因为它们的隔振原理是统一的,所以放在一起讨论。本节首先讨论较为简单的单级隔振系统,然后采用 Laplace 变换法,由隔振系统的线性微分方程导出相应的传递函数和频率特性(传递率),来讨论较为复杂的二级隔振系统的传递率。

3.2.1 运动隔振

隔振系统的最简化模型可表示为图 3.1 所示的单自由度线性阻尼系统,其中质量 m 代表精密仪器装备,隔振装置用弹簧(刚度系数为 k)和阻尼器(阻尼系数为 c)来表示。

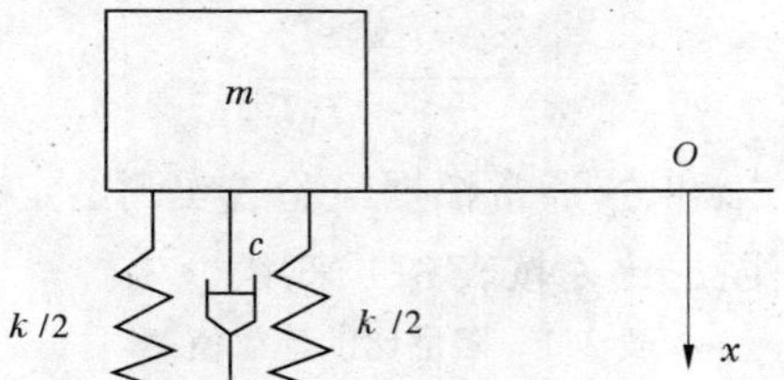

图 3.1 基座运动的隔振

假设基础的运动是垂直方向的振动,取 y 轴向下为正,这一运动可表示为

$$y = Y\cos\omega t \tag{3.48}$$

再设质量 m 也只能沿铅垂方向运动,我们以基础不动时($y=0$),质量 m 的静平衡位置为原点,沿铅垂方向取 x 轴(向下为正),用坐标 x 来表示质量 m 的绝对位移。考虑到初变形时的弹簧力与重力正好平衡,所以在运动中作用于质量 m 的净力就只有弹性恢复力与阻尼力了,它们在 x 轴上的投影分别为 $-k(x-y)$ 与 $-c(\dot{x}-\dot{y})$。于是,由牛顿定律,有

$$m\ddot{x} = -k(x-y) - c(\dot{x}-\dot{y}) \tag{3.49}$$

或写成

$$m\ddot{x} + c\dot{x} + kx = ky + c\dot{y} \tag{3.50}$$

利用复数解法,将 y 与 x 分别表示为

$$\left.\begin{aligned} y &= Ye^{j\omega t} \\ x &= Xe^{j(\omega t-\varphi)} = Xe^{-j\varphi} \cdot e^{j\omega t} \end{aligned}\right\} \tag{3.51}$$

将它们代入方程(3.50),得

$$(-m\omega^2 + jc\omega + k)Xe^{-j\varphi} = (k + jc\omega)Y \tag{3.52}$$

或写成

$$\frac{X}{Y}e^{-j\varphi} = \frac{k + jc\omega}{(k - m\omega^2) + jc\omega} \tag{3.53}$$

对式(3.53)两端取绝对值,可得

$$\frac{X}{Y} = \sqrt{\frac{k^2 + c^2\omega^2}{(k - m\omega^2)^2 + c^2\omega^2}} \tag{3.54}$$

或用阻尼率 ξ 与频率比 γ($\gamma = \omega/\sqrt{\frac{k}{m}}$)表示为

$$\frac{X}{Y} = \sqrt{\frac{1 + (2\xi\gamma)^2}{(1 - \gamma^2)^2 + (2\xi\gamma)^2}} \tag{3.55}$$

式中:$\frac{X}{Y}$称为传递率,记为 T,传递率越小说明效果越好。

在图 3.2 中,给出不同的阻尼率 ξ 时,式(3.55)画出了传递率随频率比变化的曲线,即 $T \sim \gamma$ 曲线。从图上可以看出,当 $\gamma = \sqrt{2}$时,不论 ξ 多大,T 都等于 1,即所有的曲线都交于点($\sqrt{2}$,1)。当 $\gamma > \sqrt{2}$时,恒有 $T < 1$,且当 $\gamma \to \infty$时,$T \to 0$,这时基础的振动将传递不到 m 上去。值得注意的是,当 $\gamma > \sqrt{2}$时,减小阻尼对传递率是有利的。但是,为了使结构

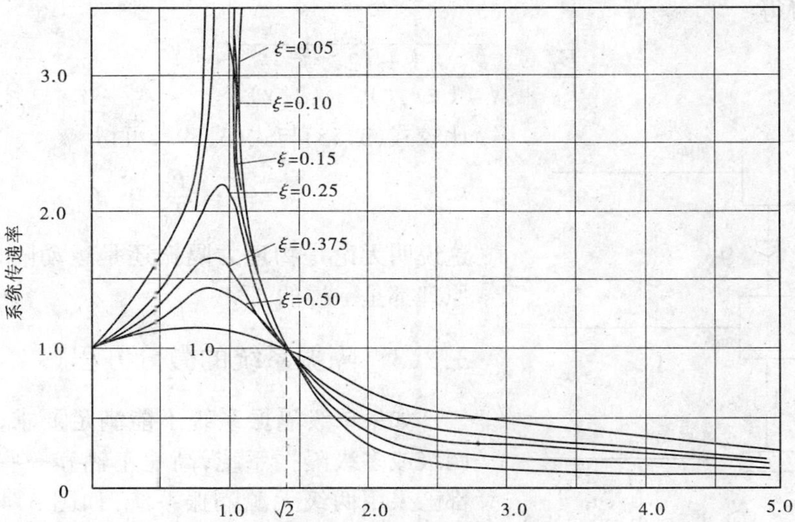

图 3.2 传递率随频率比的变化曲线

安全通过共振区，还应考虑保持适当的阻尼。

3.2.2 力隔振

力隔振是指机器本身是振源，加隔振装置的目的是减小机器的振动对基础的作用。取图 3.3所示的模型系统，基础假定是不动的，作用于质量 m 的力有铅垂简谐力 $F = F_0\cos\omega t$。由文献[156-158]可知，这时质量 m 的定常强迫振动为

$$x = X\cos(\omega t - \varphi) \tag{3.56}$$

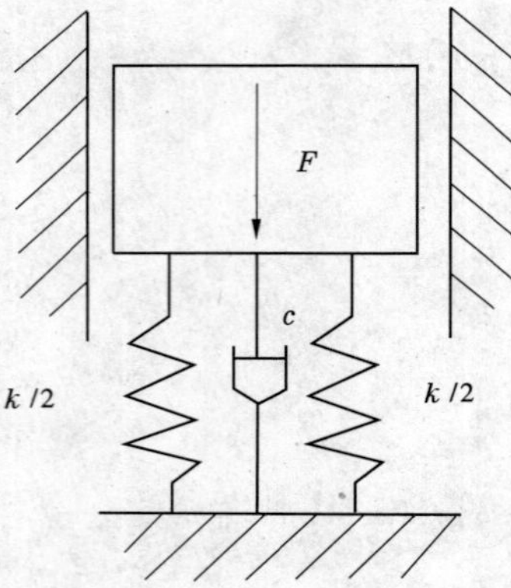

图 3.3 单级传递力隔振

其中

$$X = X_0\beta = \frac{F_0}{k}\frac{1}{\sqrt{(1-\gamma^2)^2 + (2\xi\gamma)^2}}$$

故有

$$F_0 = kX\sqrt{(1-\gamma^2)^2 + (2\xi\gamma)^2} \tag{3.57}$$

传到基础上的力有两个：一个是弹簧力 F_k，有

$$F_k = kx = kX\cos(\omega t - \varphi);$$

另一个是阻尼力 F_c，有

$$F_c = c\dot{x} = -c\omega X\sin(\omega t - \varphi)$$

这两个力都是同频率的谐和力，但彼此有 90°的相位差，所以传到基础上的力是二者的合力，其幅值 F_T 为

$$F_T = X\sqrt{k^2 + c^2\omega^2} = kX\sqrt{1 + (2\zeta\gamma)^2} \tag{3.58}$$

传到基础上的力与作用于机器的力，二者力幅之比亦称为$\frac{F_T}{F_0}$传递率。由式(3.57)与式(3.58)，可得

$$\frac{F_T}{F_0} = \sqrt{\frac{1 + (2\zeta\gamma)^2}{(1-\gamma^2)^2 + (2\zeta\gamma)^2}} \tag{3.59}$$

比较式(3.55)与式(3.59)，可得

$$\frac{X}{Y} = \frac{F_T}{T_0} = T \tag{3.60}$$

这说明无论是物理力隔振还是运动隔振，两者的原理都是一样的。

3.2.3 隔振系统的微分方程

如果单级隔振系统不能满足要求，就要采用两级或多级隔振系统，高速车辆和一些精密设备都已采用两级无源隔振系统，如图 3.4 所示。此外，如果把单级隔振系统放在弹性基础上，且激励频率较高需要考虑基础变形时，也可以把它近似

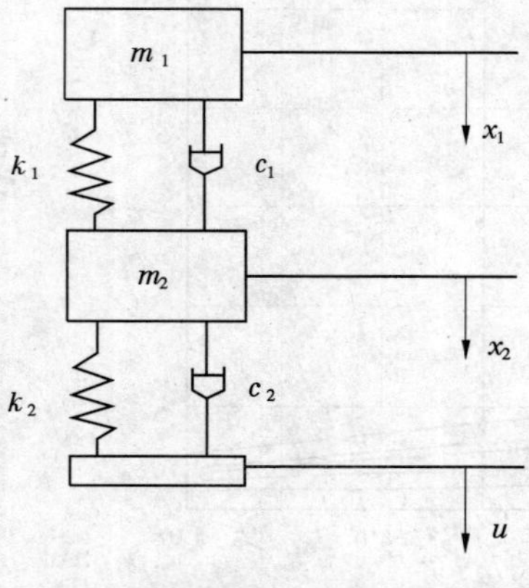

图 3.4 典型的两级无源运动隔振系统

作为两级隔振系统进行初步分析[160]。

设隔振对象的质量为 m_1,隔振系统的中间质量为 m_2,两级隔振器的刚度系数分别为 k_1 和 k_2,阻尼系数分别为 c_1 和 c_2。基座铅垂位移为 u,隔振对象和中间质量的铅垂位移分别为 x_1 和 x_2。利用动力学定律,分别写出隔振对象和中间质量的运动方程

$$\left.\begin{aligned} m_1\ddot{x}_1 + c_1\dot{x}_1 + k_1x_1 - c_1\dot{x}_2 - k_1x_2 = 0 \\ -c_1\dot{x}_1 - k_1x_1 + (c_1+c_2)\dot{x}_2 + (k_1+k_2)x_2 = c_2\dot{u} + k_2u \end{aligned}\right\} \tag{3.61}$$

利用对时间的微分算子 P,可将式(3.61)的方程表示为算子形式

$$\left.\begin{aligned} (m_1P^2 + c_1P + k_1)x_1 - (c_1+k_1)x_2 = 0 \\ -(c_1P + k_1)x_1 + [m_2P^2 + (c_1+c_2)P + k_1 + k_2]x_2 = (c_2P + k_2)u \end{aligned}\right\} \tag{3.62}$$

由于我们只关心隔振对象的运动情况,故可以从式(3.62)中消去位移 x_2,导出位移 x_1 的微分方程,其算子形式为

$$(a_4P^4 + a_3P^3 + a_2P^2 + a_1P + a_0)x_1 = (b_2P^2 + b_1P + b_0)u \tag{3.63}$$

式中:$a_4 = m_1m_2$;$a_3 = m_2c_1 + m_1(c_1+c_2)$;$a_2 = m_1(k_1+k_2) + m_2k_1 + c_1c_2$;$a_1 = k_1c_2 + k_2c_1$;$a_0 = k_1k_2$;$b_2 = c_1c_2$;$b_1 = k_2c_1 + k_1c_2$;$b_0 = k_1k_2$。

同理,可求出具有 n 个自由度,其坐标向量为 $X = [x_1 \quad x_2 \quad \cdots \quad x_n]^T$,该系统承受 m 个激励,激励向量为 $U = [u_1 \quad u_2 \quad \cdots \quad u_m]^T$,如果单独研究某个激励(记作 u)和位移之间的惯性,可得到运动微分方程[159]

$$(a_{2n}P^{2n} + a_{2n-1}P^{2n-1}P^{2n-1} + \cdots + a_1P + a_0)x_1 = (b_{2n-1}P^{2n-1} + \cdots + b_1P + b_0)u \tag{3.64}$$

3.2.4 传递函数

传递函数是线性动力学系统另一形式的数学模型,对线性系统的运动微分方程进行 Laplace 变换[159],即可导出该系统的传递函数。考察多自由度运动隔振系统的运动方程(3.64),如果激励 $u(t)$和位移 $x(t)$均以零为初始条件,即

$$\left.\begin{aligned} u(0) = u^{(1)}(0) = \cdots = u^{(2n-2)}(0) = 0 \\ x(0) = x^{(1)}(0) = \cdots = x^{(2n-1)}(1) = 0 \end{aligned}\right\} \tag{3.65}$$

则此时,对运动方程(3.64)进行 Laplace 变换,并利用微分定理,即得

$$(a_{2n}s^{2n} + \cdots + a_1s + a_0)X(s) = (b_{2n-1}s^{2n-1} + \cdots + b_1s + b_0)U(s) \tag{3.66}$$

式中:$X(s)$和 $U(s)$分别为 x 和 u 的 Laplace 变换象函数。

自动控制理论把线性系统某输出量的象函数与某个输入量的象函数的比值定义为该输出量对该输入量的传递函数。对力隔振系统而言,输入量是振源的激振力,输出量是隔振系统给基础的扰动力。而对于运动隔振系统来说,输入量是基座的运动量,输出量是隔振对象的运动量。这些运动量可以是位移,也可以是速度或加速度。

按上述定义,从式(3.56)导出多自由度隔振系统位移 x 对基座位移 u 的传递公式的一般公式

$$G(s) = \frac{b_{2n-1}s^{2n-1} + \cdots + b_1s + b_0}{a_{2n}s^{2n} + \cdots + a_1s + a_0} \tag{3.67}$$

下面列出几个简单隔振系统的传递函数的解析式。

(1)图 3.3 所示单级传递力隔振系统,输入量是激振力 $f(t)$,输出量是它给基础的扰动力 $n(t)$,由图 3.3 可知,扰动力可由下式确定

$$n(t) = c\dot{x} + kx \tag{3.68}$$

将式(3.68)和隔振系统的运动方程进行 Laplace 变换,得到

$$\left.\begin{aligned} N(s) &= (cs + k)X(s) \\ (ms^2 + cs + k)X(s) &= F(s) \end{aligned}\right\} \tag{3.69}$$

式中:$N(s)=L[n(t)]$;$X(s)=L(s)$;$F(s)=L[f(t)]$。

从式(3.69)中消去象函数 $X(s)$,即可得出力隔振系统扰动力对激振力的传递函数

$$G_1(s) = \frac{cs + k}{ms^2 + cs + k} \tag{3.70}$$

(2)图 3.1 所示的单级运动隔振系统,输入量是基座位移 u,输出量是隔振对象的位移 x,据其运动方程导出 x 对 u 的传递函数

$$G_2(s) = \frac{cs + k}{ms^2 + cs + k} \tag{3.71}$$

对比式(3.70)和式(3.71)可以看出,传递函数 $G_1(x)$ 和 $G_2(x)$ 的数学结构完全相同。但它们的物理意义完全不同,分别为不同的输出量和输入量象函数的比值。

(3)图 3.4 所示两级运动隔振系统,输入量是基座位移 u,输出量是隔振对象位移 x_1,将运动方程组(3.61)进行 Laplace 变换,即可导出 x_1 对 u 的传递函数

$$G_3(s) = \frac{(c_1 s + k_1)(c_2 s + k_2)}{(m_1 s^2 + c_1 s + k_1)[m_2 s^2 + (c_1 + c_2)s + k_1 + k_2] - (c_1 s + k_1)^2} \tag{3.72}$$

(4)图 3.5 为另外一种两级运动隔振系统,输入量是基座位移 u,输出量是隔振对象位移 x_1,将运动方程(3.61)进行 Laplace 变换,即可导出 x_1 对 u 的传递函数

$$G_4(s) = \frac{k_2(cs + k_1)}{(m_1 s^2 + cs + k_1)(m_2 s^2 + cs + k_1 + k_2) - (cs + k_1)^2} \tag{3.73}$$

3.2.5 频率特性函数

频率特性函数是研究线性动力学系统的有效工具。特别是它具有明确的物理意义,用它可以准确地描述系统受简谐激励时的响应。一旦导出线性动力学系统某输出量对某输入量的传递函数 $G(s)$,只要用虚宗量 $j\omega$ 代替复宗量 s,使 $G(s)$变为 $G(j\omega)$,$G(j\omega)$就是该系统某输出量对某输入量的频率特性函数。

由式(3.67)可以求得运动隔振系统隔振对象位移 x 对基座 u 的频率特性的表达式

$$G(j\omega) = \frac{b_{2n-1}(j\omega)^{2n-1} + \cdots + b_1 j\omega + b_0}{a_{2n}(j\omega)^{2n} + \cdots + a_1 j\omega + a_0} \tag{3.74}$$

同样的,由式(3.70)可以得到单级传递力隔振系统给基础的扰动力对激振力的频率特性函数,以及由式(3.71)可以得到单级运动隔振系统隔振对象绝对位移对基座位移的频率特性函数

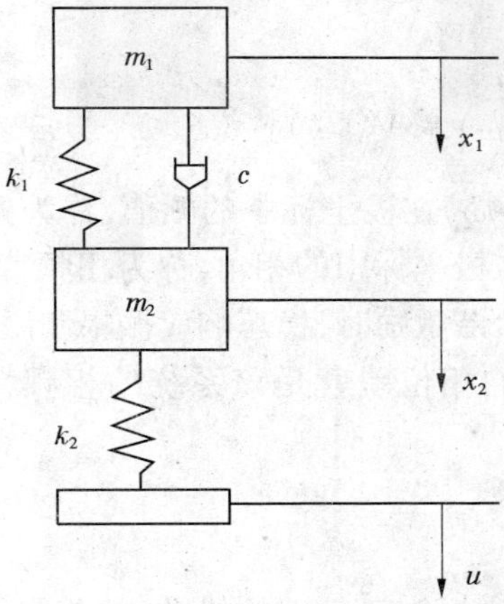

图 3.5　二级无源运动隔振系统

$$G_1(j\omega) = G_2(j\omega) = \frac{jc\omega + k}{k - m\omega^2 + jc\omega} \tag{3.75}$$

同理可以得到单级位移隔振系统的隔振对象和基座间的相对位移 δ 对基座位移 u 的频率特性函数

$$G_3(j\omega) = \frac{\omega^2}{\omega_n^2 - \omega^2 + j2\xi\omega_n\omega} \tag{3.76}$$

式(3.74)定义的频率特性函数在振动理论专著中又被称为传递函数。频率特性表达式(3.74)可以表示为下列形式

$$G(j\omega) = \frac{A_1(\omega) + jB_1(\omega)}{C_1(\omega) + jD_1(\omega)} \tag{3.77}$$

式中：

$$\begin{aligned} A_1(\omega) &= b_0 - b_2\omega^2 + b_4\omega^4 - \cdots \\ B_1(\omega) &= \omega(b_1 - b_3\omega^2 + b_5\omega^4 - \cdots) \\ C_1(\omega) &= a_0 - a_2\omega^2 + a_4\omega^4 - \cdots \\ D_1(\omega) &= \omega(a_1 - a_2\omega^2 + a_5\omega^4 - \cdots) \end{aligned} \tag{3.78}$$

显然，$A_1(\omega)$和 $C_1(\omega)$是 ω 的偶函数，$B_1(\omega)$和 $D_1(\omega)$是 ω 的奇函数，且 $D_1(0) = B_1(0) = 0$。用因式$\{C_1(\omega) - jD_1(\omega)\}$乘以式(3.76)的分子和分母，并将 $G(j\omega)$的实部和虚部分开，得到

$$G(j\omega) = U_0(\omega) + jV_0(\omega) \tag{3.79}$$

式中：

$$U_0(\omega) = \frac{A_1(\omega)C_1(\omega) + B_1(\omega)D_1(\omega)}{C_1^2(\omega) + D_1^2(\omega)};\ V_0(\omega) = \frac{B_1(\omega)C_1(\omega) - A_1(\omega)D_1(\omega)}{C_1^2(\omega) + D_1^2(\omega)}$$

$U_0(\omega)$是 ω 的偶函数，称为实频特性函数，是 $G(j\omega)$的实部。$V_0(\omega)$是 ω 的奇函数，称为虚频特性函数，是 $G(j\omega)$的虚部。

此外，由式(3.78)还可以推导出 $G(j\omega)$的极坐标表达式

$$G(j\omega) = R(\omega)e^{j\theta(\omega)} \tag{3.80}$$

式中：

$$R(\omega) = [U_0^2(\omega) + V_0^2(\omega)]^{1/2};\theta(\omega) = \arctan\left[\frac{V_0(\omega)}{U_0(\omega)}\right]$$

$R(\omega)$是频率特性函数 $G(j\omega)$在极坐标中的幅值，称为幅频特性，它是 ω 的偶函数；$\theta(\omega)$是频率特性函数 $G(j\omega)$在极坐标中的相角，称为相频特性，它是 ω 的奇函数。其物理意义是：当线性振动系统受简谐激励时，稳态响应振幅和激励振幅的比值就是该系统的幅频特性；稳态响应和激励间的相位差就是该系统的相频特性。二者都是激励频率的函数。

3.2.6 隔振传递率

力隔振系统的任务是减轻激振力对基础的扰动；位移隔振的任务是抑制隔振对象对基座的响应。因式(3.80)能表示线性系统对简谐激励响应的灵敏度，因而可以用它作为评价隔振系统的品质指标，特别是可以用它评价受简谐激励系统的隔振能力，故被称为隔振传递率。下面简要介绍几种隔振传递率的公式。

3.2.6.1 单级位移隔振系统的绝对隔振传递率

单级位移隔振系统隔振对象位移对基座的频率特性 $G_2(j\omega)$如式(3.75)所示。按照式(3.78)将其分解为实部和虚部，再将二者代入式(3.79)，并引入单自由度阻尼振动特性参数：$\omega_n = \left(\frac{k}{m}\right)^{1/2}$，$c_c = 2(mk)^{1/2}$，$\zeta = \frac{c}{c_c}$。经过整理，得到幅频特性的解析式

$$R_2(\omega) = \left[\frac{\omega_n^2(1 + 4\zeta^2\omega^2)}{(\omega_n^2 - \omega^2)^2 + 4\zeta^2\omega_n^2\omega^2}\right]^{1/2} \tag{3.81}$$

激励频率 ω 与隔振系统无阻尼固有频率 ω_n 的比值称为频率比，记作

$$\gamma = \frac{\omega}{\omega_n} \tag{3.82}$$

用频率比 γ 作宗量，并用 $T_a(\gamma)$表示幅频特性 $R_2(\omega)$，经过整理，得到

$$T_a(\gamma) = \sqrt{\frac{1 + (2\zeta\gamma)^2}{(1 - \gamma^2)^2 + (2\zeta\gamma)^2}} \tag{3.83}$$

显然，式(3.83)和式(3.55)、式(3.59)是完全相同的。$T_a(\gamma)$被称为位移隔振系统的绝对传递率。

单级力隔振系统隔振传递率的解析式和式(3.83)相同。

3.2.6.2 单级位移隔振系统的相对隔振传递率

单级位移隔振系统的隔振对象与基座间的相对位移对基座位移的频率特性 $G_3(j\omega)$如式(3.76)所示。按照式(3.78)将其分解为实部和虚部，再将二者代入式(3.79)，经过整理，得到幅频特性的解析式

$$R_3(\omega) = \left[\frac{\omega^4}{(\omega_n^2 - \omega^2)^2 + 4\zeta^2\omega_n^2\omega^2}\right]^{1/2} \tag{3.84}$$

用频率比 γ 作宗量，并用 $T_r(\gamma)$表示幅频特性 $R_3(\omega)$，经过整理，得到

$$T_r(\gamma)=\left[\frac{\gamma^4}{(1-\gamma^2)^2+4\zeta^2\gamma^2}\right]^{1/2} \tag{3.85}$$

$T_r(\gamma)$被称为位移隔振系统的相对隔振传递率。经计算表明,频率比很大时,相对传递率趋近于1,即意味着隔振对象几乎保持不动。

3.2.6.3 两级位移隔振系统的绝对隔振传递率

对于图3.5所示的两级位移隔振系统,在其隔振对象位移对基座位移的传递函数式(3.73)中,令 $s=j\omega$,即可得到 x_1 对 u 的频率特性 $G(j\omega)$。按照式(3.78)将其分解为实部和虚部,再将二者代入式(3.79),并引入下列参数:$\gamma=\dfrac{\omega}{\omega_1}$,$\omega_1=\left(\dfrac{k_1}{m_1}\right)^{1/2}$,$\omega_2=\left(\dfrac{k_2}{m_2}\right)^{1/2}$,$c_c=2(m_1k_1)^{1/2}$,$\zeta=\dfrac{c}{c_c}$,$\mu=\dfrac{m_2}{m_1}$,$f=\dfrac{\omega_2}{\omega_1}$。经过整理,得到幅频特性的解析式 $R_5(\omega)$。实际上,它就是两级位移隔振系统的绝对隔振传递率。

用绝对隔振传递率符号 $T(\gamma,\zeta,\mu,f)$ 代替 $R(\omega)$,即为绝对隔振传递率的解析式

$$T(\gamma,\zeta,\mu,f)=\frac{(\mu^2f^4+4\zeta^2\mu^2f^4\gamma^2)^{1/2}}{\{[\mu f^2-(1+\mu+\mu f^2)\gamma^2+\mu\gamma^4]^2+4\zeta^2\gamma^2[\mu f^2-(1+\mu)\gamma^2]^2\}^{1/2}} \tag{3.86}$$

设计二级隔振系统要求计算最优结构参数。实践中提出了两类约束条件不同的最优参数问题。①预先给定二级隔振系统的质量比 μ 和二级的固有频率比 f,问题归结为寻找最优阻尼比,这是一维参数优化问题;②预先只给定两级隔振系统的质量比 μ,问题归结为寻找最优阻尼比和两级的最优固有频率比,这是二维优化问题。文献[159]认为,按二维参数优化设计的二级隔振系统的隔振性能比按一维参数优化设计的二级隔振系统优越得多。这与后者的约页条件更多有关。

选择多自由度隔振系统的结构参数涉及到多维参数优化问题。一般采用非线性数学规划的方法来寻找绝对传递率的最大值、最小值对应的结构参数组。此外,有些文献也采用控制理论确定隔振系统的最优参数。

一般说来,增加隔振系统级的数目,对于提供隔振效果会有一些好处。可是,从两级开始,持续增加隔振系统的级数,其隔振效果会越来越不明显,而且会使隔振系统的结构复杂化、成本迅速提高,本积也要增大。因此,级数很高的隔振系统在实践中并不多见。

3.2.7 讨论

3.2.7.1 一级隔振系统

由图3.2所示的一级隔振系统的传递率与频率比的变化曲线图可知,只有当一级隔振系统的固有频率小于$\sqrt{2}$倍的激励频率时,隔振系统才有隔振能力。一级隔振系统可以从刚度系数和质量两方面来降低隔振系统的固有频率。国内外许多文献和工程应用中,把浮置板这类无碴轨道结构简单视为一级隔振系统,采用有意增大浮置板的质量的方法来降低无碴轨道的固有频率,因此把浮置板加工得很笨重,施工维修不便。本书认为,把浮置板无碴轨道简单视为一级隔振系统,所得到的结论和采取的措施未免有些局限性,因此必须通过建立较完善的车辆、无碴轨道和桥梁系统方程,把无碴轨道系统视为多级隔振

系统,并进行车桥耦合振动分析,来指导无碴轨道这种隔振系统的优化设计。

如果隔振器的刚度系数过大,使隔振系统的无阻尼固有频率比基座激励频率大时,因为隔振系统的绝对传递率不低于1.0,所以它没有隔振能力;尤其在隔振器的刚度系数选择不当,使隔振系统的固有频率接近激励频率时,隔振系统将处于共振状态,这是不能允许的。综上所述,隔振器的刚度应该足够低,才能保证隔振系统的固有频率远远低于激励频率;才能使隔振系统具有较高的隔振能力。通常要求频率比最好超过5.0,至少也应大于2.5。

3.2.7.2 二级隔振系统

通过增加质量块的质量和减小弹簧的刚度系数,可降低一级隔振系统的绝对传递率,即提高了隔振系统的隔振性能。那么二级隔振系统是不是通过增加质量块的质量就一定能提高隔振系统的隔振性能呢?答案是否定的。现以图3.5和式(2.55)讨论之。

对于图3.5,现取参数如下:$m_1 = 1\ 000\text{kg}$, $k_1 = 2\ 000\text{N/m}$, $c = 1\ 000\text{N·s/m}$, $k_2 = 1\ 000\text{N/m}$, $m_2 = 50$、100、…、1 000kg,即质量 m_2 的质量由小到大(取20个点)来分析二级隔振系统绝对传递率的变化特点,取激励频率和隔振系统固有频率比分别为 $g = 0.7$、1.5、2、2.5时,每个频率比对应的曲线如图3.6中的曲线 b、c、d 和 e 所示。

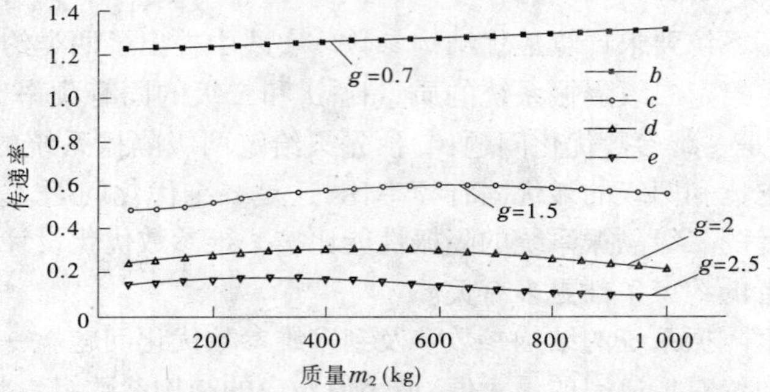

图3.6 质量 m_2 变化对二级隔振系统绝对传递率的影响

由图3.6看出,随着质量 m_2 的增加,二级隔振系统的绝对传递率反而在某区域内增加,特别是曲线 b 对应的绝对传递率一直增加。如果把质量 m_1、刚度系数 k_2 分别改变为 $m_1 = 500\text{kg}$, $k_2 = 500\text{N/m}$,其他的参数不变,所得到的二级隔振系统在固有频率比为 $g = 0.7$、1.5、2、2.5时对应的绝对隔振率曲线如图3.7所示。由此可见质量块质量的增加和减振系统减振性能的提高没有必然的联系。

由图3.7所示,参数改变后,随着质量 m_2 的增加,固有频率比为 $g = 0.7$、1.5、2、2.5所对应的四条曲线均有不同程度的降低,即其对应的绝对隔振传递率降低。由此可见,提高一级隔振系统的隔振性能所采取措施的结论,不一定能适用于二级隔振系统。因此,对于车桥耦合振动系统,为了能够提高无碴轨道系统(二级隔振系统)的隔振性能,必须通过建立较完善的车辆、无碴轨道和桥梁系统方程,运用优化设计的方法,进行车桥耦合振动分析,对于多种设计方案进行分析、比较,找出结构参数的合理匹配以及对系统振动影响的内在规律,来指导无碴轨道这种隔振系统的优化设计。

3.2.7.3 隔振器的常用类型

为了改善隔振效果,人们常常要求隔振的设备下面放一个软垫。文献[159]以运动完

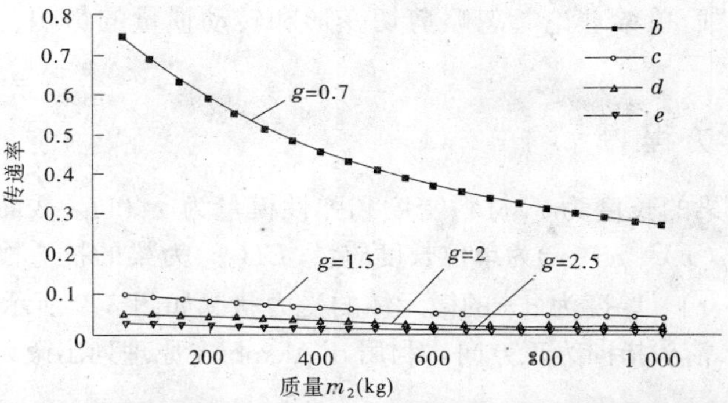

图 3.7　参数改变后变量 m_2 变化对二级隔振系统绝对传递率的影响

全解耦的单级隔振系统为例，研究了软垫所起的作用，指出当软垫的刚度系数足够低时，在使用软垫后，隔振系统的固有频率将会急剧降低。从而显著提高激励频率与固有频率的比值 g，使其远大于1.0。隔振系统的隔振能力也会因此得到显著提高。

无源隔振系统装置实际上是一个软垫。通常用作隔振器的软垫有3种类型，它们分别是金属弹簧、黏弹性支承和弹性垫。现将各类型特性简名要介绍如下。

3.2.7.3.1　金属弹簧

金属弹簧应用极广，从轻型仪器到重型设备都能应用到它。其优点是：能承受高低温、腐蚀性介质和各种溶剂等有害环境因素，刚度系数比较稳定，允许相对位移很大，能隔离低频振动。其缺点是：阻尼较弱，钢弹簧的的阻尼比为0.005，如果阻尼不足，要求并联安装阻尼器；此外，用金属弹簧隔振时，隔振对象容易摆动。因此，设计时应使其质心尽量接近隔振器的弹性中心，尽量减小这种有害的摆动。

3.2.7.3.2　黏弹性支承

黏弹性支承主要是天然橡胶和合成橡胶，适合隔离较高频率的振动。在工业环境受到严格控制的环境中，天然橡胶是质优价廉的隔振器。天然橡胶还有一定的阻尼能力，天然橡胶和聚氯丁橡胶的阻尼比约为0.05，比钢弹簧大约10倍。合成橡胶对有害环境的适应能力比天然橡胶要强些。此外，橡胶用于压缩和剪切工作状态比用于拉伸工作状态要好，在压缩状态下，它能储存更高的势能；而在剪切状态下，其使用寿命要比拉伸状态强。用作隔振器的橡胶的硬度较小，硬度值在30～80之间。

3.2.7.3.3　隔振垫

隔振垫包括软木、毛毡和玻璃纤维等有机物。比较容易安装是一个突出的优点。软木和毛毡也有一定的阻尼能力，其阻尼比在0.05～0.06之间。软木有一定的抗腐蚀能力，而且在很大的温度范围内性能稳定。玻璃纤维的抗腐蚀能力和抗溶剂能力都很强。

正确选择隔振器的材料是隔振系统结构设计的重要任务。

3.3　梁的弯曲振动

这里仅限于讨论梁的平面弯曲振动，这种振动只有当梁存在主平面的情形才能发生。梁的纵向对称面，是最常见的主平面。另外，还假定梁的长度与截面高度之比大于10。

根据材料力学中“简单梁理论”，忽略剪切变形和转动惯量的影响，这种梁称做 Euler－Bernoulli 梁。

3.3.1 动力学方程

设图 3.8 中梁的长度为 l，材料密度和弹性模量为 ρ 和 E，截面积和截面惯性矩为 $S(x)$和 $I(x)$，$\rho_l(x)=\rho S(x)$为单位长度质量，$EI(x)$为梁的抗弯刚度。作用在梁上的分布荷载为 $f(x,t)$。厚度为 $\mathrm{d}x$ 的微元体的受力状况如图 3.9 所示，其中 Q 和 M 分别表示剪力和弯矩，箭头指向为正方向。利用 d’Alembert 原理列出微元体沿 y 方向的动力学方程

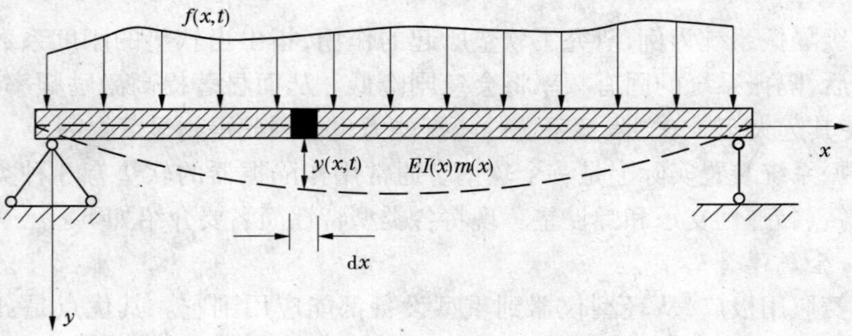

图 3.8　梁的弯曲振动

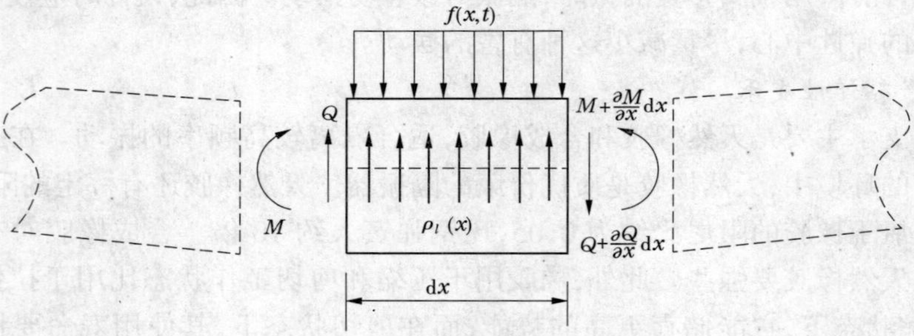

图 3.9　微梁段隔离体受力状况

$$\rho_l(x)\mathrm{d}x\frac{\partial^2 y}{\partial t^2}=Q-\left(Q+\frac{\partial Q}{\partial x}\mathrm{d}x\right)+f(x,t)\mathrm{d}x \tag{3.87}$$

不考虑剪切变形和截面转动的影响时，微元体满足力矩平衡条件，以右截面上任意点为矩心列出平衡方程

$$\left(M+\frac{\partial M}{\partial x}\mathrm{d}x\right)-M-Q\mathrm{d}x-f(x,t)\mathrm{d}x\frac{\mathrm{d}x}{2}=0 \tag{3.88}$$

略去高阶小量，从式(3.88)中导出

$$Q=\frac{\partial M}{\partial x} \tag{3.89}$$

根据材料力学的分析，弯矩与挠度的关系为

$$M(x,t)=EI(x)\frac{\partial^2 y(x,t)}{\partial x^2} \tag{3.90}$$

将式(3.88)和式(3.89)代入式(3.87)中，得到梁的弯曲振动方程

$$\frac{\partial^2}{\partial x^2}\left[EI(x)\frac{\partial^2 y(x,t)}{\partial x^2}\right]+\rho_l(x)\frac{\partial^2 y(x,t)}{\partial t^2}=f(x,t) \tag{3.91}$$

若梁为等截面，则式(3.91)化作

$$EI\frac{\partial^4 y(x,t)}{\partial x^4}+\rho_l(x)\frac{\partial^2 y(x,t)}{\partial t^2}=f(x,t) \tag{3.92}$$

此方程含对空间变量 x 的四阶偏导数和对实际变量 t 的二阶偏导数，求解时必须列出 4 个边界条件和 2 个初始条件。

下面讨论有阻尼的情况。梁在振动过程中，受到两种阻尼的作用。一种是外界介质，如水、空气、土等对梁体运动的阻抗，称为外阻尼；另一种是由于结构截面上的纤维反复变形，沿截面高度上产生的分布阻尼力，称为内阻尼。这两种阻尼的简化如图 3.10 所示。

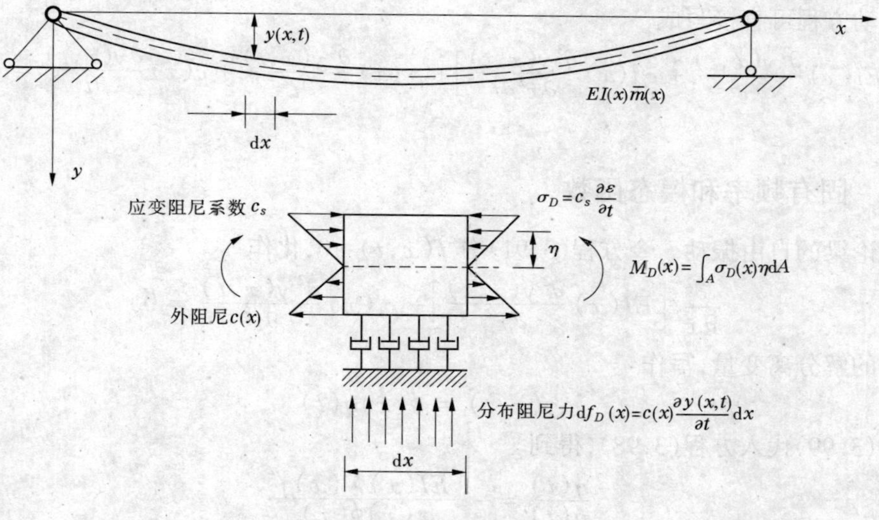

图 3.10　梁的黏滞阻尼机理

这两种阻尼都是黏滞阻尼，前者是梁竖向振动速度的函数；后者与梁材料的应变速度成比例。因此，在运动方程中可以方便地考虑两种形式的黏滞阻尼产生的影响。

外阻尼产生的阻尼力与梁体的振动速度成正比，对于图 3.10 所示的微段隔离体，有

$$df_D(x)=c(x)\frac{\partial y(x,t)}{\partial t}dx \tag{3.93}$$

根据前面隔离体受力的平衡关系 $\sum Y=0$，梁的弯曲振动方程(3.91)变成为

$$\frac{\partial^2}{\partial x^2}\left[EI(x)\frac{\partial^2 y(x,t)}{\partial x^2}\right]+\rho_l(x)\frac{\partial^2 y(x,t)}{\partial t^2}+c(x)\frac{\partial y(x,t)}{\partial t}=f(x,t) \tag{3.94}$$

内阻尼产生的阻尼应力与材料的应变速度有关

$$\sigma_D(x) = c_s \frac{\partial \varepsilon(x,\eta,t)}{\partial t} \tag{3.95}$$

式中：$\sigma_D(x)$为应变阻尼力；c_s 为应变阻尼系数；$\varepsilon(x,\eta,t)$为梁截面上距中心轴距离为 η 点处的应变位移。假设该应力沿梁截面高度方向呈线性分布，则这些阻尼应力形成的阻尼弯矩为

$$\begin{aligned} M_D(x) &= \int_A \sigma_D(x)\eta \mathrm{d}A \\ &= \int_A c_s \eta \frac{\partial \varepsilon(x,\eta,t)}{\partial t}\mathrm{d}A \\ &= \int_A c_s \eta^2 \frac{\partial}{\partial t}\left(\frac{M(x,t)}{EI(x)}\right)\mathrm{d}A \\ &= c_s I(x) \frac{\partial^3 y(x,t)}{\partial x^2 \partial t} \end{aligned} \tag{3.96}$$

式中：η 为截面上任一点到中性轴的距离；A 为截面积。这时，图 3.9 所示的微段隔离体上的截面弯矩等于弯曲变形弯矩与应变阻尼弯矩之和。因此，考虑内外阻尼的分布参数，梁段运动方程可直接写成

$$\frac{\partial^2}{\partial x^2}\left[EI(x)\frac{\partial^2 y(x,t)}{\partial x^2} + c_s I(x)\frac{\partial^3 y(x,t)}{\partial x^2 \partial t}\right] + \rho_l(x)\frac{\partial^2 y(x,t)}{\partial t^2} + c(x)\frac{\partial y(x,t)}{\partial t} = f(x,t) \tag{3.97}$$

3.3.2 固有频率和模态函数

讨论梁的自由振动。令方程(3.91)中 $f(x,t)=0$，化作

$$\frac{\partial^2}{\partial x^2}\left[EI(x)\frac{\partial^2 y(x,t)}{\partial x^2}\right] + \rho_l(x)\frac{\partial^2 y(x,t)}{\partial t^2} = 0 \tag{3.98}$$

将方程的解分离变量，写作

$$y(x,t) = \phi(x)q(t) \tag{3.99}$$

将方程(3.99)代入方程(3.98)，得到

$$\frac{\ddot{q}(t)}{q(t)} = -\frac{[EI(x)\phi''(x)]''}{\rho_l(x)\phi(x)} \tag{3.100}$$

式(3.100)的左边与 x 无关，右边与 t 无关，只可能等于常数，记作 $-\omega^2$，导出

$$\left.\begin{aligned} \ddot{q}(t) + \omega^2 q(t) = 0 \\ [EI(x)\phi''(x)]'' - \omega^2 \rho_l(x)\phi(x) = 0 \end{aligned}\right\} \tag{3.101}$$

方程组(3.101)的第一个式子为单自由度线性振动方程，其通解为[156]

$$q(t) = a\sin(\omega t + \theta) \tag{3.102}$$

即以 ω 为固有频率的简谐振动。方程(3.101)的第二个式子为变系数微分方程，除少数特殊情形之外，均无解析解。对于等截面梁，ρ_l 为常数，则此式化为常系数微分方程为

$$\phi^{(4)}(x) - \beta^4\phi(x) = 0 \tag{3.103}$$

其中参数 β^4 定义为

$$\beta^4 = \frac{\rho_l}{EI}\omega^2 \tag{3.104}$$

方程(3.103)的解确定了梁弯曲振动的模态函数,设其一般形式

$$\phi(x) = e^{\lambda x} \tag{3.105}$$

将式(3.105)代入方程(3.103),导出本征方程

$$\lambda^4 - \beta^4 = 0 \tag{3.106}$$

4 个本征值分别为 $\pm\beta, \pm i\beta$,对应于 4 个线性独立解 $e^{\pm\beta x}$ 和 $e^{\pm i\beta x}$,由于

$$e^{\pm\beta x} = \mathrm{ch}\beta x \pm \mathrm{sh}\beta x, e^{\pm i\beta x} = \cos\beta x \pm i\sin\beta x \tag{3.107}$$

也可将 $\cos\beta x$、$\sin\beta x$、$\mathrm{ch}\beta x$、$\mathrm{sh}\beta x$ 作为基本系,将方程(3.98)的通解写作

$$\phi(x) = C_1\cos\beta x + C_2\sin\beta x + C_3\mathrm{ch}\beta x + C_4\mathrm{sh}\beta x \tag{3.108}$$

积分常数 $C_j(j=1,2,3,4)$及参数 β 或 ω 应满足的频率方程由梁的边界条件确定。可解出无穷多个固有频率 $\omega_i(i=1,2,\cdots)$及对应的模态函数 $\phi_i(x)(i=1,2,\cdots)$,构成系统的第 i 个主振动

$$y^{(i)}(x,t) = a_i\phi_i(x)\sin(\omega_i t + \theta_i) \quad (i = 1,2,\cdots) \tag{3.109}$$

系统的自由振动是无穷多个主振动的叠加,即

$$y(x,t) = \sum_{i=1}^{\infty} a_i\phi_i(x)\sin(\omega_i t + \theta_i) \tag{3.110}$$

其中,积分常数 a_i 和 $\theta_i(i=1,2,\cdots)$由系统的初始条件确定。

常见的约束条件与边界条件有以下几种。

(1)固定端。

固定端处梁的挠度 y 和转角 $\partial y/\partial x$ 均为零。即

$$\phi(x_0) = 0, \phi'(x_0) = 0 \quad (x_0 = 0 \text{ 或 } l) \tag{3.111}$$

(2)简支端。

简支端处梁的挠度 y 和弯矩 M 等于零。由式(3.90)得出

$$\phi(x_0) = 0, \phi''(x_0) = 0 \quad (x_0 = 0 \text{ 或 } l) \tag{3.112}$$

(3)自由端。

自由端处梁的剪力 Q 和弯矩 M 均等于零。由式(3.89)、式(3.90)得出

$$\phi''(x_0) = 0, \phi'''(x_0) = 0 \quad (x_0 = 0 \text{ 或 } l) \tag{3.113}$$

根据等截面梁的不同的边界条件,可以导出相应的固有频率和模态函数。图 3.11 给出了简支梁及其振型图。在表 3.2 中综合给出了等截面梁在几种简单边界条件下的频率方程和模态函数,其他复杂边界条件下的固有频率和模态参数,可参见有关文献[156-158]。表 3.2中各参数定义如下:

$$\xi_i = -\frac{\cos\beta_i l + \mathrm{ch}\beta_i l}{\sin\beta_i l + \mathrm{sh}\beta_i l}; \eta_i = \frac{\cos\beta_i l - \mathrm{ch}\beta_i l}{\sin\beta_i l - \mathrm{sh}\beta_i l}, \zeta_i = \frac{\mathrm{sh}\beta_i l}{\sin\beta_i l} \quad (i = 1,2,\cdots) \tag{3.114}$$

文献[53]介绍,虽然 Euler－Bernoulli 梁和 Timoshenko 梁(考虑梁的剪切变形和转动惯量的影响)的频率差异取决于边界条件,但是基本上还是取决于 $l/n\pi$ 值。因此,深梁的固有振动分析必须考虑梁的剪切变形和转动惯量的影响。

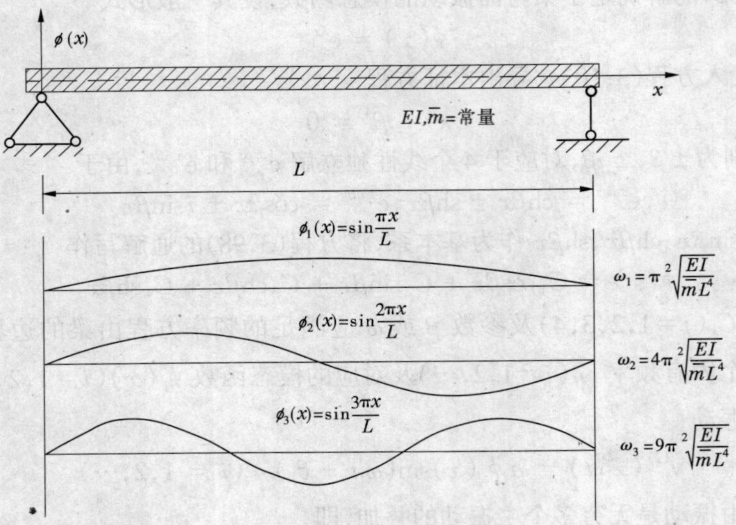

图 3.11　简支梁及其振型

表 3.2　等截面梁的弯曲振动

边界条件		频率方程	$\beta_i l$ 特征值	模态函数 $\phi_i(x)$
简支－简支	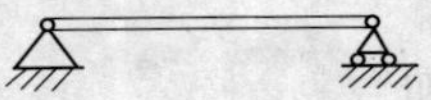	$\sin\beta l=0$	$\beta_i l=i\pi$	$\sin\beta_i x$
固定－自由	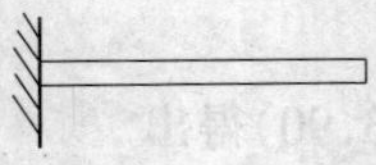	$\cos\beta l\,\mathrm{ch}\beta l+1=0$	$\beta_i l\approx(i-1/2\pi)$ $(i\geqslant3)$	$\cos\beta_i x-\mathrm{ch}\beta_i x+\xi_i(\sin\beta_i x-\mathrm{sh}\beta_i x)$
自由－自由	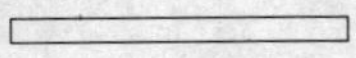	$\cos\beta l\,\mathrm{ch}\beta l-1=0$	$\beta_i l\approx(i+1/2)\pi$ $(i\geqslant2)$	$\cos\beta_i x+\mathrm{ch}\beta_i x+\eta_i(\sin\beta_i x+\mathrm{sh}\beta_i x)$
固定－固定	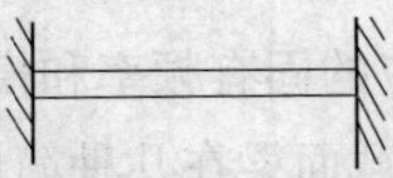	$\cos\beta l\,\mathrm{ch}\beta l-1=0$	$\beta_i l\approx(i+1/2)\pi$ $(i\geqslant2)$	$\cos\beta_i x-ch\beta_i x+\eta_i(\sin\beta_i x-\mathrm{sh}\beta_i x)$
简支－自由	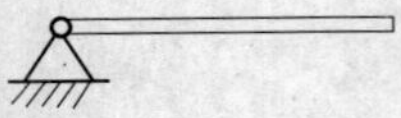	$\tan\beta l-\mathrm{th}\beta l=0$	$\beta_i l\approx(i+1/4)\pi$ $(i\geqslant1)$	$\mathrm{sh}\beta_i x+\xi_i\sin\beta_i x$
固定－简支	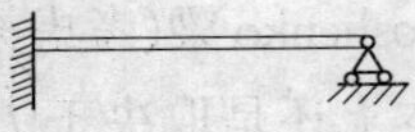	$\tan\beta l-\mathrm{th}\beta l=0$	$\beta_i l\approx(i+1/4)\pi$ $(i\geqslant1)$	$\mathrm{sh}\beta_i x-\xi_i\sin\beta_i x$

3.3.3 模态函数的正交性

讨论一般的细长梁,不限于等截面情形。设两个固有频率 ω_i 和 ω_j 所对应的模态函数分别为 ϕ_i 和 ϕ_j。由方程组(3.101)第2个式子,有

$$[EI(x)\phi''_i(x)]'' = \omega_i^2\rho_l(x)\phi_i(x) \tag{3.115}$$

利用分部积分法导出

$$\int_0^l \phi_j(x)[EI(x)\phi''_i(x)]''\mathrm{d}x = \phi_j(x)[EI(x)\phi''_i(x)]'\Big|_0^l - [\phi'_j(x)EI(x)\phi''_i(x)]\Big|_0^l + \int_0^l EI(x)\phi''_j(x)\phi''_i(x)\mathrm{d}x \tag{3.116}$$

当梁的端部为简支、固定或自由这三种约束条件之一时,根据式(3.111)~式(3.113)所列的边界条件,式(3.116)右边的边界值均为零。令式(3.115)各项与 ϕ_j 相乘后沿梁的全长积分,利用式(3.111)可以导出

$$\int_0^l EI(x)\phi''_j(x)\phi''_i(x)\mathrm{d}x = \omega_i^2\int_0^l \rho_l(x)\phi_i(x)\phi_j(x)\mathrm{d}x \tag{3.117}$$

将(3.117)下标 i 与 j 互换,化作

$$\int_0^l EI(x)\phi''_i(x)\phi''_j(x)\mathrm{d}x = \omega_j^2\int_0^l \rho_l(x)\phi_j(x)\phi_i(x)\mathrm{d}x \tag{3.118}$$

将式(3.117)与式(3.118)相减,得到

$$(\omega_i^2 - \omega_j^2)\int_0^l \rho_l(x)\phi_i(x)\phi_j(x)\mathrm{d}x = 0 \tag{3.119}$$

若 $i \neq j$ 时 $\omega_i \neq \omega_j$,则从式(3.119)可以导出

$$\int_0^l \rho_l(x)\phi_i(x)\phi_j(x)\mathrm{d}x = 0 \quad (i \neq j) \tag{3.120}$$

式(3.120)表明不同固有频率的模态函数关于质量的正交性,$\rho_l(x)$ 为权函数。若为等截面梁,则 $\rho_l(x)$ 为常数,则式(3.120)成为通常意义下的正交性

$$\int_0^l \phi_i(x)\phi_j(x)\mathrm{d}x = 0 \quad (i \neq j) \tag{3.121}$$

将式(3.120)代入式(3.117)或(3.118),得到

$$\int_0^l EI(x)\phi''_i(x)\phi''_j(x)\mathrm{d}x = 0 \quad (i \neq j) \tag{3.122}$$

式(3.122)表明模态函数关于刚度的正交性,$EI(x)$ 为权函数。若 EI 为常数,式(3.122)也可化作通常意义下的正交性。

引入参数 M_{pi} 和 K_{pi},分别定义为

$$M_{pi} = \int_0^l \rho_l(x)[\phi_i(x)]^2\mathrm{d}x, \quad K_{pi} = \int_0^l EI(x)[\phi''_i(x)]^2\mathrm{d}x \tag{3.123}$$

M_{pi} 和 K_{pi} 分别称作第 i 阶的主质量和主刚度。由式(3.112)可得

$$\omega_i = \sqrt{\frac{K_{pi}}{M_{pi}}} \tag{3.124}$$

同理,多自由度系统也可以实现模态的简正化。将 $\phi_i(x)$ 乘以常数 $M_{pi}^{-1/2}$,仍记作 $\phi_i(x)$,称作系统的简正模态函数,则正交性条件写作

$$\left.\begin{aligned}\int_0^l \rho_l(x)\phi_i(x)\phi_j(x)\mathrm{d}x &= \delta_{ij} \quad (i,j = 1,2,\cdots)\\ \int_0^l EI(x)\phi''_i(x)\phi''_j(x)\mathrm{d}x &= \omega_i^2\delta_{ij} \quad (i,j = 1,2,\cdots)\end{aligned}\right\} \tag{3.125}$$

3.3.4 模态叠加法

根据模态函数的正交性,可将多自由度系统模态叠加法的思想应用于连续系统。即将弹性体的振动表示为各阶模态的线性组合,用于计算系统在激励作用下的振动规律。

以承受分布荷载作用的细直梁的弯曲振动方程(3.91)为例,给定初始运动状态 $y(x,0),\dot{y}(x,0)$。将方程的解写作模态函数的线性组合

$$y(x,t) = \sum_{j=1}^{\infty}\phi_j(x)q_j(t),\dot{y}(x,t) = \sum_{j=1}^{\infty}\phi_j(x)\dot{q}_j(t) \tag{3.126}$$

其中,模态函数均已简正化。将式(3.126)代入方程(3.91),得到

$$\sum_{j=1}^{\infty}\rho_l(x)\phi_j(x)\ddot{q}_j(t) + \sum_{j=1}^{\infty}[EI(x)\phi''_j(x)]''q_j(t) = f(x,t) \tag{3.127}$$

将式(3.127)中各项与 $\phi_i(x)$ 相乘后沿梁的全长积分,利用正交条件(3.125)及分部积分公式(3.116),导出完全解耦的方程组

$$\ddot{q}_i(t) + \omega_i^2 q_i(t) = Q_i(t) \quad (i = 1,2,\cdots) \tag{3.128}$$

其中,$Q_i(t)$ 是与广义坐标 $q_i(t)$ 对应的广义力,则

$$Q_i(t) = \int_0^l f(x,t)\phi_i(x)\mathrm{d}x \quad (i = 1,2,\cdots) \tag{3.129}$$

方程(3.128)的解可利用 Duhamel 积分写出

$$q_i(t) = \frac{1}{\omega_i^2}\int_0^t Q_i(\tau)\sin\omega_i(t-\tau)\mathrm{d}\tau + q_i(0)\cos\omega_i t + \frac{\dot{q}_i(t)}{\omega_i^2}\sin\omega_i t \tag{3.130}$$

式中:$q_i(0)$ 和 $\dot{q}_i(0)$ 为广义坐标和广义速度的初始值,由初始条件确定。令式(3.126)中 $t=0$,得到

$$y(x,0) = \sum_{j=1}^{\infty}\phi_j(x)q_j(0),\dot{y}(x,0) = \sum_{j=1}^{\infty}\phi_j(x)\dot{q}_j(0) \tag{3.131}$$

将式(3.131)各项与 $\rho_l(x)\phi_i(x)$ 相乘后沿梁的全长积分、利用正交条件式(3.120)导出

$$q_i(0) = \int_0^l \rho_l(x)y(x,0)\phi_i(x)\mathrm{d}x,\dot{q}_t(0) = \int_0^l \rho_l(x)\dot{y}(x,0)\phi_i(x)\mathrm{d}x \quad (i = 1,2,\cdots) \tag{3.132}$$

将满足此初始条件的解式(3.130)代入式(3.126),即得到梁在初始条件和载荷激励下的弯曲振动响应。

3.4 直接积分法

直接积分法是指在积分运动方程之前不进行方程形式的变换,而直接进行逐步数值

积分的方法。通常的直接积分法是基于两个概念:一是将在求解域 $0<t<T$ 内任何时刻 t 都应满足运动方程的要求,代之以仅在一定条件下近似地满足运动方程,例如,可以仅在相隔 Δt 的离散的时间点满足运动方程;二是在一定数目的 Δt 区域内,假设位移为 $\{a\}$、速度为 $\{\dot{a}\}$、加速度为 $\{\ddot{a}\}$ 的函数形式。

在以下的讨论中,假定时间 $t=0$ 的位移为 $\{u_0\}$、速度为 $\{\dot{u}_0\}$、加速度为 $\{\ddot{u}_0\}$ 已知。并假定时间求解域 $0\sim T$ 被等分为 n 个时间间隔 $\Delta t(=T/n)$。在讨论具体算法时,假定 $0,\Delta t,2\Delta t,\cdots,t$ 时刻的解已经求得,计算的目的在于求 $t+\Delta t$ 时刻的解,由此求解过程建立起求解所有离散时间点解的一般算法步骤。

3.4.1 中心差分法

对于数学上是二阶常微分方程组的运动方程(3.40),理论上不同的有限差分表达式都可以用来建立其逐步积分公式。但是从计算效率考虑,现在仅介绍在求解某些问题时很有效的中心差分法。

在中心差分法中,加速度和速度可以用位移表示为

$$\{\ddot{a}\}_t=\frac{1}{\Delta t^2}(\{a\}_{t-\Delta t}-2\{a\}_t+\{a\}_{t+\Delta t}) \tag{3.133}$$

$$\{\dot{a}\}_t=\frac{1}{2\Delta t}(-\{a\}_{t-\Delta t}+\{a\}_{t+\Delta t}) \tag{3.134}$$

时间 $t+\Delta t$ 的位移解 $\{a\}_{t+\Delta t}$,可以由下面时间 t 的运动方程来建立,即

$$[M]\{\ddot{a}\}_t+[C]\{\dot{a}\}_t+[K]\{a\}_t=\{Q\}_t \tag{3.135}$$

为此将式(3.128)和式(3.129)代入式(3.135),得到

$$\left(\frac{1}{\Delta t^2}[M]+\frac{1}{2\Delta t}[C]\right)\{a\}_{t+\Delta t}=\{Q\}_t-\left([K]-\frac{2}{\Delta t^2}[M]\right)\{a\}_t-\left(\frac{1}{\Delta t^2}[M]-\frac{1}{2\Delta t}[C]\right)\{a\}_{t-\Delta t} \tag{3.136}$$

如已经求得 $\{a\}_{t-\Delta t}$ 和 $\{a\}_t$,则从式(3.136)中可以进一步解出 $\{a\}_{t+\Delta t}$。所以式(3.126)是求解各个离散时间点的递推公式,这种数值积分方法又称逐步积分法。需要指出的是,此算法有一个起步问题。因为当 $t=0$ 时,为了计算 $\{a\}_{\Delta t}$,除了从初始条件已知的 $\{a\}_0$,还需要制定 $\{a\}_{-\Delta t}$,所以必须用一专门的起步方法。为此利用式(3.133)和式(3.134)可以得到

$$\{a\}_{-\Delta t}=\{a\}_0-\Delta t\{\dot{a}\}_0+\frac{\Delta t^2}{2}\{\ddot{a}\}_0 \tag{3.137}$$

式中:$\{\dot{a}\}_0$ 可以从给定的初始条件得到,而 $\{\ddot{a}\}_0$ 则可以利用 $t=0$ 时的运动方程(3.130)得到。

至此,我们可将利用中心差分法逐步求解运动方程的算法步骤归结如下。

3.4.1.1 **初始计算**

(1)形成刚度矩阵 $[K]$、质量矩阵 $[M]$ 和阻尼矩阵 $[C]$。

(2)给定 $\{a\}_0$、$\{\dot{a}\}_0$ 和 $\{\ddot{a}\}_0$。

(3)选择时间步长 Δt、$\Delta t<\Delta t_{cr}$（Δt_{cr} 为临界时间步长），计算积分常数 $c_0=\frac{1}{\Delta t^2}$、$c_1=\frac{1}{2\Delta t}$、$c_2=2c_0$、$c_3=1/c_2$。

(4)计算 $\{a\}_{-\Delta t}=\{a\}_0-\Delta t\{\dot{a}\}_0+\frac{\Delta t^2}{2}\{\ddot{a}\}$。

(5)形成有效质量矩阵：$[\hat{M}]=c_0[M]+c_1[C]$。

(6)三角分解：$\hat{M}$：$[\hat{M}]=[L][D][L]^{\mathrm{T}}$。

3.4.1.2　**对于每一时间步长进行计算**

(1)计算时间 t 的有效荷载。

$$\{\hat{Q}\}_t=\{Q\}_t-([K]-c_2[M])\{a\}_t-(c_0[M]-c_1[C])\{a\}_{t-\Delta t}$$

(2)求解时间 $t+\Delta t$ 的位移。

$$[L][D][L]^{\mathrm{T}}\{a\}_{t+\Delta t}=\{\hat{Q}\}_t$$

(3)如果需要，计算时间 t 的加速度和速度。

$$\{\ddot{a}\}_t=c_0(\{a\}_{t-\Delta t}-2\{a\}_t+\{a\}_{t+\Delta t})$$

$$\{\dot{a}\}_t=c_1(-\{a\}_{t-\Delta t}+\{a\}_{t+\Delta t})$$

关于中心差分法还需要着重指出以下两点。

①中心差分法是显式算法。这是由于递推公式是从时间 t 的运动方程导出的，因此刚度矩阵$[K]$不出现在递推公式式(3.131)的左端。当$[M]$是对角矩阵，$[C]$可以忽略或也是对角矩阵时，则利用递推公式求解运动方程时不需要进行矩阵的求逆，仅需要进行矩阵法运算以获得方程右端的有效荷载，然后可用下式得到方程右端的有效荷载，以及位移的各个分量

$$a_{t+\Delta t}^{(i)}=\hat{Q}_{t+\Delta t}^{(i)}/(c_0M_{ii}) \tag{3.138}$$

或

$$a_{t+\Delta t}^{(i)}=\hat{Q}_{t+\Delta t}^{(i)}/(c_0M_{ii}+c_1C_{ii}) \tag{3.139}$$

式中：$a_{t+\Delta t}^{(i)}$ 和 $\hat{Q}_{t+\Delta t}^{(i)}$ 分别为向量$\{a\}_{t+\Delta t}$和$\{\hat{Q}\}_{t+\Delta t}$的第 i 个分量，M_{ii} 和 C_{ii} 分别为矩阵$[M]$和$[C]$的第 i 个对角元素，并假定 $M_{ii}>0$。

显式算法的上述优点在非线性分析中更有意义。因为在非线性分析中，每个增量步长的刚度矩阵是被修改了的。这时采用显示算法，避免了矩阵求逆运算，计算上的好处更加明显。

②中心差分法是条件稳定算法。即利用它求解具体问题时，时间步长 Δt 必须小于由该问题求解方程所决定的某个临界值 Δt_{cr}，否则算法将是不稳定的。中心差分法解的稳定性条件是

$$\Delta t<\Delta t_{cr}=\frac{T_n}{\pi} \tag{3.140}$$

式中：T_n 是有限元系统的最小固有振动周期。理论上可以证明，系统的最小固有振动周期 T_n 总是大于或等于最小尺寸单元的最小固有振动周期 $\min(T_n^{(e)})$，因此我们可以将 $\min(T_n^{(e)})$代入式(3.140)以确定临界时间步长 Δt_{cr}。

中心差分法比较适合用于波传播问题的求解。其递推公式(3.136)的递推规律和波

的传播特性相一致。同时,研究波传播过程需要采用小的时间步长,这正是中心差分法时间步长受临界步长限值所要求的。

反之,对于结构动力学问题,如采用中心差分法就不太适合了。因为结构的动力响应中通常低频成分是主要的,从计算精度考虑,允许采用较大的时间步长,不必要因 Δt_{cr} 的限制而使时间步长太小。因此,对于结构动力学问题,通常采用无条件稳定的隐式算法,此时时间步长主要取决于精度要求。以下介绍的 Newmark 方法是应用最为广泛的一种隐式算法。

3.4.2 Newmark 方法

Newmark 积分法实质上是线性加速度法的一种。它采用下列假设:

$$\{\dot{a}\}_{t+\Delta t} = \{\dot{a}\}_t + [(1-\delta)\{\ddot{a}\}_t + \delta\{\ddot{a}\}_{t+\Delta t}]\Delta t \tag{3.141}$$

$$\{a\}_{t+\Delta t} = \{a\}_t + \{\dot{a}\}_t\Delta t + \left[\left(\frac{1}{2}-\alpha\right)\{\ddot{a}\}_t + \alpha\{\ddot{a}\}_{t+\Delta t}\right]\Delta t^2 \tag{3.142}$$

式中:α 和 δ 是按积分精度和稳定性要求而决定的参数。当 $\delta=1/2$ 和 $\alpha=1/6$ 时,式(3.141)和式(3.142)相应于线性加速度法。因为此时它们可以从下面时间间隔 Δt 内线性假设的加速度表达式的积分得到

$$\{\ddot{a}\}_{t+\tau} = \{\ddot{a}\}_t + (\{\ddot{a}\}_{t+\Delta t} - \{\ddot{a}\}_t)\tau/\Delta t \tag{3.143}$$

式中:$0\leqslant\tau\leqslant\Delta t$。Newmark 方法原来是根据常平均加速度法这样一种无条件稳定积分方案而提出的,那种方案中 $\delta=1/2$ 和 $\alpha=1/4$。Δt 内的加速度为

$$\{\ddot{a}\}_{t+\tau} = \frac{1}{2}(\{\ddot{a}\}_t + \{\ddot{a}\}_{t+\Delta t}) \tag{3.144}$$

和中心差分法不同,Newmark 方法中时间 $t+\Delta t$ 的位移解 $\{a\}_{t+\Delta t}$ 是通过满足时间 $t+\Delta t$ 的运动方程

$$[M]\{\ddot{a}\}_{t+\Delta t} + [C]\{\dot{a}\}_{t+\Delta t} + [K]\{a\}_{t+\Delta t} = \{Q\}_{t+\Delta t} \tag{3.145}$$

而得到的。为此首先从式(3.134)解得

$$\{\ddot{a}\}_{t+\Delta t} = \frac{1}{\alpha\Delta t^2}(\{a\}_{t+\Delta t} - \{a\}_t) - \frac{1}{\alpha\Delta t}\{\dot{a}\}_t - \left(\frac{1}{2\alpha}-1\right)\{\ddot{a}\}_t \tag{3.146}$$

将式(3.146)代入式(3.141),然后再一并代入式(3.145),则得到用 $\{a\}_t$、$\{\dot{a}\}_t$ 和 $\{\ddot{a}\}_t$ 计算 $\{a\}_{t+\Delta t}$ 的公式

$$\begin{aligned}&\left([K] + \frac{1}{\alpha\Delta t^2}[M] + \frac{\delta}{\alpha\Delta t}[C]\right)\{a\}_{t+\Delta t}\\ &= \{Q\}_{t+\Delta t} + [M]\left[\frac{1}{\alpha\Delta t^2}\{a\}_t + \frac{1}{\alpha\Delta t}\{\dot{a}\}_t + \left(\frac{1}{2\alpha}-1\right)\{\ddot{a}\}_t\right] +\\ &[C]\left[\frac{\delta}{\alpha\Delta t}\{a\}_t + \left(\frac{\delta}{\alpha}-1\right)\{\dot{a}\}_t + \left(\frac{\delta}{2\alpha}-1\right)\Delta t\{\ddot{a}\}_t\right]\end{aligned} \tag{3.147}$$

至此,采用 Newmark 方法逐步求解运动方程的算法步骤归结如下:

3.4.2.1 初始计算

(1)形成刚度矩阵 $[K]$、质量矩阵 $[M]$ 和阻尼矩阵 $[C]$。

(2)给定 $\{a\}_0$、$\{\dot{a}\}_0$ 和 $\{\ddot{a}\}$。

(3)选择时间步长 Δt、参数 α 和 δ，并计算积分常数

$$\delta \geqslant 0.50, \alpha \geqslant 0.25(0.5+\delta)^2$$

$$c_0 = \frac{1}{\alpha \Delta t^2}, c_1 = \frac{\delta}{\alpha \Delta t}, c_2 = \frac{1}{\alpha \Delta t}, c_3 = \frac{1}{2\alpha} - 1, c_4 = \frac{\delta}{\alpha} - 1,$$

$$c_5 = \frac{\Delta t}{2}\left(\frac{\delta}{\alpha} - 2\right), c_6 = \Delta t(1-\delta), c_7 = \delta \Delta t$$

(4)形成有效刚度矩阵 $[\hat{K}]$：

$$[\hat{K}] = [K] + c_0[M] + c_1[C]$$

(5)三角分解 $\hat{K}$：

$$[\hat{K}] = [L][D][L]^{\mathrm{T}}$$

3.4.2.2 对于每一时间步长

(1)计算时间 $t+\Delta t$ 的有效荷载。

$$\{\hat{Q}\}_{t+\Delta t} = \{Q\}_{t+\Delta t} + [M](c_0\{a\}_t + c_2\{\dot{a}\}_t + c_3\{\ddot{a}\}_t) + [C](c_1\{a\}_t + c_4\{\dot{a}\}_t + c_5\{\ddot{a}\}_t)$$

(2)求解时间 $t+\Delta t$ 的位移。

$$[L][D][L]^{\mathrm{T}}\{a\}_{t+\Delta t} = \{\hat{Q}\}_t$$

(3)计算时间 $t+\Delta t$ 的加速度和速度

$$\{\ddot{a}\}_{t+\Delta t} = c_0(\{a\}_{t+\Delta t} - \{a\}_t) - c_2\{\dot{a}\}_t - c_3\{\ddot{a}\}_t$$

$$\{\dot{a}\}_{t+\Delta t} = \{\dot{a}\}_t + c_6\{\ddot{a}\}_t + c_7\{\ddot{a}\}_{t+\Delta t}$$

从 Newmark 方法循环求解方程式(3.142)可以看出，有效刚度矩阵 $[\hat{K}]$ 中包含了刚度矩阵 $[K]$，而一般情况下刚度矩阵 $[K]$ 总是非对角矩阵。因此，在求解 $\{a\}_{t+\Delta t}$ 时，$[\hat{K}]$ 的求逆是必须的(当然，在线性分析中只需分解一次)。这是由于导出式(3.147)时，利用了 $t+\Delta t$ 时刻的运动方程式(3.145)。这种算法称为隐式算法。文献[161]证明，当 $\delta \geqslant 0.50, \alpha \geqslant 0.25(0.5+\delta)^2$ 时，Newmark 方法是无条件稳定的，即时间步长 Δt 的大小可不影响解的稳定性。此时，Δt 的选择主要根据解的精度确定，具体说就是根据对结构响应有主要贡献的若干基本振型的周期来确定。例如，Δt 可选择为 T_p(对应若干基本振型周期中的最小者)的若干分之一。一般说 T_p 比结构系统的最小振动周期 T_n 大得多，所以无条件稳定的隐式算法以 $[\hat{K}]$ 求逆为代价换得了比有条件稳定的显式算法可以采用大得多的时间步长，而且采用较大的 Δt 还可滤掉高阶不精确特征解对系统响应的影响。

第4章 车辆－无碴轨道－桥梁系统动力方程的建立

本章介绍车辆、无碴轨道和桥梁系统动力相互作用分析的基本方法。首先由简单到复杂，先讨论单个车轮(簧下质量)＋弹簧(阻尼器)＋簧上质量通过简支梁时系统的分析模型；然后考虑各种综合影响，对由完整车辆(列车)、钢轨、无碴轨道和桥梁组成的复杂的车辆－无碴轨道－桥梁相互作用系统建立起竖向振动的运动方程。

4.1 高速铁路和轨道交通高架桥的特点

高速铁路和轨道交通具有高速度、高舒适性、高安全型、高密度连续运营的特点，这对其土建工程提出了严格的要求。此外，为保证轨道的平顺性还必须限制桥梁的预应力徐变上拱和不均匀温差引起的结构变形，这些都对高速铁路和轨道交通高架桥结构的刚度和整体性提出了严格的要求。各国高速铁路和轨道交通高架桥梁的设计基本上遵循以下原则。

(1)采用双线整孔桥梁，主梁整孔制造或分片制造整体联结。双线桥梁既可提供很大的横向刚度，同时在经常出现的单线荷载下，竖向刚度又比单线桥提高了1倍。

(2)除了小跨度桥梁外，大多数桥梁都采用双线单室箱型截面。

(3)增大梁高。欧洲各国高速铁路预应力混凝土简支梁的高跨比一般在1/9～1/10之间。

(4)尽量选用具有刚度大的结构特性的桥梁类型。如连续梁、钢梁、拱桥、斜拉桥。

(5)桥梁跨度不宜过大。

高速铁路和轨道交通高架桥的特点可以概括如下。

(1)所占比例大、高架长桥多。日本高速铁路的桥梁所占的比例达到48%，其中高架桥要占线路全长的37%。我国规划中的京沪高速铁路的桥梁总长也将占40%以上，合计超过500km，尤以高架线路为主，最长的高架桥将达20km。

(2)以中小跨度为主。由于高速铁路和轨道交通对桥梁等土建工程的轨道要求严格，因此桥梁的跨度不宜过大，应以中小跨度为主。我国初步设计的京沪高速铁路的桥梁也绝大多数为中小跨度，常用桥式为等跨布置的双线整孔简支梁，桥面宽12.8m，跨度有24、32、40m几种，并以32m居多。

(3)刚度大、整体性好。列车高速、乘坐舒适、行驶安全要求高速铁路和轨道交通桥梁必须具有刚度足够大的轨道和良好的整体性，以防止桥梁出现较大挠度和振幅。一般说来，高速铁路和轨道交通桥梁的设计主要由刚度控制，强度基本上不控制其设计。

(4)限制纵向力作用下结构产生的位移，避免桥上无缝线路钢轨的受力出现过大的附加应力，墩台基础要有足够的纵向刚度，以尽量减少钢轨附近应力和梁轨间的相对位移。

(5)重视改善结构的耐久性,便于检查维修。

(6)强调结构与环境协调。主要指桥梁造型要与周围环境相一致并注重结构外观和色彩;在居民点附近的桥梁应有降噪措施;避免桥面污水损害生态环境。

4.2 引起车桥系统振动的原因

从车辆力学的角度来看,铁路(轻轨)机车或车辆是由车厢、转向架、轮对以及弹簧悬挂系统组成的。列车在桥梁上运行时,会对桥梁结构产生动力冲击,使桥梁产生振动,而桥梁结构的振动又反过来对桥上(中)运行车辆的安全性和平稳性产生很大的影响。这样,机车车辆的振动和桥梁结构的振动相互作用、相互影响,形成了一个复杂的多自由度振动系统。

引起车桥系统竖向振动的主要影响因素如下。

(1)机车的动力作用。包括蒸汽机车动轮偏心块的周期冲击力和机车动力系统的振动等。

(2)行车速度。列车以一定速度过桥时由移动重力加载所形成的竖向作用力,与车辆的编组、轴重及其排列以及行车速度有关。

(3)列车以一定速度通过桥梁时,线路、车轮缺陷及轨道不平顺对系统产生的内部自激励作用,形成系统的强迫振动。其中,轨道不平顺的作用是随机的,而线路和车轮缺陷的作用是周期性的。

(4)车辆、桥梁的动力相互作用。包括桥梁及桥上轨道的挠度和振动对运行列车产生的动力影响,某种速度下车辆转向架(包括车体)与桥梁结构产生的共振等。车桥系统共振与列车速度、桥梁及车辆的竖向自振频率、转向架竖向弹簧与阻尼器的特性有关。

(5)地震与风的作用。即地震和风等外部激励所诱发的车桥系统竖向振动。

列车通过铁路桥梁时,不仅会对桥梁结构产生竖向动力冲击作用,也会引起桥梁的横向振动。其振动特性直接影响着车辆运行的安全性和旅客的乘坐舒适性,成为铁路桥梁特别是长大跨度铁路桥梁设计必须考虑的关键因素。因本章仅研究车桥耦合竖向振动的特性,引起车桥系统横向振动的主要原因在这里就不再论述了,如想了解,可参看文献[75,102]。

4.3 车桥动力相互作用的分析方法

在我国,相关科研单位和高等院校从20世纪80年代初就开始从事车桥动力相互作用理论和应用的研究,先后建立和发展了各自的分析模型。这些模型经过了大量实测数据的检验,具有较好的适用性和合理性,在很多工程实际中得到了应用。

目前流行的几种车桥系统动力相互作用分析模型都是由列车与桥梁结构组成的多自由度振动系统。各种模型建模时在以下6个方面有不同的考虑。

4.3.1 平面模型和空间模型

由于车辆垂向振动与横向振动之间的耦合效应较弱,因此研究系统的竖向振动时,仅用平面的二维分析模型即可;而研究系统的横向振动或空间振动时,则必须采用空间分析模型。

4.3.2 车辆模型

(1)转向架形式。①独立式转向架,世界各国大部分普通铁路和高速铁路的车辆都装备独立式转向架,列车模型一般不考虑车辆之间车钩的耦联作用。②铰接式转向架,法国的 TGV 公司及韩国的高速列车装备铰接式转向架,列车模型为各车辆通过转向架耦联的铰接车组,但机车仍采用独立式转向架。

(2)转向架悬挂特性。货车一般采用一系弹簧悬挂装置;机车和客车则采用二级弹簧悬挂装置。

(3)车辆阻尼。车辆减震器的阻尼有很多种,现在的模型一般采用黏滞阻尼,这主要是为了理论上求解的方便。由于列车－桥梁时变系统大部分是用逐步积分法求解的,在模型中采用其他形式的阻尼不会有什么困难。

(4)因为车辆垂向与横向振动之间的耦合效应较弱[162,163],为简单起见,有时往往将车桥竖向振动与横向振动分开进行分析,这样在研究车桥竖向耦合振动时,只考虑车体、转向架与轮对的沉浮振动和点头振动即可。车辆竖向振动模型主要有以下形式。①考虑车体的沉浮与点头两个自由度的车辆竖向振动模型。车辆按一系悬挂系统考虑,忽略转向架的质量,认为轮对的竖向加速度、速度及位移与桥梁一致。②考虑车体与前后转向架的沉浮与点头运动,共 6 个自由度的车辆竖向振动模型。该模型按二系悬挂系统处理车辆,仍假定轮对的竖向加速度、速度与位移与桥梁一致。在车桥竖向振动分析中,这一模型采用较多。③考虑轮轨弹性接触的车辆竖向振动模型。即在上述模型的基础上,假定轮对与轨道为弹性接触,将各轮对竖向位移作为独立的自由度加以考虑。

关于车辆横向和空间振动模型介绍,请参阅文献[75,102]。

4.3.3 桥梁结构模型

建立用于车桥耦合振动的桥梁模型时,多运用有限元法和模态坐标法。

有限元模型由结构的几何模型直接建立,既可以进行桥梁结构的振动分析,又便于处理结构细部的振动问题,但计算自由度较大。有限元模型又包括杆系有限元模型和桁段有限元模型。

振型(模态)模型(又称广义坐标模型)可有效地进行各种桥梁整体结构的振动分析,减少计算自由度,但不能用于分析桥梁细部结构的振动。如果系统要考虑桥梁支座、桥上轨道等的作用,处理起来比较困难。

在车桥系统模型中,已经开始考虑桥梁支座的建模、支座与梁和下部结构的动力耦合作用,以分析支座特性对系统动力响应的影响。

4.3.4 轨道模型

文献[102]介绍，由于轨道结构的复杂性，目前采用的大多数车桥系统动力分析模型都没有对桥上轨道结构的建模以及轨道结构与桥梁结构的动力耦合作用做详细的考虑。基于此，本书首先对桥梁上无碴轨道结构进行了建模，以及建立了车辆－无碴轨道－箱梁耦合振动的模型，以及无碴轨道的结构特性对车桥耦合振动的影响进行了系统而详尽的分析。

4.3.5 系统的激励

车辆在桥上运行时的移动重力加载作用是系统竖向振动的主要激励，其加载频率是影响桥梁动力冲击系数的主要因素，而轨道的竖向不平顺则对桥上运行车辆的动力响应特别是对轮重减载率等有重大影响。

4.3.6 数值计算方法

车桥耦合振动的分析方法总体上可分为时域法和频域法两种。

(1)时域法根据所建立的车桥系统的不同，又可大体上分为两种：①将车辆模型与桥梁模型所有的自由度通过轮轨关系耦联在一起，消除不独立的自由度，建立统一的系统运动方程组，进行同步求解；②将车桥系统以轮轨接触为界，分为车辆和桥梁两个子系统，分别建立车辆与桥梁的运动方程，两者之间通过轮轨接触处的位移协调条件和轮轨相互作用力的平衡关系相联系，采用迭代法求解系统的响应。

时域法的缺点是随着桥梁的复杂化及车辆节数的增多，需要联立求解的方程组的规模增大，从而使计算工作量变得很大。针对时域法的这一缺点，目前通常采用分组迭代的方法进行处理，这样可以在一定程度上提高求解大跨度、多车辆车桥系统问题的计算效率。

(2)采用频域法求解时，首先要求出车桥耦合系统的频率响应函数，然后用激励力的功率谱作为输入，求得系统在频域内的动力响应，其计算结果可以直接进行统计分析。该方法的优点在于对任何复杂的结构可以只取一定数量的主要振动模态参数参与计算，从而大大减小了计算的工作量。但由于车桥系统振动方程的系数矩阵具有时变性，应用频域法时需假定其频率响应函数在瞬间不随时间变化，故具有近似性，因此在处理非线性问题时也存在困难。

上述 6 个因素按不同的考虑组合，就形成了目前所流行的几种车桥系统动力分析模型。

4.4 轨道不平顺及其数值模拟

铁路轨道是边运营边维修的工程结构物，轨道在长期的运营过程中，由于累积变形的不断增大，形成了各种各样的轨道不平顺：轨道高低不平顺，轨道水平不平顺，轨道方向不平顺，轨道轨距不平顺。这些不平顺极大地激发了车辆与轨道之间的有害振动，恶化了列车的运营品质,对轮轨关系各部件的损伤和轨道质量状态产生了极为不利的影响。国内外的实测资料表明,轨道不平顺本质上是一个随机的过程,在轨道结构动力仿真分析中常将其处理为平稳的各态历经的随机过程,它是机车车辆－轨道系统随机振动的激励源。因此,研究和测定轨道不平顺的统计特性,是研究车辆－轨道系统随机振动的基础。

轨道不平顺的特性测定,在国外早已引起重视。英国铁路部门自1964年就开始了这项工作,是世界上最早进行此项研究的国家之一[164]。英国、日本、德国、美国、俄罗斯、印度和捷克都制定了各自的轨道不平顺谱密度和相关函数。我国在这方面也做了不少工作。1982年铁道科学院的罗林等讨论了各种轨道不平顺的测量方法;1985年长沙铁道响应随机振动研究室将轨道不平顺分为弹性不平顺和几何不平顺,对在京广线测定的轨道不平顺进行分析处理得到了各种不平顺谱,并且统计出了我国一级干线轨道不平顺功率谱密度的解析表达式。

4.4.1 国内外轨道不平顺功率谱

功率谱密度PSD(Power Spectral Density)函数是表述作为平稳随机过程的轨道不平顺的最重要和最常用的统计函数。工程中常用功率谱图来描述谱密度对频率的函数变化。轨道不平顺的功率谱图是以谱密度为纵坐标和以频率或波长为横坐标的连续变化曲线,它清楚地表明了不平顺的大小随频率的变化关系。轨道不平顺通常用空间频率f(r/m)或ω(rad/m)描述较为方便。它们之间的关系,以及与时间频率F(r/s)及Ω(rad/s)的关系为[164]

$$\omega = 2\pi f, \omega = \Omega / v, f = F / v \tag{4.1}$$

式中:v为机车车辆运行速度,m/s。

轨道不平顺功率谱密度的单位通常为$mm^2 \cdot m/r$,$mm^2 \cdot m/rad$或$cm^2 \cdot m/r$,$cm^2 \cdot m/rad$或$m^2 \cdot m/r$,$m^2 \cdot m/rad$。

4.4.1.1 美国功率谱[144]

美国联邦铁路管理局根据大量实测资料得到线路不平顺功率谱密度,并将其拟合成一个以截断频率和粗糙度常数来表示的函数。这些函数适合用于波长范围在1.524～304.8m之间的轨道不平顺功率谱,轨道级别分为6级。

(1)轨道高低不平顺(钢轨顶面沿轨道延长的高低不平顺)。

$$S_v(\omega) = \frac{kA_v \omega_c^2}{(\omega^2 + \omega_c^2)\omega^2} \tag{4.2}$$

(2)轨道方向不平顺(左右两根钢轨沿长度方向在横向平面内的弯曲不平顺)。

$$S_a(\omega) = \frac{kA_a \omega_c^2}{(\omega^2 + \omega_c^2)\omega^2} \tag{4.3}$$

(3)轨道水平及轨距不平顺(轨道水平不平顺是指左、右轨对应点的高差形成的沿轨长方向的不平顺,轨距不平顺是指左右两轨沿轨道长度方向上的轨距偏差)。

$$S_v(\omega) = \frac{kA_v \omega_c^2}{(\omega^2 + \omega_c^2)(\omega^2 + \omega_s^2)} \tag{4.4}$$

式中:$S(\omega)$为轨道不平顺功率谱密度,$cm^2 \cdot m/rad$;ω为空间频率,rad/m;ω_c、ω_s截断率,

rad/m; A_v、A_a 为粗糙度系数, $cm^2 \cdot rad/m$, 与线路等级有关, 详见表 4.1; k 一般取 0.25。

表 4.1　美国轨道谱不平顺参数

参数		各级轨道的参数值					
符号	单位	1	2	3	4	5	6
A_v	$cm^2 \cdot rad/m$	1.210 7	1.018 1	0.681 6	0.537 6	0.209 5	0.039 9
A_a	$cm^2 \cdot rad/m$	3.363 4	1.210 7	0.412 8	0.302 7	0.076 2	0.039 9
ω_s	rad/m	0.604 6	0.930 8	0.852 0	1.131 2	0.820 9	0.438 0
ω_c	rad/m	0.824 5	0.824 5	0.824 5	0.824 5	0.824 5	0.824 5

4.4.1.2　**德国高速谱**[165]

(1)轨道高低不平顺。

$$S_v(\omega) = \frac{A_v \omega_c^2}{(\omega^2 + \omega_r^2)(\omega^2 + \omega_s^2)} \tag{4.5}$$

(2)轨道方向不平顺。

$$S_a(\omega) = \frac{A_a \omega_c^2}{(\omega^2 + \omega_r^2)(\omega^2 + \omega_s^2)} \tag{4.6}$$

(3)轨道水平不平顺。

$$S_c(\omega) = \frac{A_v \omega_c^2 \omega^2}{(\omega^2 + \omega_r^2)(\omega^2 + \omega_c^2)(\omega^2 + \omega_s^2)} \tag{4.7}$$

(4)轨距不平顺。

$$S_g(\omega) = \frac{A_g \omega_c^2 \omega^2}{(\omega^2 + \omega_r^2)(\omega^2 + \omega_c^2)(\omega^2 + \omega_s^2)} \tag{4.8}$$

式中: $S(\omega)$ 为轨道不平顺功率谱密度, $m^2 \cdot m/rad$; ω_c、ω_r、ω_s、A_a、A_v 和 A_g 和各参数见表 4.2。

表 4.2　德国轨道谱不平顺参数

轨道级别	ω_c (rad/m)	ω_r (rad/m)	ω_s (rad/m)	A_a (10^{-7}m·rad)	A_v (10^{-7}m·rad)	A_g (10^{-7}m·rad)
低干扰	0.824 6	0.020 6	0.438 0	2.119	4.032	0.532
高干扰	0.824 6	0.020 6	0.438 0	6.125	10.80	1.032

4.4.1.3　**中国干线轨道谱**

4.4.1.3.1　长沙铁道学院轨道谱[166]

长沙铁道学院采用地面测试手段,对我国京广线先后进行了 3 次轨道不平顺测试,得出了我国铁路一级干线(50kg/m 钢轨无缝线路)轨道不平顺的统计特征如下。

(1)轨道高低不平顺。

$$S_v(f) = 2.775 \times 10^{-3} \frac{f^2 + 0.887\,9}{f^4 + 2.524 \times 10^{-2} f^2 + 9.61 \times 10^{-7}} \tag{4.9}$$

(2)轨道方向不平顺。

$$S_a(f) = 9.404 \times 10^{-3} \frac{f^2 + 9.701 \times 10^{-2}}{f^4 + 3.768 \times 10^{-2} f^2 + 2.666 \times 10^{-5}} \tag{4.10}$$

(3)轨道水平不平顺。

$$S_c(f) = 5.100 \times 10^{-8} \frac{f^2 + 6.346 \times 10^{-3}}{f^4 + 3.157 \times 10^{-2} f^2 + 7.791 \times 10^{-6}} \tag{4.11}$$

(4)轨距不平顺。

$$S_g(f) = 7.001 \times 10^{-3} \frac{f^2 - 3.863 \times 10^{-2}}{f^4 - 3.355 \times 10^{-2} f^2 - 1.464 \times 10^{-5}} \tag{4.12}$$

式中：$S(f)$为轨道不平顺功率谱密度，$mm^2 \cdot m/r$；f 为空间频率，r/m。

4.4.1.3.2 铁道部科学研究院轨道谱[167]

1)中国高速试验线谱

我国已建成的高速、准高速试验线的钢轨结构均采用 60kg/m 跨区间无缝线路，铁道部科学研究院对此类钢结构的线路进行了详细的测量，通过曲线拟合，得到了反映我国 60kg/m 跨区间无缝线路特征的轨道不平顺功率谱密度

$$S(f) = \frac{A(f^2 + Bf + C)}{f^4 + Df^3 + Ef^2 + Ff + G} \tag{4.13}$$

式中：$S(f)$为轨道不平顺功率谱密度，$mm^2 \cdot m/r$；f 为空间频率，r/m；A、B、C、D、E、F、G 各参数见表 4.3。

表 4.3 我国干线轨道 60kg/m 钢轨超长无缝线路功率谱拟合曲线参数

参数	A	B	C	D	E	F	G
左高低	0.127 0	−2.153 1	1.550 3	4.983 5	1.389 1	−0.032 7	0.001 8
右高低	0.332 6	−1.375 7	0.549 7	2.490 7	0.405 7	0.085 8	−0.001 4
左轨向	0.062 7	−1.184 0	0.677 3	2.123 7	−0.084 7	0.034	−0.000 5
右轨向	0.159 5	−1.385 3	0.667 1	2.333 1	0.256 1	0.092 8	−0.001 6
水平	0.332 8	−1.351 1	0.541 5	1.843 7	0.381 3	0.206 8	−0.000 3

2)我国京广、京沪、京哈三大重载提速干线轨道谱

京广、京沪、京哈三大重载提速干线轨道谱的拟合曲线表达式仍为式(4.13)，拟合曲线参数可参见表 4.4。

表 4.4 京广、京沪、京哈三大重载提速干线轨道谱拟合曲线参数

参数	A	B	C	D	E	F	G
左高低	1.102 9	−1.470 9	0.594 1	0.848 0	3.806 1	−0.250 0	0.011 2
右高低	0.858 1	−1.460 7	0.584 8	0.040 7	2.842 8	−0.198 9	0.009 4
左轨向	0.224 4	−1.574 6	0.668 3	−2.146 6	1.766 5	−0.150 6	0.005 2
右轨向	0.374 3	−1.589 4	0.726 5	0.455 3	0.910 1	−0.027 0	0.003 1
水平	0.121 4	−2.160 3	2.211 4	4.508 9	2.222 7	−0.039 6	0.007 3

4.4.2 轨道不平顺的数值模拟

功率谱密度函数只有在进行线性随机振动频域分析时才能直接输入,对于非线性随机振动问题(严格地讲,车辆-轨道耦合系统是非线性问题),最有效的方法就是获取随机激励的样本作为输入,然后运用数值积分求得系统的随机响应。因此,有必要铁路轨道不平顺随机过程的数值模拟。

设轨道的不平顺样本为

$$\eta_i = \eta(x_i) \tag{4.14}$$

式中:$\eta(x_i)$为坐标 x_i 处的轨面不平顺值。

$\eta(x_i)$是一个随机函数。轨道不平顺的数值模拟就是要寻找谱密度为式(4.2)~式(4.14)的样本函数 $\eta(x_i)$。

目前,国内外最常用的轨道不平顺数值模拟方法主要有二次滤波法[77]、三角级数法[168]、白噪声滤波法和周期图法[164]。二次滤波法需进行滤波器设计,对不同功率谱密度函数的轨道不平顺,均需设计出合理的滤波器,因而该方法缺乏通用性。下面介绍在工程中应用较多的三角级数法和周期图法。

4.4.2.1 三角级数法

根据实测轨道不平顺的统计特征,可以确定不同等级铁路的轨道不平顺功率谱密度函数,然后通过数值方法得到轨道不平顺的模拟量。

由于轨道不平顺随机函数是一平稳高斯随机过程,通过给定的轨道不平顺功率谱,当采用三角级数叠加法时,轨道不平顺的样本可按下式产生。

$$w(x) = \sqrt{2}\sum_{k=1}^{N}\sqrt{S(\omega_k)\Delta\omega}\cos(\omega_k x + \phi_k) \tag{4.15}$$

式中:$w(x)$为所产生的轨道不平顺序列;$S(\omega_k)$为给定的轨道不平顺的功率谱密度函数;$\omega_k(k=1,2,\cdots,N)$为所考虑的频率,其中 ω_1、ω_N 分别为所考虑频率的下限和上限;$\Delta\omega$ 为频率间隔的带宽;ϕ_k 为相应第 k 个频率的相位,一般可按 $0\sim2\pi$ 间均匀分布取值。

对于上述模拟的样本,必须检验模拟出的样本是否与给定的功率谱密度函数 $S(\omega)$ 具有同样的特性。检验的方法是:对模拟出的不平顺序列 $w(x)(x=1,2,\cdots)$用 FFT 变换后得到谱密度 $S^*(\omega)$,将其与理论谱密度进行比较,观察它们的接近程度,以检验模拟样本的可靠性。

4.4.2.2 周期图法

一般认为轨道不平顺是距离的平稳高斯随机过程,并且具有各态历经性,故可以用三角级数法模拟。但文献[169]研究表明,轨道不平顺并不都是平稳随机过程,并认为轨道不平顺功率谱是对采样信号用经典的周期图法[170]估计得到的,所以功率谱密度在离散的采样点上与不平顺的频谱有对应关系。功率谱密度函数具有周期性,而且为偶对称。本节针对式(4.2)~式(4.14)给定的功率谱密度函数、构造等效的频谱幅值和随机相位后再作 Fourier 逆变换的新方法模拟轨道不平顺[171-173]。其过程简述如下。

(1)轨道不平顺功率谱密度一般均为单边谱,首先将其化为双边谱。

(2)设定需要模拟生成不平顺序列的点数 N 及相邻的距离 ΔL，则频域采样间隔 $\Delta\omega=1/(N\cdot\Delta L)$。为了 Fourier 变换的方便，一般 N 为 2 的整数次幂，不足则后面补 0。

(3)确定功率谱密度函数 $S(\omega)$采样的上下限(ω_1 与 ω_N)，则有效的采样点数为

$$N_e=(\omega_N-\omega_1)/\Delta\omega$$

(4)设 $N_1=\omega_1/\Delta\omega$，则采样点 $0\sim N_1-1$ 在有效频段之外，其采样值

$$S_i(\omega)=0\quad(i=0\sim N_1-1)$$

同样，采样点 $N_1+N_e\sim N/2$ 处的采样值也为零，即 $S_i(\omega)=0, i=N_1+N_e\sim N/2$。这样就得到功率谱密度函数 $S(\omega)$的 $N/2+1$ 个采样值。然后形成对称于 $N/2$ 的偶对称采样序列 $S_i(\omega), i=0,1,\cdots,N-1$。

(5)轨道不平顺序列的 Fourier 谱幅值为

$$|F_k(\omega)|=N\sqrt{S_k(\omega)\cdot\Delta\omega}\quad(k=0,1,\cdots,N-1)$$

(6)由于不平顺序列 $w(x)$为随机过程，其频谱相位一定具有随机性。设 ξ_n 为独立相位因子序列，它的各分量均值为零。ξ_n 应为复数，而且其平均功率$|\xi_n|^2=1$。所以有 $\xi_n=\cos\phi_n+i\sin\phi_n$，相位 ϕ_n 在$(0,2\pi)$内随机均匀分布。又由于 $F_k(\omega)$的实部关于 $N/2$ 的实对称，所以只要求出 $F_k(\omega)(k=1,2,\cdots,N/2)$。即

$$F_k(\omega)=|F_k(\omega)|\xi_k=N\xi_k\sqrt{S_k(\omega)\cdot\Delta\omega}\quad(k=0,1,2,\cdots,N/2)$$

然后利用对称性可得 $F_k(\omega)(k=0,1,2,\cdots,N-1)$。

(7)对序列 $F_k(\omega)$进行 Fourier 逆变换，可得轨道不平顺序列 $\omega(x_i), i=0,1,2,\cdots,N-1$。

因为此处考虑的随机过程是周期性重复的，采用该方法时必须合理选择采样点数 N 以避免出现混淆。一般要求 $N_1+N_e<N/2$。

4.5 简支梁在移动车轮加簧上质量作用下的振动分析

现代铁路或公路上的车辆都装有弹簧减振装置，这不但降低了移动车辆对桥梁的冲击作用，也改变了车辆自身的动力性能。为了更清楚地说明车桥耦合振动动力方程的建立，本节先讨论最简单的简支梁在单个移动车轮(质量)－弹簧(阻尼器)＋簧上质量作用下的振动分析模型，在此基础上讨论简支梁在多个移动车轮(质量)＋弹簧(阻尼器)＋簧上质量作用下的振动分析模型。

4.5.1 单轮对质量弹簧系统作用于简支梁

如图 4.1 所示，假设简支梁为等截面(EI 为常数)，恒载质量均匀分布(单位长度梁的质量 $\overline{m}$ 为常数，阻尼为黏滞阻尼(即阻尼力与结构振动速度成正比)，简支梁上的移动荷载是由单移动车轮的质量 M_1、簧上质量 M_2、弹簧(弹性系数 k_1)和阻尼器(阻尼系数 c_1)组成的体系。设梁的动挠度为 $y(x,t)$，簧上质量 M_2 的动位移为 $Z(t)$，并假定簧下质量 M_1 沿梁长移动而不脱离梁体，则其位移与它所在位置梁段的挠度是一致的，可以表示成

$y(vt,t)$。v 为梁上质量、弹簧体系的均匀移动速度。

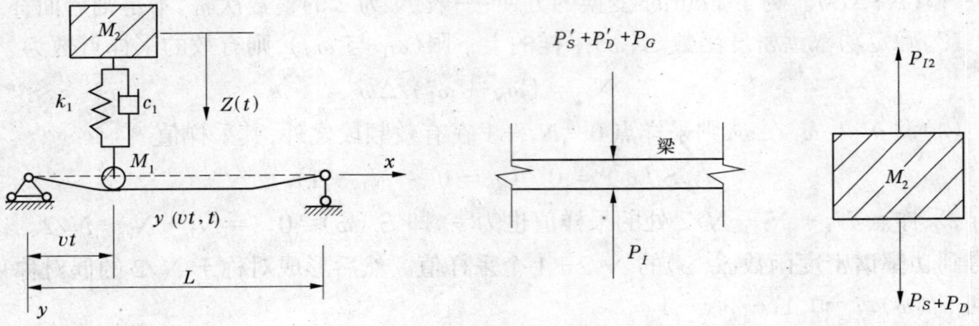

图 4.1　单移动车轮加簧上质量作用下的简支梁模型

作用在簧上质量 M_2 上的力有惯性力 $P_{I2}=M_2\ddot{Z}(t)$、弹簧由于 M_2 和体系所在位置梁的相对位移而产生的弹性力 $P_S=k_1[y(x,t)-Z(t)]\big|_{x=vt}$、阻尼器由于 M_2 和体系所在位置梁的相对速度差而产生的阻尼力 $P_D=c_1\left[\dfrac{\mathrm{d}y(x,t)}{\mathrm{d}t}-\dot{Z}(t)\right]\Bigg|_{x=vt}$。从图 4.1 所示质量 M_2 上力的平衡,可以直接导出 M_2 的动力平衡方程

$$M_2\ddot{Z}(t)+k_1[Z(t)-y(x,t)|_{x=vt}]+c_1\left[\dot{Z}(t)-\frac{\mathrm{d}y(x,t)}{\mathrm{d}t}\bigg|_{x=vt}\right]=0 \quad (4.16)$$

注意到$\dfrac{\mathrm{d}y(x,t)}{\mathrm{d}t}=\dfrac{\partial y(x,t)}{\partial t}+\dfrac{\partial y(x,t)}{\partial x}v$。其中,第一项$\dfrac{\partial y(x,t)}{\partial t}$表示荷载所在位置梁的振动速度;第二项$\dfrac{\partial y(x,t)}{\partial t}v$ 表示由于荷载的移动,使其在桥梁振动过程中引起的斜率上移动而产生的附加速度,对于一般的桥梁(其在荷载作用下产生的变形斜率很小)和现行的车速,这一项可以忽略不计。因此,式(4.16)可以写成

$$M_2\ddot{Z}(t)+k_1[Z(t)-y(x,t)|_{x=vt}]+c_1\left[\dot{Z}(t)-\frac{\partial y(x,t)}{\partial t}\bigg|_{x=vt}\right]=0 \quad (4.17)$$

按照与前面相同的假定,质量、弹簧体系以匀速 v 在梁上通过时,作用于梁的荷载包括:移动质量(簧下质量+簧上质量)的重力 $P_G=(M_1+M_2)g$;簧下质量 M_1 的惯性力 $P_I=M_1\dfrac{\mathrm{d}^2y(x,t)}{\mathrm{d}t^2}\bigg|_{x=vt}$;弹簧由于 M_2 和体系所在位置梁的相对位移而产生的弹性力 $P'_S=k_1[Z(t)-y(x,t)]\big|_{x=vt}$;阻尼器由于 M_2 和体系所在位置梁的相对速度差而产生的阻尼力$P'_D=c_1\left[\dot{Z}(t)-\dfrac{\mathrm{d}y(x,t)}{\mathrm{d}t}\right]\Bigg|_{x=vt}$。因此有

$$\begin{aligned}P(x,t)&=\delta(x-vt)[P_G-P_I+P'_S+P'_D]\\&=\delta(x-vt)\left[(M_1+M_1)g-M_1\frac{\mathrm{d}^2y(x,t)}{\mathrm{d}t^2}\right]+\\&\quad k_1[Z(t)-y(x,t)]+c_1\left[\dot{Z}(t)-\frac{\mathrm{d}y(x,t)}{\mathrm{d}t}\right]\end{aligned} \quad (4.18)$$

式中:δ 为 Dirac 函数,下面三个表达式说明了 Dirac 函数的特性

$$\delta(x-\eta)=\begin{cases}\infty & (x=\eta)\\ 0 & (x\neq\eta)\end{cases} \tag{4.19a}$$

$$\int_{-\infty}^{\infty}\delta(x-\eta)f(x)\mathrm{d}x=f(\eta) \tag{4.19b}$$

$$\int_a^b\delta(x-\eta)f(x)\mathrm{d}x=\begin{cases}0 & (\eta<a<b)\\ f(\eta) & (a\leqslant\eta\leqslant b)\\ 0 & (a<b<\eta)\end{cases} \tag{4.19c}$$

注意到$\dfrac{\mathrm{d}^2y}{\mathrm{d}t^2}\approx\dfrac{\partial^2y(x,t)}{\partial t^2}$，$\dfrac{\mathrm{d}y}{\mathrm{d}t}\approx\dfrac{\partial y(x,t)}{\partial t}$，所以作用于梁的外荷载为

$$P(x,t)=\delta(x-vt)\left[(M_1+M_2)g-M_1\frac{\partial^2y(x,t)}{\partial t^2}\right]+k_1[Z(t)-y(x,t)]+c_1\left[\dot{Z}(t)-\frac{\partial y(x,t)}{\partial t}\right] \tag{4.20}$$

因此，考虑车轮质量+弹簧(阻尼器)+簧上质量体系的移动荷载作用下简支梁的动力平衡方程为

$$EI\frac{\partial^4y(x,t)}{\partial x^4}+\overline{m}\frac{\partial^2y(x,t)}{\partial t^2}+c\frac{\partial y(x,t)}{\partial t}=\delta(x-vt)\left[(M_1+M_2)g-M_1\frac{\partial^2y(x,t)}{\partial t^2}\right]+k_1[Z(t)-y(x,t)]+c_1\left[\dot{Z}(t)-\frac{\partial y(x,t)}{\partial t}\right] \tag{4.21}$$

式中：c 为轮对下简支梁的阻尼系数；c_1 为轮对上阻尼器的阻尼系数。式(4.21)是一个偏微分方程，可按振型分解法(模态叠加法，数学上称为分离变量法)求解。振型分解法的基本原理是将结构的几何坐标变换成振型坐标或广义坐标。对于一维的连续体，这一变换的表达式为

$$y(x,t)=\sum_{i=1}^{\infty}q_i(t)\cdot\phi_i(x) \tag{4.22}$$

式中：$q_i(t)$为广义振型坐标，是时间 t 的函数；$\phi_i(x)$为主振型函数。此式表明了振型(模态)的叠加原理：结构的任一合理位移都可以由该结构具有相应振幅的各个振型的叠加来表示。

按振型求解法求解时，将式(4.22)代入式(4.21)，为了计算第 n 阶振型对位移 $y(x,t)$的贡献，将每一项乘以第 n 阶振型函数$\phi_n(x)$，沿梁的全长积分，并考虑到振型的正交性(根据前面的假定，结构的质量、刚度和阻尼均满足正交条件)，第 n 阶振型的广义坐标方程式(4.21)的左端项为

$$EIq_n(t)\int_0^L\phi_n(x)\frac{\mathrm{d}^4\phi_n(x)}{\mathrm{d}x^4}\mathrm{d}x+\overline{m}\frac{\mathrm{d}^2q_n(t)}{\mathrm{d}t^2}\int_0^L\phi_n^2(x)\mathrm{d}x+c\frac{\mathrm{d}q_n(t)}{\mathrm{d}t}\int_0^L\phi_n^2(x)\mathrm{d}x \tag{4.23}$$

对于等截面梁，振型函数可假定为三角函数，这时

$$\phi_n(x)=\sin\frac{n\pi x}{L} \tag{4.24}$$

将式(4.24)代入式(4.23)，并注意到

$$\int_0^L \sin^2 \frac{n\pi x}{L} \equiv \frac{L}{2}$$

$$\int_0^L \delta(x - vt)P(t)\sin^2 \frac{n\pi x}{L}\mathrm{d}x = P(t)\sin \frac{n\pi vt}{L}$$

积分后得到

$$\frac{L}{2}\overline{m}\frac{\mathrm{d}^2 q_n(t)}{\mathrm{d}t^2} + \frac{L}{2}c\frac{\mathrm{d}q_n(t)}{\mathrm{d}t} + \frac{L}{2}\frac{n^4\pi^4}{L^4}EIq_n(t) \tag{4.25}$$

第 n 阶振型的广义坐标方程式(4.21)的右端项为

$$P_n(t) = P_{n1}(t) + P_{n2}(t) \tag{4.26a}$$

$$\left.\begin{aligned} P_{n1}(t) &= \int_0^L \delta(x - vt)\left[(M_1 + M_2)g - M_1\sum_{i=1}^{\infty}\ddot{q}_i(t)\phi_i(x)\right]\phi_n(x)\mathrm{d}x \\ P_{n2}(t) &= \int_0^L \delta(x - vt)\left\{k_1 Z(t) + c_1\dot{Z}(t) - \sum_{i=1}^{\infty}[k_1 q_i(t) + c_1\dot{q}_i(t)]\phi_i(x)\right\}\phi_n(x)\mathrm{d}x \end{aligned}\right\} \tag{4.26b}$$

将式(4.24)代入式(4.26b),且 $x = vt$,则广义力

$$\begin{aligned} P_{n1}(t) &= (M_1 + M_2)g\sin\frac{n\pi vt}{L} - M_1\sum_{i=1}^{\infty}\ddot{q}_i(t)\sin\frac{i\pi vt}{L}\sin\frac{n\pi vt}{L} \\ P_{n2}(t) &= [K_1 Z(t) + c_1\dot{Z}(t)]\sin\frac{n\pi vt}{L} - \sum_{i=1}^{\infty}[k_1 q_i(t) + c_1\dot{q}(t)]\sin\frac{i\pi vt}{L}\sin\frac{n\pi vt}{L} \end{aligned} \tag{4.26c}$$

式(4.26c)第二个式子的最后一步未能利用振型的正交条件。应注意的是,加在桥梁上的弹性力、阻尼力和惯性力分别为车轮所在位置实际梁体的位移、速度、加速度而不是与某个振型的位移、速度、加速度有关。这个事实表明,尽管采用了振型分解法,但是对于车轮+弹簧(阻尼器)+簧上质量这样的移动荷载弹性,桥梁振型之间还是互相耦联的。

考虑式(4.21)~式(4.26),并令 $\omega_n = \frac{n^2\pi^2}{L^2}\sqrt{\frac{EI}{\overline{m}}}$ 为简支梁的第 n 阶圆频率,$c = 2\xi_n\overline{m}\omega_n$ 为第 n 阶振动阻尼,将式(4.21)两边同除以$\frac{\overline{m}L}{2}$,并引入符号 $\dot{q} = \frac{\mathrm{d}q}{\mathrm{d}t}$、$\ddot{q} = \frac{\mathrm{d}^2 q}{\mathrm{d}t^2}$,可得移动力作用下简支梁第 n 阶振型动力平衡方程的标准形式

$$\begin{aligned} &\ddot{q}_n(t) + 2\xi_n\omega_n\dot{q}_n(t) + \omega_n^2 q_n(t) \\ &= \frac{2}{\overline{m}L}\left\{(M_1 + M_2)g\sin\frac{n\pi vt}{L} - M_1\sum_{i=1}^{\infty}\ddot{q}_i(t)\sin\frac{i\pi vt}{L}\sin\frac{n\pi vt}{L} + \right. \\ &\left.[k_1 Z(t) + c_1\dot{Z}(t)]\sin\frac{n\pi vt}{L} - \sum_{i=1}^{\infty}[k_1 q_1(t) + c_1\dot{q}_i(t)]\sin\frac{i\pi vt}{L}\sin\frac{n\pi vt}{L}\right\} \end{aligned} \tag{4.27}$$

进一步将等式(4.27)右边的未知位移、速度、加速度梁移到左边,得

$$\left[\ddot{q}_n(t) + \frac{2M_1}{\overline{m}L}\sum_{i=1}^{\infty}\ddot{q}_i(t)\sin\frac{i\pi vt}{L}\sin\frac{n\pi vt}{L}\right] +$$

$$\left[2\xi_n\omega_n\dot{q}_n(t) + \frac{2c_1}{\overline{m}L}\sum_{i=1}^{\infty}\dot{q}_i(t)\sin\frac{i\pi vt}{L}\sin\frac{n\pi vt}{L}\right] +$$

$$\left[\omega_n^2 q_n(t) + \frac{2k_1}{mL}\sum_{i=1}^{\infty} q_i(t)\sin\frac{i\pi vt}{L}\sin\frac{n\pi vt}{L}\right] -$$

$$\frac{2}{mL}[k_1 Z(t) + c_1 \dot{Z}(t)]\sin\frac{n\pi vt}{L} = 0 \tag{4.28}$$

再考察簧上质量运动方程式(4.17),如果车轮所在位置的桥梁的位移也用振型叠加法表示,且同样也设 $\phi_n(x) = \sin\frac{n\pi x}{L}$,即 $y(x,t) = \sum_{i=1}^{\infty} q_i(t)\sin\frac{i\pi vt}{L}$,则式(4.29)可以整理成为

$$M_2\ddot{Z}(t) + c_1\dot{Z}(t) + k_1 Z(t) - c_1\sum_{i=1}^{\infty}\dot{q}_i(t)\sin\frac{i\pi vt}{L} - k_1\sum_{i=1}^{\infty} q_i(t)\sin\frac{i\pi vt}{L} = 0 \tag{4.29}$$

可见通过连接两个质量的弹簧和阻尼器,将质量 M_2 的运动和桥梁振动的所有的振型耦联在一起了。

将式(4.17)和式(4.29)联立,就得到简支梁与移动车轮(单轮)+弹簧(阻尼器)+簧上质量体系的系统动力平衡方程组。

这是一个具有无穷多自由度的联立方程组。对简支梁来说,如果位移级数中取 N 项,则整个简支梁的广义自由度将为 N 个,加上质量 M_2 的自由度 $Z(t)$,系统运动方程的$N+1$阶矩阵表达式为

$$[M]\{\ddot{X}\} + [C]\{\dot{X}\} + [K]\{X\} = \{F\} \tag{4.30}$$

式中:$\{X\}$为广义位移向量,即

$$\{X\} = [q_1, q_2, \cdots, q_N, Z]^{\mathrm{T}}$$

$[M]$为广义质量矩阵,即

$$[M] = \begin{bmatrix} 1+\rho_M\Phi_{11} & \rho_M\Phi_{12} & \cdots & \rho_M\Phi_{1N} & 0 \\ \rho_M\Phi_{21} & 1+\rho_M\Phi_{22} & \cdots & \rho_M\Phi_{2N} & 0 \\ \vdots & \vdots & & \vdots & \vdots \\ \rho_M\Phi_{N1} & \rho_M\Phi_{N2} & \cdots & 1+\rho_M\Phi_{NN} & 0 \\ 0 & 0 & 0 & 0 & M_2 \end{bmatrix}$$

$[C]$为广义阻尼矩阵,即

$$[C] = \begin{bmatrix} 2\xi_1\omega_1+\rho_c\Phi_{11} & \rho_c\Phi_{12} & \cdots & \rho_c\Phi_{1N} & -\rho_c\phi_1 \\ \rho_c\Phi_{21} & 2\xi_2\omega_2+\rho_c\Phi_{22} & \cdots & \rho_c\Phi_{2N} & -\rho_c\phi_2 \\ \vdots & \vdots & & \vdots & \vdots \\ \rho_c\Phi_{N1} & \rho_c\Phi_{N2} & \cdots & 2\xi_N\omega_N+\rho_c\Phi_{NN} & -\rho_c\phi_N \\ -c_1\phi_1 & -c_1\phi_2 & \cdots & -c_1\phi_N & c_1 \end{bmatrix}$$

$[K]$为广义阻尼矩阵,即

$$[K]=\begin{bmatrix}\omega_1^2+\rho_k\Phi_{11} & \rho_k\Phi_{12} & \cdots & \rho_k\Phi_{1N} & -\rho_k\phi_1\\ \rho_k\Phi_{21} & \omega_2^2+\rho_k\Phi_{22} & \cdots & \rho_k\Phi_{2N} & -\rho_k\phi_2\\ \vdots & \vdots & & \vdots & \vdots\\ \rho_k\Phi_{N1} & \rho_k\Phi_{N2} & \cdots & \omega_N^2+\rho_k\Phi_{NN} & -\rho_k\phi_N\\ -k_1\phi_1 & -k_1\phi_2 & \cdots & -k_1\phi_N & k_1\end{bmatrix}$$

$\{F\}$为广义力向量,即

$$\{F\}=[\rho_F\phi_1,\rho_F\phi_2,\cdots,\rho_F\phi_N,0]^{\mathrm{T}}$$

上面的公式中,$\rho_M=\dfrac{2M_1}{mL}$;$\rho_c=\dfrac{2c_1}{mL}$;$\rho_k=\dfrac{2k_1}{mL}$;$\rho_F=\dfrac{2(M_1+M_2)g}{mL}$;$\phi_n=\sin\dfrac{n\pi vt}{L}$为第 n 振型在 t 时刻 $x=vt$ 位置的函数值,且 $\Phi_{nm}=\phi_n\phi_m$。

可见,移动车轮(质量)+弹簧(阻尼器)+簧上质量体系作用下的简支梁,其广义力的动力平衡方程组的质量为非对角矩阵,但与 M_2 的耦联项为零,而桥梁广义力动力平衡方程组的刚度矩阵和阻尼矩阵均为非对角的满阵,它们将各个方程耦联在一起,形成新的方程组。对于这样的问题,采用振型分解法虽然不能使方程组完全解耦,但可以通过选择适当的阶数 N 而使原来的结构方程组降阶。由于质量在梁上不断地运动,广义质量矩阵$[M]$、广义阻尼矩阵$[C]$、广义刚度矩阵$[K]$中的系数 Φ_{nm} 也在不断地变化,使系统运动方程组成为一个时变系统的二阶微分方程组。对于这样的时变系数微分方程组,一般只能采取逐步积分的数值方法求解。

4.5.2 四轮对质量弹簧系统作用于简支梁

如图 4.2 所示,简支梁上的移动荷载是由 4 个移动车轮(每个车轮质量 M_1)、簧上车厢质量为 M_2、转动惯量为 J_2、每个弹簧的刚度为 k_1 和每个阻尼的阻尼系数为 c_1 组成的一系车辆系统。转向架的间距为 S。车厢有两个自由度:沉浮振动 Z 和点头振动 θ。和本节第一部分的假设一样,第 i 个车轮的竖向位移为 $y(x,t)$,则第 i 个车轮的位置为

$$x_i=vt-a_i\quad(i=1,2,3,4)\tag{4.31}$$

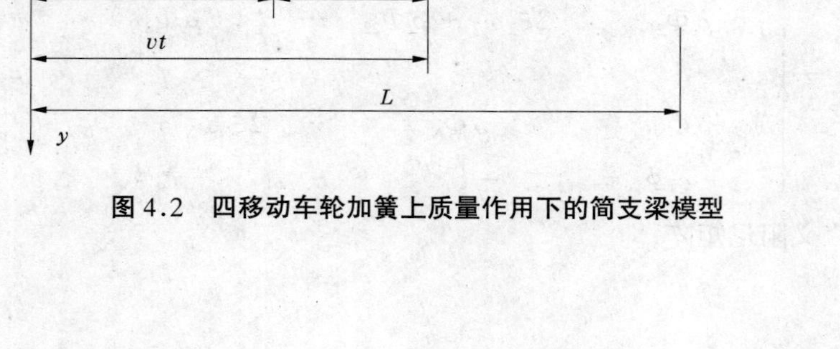

图 4.2 四移动车轮加簧上质量作用下的简支梁模型

式中：a_i 为第 i 轮对与第 1 个轮对的距离。

由于梁的运动满足小变形理论并在弹性范围内变形，因此 4 个轮对作用在简支梁上时，梁的变形应满足叠加原理。当 4 个轮对都作用在梁上时，考虑到简支梁的振型函数，参照本节第一部分的推导，简支梁所受到的荷载力为

$$
\begin{aligned}
P(x,t) = {} & \left(M_1 + \frac{M_2}{4}\right)g\left[\sin\frac{n\pi}{L}(vt - a_1) + \sin\frac{n\pi}{L}(vt - a_2) + \cdots + \sin\frac{n\pi}{L}(vt - a_4)\right] - \\
& M_1\sum_{i=1}^{\infty}\ddot{q}(t)\left[\sin\frac{i\pi}{L}(vt - a_1)\sin\frac{n\pi}{L}(vt - a_1) + \sin\frac{i\pi}{L}(vt - a_2)\sin\frac{n\pi}{L}(vt - a_2) + \right. \\
& \left.\sin\frac{i\pi}{L}(vt - a_3)\sin\frac{n\pi}{L}(vt - a_3) + \sin\frac{i\pi}{L}(vt - a_4)\sin\frac{n\pi}{L}(vt - a_4)\right] + \\
& \left[k_1Z(t) + \frac{k_1S}{2}\theta + c_1\dot{Z}(t) + \frac{c_1S}{2}\dot{\theta}\right]\left[\sin\frac{n\pi}{L}(vt - a_1) + \sin\frac{n\pi}{L}(vt - a_2)\right] + \\
& \left[k_1Z(t) - \frac{k_1S}{2}\theta + c_1\dot{Z}(t) - \frac{c_1S}{2}\dot{\theta}\right]\left[\sin\frac{n\pi}{L}(vt - a_3) + \sin\frac{n\pi}{L}(vt - a_4)\right] - \\
& \sum_{i=1}^{\infty}[k_1q_i(t) + c_1\dot{q}_i(t)]\left[\sin\frac{i\pi}{L}(vt - a_1)\sin\frac{n\pi}{L}(vt - a_1) + \right. \\
& \sin\frac{i\pi}{L}(vt - a_2)\sin\frac{n\pi}{L}(vt - a_2) + \sin\frac{i\pi}{L}(vt - a_3)\sin\frac{n\pi}{L}(vt - a_3) + \\
& \left.\sin\frac{i\pi}{L}(vt - a_4)\sin\frac{n\pi}{L}(vt - a_4)\right]
\end{aligned}
\tag{4.32}
$$

将式(4.32)右端作为等式的右端，和式(4.23)组成方程组，进一步将等式右边的未知位移、速度、加速度移到等式的左边，得

$$
\begin{aligned}
& \left[\ddot{q}_n(t) + \frac{2M_1}{mL}\sum_{i=1}^{\infty}\ddot{q}_i(t)\sum_{j=1}^{4}\sin\frac{i\pi}{L}(vt - a_j)\sin\frac{n\pi}{L}(vt - a_j)\right] + \\
& \left[2\xi_n\omega_n\dot{q}_n(t) + \frac{2c_1}{mL}\sum_{i=1}^{\infty}\dot{q}_i(t)\sum_{j=1}^{4}\sin\frac{i\pi}{L}(vt - a_j)\sin\frac{n\pi}{L}(vt - a_j)\right] + \\
& \left[\omega_n^2q_n(t) + \frac{2k_1}{mL}\sum_{i=1}^{\infty}q_i(t)\sum_{j=1}^{4}\sin\frac{i\pi}{L}(vt - a_j)\sin\frac{n\pi}{L}(vt - a_j)\right] - \\
& \frac{2}{mL}\left[k_1Z(t) + \frac{k_1S}{2}\theta + c_1\dot{Z}(t) + \frac{c_1S}{2}\dot{\theta}\right]\cdot\sum_{j=1}^{2}\sin\frac{n\pi}{L}(vt - a_j) - \\
& \frac{2}{mL}\left[k_1Z(t) - \frac{k_1S}{2}\theta + c_1\dot{Z}(t) - \frac{c_1S}{2}\dot{\theta}\right]\cdot\sum_{j=3}^{4}\sin\frac{n\pi}{L}(vt - a_j) = \\
& \frac{2}{mL}\left(M_1 + \frac{M_2}{4}\right)g\cdot\sum_{j=1}^{4}\sin\frac{n\pi}{L}(vt - a_j)
\end{aligned}
\tag{4.33}
$$

对于车厢的沉浮运动，当 4 个轮对都在梁上时，车厢受到的弹性力和阻尼力为

$$
\begin{aligned}
P_2(x,t) = {} & 4k_1Z(t) + 4c_1\dot{Z}(t) - \sum_{i=1}^{\infty}[k_1q_i(t) + c_1\dot{q}_i(t)]\cdot\left[\sin\frac{i\pi}{L}(vt - a_1) + \right. \\
& \left.\sin\frac{i\pi}{L}(vt - a_2) + \sin\frac{i\pi}{L}(vt - a_3) + \sin\frac{i\pi}{L}(vt - a_4)\right]
\end{aligned}
\tag{4.34}
$$

考虑到车厢的沉浮惯性力，可给出车厢的沉浮运动方程如下

$$M_2\ddot{Z}(t)+4c_1\dot{Z}(t)+4k_1Z(t)-c_1\sum_{i=1}^{\infty}\dot{q}_i(t)\cdot\sum_{j=1}^{4}\sin\frac{i\pi}{L}(vt-a_j)-$$
$$k_1\sum_{i=1}^{\infty}q_i(t)\cdot\sum_{j=1}^{4}\sin\frac{i\pi}{L}(vt-a_j)=0 \tag{4.35}$$

对于车厢的点头运动，当 4 个轮对都在梁上时，车厢受到的弹性力和阻尼力为

$$P_3(x,t)=[k_1S^2\theta+c_1S^2\dot{\theta}]-\frac{S}{2}\sum_{i=1}^{\infty}[k_1q_i(t)+c_1\dot{q}_i(t)]\cdot\Big[\sin\frac{i\pi}{L}(vt-a_1)+$$
$$\sin\frac{i\pi}{L}(vt-a_2)+\sin\frac{i\pi}{L}(vt-a_3)+\sin\frac{i\pi}{L}(vt-a_4)\Big] \tag{4.36}$$

考虑到车厢的转动惯性力，可给出车厢的点头运动方程如下

$$J_2\ddot{\theta}(t)+c_1S^2\dot{\theta}(t)+k_1S^2\theta(t)-\frac{S}{2}c_1\sum_{i=1}^{\infty}\dot{q}_i(t)\cdot\Big[\sum_{j=1}^{2}\sin\frac{i\pi}{L}(vt-a_j)-$$
$$\sum_{j=3}^{4}\sin\frac{i\pi}{L}(vt-a_j)\Big]-\frac{S}{2}k_1\sum_{i=1}^{\infty}q_i(t)\cdot\Big[\sum_{j=1}^{2}\sin\frac{i\pi}{L}(vt-a_j)-\sum_{j=3}^{4}\sin\frac{i\pi}{L}(vt-a_j)\Big]=0 \tag{4.37}$$

将式(4.33)、式(4.35)和式(4.37)联立，就得到简支梁与移动车轮(4 轮)+弹簧(阻尼器)+簧上质量体系的系统动力平衡方程组。

这是一个具有无穷多自由度的联立方程组。对简支梁来说，如果位移级数中取 N 项，则整个简支梁的广义自由度将为 N 个，加上车厢的自由度 $Z(t)$ 和 $\theta(t)$，则系统运动方程的 $N+2$ 阶矩阵表达式为

$$[M]\{\ddot{X}\}+[C]\{\dot{X}\}+[K]\{X\}=\{F\} \tag{4.38}$$

式中：$\{X\}$ 为广义位移向量，即

$$\{X\}=[q_1,q_2,\cdots,q_N,Z,\theta]^{\mathrm{T}}$$

$[M]$ 为广义质量矩阵，即

$$[M]=\begin{bmatrix}1+\rho_M\Phi_{11} & \rho_M\Phi_{12} & \cdots & \rho_M\Phi_{1N} & 0 & 0\\ \rho_M\Phi_{21} & 1+\rho_M\Phi_{22} & \cdots & \rho_M\Phi_{2N} & 0 & 0\\ \vdots & \vdots & & \vdots & \vdots & \vdots\\ \rho_M\Phi_{N1} & \rho_M\Phi_{N2} & \cdots & 1+\rho_M\Phi_{NN} & 0 & 0\\ 0 & 0 & \cdots & 0 & M_2 & 0\\ 0 & 0 & \cdots & 0 & 0 & J_2\end{bmatrix}$$

$[C]$ 为广义阻尼矩阵，其分块矩阵为

$$[C]=\begin{bmatrix}[C_{11}]_{N\times N} & [C_{12}]_{N\times 2}\\ [C_{21}]_{2\times N} & [C_{22}]_{2\times 2}\end{bmatrix}$$

其各子矩阵分别如下：

$$[C_{11}]_{N\times N}=\begin{bmatrix}2\xi_1\omega_1+\rho_c\Phi_{11} & \rho_c\Phi_{12} & \cdots & \rho_c\Phi_{1N}\\ \rho_c\Phi_{21} & 2\xi_1\omega_2+\rho_c\Phi_{22} & \cdots & \rho_c\Phi_{2N}\\ \vdots & \vdots & & \vdots\\ \rho_c\Phi_{N1} & \rho_c\Phi_{N2} & \cdots & 2\xi_N\omega_N+\rho_c\Phi_{NN}\end{bmatrix}$$

$$[C_{12}]_{N\times 2}=\begin{bmatrix}-[\rho_c]\cdot[\phi_1]^{\mathrm T} & -[\rho_c]\cdot[\phi_2]^{\mathrm T} & \cdots & -[\rho_c]\cdot[\phi_N]^{\mathrm T}\\ -[\rho_\theta]\cdot[\phi_1]^{\mathrm T} & -[\rho_\theta]\cdot[\phi_2]^{\mathrm T} & \cdots & -[\rho_\theta]\cdot[\phi_N]^{\mathrm T}\end{bmatrix}^{\mathrm T}_{N\times 2}$$

$$[C_{21}]_{2\times N}=\begin{bmatrix}-[c_1]\cdot[\phi_1]^{\mathrm T} & -[c_1]\cdot[\phi_2]^{\mathrm T} & \cdots & -[c_1]\cdot[\phi_N]^{\mathrm T}\\ -[c_s]\cdot[\phi_1]^{\mathrm T} & -[c_s]\cdot[\phi_2]^{\mathrm T} & \cdots & -[c_s]\cdot[\phi_N]^{\mathrm T}\end{bmatrix}_{2\times N}$$

$$[C_{22}]_{2\times 2}=\begin{bmatrix}4c_1 & 0\\ 0 & c_1S^2\end{bmatrix}$$

$[K]$为广义刚度矩阵,其分块矩阵为

$$[K]=\begin{bmatrix}[K_{11}]_{N\times N} & [K_{12}]_{N\times 2}\\ [K_{21}]_{2\times N} & [K_{22}]_{2\times 2}\end{bmatrix}$$

其各子矩阵分别如下:

$$[K_{11}]_{N\times N}=\begin{bmatrix}\omega_1^2+\rho_k\Phi_{11} & \rho_k\Phi_{12} & \cdots & \rho_k\Phi_{1N}\\ \rho_k\Phi_{21} & \omega_2^2+\rho_k\Phi_{22} & \cdots & \rho_k\Phi_{2N}\\ \vdots & \vdots & & \vdots\\ \rho_k\Phi_{N1} & \rho_k\Phi_{N2} & \cdots & \omega_N^2+\rho_k\Phi_{NN}\end{bmatrix}$$

$$[K_{12}]_{N\times 2}=\begin{bmatrix}-[\rho_k]\cdot[\phi_1]^{\mathrm T} & -[\rho_k]\cdot[\phi_2]^{\mathrm T} & \cdots & -[\rho_k]\cdot[\phi_N]^{\mathrm T}\\ -[\rho_{\theta\theta}]\cdot[\phi_1]^{\mathrm T} & -[\rho_{\theta\theta}]\cdot[\phi_2]^{\mathrm T} & \cdots & -[\rho_{\theta\theta}]\cdot[\phi_N]^{\mathrm T}\end{bmatrix}^{\mathrm T}_{N\times 2}$$

$$[K_{21}]_{2\times N}=\begin{bmatrix}-[k_1]\cdot[\phi_1]^{\mathrm T} & -[k_1]\cdot[\phi_2]^{\mathrm T} & \cdots & -[k_1]\cdot[\phi_N]^{\mathrm T}\\ -[k_s]\cdot[\phi_1]^{\mathrm T} & -[k_s]\cdot[\phi_2]^{\mathrm T} & \cdots & [k_s]\cdot[\phi_N]^{\mathrm T}\end{bmatrix}_{2\times N}$$

$$[K_{22}]_{2\times 2}=\begin{bmatrix}4k_1 & 0\\ 0 & k_1S^2\end{bmatrix}$$

$\{F\}$为广义力向量,即

$$\{F\}=[[\rho_F]\cdot[\phi_1]^{\mathrm T},[\rho_F]\cdot[\phi_2]^2,\cdots,[\rho_F]\cdot[\phi_N]^{\mathrm T},0,0]^{\mathrm T}_{N+2}$$

上面几式中,$\rho_M=\dfrac{2M_1}{mL}$;$\rho_c=\dfrac{2c_1}{mL}$;$\rho_k=\dfrac{2k_1}{mL}$;$\rho_F=\dfrac{2(M_1+M_2/4)g}{mL}$;

$[\phi_n]_{1\times 4}=\left[\sin\dfrac{n\pi}{L}(vt-a_1)\sin\dfrac{n\pi}{L}(vt-a_2)\sin\dfrac{n\pi}{L}(vt-a_3)\sin\dfrac{n\pi}{L}(vt-a_4)\right]_{1\times 4}$ 矩阵中的元素为第 n 振型在 t 时刻第 j 个轮对位置 $x_j=vt-a_j$,$j=1,2,3,4$ 的函数值,且

$\Phi_{nm}=[\phi_n]_{1\times 4}\cdot[\phi_m]^{\mathrm T}_{4\times 1}$,$[\rho_F]_{1\times 4}=\rho_F[1\ 1\ 1\ 1]_{1\times 4}$,$[\rho_c]_{1\times 4}=\rho_c[1\ 1\ 1\ 1]_{1\times 4}$,

$[c_1]_{1\times 4}=c_1[1\ 1\ -1\ -1]_{1\times 4}$,$[k_1]_{1\times 4}=k_1[1\ 1\ -1\ -1]_{1\times 4}$,$[\rho_k]_{1\times 4}=\rho_k[1\ 1\ 1\ 1]_{1\times 4}$,

$[\rho_\theta]_{1\times 4}=\dfrac{1}{2}S\rho_c[1\ 1\ -1\ -1]_{1\times 4}$,$[\rho_{\theta\theta}]_{1\times 4}=\dfrac{1}{2}S\rho_k[1\ 1\ -1\ -1]_{1\times 4}$,

$[c_s]_{1\times 4}=\dfrac{1}{2}Sc_1[1\ 1\ -1\ -1]_{1\times 4}$,$[k_s]_{1\times 4}=\dfrac{1}{2}Sk_1[1\ 1\ -1\ -1]_{1\times 4}$。

广义阻尼矩阵$[C]$的子矩阵$[C_{12}]_{N\times 2}$表明了车辆在梁上行走时车厢对桥梁阻尼系数的影响,而子矩阵$[C_{21}]_{2\times N}$的意义是车辆在梁上行走时桥梁的运动对梁上质量系统阻尼的影响。同样,广义刚度矩阵$[K]$的子矩阵$[K_{12}]_{N\times 2}$表明了车辆在梁上行走时车厢对桥

梁刚度的影响,而子矩阵$[K_{21}]_{2\times N}$的意义是车辆在梁上行走时桥梁的运动对梁上质量系统刚度的影响。这些子矩阵表明了梁上质量系统和桥梁结构之间、桥梁各振型之间的相互耦联的关系。

4.6 车辆(机车)计算模型及运动方程

4.6.1 基本假定和自由度

早期的研究文献大都将车辆简化成移动的单个集中力(常量力或简谐力),K.H.Chu[174]最早采用多刚体多自由度的复杂车辆模型,认为车辆由车体、转向架、轮对等刚体组成,各刚体在空间具有伸缩、横摆、沉浮、测滚、摇头、点头6个自由度,它们之间通过一系、二系悬挂等弹性元件组成。由于车体、转向架及轮对各部件沿列车运动方向的纵向振动(伸缩)对桥梁的竖向振动和横向振动几乎无影响,因此在车辆模型中一般不考虑各刚体的伸缩位移。这样,每个刚体实际上需考虑5个自由度。

又因为车辆垂向振动与横向振动之间的耦合效应较弱[162,163],同时为简单起见,许多地方有时往往将车桥竖向振动与横向振动分开进行分析,这样,在研究车桥竖向耦合振动时,只考虑车体、转向架与轮对的沉浮自由度和点头自由度即可。本书的车辆模型均按二系悬挂系统来分析。

文献[175～177]研究表明,即使按轮对、钢轨之间以弹性接触来进行数值计算,轮对的频率值都要偏大得多,因此对于轮对与钢轨的接触可认为是刚性接触,在模型处理上认为轮对与钢轨是完全接触的,即轮对的竖向运动轨迹是钢轨与轮对的接触面。因此,本章第4.4节对竖向振动时轮对与简支梁接触的分析及建模是比较合理的。

车体、转向架及轮对沿列车运动方向的振动(伸缩)对桥梁的竖向及横向振动几乎无影响,因此在车辆模型中一般不需要考虑各刚体沿列车运行方向的振动,于是在竖向振动分析中每一个刚体有2个自由度,即沉浮和点头。轮对的沉浮自由度受钢轨的约束,不是独立的自由度。轮对的点头自由度无实际意义,因此对轮对来说,可以不考虑其独立的自由度,即其竖向位移变量可以由该轮对所在桥梁位置的位移与竖向轨道不平顺值之间的关系来确定。

基于以上分析,在建立车辆动力学分析的数学模型时,可作如下的假定[144]。

(1)不考虑车体、转向架和轮对的弹性变形,即车体、转向架和轮对均为刚体。

(2)轮对及车体沿线路方向做等速运动,不考虑纵向动力作用的影响。

(3)车轮始终与钢轨接触,即车轮不悬空。

(4)一系悬挂与二系悬挂及轮对定位的弹簧弹性是线性的。

(5)车辆所有悬挂系统之间的阻尼均按黏性阻尼计算。

(6)车体关于质心左右对称和前后对称。

(7)车体、转向架及轮对各刚体均在基本平衡位置作小位移振动。

机车和客车一般都是4轴车,每辆车应有车体、前后转向架各两个自由度,因不考虑轮对自由度,因此应有6个自由度。整车附有二系悬挂系统的车辆模型见图4.3,在整车

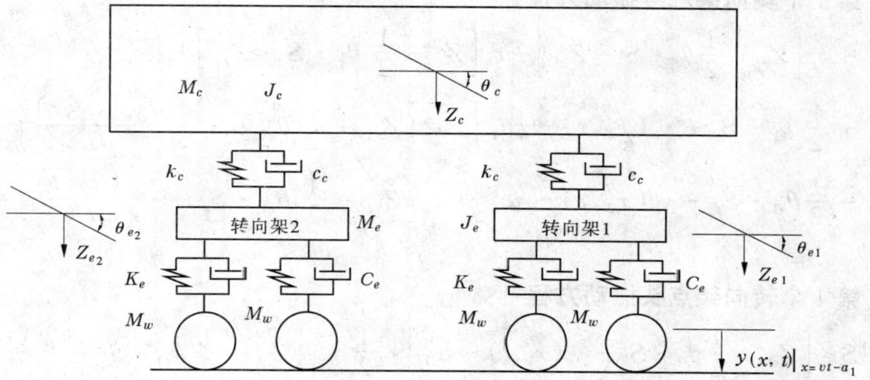

图 4.3　车辆－轨道耦合系统计算模型

模型中,车体和转向架都考虑沉浮振动和点头振动。本书假定位移和力度方向以竖直向下为正,转角和力矩的方向以顺时针为正。

4.6.2　轨道不平顺的影响

除了移动车辆的重力加载外,轨道不平顺被认为是引起车桥系统竖向运动的最重要的激励源。有关轨道不平顺的特性及其数值模拟,已在本章第 4.3 节已作了详细的论述。

在实际的分析中,轨道不平顺的时程数据用轨道谱模拟产生或实际测试得到,则第 i 个轮对的竖向位移 y_i 和该轮对所接触的钢轨的位移 $y_r(x_i,t)$之间的关系可由下式确定

$$y_i = y_r(x_i,t) + w_i \quad (i = 1,2,\cdots,n) \tag{4.39}$$

式中:x_i 的定义见式(4.31),w_i 表示因轨面不平顺等引起的附加竖向位移。式(4.39)说明,第 i 个轮对的竖向位移是由与该轮对位置对应的钢轨位移以及相应的轨道不平顺位移的叠加来表示的。文献[60]中指出,轨道不平顺值 w_i 不是时间 t 的函数,故 $\dot{w} = \ddot{w}_i = 0$。

4.6.3　车辆运动方程

4.6.3.1　车体沉浮振动方程

$$M_c\dot{Z}_c + k_c\left[Z_c + \frac{1}{2}\theta_c \cdot S - Z_{e1}\right] + c_c\left[\dot{z}_c + \frac{1}{2}\dot{\theta} \cdot S - \dot{Z}_{e1}\right] +$$

$$k_c\left[Z_c - \frac{1}{2}\theta_c \cdot S - Z_{e2}\right] + c_c\left[\dot{Z}_c - \frac{1}{2}\dot{\theta}_c \cdot S - \dot{Z}_{e2}\right] = 0 \tag{4.40}$$

4.6.3.2　车体点头振动方程

$$J_c\ddot{\theta}_c + \frac{S}{2}k_c\left[Z_c + \frac{1}{2}\theta_c \cdot S - Z_{e1}\right] + \frac{S}{2}c_c\left[\dot{Z}_c + \frac{1}{2}\dot{\theta}_c \cdot S - \dot{Z}_{e1}\right] -$$

$$\frac{S}{2}k_c\left[Z_c - \frac{1}{2}\theta_c \cdot S - Z_{e2}\right] - \frac{S}{2}c_c\left[\dot{Z}_c - \frac{1}{2}\dot{\theta}_c \cdot S - \dot{Z}_{e2}\right] = 0 \tag{4.41}$$

4.6.3.3 第1个转向架沉浮振动方程

$$
\begin{aligned}
&M_e \ddot{Z}_{e1} - k_c\left[Z_c + \frac{1}{2}\theta_c \cdot S - Z_{e1}\right] - c_c\left[\dot{Z}_c + \frac{1}{2}\dot{\theta}_c \cdot S - \dot{Z}_{e1}\right] + \\
&k_e\left[Z_{e1} + \frac{1}{2}\theta_{e1} \cdot S_e - y_r(x_1,t) - w_1\right] + c_e\left[\dot{Z}_{e1} + \frac{1}{2}\dot{\theta}_{e1} \cdot S_e - \frac{\partial y_r(x_1,t)}{\partial t}\right] + \\
&k_e\left[Z_{e1} - \frac{1}{2}\theta_{e1} \cdot S_e - y_r(x_2,t) - w_2\right] + c_e\left[\dot{Z}_{e1} - \frac{1}{2}\dot{\theta}_{e1} \cdot S_e - \frac{\partial y_r(x_2,t)}{\partial t}\right] = 0
\end{aligned}
\tag{4.42}
$$

4.6.3.4 第1个转向架点头振动方程

$$
\begin{aligned}
&M_e \ddot{Z}_{e1} + \frac{1}{2}S_e k_e\left[Z_{e1} + \frac{1}{2}\theta_{e1} \cdot S_e - y_r(x_1,t) - w_1\right] + \frac{1}{2}S_e c_e\left[\dot{Z}_{e1} + \frac{1}{2}\dot{\theta}_{e1} \cdot S_e - \frac{\partial y_r(x_1,t)}{\partial t}\right] - \\
&\frac{1}{2}S_e k_e\left[Z_{e1} - \frac{1}{2}\theta_{e1} \cdot S_e - y_r(x_2,t) - w_2\right] + \frac{1}{2}S_e c_e\left[\dot{Z}_{e1} - \frac{1}{2}\dot{\theta}_{e1} \cdot S_e - \frac{\partial y_r(x_1,t)}{\partial t}\right] = 0
\end{aligned}
\tag{4.43}
$$

4.6.3.5 第2个转向架沉浮振动方程

$$
\begin{aligned}
&M_e \ddot{Z}_{e2} - k_c\left[Z_c + \frac{1}{2}\theta_c \cdot S - Z_{e2}\right] - c_c\left[\dot{Z}_c + \frac{1}{2}\dot{\theta}_c \cdot S - \dot{Z}_{e2}\right] + \\
&k_e\left[Z_{e2} + \frac{1}{2}\theta_{e2} \cdot S_e - y_r(x_3,t) - w_3\right] + c_e\left[\dot{Z}_{e2} + \frac{1}{2}\dot{\theta}_{e2} \cdot S_e - \frac{\partial y_r(x_3,t)}{\partial t}\right] + \\
&k_e\left[Z_{e2} - \frac{1}{2}\theta_{e2} \cdot S_e - y_r(x_4,t) - w_4\right] + c_e\left[\dot{Z}_{e2} - \frac{1}{2}\dot{\theta}_{e2} \cdot S_e - \frac{\partial y_r(x_4,t)}{\partial t}\right] = 0
\end{aligned}
\tag{4.44}
$$

4.6.3.6 第2个转向架点头振动方程

$$
\begin{aligned}
&M_e \ddot{Z}_{e2} + \frac{1}{2}S_e k_e\left[Z_{e2} + \frac{1}{2}\theta_{e2} \cdot S_e - y_r(x_3,t) - w_3\right] + \frac{1}{2}S_e c_e\left[\dot{Z}_{e2} + \frac{1}{2}\dot{\theta}_{e2} \cdot S_e - \frac{\partial y_r(x_3,t)}{\partial t}\right] - \\
&\frac{1}{2}S_e k_e\left[Z_{e2} - \frac{1}{2}\theta_{e2} \cdot S_e - y_r(x_4,t) - w_4\right] - \frac{1}{2}S_e c_e\left[\dot{Z}_{e2} - \frac{1}{2}\dot{\theta}_{e2} \cdot S_e - \frac{\partial y_r(x_4,t)}{\partial t}\right] = 0
\end{aligned}
\tag{4.45}
$$

上述各式中：M_c 为车体质量；θ_c 为车体绕水平轴转角；J_c 为车体惯性矩；S 为车体前后转向架中心的间距；S_e 为同一转向架轮对间距离；M_e 为转向架质量；θ_e 为转向架绕水平轴转角；J_e 为转向架惯性矩；k_c 为车体下一系弹簧刚度；c_c 为车体下一系弹簧刚度；k_e 为转向架下二系弹簧刚度；c_e 为转向架下二系弹簧刚度；M_w 为轮对质量。

其他符号的意义同前。在式(4.42)～式(4.45)中轮对的竖向位移均用式(4.39)来代替。

4.7 钢轨、无碴轨道与桥梁的计算模型及运动方程

进行车辆、钢轨、无碴轨道和桥梁系统耦合振动研究时，首先要解决好以下两个基本问题，即：

(1)合理的钢轨、无碴轨道和桥梁计算分析模型的选取。

(2)合理的轮轨关系的建立。

铁路和轨道交通中的车辆、钢轨、无碴轨道系统和桥梁是由车厢、转向架、轮对、钢轨、轨道板、桥梁等基本部件构成的多自由度和连续系统组成,在车辆运行中轨道系统会出现复杂的振动现象,要全面地考虑轮对、钢轨、轨道板和桥梁等各部件及其之间连接的真实力学特性是非常困难的,甚至是不可能的。从解决工程问题的角度来看,也是没有必要的。实际研究中往往要对轮轨接触、钢轨、轨道板和桥梁进行适当的简化,要求所采取的计算分析模型既能真实地反映车辆、轨道和桥梁系统实际的运动状态,同时,得到系统的运动方程要便于求解。因此,在轨道系统动力学研究中,往往把组成轨道系统的各基本部件近似地视为梁(或刚体)的模型,各基本部件之间由弹性约束或刚性约束连接。

车辆和轨道系统之间的耦合振动是通过轮轨关系联系起来的。在轮轨接触处,一方面,轮对的位移与钢轨相应点的位移保持一定的协调关系,即轮对和钢轨的垂向耦合振动一直是保持接触的,同时,车辆作用于桥梁上的力与桥梁作用于车辆(轮对)上的力构成作用力与反作用力的关系。

4.7.1 无碴轨道的模型

本书的第 1 章第 4.2 节详细介绍了广泛应用于轨道交通和高速铁路(或客运专线)的无碴轨道结构,即弹性支承块轨道、浮置板式轨道以及板式轨道结构。这几种结构的共同点是,轨下橡胶垫板下联结的是钢筋混凝土板,为方便起见,本书以下部分把该混凝土板通称为轨道板。

从隔振特性来说,浮置板式和板式轨道属于二级隔振系统,即轨道板的上部通过轨下橡胶垫板与钢轨相连接,轨道板的下部通过橡胶支座(螺旋弹簧)或者沥青水泥砂浆(CA砂浆)与轨道基床相连接。无论轨道板上面的橡胶垫还是轨道板下面的橡胶支座(或 CA砂浆)在模型上均可视为弹簧和阻尼器元件,即使轨道板下面为均布的 CA 砂浆,也可将其等效为间距相等的分布式弹簧阻尼元件模型;而弹性支承块轨道结构属于三级隔振系统,支承块的上部通过橡胶垫板与钢轨相连接,其下部通过橡胶垫板与填充混凝土、槽形板等组成的底座相连接,底座通过隔离层与桥面相连,而模型上隔离层也处理为间距相等的分布式弹簧元件模型。如弹性支承块轨道结构平纵断面布置图(见图 4.4)所示,弹性支承块是和钢轨下的橡胶垫板的位置一一对应的,为了统一简化起见,将支承块上部的橡胶垫板和下部的橡胶垫板处理为弹簧和阻尼器的串联模型,将其等效为一个弹簧和阻尼器元件,本书将弹性支承块无碴轨道处理为二级隔振系统。

本书钢轨、轨道板和桥梁模型的建立是基于本章第 4.1、4.2 节所述的原理之上,采用模态综合技术(振型叠加法)。这是因为模态综合法来分析钢轨、无碴轨道和桥梁的振动,其有如下的优点:一是适用性强,可以用于分析几乎所有形式的轨道和桥梁;二是效率高,采用该方法可以大大减少系统的计算自由度,提高运算效率,因而可以得到有效的应用。

对于轨下的轨道板而言,以浮置板结构为例,其由连续型(现浇)和预制式两种长度结构[9,107,180]。本书在模型处理上,为了便于系统的分析,将无碴轨道的轨道板均看做有连续型和预制式两种长度的结构。连续型轨道板(轨道板的长厚比大于 25)将其视为自由 - 自由边界的梁模型,其模态函数可参见表 3.2 或文献[156-157];而预制式轨道板(轨

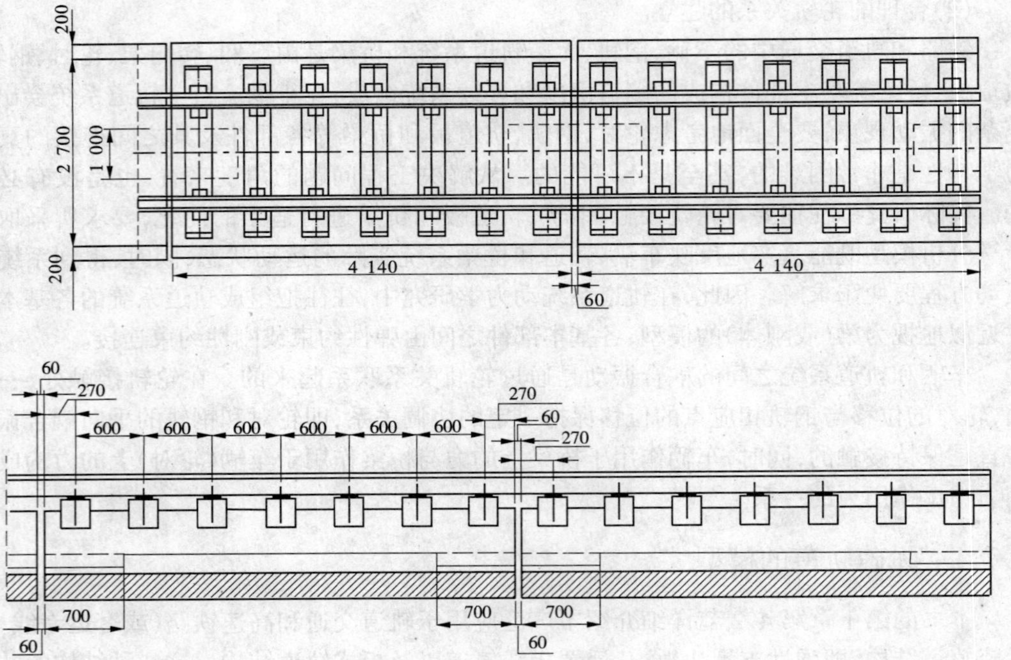

图 4.4　弹性支承块轨道结构平纵断面布置图(单位:mm)

道板的长厚比小于 25),将其视为具有沉浮和点头运动的刚体模型,具体的讨论见本章第 4.7 节 4.7.4 部分。

这样,弹性支承块轨道结构、浮置板式轨道结构以及板式轨道结构等无碴轨道结构在模型上处理为二级隔振系统。对于连续型轨道板结构,将其视为自由 - 自由边界的梁模型梁,其通过轨道板之上的弹簧和阻尼元件与钢轨(模型上视为 Euler 梁),以及通过轨道板下面的弹簧和阻尼元件与箱梁(模型为 Euler 梁)相连接,如图 4.5 所示;对于预制式轨道板结构,将其视为刚体模型,其通过轨道板之上的弹簧和阻尼元件其与钢轨(模型上视为 Euler 梁),以及通过轨道板下面的弹簧和阻尼元件与箱梁(模型为 Euler 梁)相连接,如图 4.6 所示。

4.7.2　计算参数的确定

4.7.2.1　钢轨长度的选取

理论上,钢轨被看做分布式支承无限长的 Euler 梁。而在实际处理过程中,常常将钢轨看成有限长简支梁。事实上,当计算长度取得足够长时,这样的处理可以获得令人满意的效果。文献[10]通过数值试验的方法,以轨道长度对轮轨动力分析的影响为判据,确定出合理的轨道计算长度,即对于车辆 - 轨道竖向统一模型,考虑移动荷载,在 $l_r = 20 \sim 120$m 的范围内进行了详细的数值模拟,结果显示,对于移动荷载的情形,较合适的轨道长度可取为 100m,当 l_r 大于 100m 后,计算结果几乎不受影响。

4.7.2.2　模态阶数的选取

为了合理地选取钢轨的模态阶数,文献[10]变化模态数目,在 1～100 范围内分别进行了数值试验，结果指出，当 $NM \geqslant 60$ 时，数值结果趋于稳定。可见，对于具有高频特性的钢轨振动的数值模拟，其收敛的模态阶数最少必须取 60。为满足一般要求，最好取 $NM=90$。文献[10]还指出，轨道计算长度 l 与钢轨模态阶数 NM 存在某种匹配关系。通过数值分析所获得的合理的匹配关系是：$NM=0.5N$（N 是 l 范围的支点数）。据此，在实际计算中由于某种需要而改变 l 值时，则应通过上述关系同时改变 NM 值。

由于有轨交通中桥梁振动的低频特性，一般箱梁的模态阶数取 6 阶就满足精度要求了。

综上所述，为了计算的可靠性，本文选取：钢轨长度 $l_r=120\text{m}$，钢轨的模态阶数 $NM=120$，箱梁和连续型轨道板的模态阶数均取为 12 阶。

4.7.2.3 桥梁阻尼系数的选取

按单自由度体系的振动方程，黏滞阻尼系数 $C=2m\xi\omega$（其中，ξ 为阻尼比；ω 为体系固有振动频率）。前苏联实测结果[10]为 50m 简支预应力钢筋混凝土梁竖向振动的阻尼系数 $n_v=0.61\ \dfrac{1}{\text{s}}$，其横向振动阻尼系数 $n_h=0.16\ \dfrac{1}{\text{s}}$。日本计算预应力钢筋混凝土梁竖向自振频率 f_v 的经验公式 $f_v=\dfrac{105}{L}\text{Hz}$[178]，他们对预应力钢筋混凝土梁采用的最大阻尼比 $\xi=0.05$，故 $n_v=\xi\omega=\xi 2\pi f_v=0.05\times 2\pi\times\dfrac{105}{50}=0.65\ \dfrac{1}{\text{s}}$，与前苏联实测结果接近。

由于材料种类、结构形式、连接方式和支座的不同，桥梁结构阻尼系数相差较大。文献[57]综合国内外一些原型桥梁的实测结构，认为桥梁阻尼比 ξ_b 在 0.01～0.10 之间。文献[178]认为对预应力钢筋混凝土梁采用最大的阻尼比 $\xi_b=0.05$ 比较合适。

综上所述，本文取箱梁和轨道板的各阶阻尼比均为 $\xi_b=\xi_s=0.05$。

4.7.2.4 钢轨和箱梁的振型函数

本书将钢轨视为弹性地基上连续支承的 Euler 梁，运用 Winkler 地基受压变形理论求解出了钢轨的振型函数为：$\varphi_n(x)=\sin\dfrac{n\pi x}{l}$（$n=1,2,3,\cdots$）；振型函数具体推导可参看本书的第 4.8 节，而将轨道板下的箱梁视为简支梁，其振型函数同样为：$\varphi_n(x)=\sin\dfrac{n\pi x}{l}$（$n=1,2,3,\cdots$）。

4.7.2.5 橡胶垫板的刚度[179]

(1)12～14mm 高强轨下橡胶垫板 $k_p=49\text{MN/m}$；

(2)7～8mm 轨下橡胶垫板 $k_p=117.6\text{MN/m}$。

4.7.3 连续型轨道板的无碴轨道系统的振动方程

本书采用了振型叠加的模态分析法，将钢轨和箱梁均视为 Euler－Bernoulli 梁，而轨道板视为自由－自由边界的梁模型，它们之间分别通过橡胶垫板（钢轨与轨道板之间）和橡胶支座（轨道板与箱梁之间）连接，橡胶垫板和橡胶支座视为弹簧阻尼器（见图 4.5）。浮置板下橡胶支承无论采用什么方式，模型上都可处理为间距相等的分布式弹簧阻尼器结构。对于自由－自由边界的梁的动力方程，其积分求解较为复杂，具体的求解过程参见文献[10]。

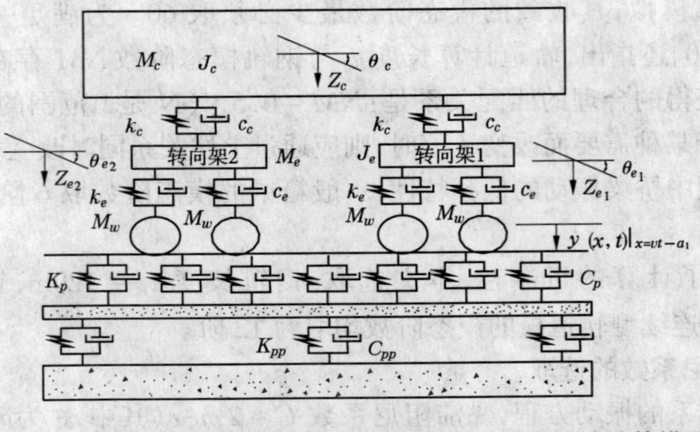

图 4.5　车辆、连续型轨道板无碴轨道、箱梁耦合系统计算模型

对于连续型轨道板长度，其长度设定为钢轨长度的若干分之一，箱梁的长度为桥的单跨间距，假定钢轨下面有 M 跨浮置板，而每跨轨道板下面有 N 跨箱梁，箱梁长度为 L_b。

4.7.3.1　钢轨的振动方程

$$EI_r \frac{\partial^4 y_r(x_r,t)}{\partial x_r^4} + m_r \frac{\partial^2 y_r(x_r,t)}{\partial t^2} + c_r \frac{\partial y_r(x_r,t)}{\partial t} = \sum_{j=1}^{Nd}\delta(x_r-(vt-a_j))\cdot$$

$$[P_{1j}-P_{2j}+P_{3j}+P_{4j}] + \sum_{n=1}^{M}\sum_{k=1}^{NK}\delta(x_r-x_r^k)[P_{5k}^n+P_{6k}^n] \qquad (4.46)$$

式中：$\delta(x)$为 Dirac 函数，其特性见文献[102]；x_r 为钢轨的整体坐标，$0 \leqslant x_r \leqslant N \cdot L_b$；$N_d$ 为钢轨上的所有轮对数目；a_j 为第 j 轮对与第一轮对的距离；y_r 为钢轨的振动位移；EI_r 为钢轨的抗弯刚度；m_r 为钢轨的单位长度质量；c_r 为钢轨的黏性阻尼系数；NK 为钢轨与单跨轨道板之间的橡胶垫板总的数目；$P_{1j}=(M_w+M_c/4)g$ 为移动质量的静轮载；$P_{2j}=M_w \dfrac{\mathrm{d}^2 y(x_j,t)}{\mathrm{d}t^2}$为第 j 个轮对惯性力；$P_{3j}=K_{pp}[Z_{ej}(t)-y(x_j,t)-w_j]$为弹簧因转向架与体系所在位置钢轨的相对位移而产生的弹性力(其中，Z_{ej}为第j 个轮对所在的转向架的沉浮振动的位移值；w_j 为第 j 轮对所在轨道不平顺值)；$P_{4j}=C_{pp}[\dot{Z}_{ej}(t)-\dot{y}(x_j,t)]$ 为阻尼器因转向架与体系所在位置钢轨的相对速度而产生的阻尼力(其中，$\dot{Z}_{ej}$ 为第 j 个轮对所在的转向架的沉浮振动的速度值)；$P_{5k}^n=K_p[y_s^n(x_s^k,t)-y_r(x_s^k,t)]$为橡胶垫板由于钢轨与 n 跨轨道板所在位置的相对位移而产生的弹性力(其中，K_p 为橡胶垫板刚度；y_r 为钢轨的振动位移；y_s^n 为 n 跨轨道板的振动位移；x_s^k 为 n 跨轨道板上第 k 个橡胶垫板的局部坐标)；$P_{6k}^n=C_p[\dot{y}_s^n(x_s^k-x_t)-\dot{y}_r(x_s^k,t)]$为橡胶垫板由于钢轨与轨道板所在位置的相对速度而产生的阻尼力(其中，C_p 为橡胶垫板阻尼系数；$\dot{y}_r$ 为钢轨的振动速度；$\dot{y}_s^n$ 为轨道板的振动速度，其余符号定义同前)。

4.7.3.2　第 n 跨轨道板的振动方程

$$EI_s \frac{\partial^4 y_s(x_s,t)}{\partial x_s^4} + m_s \frac{\partial^2 y_s(x_s,t)}{\partial t^2} + c_s \frac{\partial y_s(x_s,t)}{\partial t} = -\sum_{k=1}^{NK}\delta(x_s-x_s^k)[P_{5k}^n+P_{6k}^n]+$$

$$\sum_{i=1}^{N}\sum_{j=1}^{NJ}\delta(x_s - x_s^j)[P_{7j}^i + P_{8j}^i] \tag{4.47}$$

式中：x_s 为第 n 跨轨道板的局部坐标，$0 \leqslant x_s \leqslant N \cdot L_b$；$y_s$ 为轨道板的振动位移；EI_s 为轨道板的抗弯刚度；m_s 为轨道板的单位长度质量；c_s 为轨道板的黏性阻尼系数；NJ 为单跨箱梁与轨道板之间的橡胶支座的数目；$P_{7j}^i = K_{pp}[y_{bi}(x_{bi}^i, t) - y_s(x_{bi}^j, t)]$为橡胶支座由于第 i 跨箱梁与轨道板所在对应位置的相对位移而产生的弹性力(其中，K_{pp}为橡胶支座刚度；y_b 为箱梁的振动位移；y_s 为轨道板的振动位移；x_{bi}^j 为第 i 跨箱梁第 j 个支座的局部坐标；$P_{8j}^i = C_{pp}[\dot{y}_{bi}(x_{bi}^j, t) - \dot{y}_s(x_{bi}^j, t)]$为橡胶垫板由于第 i 跨箱梁与轨道板所在对应位置的相对速度而产生的阻尼力(其中，C_{pp}为橡胶支座阻尼系数；$\dot{y}_{bi}$ 为箱梁的振动速度；$\dot{y}_s$ 为浮置板的振动速度，其余符号定义同上)。

4.7.3.3　轨道板下面第 i 跨箱梁的振动方程

$$EI_b\frac{\partial^4 y_{bi}(x_{bi}, t)}{\partial x_{bi}^4} + m_b\frac{\partial^2 y_{bi}(x_{bi}, t)}{\partial t^2} + c_b\frac{\partial y_{bi}(x_{bi}, t)}{\partial t} = -\sum_{j=1}^{NJ}\delta(x_{bi} - x_{bi}^j)[P_{7j}^i + P_{8j}^i] \tag{4.48}$$

式中：x_{bi}为第 i 跨箱梁的局部坐标，$0 \leqslant x_{bi} \leqslant L_b$；$y_{bi}$为第 i 跨箱梁的局部坐标；EI_b 为箱梁抗弯刚度；m_b 为箱梁单位长度质量；c_b 为箱梁黏性阻尼系数；NJ 为单跨箱梁与轨道板之间橡胶支座的数目。

4.7.4　预制式轨道板的无碴轨道系统的振动方程

本章 4.7 节的 4.7.3 部分建立了连续型轨道板的无碴轨道系统结构的力学模型，即轨道板视为弹性支承基础上的自由－自由边界的梁。本章第 4.5 节介绍了轨道梁的振型分解法的求解方法，先将梁振动方程中的几何坐标变换成振型坐标，将方程的每一项乘以第 n 个振型函数 $\phi_n(x)$，沿梁的全长积分，运用振型的正交特性，将振动方程离散并形成广义的质量、阻尼、刚度等矩阵。如果梁的边界条件较为复杂的话，则动力学方程的积分计算就较为复杂了。文献[146]介绍，预制式浮置板的长度大多在 1.5～7.0m 范围内，且以橡胶支座支承居多。本书建立的预制式轨道板模型，为弹簧支承上的刚体模型．这是基于以下的考虑：通过对车辆的转向架(刚体模型)进行动力学计算时，我们发现刚体模型无需沿刚体的全长积分，可以直接将其动力方程直接离散为广义的质量、阻尼、刚度等矩阵中的相对应位置的元素，这样，对于较为复杂的边界条件，刚体模型的动力学计算无疑要简单得多。基于上述考虑，本部分建立的预制式浮置板模型为刚体模型，同转向架一样，单个浮置板有沉浮和点头两个自由度(见图 4.6)。

由于预制式轨道板的长度要比箱梁长度小得多，在单跨箱梁上可以布置多块轨道板。假定钢轨下有 M 跨箱梁，而单跨箱梁上有 N 块预制式轨道板，则钢轨下预制式轨道板的数目共有 $M \times N$ 个。设单块轨道板上与钢轨作用的橡胶垫板的数目为 N_g，单块预制式轨道板和箱梁之间的橡胶支座的数目为 N_x，钢轨下面轨道板和箱梁的长度分别为 L_s、L_b，则钢轨、轨道板和箱梁通过橡胶垫板及橡胶支座相互作用的微分方程如下所述。

4.7.4.1　钢轨的振动方程

假定钢轨下共 $N \times M$ 块浮置板，单块浮置板上有 N_g 个橡胶垫板，则其振动方程为

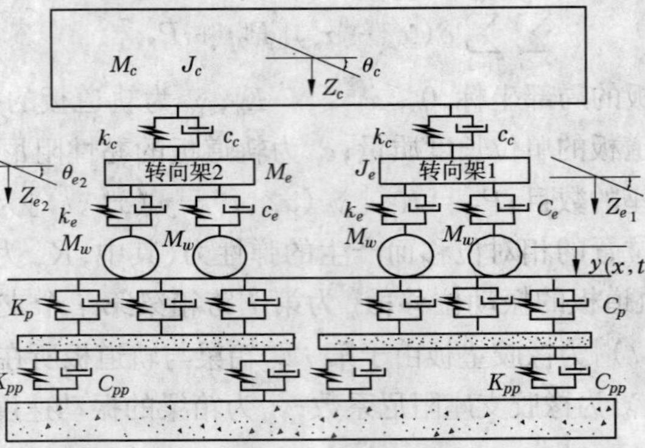

图 4.6　车辆、预制式轨道板的无碴轨道、箱梁耦合系统计算模型

$$
\begin{aligned}
&EI_r \frac{\partial^4 y_r(x_r,t)}{\partial x_r^4} + m_r \frac{\partial^2 y_r(x_r,t)}{\partial t^2} + c_r \frac{\partial y_r(x_r,t)}{\partial t} \\
&= \sum_{i=1}^{Nd} \delta[x_r - (vt - a_j)][P_{1j} - P_{2j} + P_{3j} + P_{4j}] - \\
&\quad K_p \sum_{k=1}^{N\times M} \sum_{i=1}^{N_g} \delta(x_r - x_i^k)\left[Z_{lp} + \left(x_r - \left(k - \frac{1}{2}\right)S_f\right)\theta_{lp} - y_r(x_r,t)\right] - \\
&\quad C_p \sum_{k=1}^{N\times M} \sum_{i=1}^{N_g} \delta(x_r - x_i^k)\left[\dot{Z}_{lp} + \left(x_r - \left(k - \frac{1}{2}\right)S_f\right)\dot{\theta}_{lp} - \dot{y}_r(x_r,t)\right] = 0
\end{aligned}
\tag{4.49}
$$

式中：x_r 为钢轨的整体坐标，$0 \leqslant x_r \leqslant M \cdot L_b$，其整体坐标原点在钢轨最左端，而轨道板、箱梁的局部坐标在轨道板和箱梁的中点；y_r 为钢轨的振动位移；EI_r 为钢轨的抗弯刚度；m_r 为钢轨的单位长度质量；c_r 为钢轨的黏性阻尼系数；Z_{lp}、θ_{lp} 分别为第 l 跨箱梁上第 p 块轨道板的沉浮和点头变量；x_i^k 为钢轨下总体的第 k 个轨道板上第 i 个橡胶垫板在整体坐标系中的总体坐标值；$k=(l-1)\times N+p$（其中，$1 \leqslant k \leqslant N\times M$，$1 \leqslant l \leqslant M$，$1 \leqslant p \leqslant N$）；$S_f$ 为轨道板的纵向长度；其他符号定义同前。

4.7.4.2　钢轨下第 l 跨箱梁上第 p 块分布式轨道板的沉浮振动方程

假定单块浮置板上布置有 N_g 个橡胶垫板，其下布置 N_x 个橡胶支座，则其沉浮振动方程为

$$
\begin{aligned}
&M_s\ddot{Z}_{lp} + K_p \sum_{i=1}^{N_g}\left[Z_{lp} + \left(x_i^{lp} - \frac{1}{2}S_f\right)\theta_{lp} - y_r(x_{ri}^{lp},t)\right] + \\
&C_p \sum_{i=1}^{N_g}\left[\dot{Z}_{lp} + \left(x_i^{lp} - \frac{1}{2}S_f\right)\dot{\theta}_{lp} - \dot{y}_r(x_{ri}^{lp},t)\right] + \\
&K_{pp} \sum_{j=1}^{N_x}\left[Z_{lp} + \left(x_j^{lp} - \frac{1}{2}S_f\right)\theta_{lp} - y_b^l(x_{bj}^{lp},t)\right] + \\
&C_{pp} \sum_{j=1}^{N_x}\left[\dot{Z}_{lp} + \left(x_j^{lp} - \frac{1}{2}S_f\right)\dot{\theta}_{lp} - \dot{y}_b^l(x_{bj}^{lp},t)\right] = 0
\end{aligned}
\tag{4.50}
$$

式中：x_i^{lp}、x_j^{lp} 分别为第 l 跨箱梁上第 p 块轨道板连接的橡胶垫板和橡胶支座在第 p 块轨道板坐标系中的局部坐标值；x_{ri}^{lp} 为 x_i^{lp} 对应的橡胶垫板在整体坐标系中的整体坐标，有 $x_{ri}^{lp}=x_i^{lp}+((l-1)\cdot N+p)\cdot S_f$；$x_{bj}^{lp}$ 为 x_j^{lp} 对应的橡胶支座在第 l 跨箱梁坐标系中的局部坐标有 $x_{bj}^{lp}=x_j^{lp}+(p-1/2)S_f-1/2L_b$；$L_b$ 为箱梁跨度；M_s 为单块预制式轨道板质量；其他符号定义同前。

4.7.4.3 钢轨下第 l 跨箱梁上第 p 块预制式轨道板的点头振动方程

$$
\begin{aligned}
&J_s\ddot{\theta}_{lp}+K_p\sum_{i=1}^{N_g}\left[Z_{lp}\left(x_i^{lp}-\frac{1}{2}S_f\right)+\left(x_i^{lp}-\frac{1}{2}S_f\right)^2\theta_{lp}-y_r(x_{ri}^{lp},t)\left(x_i^{lp}-\frac{1}{2}S_f\right)\right]+\\
&C_p\sum_{i=1}^{N_g}\left[\dot{Z}_{lp}\left(x_i^{lp}-\frac{1}{2}S_f\right)+\left(x_i^{lp}-\frac{1}{2}S_f\right)^2\dot{\theta}_{lp}-\dot{y}_r(x_{ri}^{lp},t)\left(x_i^{lp}-\frac{1}{2}S_f\right)\right]+\\
&K_{pp}\sum_{j=1}^{N_x}\left[Z_{lp}\left(x_j^{lp}-\frac{1}{2}S_f\right)+\left(x_j^{lp}-\frac{1}{2}S_f\right)^2\theta_{lp}-y_b^l(x_{bj}^{lp},t)\left(x_j^{lp}-\frac{1}{2}S_f\right)\right]+\\
&C_{pp}\sum_{j=1}^{N_x}\left[\dot{Z}_{lp}\left(x_j^{lp}-\frac{1}{2}S_f\right)+\left(x_j^{lp}-\frac{1}{2}S_f\right)^2\dot{\theta}_{lp}-\dot{y}_b^l(x_{bj}^{lp},t)\left(x_j^{lp}-\frac{1}{2}S_f\right)\right]=0
\end{aligned}
\tag{4.51}
$$

式中：$J_s=\frac{1}{12}M_s(h^2+S_f^2)$[187]，为单块预制式轨道板的点头转动惯量；$h$ 为轨道板的厚度；其他符号定义同前。

4.7.4.4 轨道板下面第 l 跨箱梁的振动方程

假定每跨箱梁上均布 N 块预制式轨道板，每一轨道板下有 N_x 个橡胶垫，则其振动方程为

$$
\begin{aligned}
&EI_b\frac{\partial^4 y_b^l(x_b^l,t)}{\partial x_{bi}^4}-m_b\frac{\partial^2 y_b^l(x_b^l,t)}{\partial t^2}+c_b\frac{\partial y_b^l(x_b^l,t)}{\partial t}\\
&\quad=-K_{pp}\sum_{p=1}^{N}\sum_{j=1}^{Nx}\delta(x_b^l-x_{bj}^{lp})\left[Z_{lp}+\left(x_b^l-\frac{1}{2}S_f\right)\theta_{lp}-y_b^l(x_b^l,t)\right]\\
&\quad\quad-C_{pp}\sum_{p=1}^{N}\sum_{j=1}^{Nx}\delta(x_b^l-x_{bj}^{lp})\left[\dot{Z}_{lp}+\left(x_b^l-\frac{1}{2}S_f\right)\dot{\theta}_{lp}-\dot{y}_b^l(x_b^l,t)\right]=0
\end{aligned}
\tag{4.52}
$$

式中：x_b^l 为第 l 跨箱梁的局部坐标，$-1/2L_b\leqslant x_b^l\leqslant 1/2L_b$；$y_b^l$ 为第 l 跨箱梁 t 时刻的振动位移；EI_b 为箱梁的抗弯刚度；m_b 为箱梁的单位长度质量；c_b 为箱梁的黏性阻尼系数；x_{bj}^{lp} 为第 l 跨梁上第 p 个轨道板下第 j 个橡胶支座在第 l 跨箱梁坐标系的局部坐标；其他符号定义同前。

需要指出的是，本书中橡胶垫板和橡胶支座在每块轨道板上均以中点为对称点，对称布置，且最两端的橡胶垫板（或橡胶支座）距两端的距离为橡胶垫板（或橡胶支座）间距的 1/2。

4.7.5 两种无砟轨道模型应用范围的确定

在本书 4.7.3 和 4.7.4 部分分别介绍了轨道板的两种模型，即连续型轨道板的梁模型和预制式轨道板的刚体模型。前面已经说明，预制式轨道板的刚体模型，因其不考虑边界条件和对应的复杂的模态函数，对轨道板的模型处理要方便得多。然面随着轨道板长

度的增加,其弯曲变形受到抗弯刚度的影响越来越明显。也就是说刚体模型所产生的误差越来越明显。现在本部分讨论在工程许可的误差范围内,预制式轨道板刚体模型的取值范围,即轨道板长度取什么样的值,轨道板可取为刚体模型;大于什么样的值,轨道板应取为梁模型。

实际上,影响轨道板模型(刚体或梁)计算结果可靠性的因素,主要有单块轨道板的长度(L_s)和厚度(H_s)这两个参数决定的。工程中轨道板的厚度一般都在0.3~0.6m之间,且以0.3m为居多。先取当轨道板的厚度为 $H_s=0.3$m时,现考虑长厚比 $\lambda=L_s/H_s$ 变化时,在下列的车桥作用条件下,有两种模型所产生的钢轨和箱梁跨中位移的比较。

单车作用在120m的轨道梁上,120m的钢轨下布置了4跨箱梁,箱梁跨度为30m,钢轨和箱梁之间的单块轨道板长为10m,轨道板的厚度变化为0.05~2m,钢轨质量60.64kg/m,轨下橡胶垫板刚度 4.9×10^7N/m,弹条式扣件的刚度3.92MN/m,轨下橡胶垫板阻尼 6.2×10^4N·s/m,轨道板单位长度质量1 117.5kg/m,轨道板宽2.98m,轨道板下橡胶支座刚度 0.14×10^7N/m,轨下橡胶支座阻尼 2.0×10^5N·s/m,橡胶支座间距1.5m,扣件间距0.588~0.625m,车辆参数见表5.1。其中,轨道板的梁模型的边界条件为自由-自由边界,其振型函数可参考文献[140-141]。梁在轨道板厚度变化范围内,轨道板厚度为0.3m时分别计算两种模型下钢轨的振动位移和加速度的变化,如图4.7和4.8所示,图中曲线 b、c 分别为轨道板的刚体和梁模型的计算结果,横坐标为轨道板的长厚比 λ。

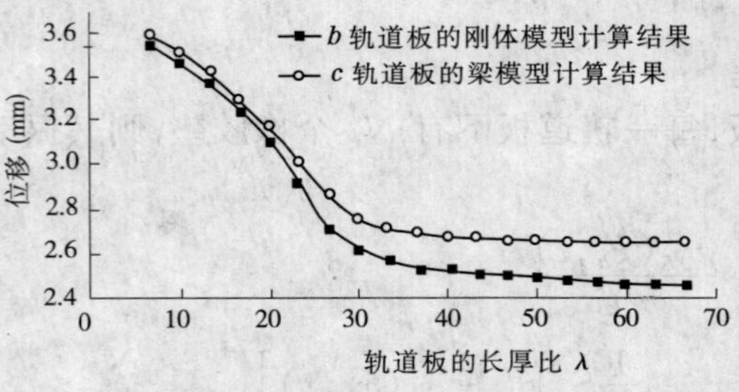

图4.7　轨道板厚度为0.3m时刚体和梁模型计算的钢轨跨中的位移

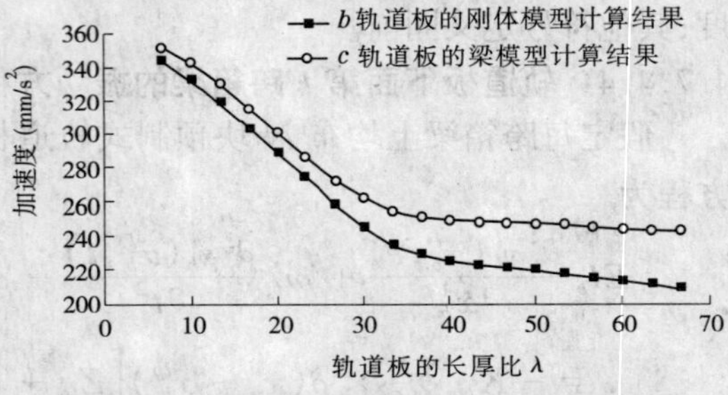

图4.8　轨道板厚度为0.3m时刚体和梁模型计算的钢轨跨中的加速度

由图4.7、图4.8可知,随着轨道板的长厚比 λ 的增加,钢轨的位移和加速度有减小的趋势,当轨道板的长厚比 λ 大于27后,钢轨的振动位移和加速度减幅渐缓。当轨道板的长厚比 $\lambda=27$ 时,图4.7和图4.8的曲线 b、c 的差值幅度分别为4.18%和4.52%,小于工程上许可的5%的误差范围。随着轨道板的长度长厚比 $\lambda\geqslant27$ 时,曲线 b、c 的差值逐渐增大。

上述结论是在轨道板的厚度为 $H_s=0.3$m时,梁模型为自由-自由的边界条件得出的。实际上,工程上轨道板厚度 H_s 常用的0.3~0.6m范围内,可以得出相似的结论,即当轨道板的长度长厚比 $\lambda\geqslant27$ 左右时,轨道板刚体和梁模型的计算结果的差值逐渐增大。

为统一起见,在一般的工程应用范围内(轨道板的厚度在0.3~0.6m之间),当轨道板的长厚比 $\lambda\leqslant25$ 时,其模型取为刚体模型;反之,当 $\lambda>25$ 其模型取为梁模型。

4.8 钢轨的连续多跨梁理论模型及其振型函数的确定

在工程实际中，存在有大量具有多个支承的梁结构，比如有轨交通的钢轨、高架道路、跨海大桥、磁悬浮高架路基等。因此，有必要对此类弹性支承的多跨梁模型进行力学分析。

由于弹性支承上多跨连续梁模态分析的复杂性，国内外的文献鲜见报道，以至于振动分析时国内外把铁路上的钢轨看成有限长的简支梁[9,10]。因其缺乏理论基础（弹性支承上多跨连续梁本征值问题的理论解），该观点一直存在较大的争议。本节对弹性支承上的多跨连续梁本征值问题的理论解进行了探讨，从而为钢轨的振动方程的数值计算提供了严格的理论基础。

4.8.1 多跨连续 Euler 梁的理论模型及特征值方法

如图 4.9 所示，设梁的总长度为 l，材料的密度和弹性模量分别为 ρ 和 E，横截面积为 A，相应的截面惯性矩为 I，则 EI 为梁的抗弯强度。

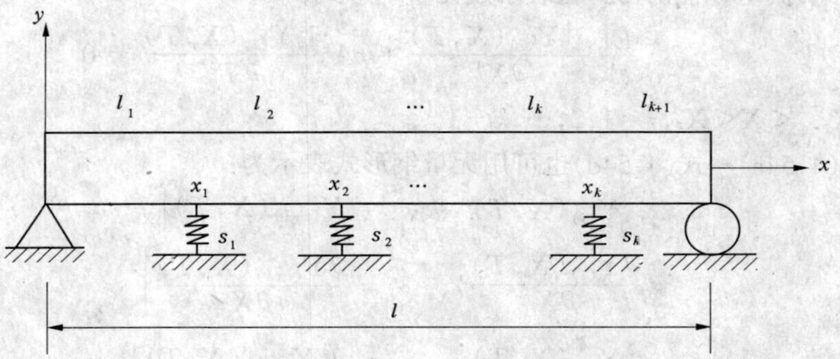

图 4.9 具有 k 个弹性支承的多跨连续梁

在梁的中部共有 k 个弹性支承，它们的位置分别记作 $x_1, x_2, \cdots, x_k$，且 $0 < x_1 < x_2 < \cdots < x_k < l$，对应的刚度分别为 $s_1, s_2, \cdots, s_k$。这样，整根梁被分为 $k+1$ 小段，每小段的长度分别记为 $l_1, l_2, \cdots, l_{k+1}$，显然 $l_1 + l_2 + \cdots + l_{k+1} = l$。

设第 i 小段梁的挠度为 $y_{(i)}(x,t)$（其中，$x_{i-1} < x < x_i$，$i = 1,2,\cdots,k+1$）。

在本小节讨论中，假设梁的每一小段均遵守 Euler-Bernoulli 梁理论，则第 i 小段的自由振动方程为

$$EI\frac{\partial^4 y_{(i)}(x,t)}{\partial x^4} + \rho A\frac{\partial^2 y_{(i)}(x,t)}{\partial x^2} = 0 \tag{4.53}$$

式中：$x_{i-1} < x < x_i$ $(i = 1,2,\cdots,k+1)$。

每相邻两小段之间的连续性条件为：

(1)相接处挠度相同，即

$$y_{(i)}(x,t)\big|_{x=x_i^-} = y_{(i+1)}(x,t)\big|_{x=x_i^+} \tag{4.54a}$$

(2)相接处切线斜率(即转角)相同,即

$$\left.\frac{\partial y_{(i)}(x,t)}{\partial x}\right|_{x=x_i^-}=\left.\frac{\partial y_{(i+1)}(x,t)}{\partial x}\right|_{x=x_i^+}\tag{4.54b}$$

(3)相接处弯矩相同,即

$$\left.-EI\frac{\partial^2 y_{(i)}(x,t)}{\partial x^2}\right|_{x=x_i^-}=\left.-EI\frac{\partial^2 y_{(i+1)}(x,t)}{\partial x^2}\right|_{x=x_i^+}\tag{4.54c}$$

式中:x_i^-、x_i^+ 分别代表第 i 个弹性支承处左、右截面位置,且 $i=1,2,\cdots,k$。

另外,在第 i 个弹性支承处的剪力与支反力之间的关系为

$$\left.-EI\frac{\partial^3 y_{(i)}(x,t)}{\partial x^3}\right|_{x=x_i^-}=\left.-EI\frac{\partial^3 y_{(i+1)}(x,t)}{\partial x^3}\right|_{x=x_i^+}-\left.s_i y(x,t)\right|_{x=x_i}\quad(i=1,2,\cdots,k)\tag{4.54d}$$

引入下列参量:

$$X=\frac{x}{l},Y=\frac{y}{l},X_{(i)}=\frac{x_{(i)}}{l},Y_{(i)}=\frac{y_{(i)}}{l},L_i=\frac{l_i}{l},T=\frac{t}{\sqrt{l}}\tag{4.55}$$

由此,振动方程(4.53)可表示成无量纲形式,

$$\frac{EI}{l^3}\frac{\partial^4 Y_{(i)}(X,T)}{\partial X^4}+\rho A\frac{\partial^2 Y_{(i)}(X,T)}{\partial T^2}=0\tag{4.56}$$

式中:$X_{i-1}<X<X_i$,$i=1,2,\cdots,k+1$。

式(4.54a)~式(4.54d)也可用无量纲形式表示为:

$$\left.Y_{(i)}(X,T)\right|_{X=X_i^-}=\left.Y_{(i+1)}(X,T)\right|_{X=X_i^+}\tag{4.57a}$$

$$\left.\frac{\partial Y_{(i)}(X,T)}{\partial X}\right|_{X=X_i^-}=\left.\frac{\partial Y_{(i+1)}(X,T)}{\partial X}\right|_{X=X_i^+}\tag{4.57b}$$

$$\left.\frac{\partial^2 Y_{(i)}(X,T)}{\partial X^2}\right|_{X=X_i^-}=\left.\frac{\partial^2 Y_{(i+1)}(X,T)}{\partial X^2}\right|_{X=X_i^+}\tag{4.57c}$$

$$\left.\frac{\partial^3 Y_{(i)}(X,T)}{\partial X^3}\right|_{X=X_i^-}=\left.\frac{\partial^3 Y_{(i+1)}(X,T)}{\partial X^3}\right|_{X=X_i^+}+\left.S_i Y(X,T)\right|_{X=X_i}\tag{4.57d}$$

式中:$i=1,2,\cdots,k$;$S_i=\dfrac{s_i l^3}{EI}$。

下面,将利用分离变量法寻求特征解。

假设方程(4.53)和方程(4.56)的解具有可分离变量形式,即

$$Y_{(i)}(X,T)=w_{(i)}(X)e^{j\omega T}\tag{4.58}$$

将其代入方程(4.56),得

$$\frac{d^4 w_{(i)}(X)}{dX^4}-\beta^4 w_{(i)}(X)=0\tag{4.59a}$$

式中:$X_{i-1}<X<X_i$,$i=1,2,\cdots,k+1$;

$$\beta^4=\frac{A\rho l^3\omega^2}{EI}\tag{4.59b}$$

将式(4.58)代入式(4.57a)~式(4.57d),有

$$w_{(i)}(X)\big|_{X=X_i^-} = w_{(i+1)}(X)\big|_{X=X_i^+} \tag{4.60a}$$

$$\left.\frac{\mathrm{d}w_{(i)}(X)}{\mathrm{d}X}\right|_{X=X_i^-} = \left.\frac{\mathrm{d}w_{(i+1)}(X)}{\mathrm{d}X}\right|_{X=X_i^+} \tag{4.60b}$$

$$\left.\frac{\mathrm{d}^2 w_{(i)}(X)}{\mathrm{d}X^2}\right|_{X=X_i^-} = \left.\frac{\mathrm{d}^2 w_{(i+1)}(X)}{\mathrm{d}X^2}\right|_{X=X_i^+} \tag{4.60c}$$

$$\left.\frac{\mathrm{d}^3 w_{(i)}(X)}{\mathrm{d}X^3}\right|_{X=X_i^-} = \left.\frac{\mathrm{d}^3 w_{(i+1)}(X)}{\mathrm{d}X^3}\right|_{X=X_i^+} + S_i w(X)\big|_{X=X_i} \tag{4.60d}$$

式中:$i=1,2,\cdots,k$。

假设方程(4.59a)的通解为

$$w_{(i)}(X) = A_i \mathrm{ch}\beta(X - X_{i-1}) + B_i \mathrm{sh}\beta(X - X_{i-1}) + C_i \cos\beta(X - X_{i-1}) + D_i \sin\beta(X - X_{i-1}) \quad (X_{i-1} < X < X_i,\ i = 1,2,\cdots,k+1) \tag{4.61}$$

将式(4.61)代入式(4.60a~4.61d),有

$$A_{i+1} + C_{i+1} = A_i \mathrm{ch}\beta L_i + B_i \mathrm{sh}\beta L_i + C_i \cos\beta L_i + D_i \sin\beta L_i \tag{4.62a}$$

$$B_{i+1}\beta^3 + D_{i+1}\beta^3 = A_i\beta^3 \mathrm{sh}\beta L_i + B_i\beta^3 \mathrm{ch}\beta L_i - C_i\beta^3 \sin\beta L_i + D_i\beta^3 \cos\beta L_i \tag{4.62b}$$

$$A_{i+1}\beta^2 - C_{i+1}\beta^2 = A_i\beta^2 \mathrm{ch}\beta L_i + B_i\beta^2 \mathrm{sh}\beta L_i - C_i\beta^2 \cos\beta L_i - D_i\beta^2 \sin\beta L_i \tag{4.62c}$$

$$B_{i+1}\beta^3 - D_{i+1}\beta^3 = A_i\beta^3 \mathrm{sh}\beta L_i + B_i\beta^3 \mathrm{ch}\beta L_i + C_i\beta^3 \sin\beta L_i - D_i\beta^3 \cos\beta L_i - S_i(A_i \mathrm{ch}\beta L_i + B_i \mathrm{sh}\beta L_i + C_i \cos\beta L_i + D_i \sin\beta L_i) \tag{4.62d}$$

联立求解方程(4.62a)~方程(4.62d),可以得到下列关于常数 A_{i+1}、B_{i+1}、C_{i+1} 和 D_{i+1} 的递推公式

$$\begin{Bmatrix} A_{i+1} \\ B_{i+1} \\ C_{i+1} \\ D_{i+1} \end{Bmatrix} = \begin{bmatrix} t_{11} & t_{12} & t_{13} & t_{14} \\ t_{21} & t_{22} & t_{23} & t_{24} \\ t_{31} & t_{32} & t_{33} & t_{34} \\ t_{41} & t_{42} & t_{43} & t_{44} \end{bmatrix}^{(i)} \begin{Bmatrix} A_i \\ B_i \\ C_i \\ D_i \end{Bmatrix} = \boldsymbol{T}_{4\times4}^{(i)} \begin{Bmatrix} A_i \\ B_i \\ C_i \\ D_i \end{Bmatrix} \quad (i = 1,2,\cdots,k) \tag{4.63}$$

其中,$\boldsymbol{T}_{4\times4}^{(i)}$ 就是 4 × 4 阶的传递矩阵,它由方程(4.59a)和连续性条件(4.60a)和条件(4.60d)确定,与两端边界条件无关,其元素值为

$$t_{11} = \mathrm{ch}\beta L_i,\ t_{12} = \mathrm{sh}\beta L_i,\ t_{13} = 0,\ t_{14} = 0 \tag{4.64a}$$

$$t_{21} = \mathrm{sh}\beta L_i - \frac{S_i}{2\beta^3}\mathrm{ch}\beta L_i,\ t_{22} = \mathrm{ch}\beta L_i - \frac{S_i}{2\beta^3}\mathrm{sh}\beta L_i,\ t_{23} = -\frac{S_i}{2\beta^3}\cos\beta L_i,\ t_{24} = -\frac{S_i}{2\beta^3}\sin\beta L_i \tag{4.64b}$$

$$t_{31} = 0,\ t_{32} = 0,\ t_{33} = \cos\beta L_i,\ t_{34} = \sin\beta L_i \tag{4.64c}$$

$$t_{41} = \frac{S_i}{2\beta^3}\mathrm{ch}\beta L_i,\ t_{42} = \frac{S_i}{2\beta^3}\mathrm{sh}\beta L_i,\ t_{43} = -\sin\beta L_i + \frac{S_i}{2\beta^3}\cos\beta L_i,\ t_{44} = \cos\beta L_i + \frac{S_i}{2\beta^3}\sin\beta L_i \tag{4.64d}$$

反复应用关系式(4.63),即可得到第 $k+1$ 小段的待定常数 A_{k+1}、B_{k+1}、C_{k+1}、D_{k+1} 与第 1 小段的待定常数 A_1、B_1、C_1、D_1 之间的关系,

$$\begin{Bmatrix} A_{k+1} \\ B_{k+1} \\ C_{k+1} \\ D_{k+1} \end{Bmatrix} = \boldsymbol{T}_{4\times4}^{(k)} \begin{Bmatrix} A_k \\ B_k \\ C_k \\ D_k \end{Bmatrix} = \boldsymbol{T}_{4\times4}^{(k)} \boldsymbol{T}_{4\times4}^{(k-1)} \begin{Bmatrix} A_{k-1} \\ B_{k-1} \\ C_{k-1} \\ D_{k-1} \end{Bmatrix} = \boldsymbol{T}_{4\times4}^{(k)} \boldsymbol{T}_{4\times4}^{(k-1)} \cdots \boldsymbol{T}_{4\times4}^{(1)} \begin{Bmatrix} A_1 \\ B_1 \\ C_1 \\ D_1 \end{Bmatrix} \tag{4.65}$$

这样,整个系统的待定常数就减少为 4 个,即 A_1、B_1、C_1、D_1,它们可由两端处共 4 个边界条件确定。以两端简支边界为例。

(1)两端处挠度为 0,即

$$y(x,t)\big|_{x=0} = 0,\ y(x,t)\big|_{x=l} = 0 \tag{4.66a}$$

(2)两端处弯矩为 0,即

$$-EI\frac{\partial^2 y(x,t)}{\partial x^2}\bigg|_{x=0} = 0,\ -EI\frac{\partial^2 y(x,t)}{\partial x^2}\bigg|_{x=l} = 0 \tag{4.66b}$$

由式(4.66a)~式(4.66b),同时注意到式(4.55)和式(4.58),有

$$w(X)\big|_{X=0} = 0 \tag{4.67a}$$

$$w(X)\big|_{X=1} = 0 \tag{4.67b}$$

$$\frac{\mathrm{d}^2 w(X)}{\mathrm{d}X^2}\bigg|_{X=0} = 0 \tag{4.67c}$$

$$\frac{\mathrm{d}^2 w(X)}{\mathrm{d}X^2}\bigg|_{X=1} = 0 \tag{4.67d}$$

由式(4.61)与左端边界条件(4.67a)、(4.67c),有

$$A_1 = 0 \tag{4.68a}$$

$$C_1 = 0 \tag{4.68b}$$

由式(4.61)与右端边界条件(4.67b)、(4.67d),有

$$A_{k+1}\mathrm{ch}\beta L_{k+1} + B_{k+1}\mathrm{sh}\beta L_{k+1} + C_{k+1}\cos\beta L_{k+1} + D_{k+1}\sin\beta L_{k+1} = 0 \tag{4.69a}$$

$$A_{k+1}\beta^2\mathrm{ch}\beta L_{k+1} + B_{k+1}\beta^2\mathrm{sh}\beta L_{k+1} - C_{k+1}\beta^2\cos\beta L_{k+1} - D_{k+1}\beta^2\sin\beta L_{k+1} = 0 \tag{4.69b}$$

式(4.69a)和式(4.69b)可用矩阵形式表示为

$$\begin{Bmatrix} 0 \\ 0 \end{Bmatrix} = \begin{bmatrix} \mathrm{ch}\beta L_{k+1} & \mathrm{sh}\beta L_{k+1} & \cos\beta L_{k+1} & \sin\beta L_{k+1} \\ \mathrm{ch}\beta L_{k+1} & \mathrm{sh}\beta L_{k+1} & -\cos\beta L_{k+1} & -\sin\beta L_{k+1} \end{bmatrix} \times \begin{Bmatrix} A_{k+1} \\ B_{k+1} \\ C_{k+1} \\ D_{k+1} \end{Bmatrix}$$

$$= \boldsymbol{B}_{2\times4} \begin{Bmatrix} A_{k+1} \\ B_{k+1} \\ C_{k+1} \\ D_{k+1} \end{Bmatrix} \tag{4.70a}$$

式中:

$$\boldsymbol{B}_{2\times4} = \begin{bmatrix} \mathrm{ch}\beta L_{k+1} & \mathrm{sh}\beta L_{k+1} & \cos\beta L_{k+1} & \sin\beta L_{k+1} \\ \mathrm{ch}\beta L_{k+1} & \mathrm{sh}\beta L_{k+1} & -\cos\beta L_{k+1} & -\sin\beta L_{k+1} \end{bmatrix} \tag{4.70b}$$

显然,矩阵 $\boldsymbol{B}_{2\times4}$ 的元素值与边界条件有关。

将式(4.65)代入式(4.70a),并注意到式(4.68a)和式(4.68b),有

$$\begin{Bmatrix}0\\0\end{Bmatrix} = \boldsymbol{B}_{2\times4}\begin{Bmatrix}A_{k+1}\\B_{k+1}\\C_{k+1}\\D_{k+1}\end{Bmatrix} = \boldsymbol{B}_{2\times4}\boldsymbol{T}_{4\times4}^{(k)}\boldsymbol{T}_{4\times4}^{(k-1)}\cdots\boldsymbol{T}_{4\times4}^{(1)}\begin{Bmatrix}A_1\\B_1\\C_1\\D_1\end{Bmatrix}$$

$$= \boldsymbol{R}_{2\times4}\begin{Bmatrix}A_1\\B_1\\C_1\\D_1\end{Bmatrix} = \begin{bmatrix}r_{11} & r_{12} & r_{13} & r_{14}\\ r_{21} & r_{22} & r_{23} & r_{24}\end{bmatrix}\begin{Bmatrix}0\\B_1\\0\\D_1\end{Bmatrix} \tag{4.71a}$$

式中:

$$\boldsymbol{R}_{2\times4} = \boldsymbol{B}_{2\times4}\boldsymbol{T}_{4\times4}^{(k)}\boldsymbol{T}_{4\times4}^{(k-1)}\cdots\boldsymbol{T}_{4\times4}^{(1)} = \begin{bmatrix}r_{11} & r_{12} & r_{13} & r_{14}\\ r_{21} & r_{22} & r_{23} & r_{24}\end{bmatrix} \tag{4.71b}$$

显然,方程(4.71a)有非零解的条件是

$$\det\begin{bmatrix}r_{12}(\omega) & r_{14}(\omega)\\ r_{22}(\omega) & r_{24}(\omega)\end{bmatrix} = 0 \tag{4.72}$$

这就是频率方程,由此频率方程(4.72)可求出梁的各阶固有频率。一般说来,寻求频率方程(4.72)的解析解十分困难,因此只能利用数值方法求取各阶固有频率的近似值[191,192]。

在获得梁的各阶固有频率后,将其代回方程(4.71a)以确定待定常数 B_1、D_1(若要得到正则模态,需利用整根梁主质量为 1 这一关系),然后利用传递关系式(4.63)即可得到每一小段梁的 4 个待定常数 A_i、B_i、C_i 和 D_i,进而可由式(4.61)确定每一小段梁的模态函数,最终可得到整根梁的模态函数,该方法称之为矩阵传递法[192]。

4.8.2 固有频率分析

如图 4.9 所示,设梁的总长度为 $l=12\text{m}$,材料的密度、泊松比、弹性模量和剪切模量分别为 $\rho=7.8\times10^3\text{kg/m}^3$、$\nu=0.3$、$E=2.06\times10^{11}\text{Pa}$ 和 $G=7.9\times10^{10}\text{Pa}$;横截面为矩形,宽为 $b=0.05\text{m}$,高为 $h=0.2\text{m}$。

梁中部等跨距均布有 k 个弹性支承,对应的刚度均为 s,其位置分别记作 $x_1, x_2, \cdots, x_k$,且 $0<x_1<x_2<\cdots<x_k<l$。这样,整根梁被分为 $k+1$ 小段,每小段的长度均为 $\dfrac{l}{k+1}$。

梁的支承数目分别取 $k=1$、2、3、4、5,计算其最低 4 阶固有频率随弹性支承刚度 s 增大时的值,并作图如下。图中的纵坐标为梁的固有频率值,横坐标为梁的弹性支承的刚度大小(取对数)。

从图 4.10~图 4.14 中可以看出,对于任意一阶固有频率,若支承刚度小于某一值或大于某一值时,频率基本不随刚度变化,只有当支承刚度处于一定区间范围时,频率才随着刚度增大而变大。这一现象可作如下解释,当支承刚度较小时,可视为类似无支承情

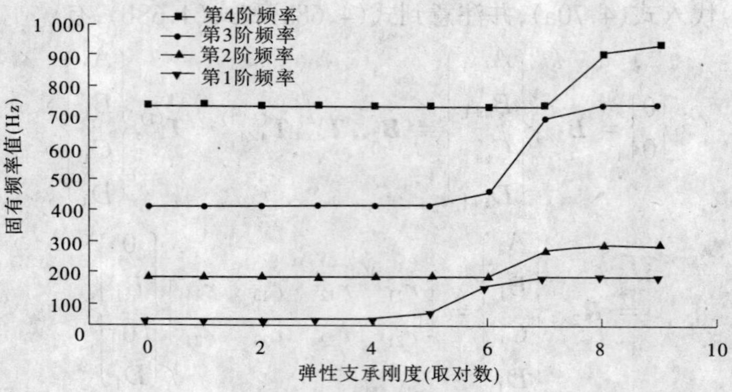

图 4.10　当 $k=1$ 时,梁的最低 4 阶固有频率随弹性支承刚度 s 变化的对数曲线

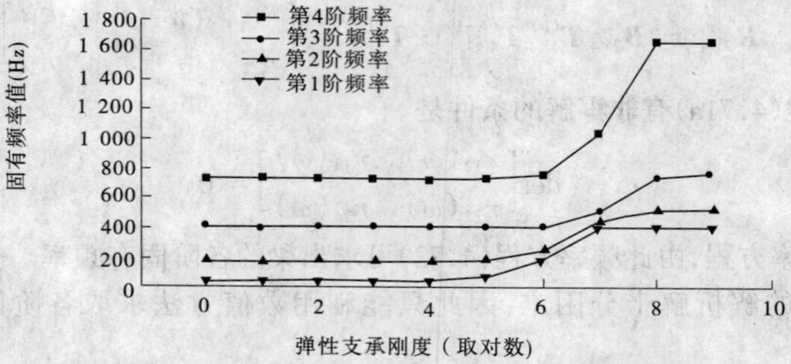

图 4.11　当 $k=2$ 时,梁的最低 4 阶固有频率随弹性支承刚度 s 变化的对数曲线

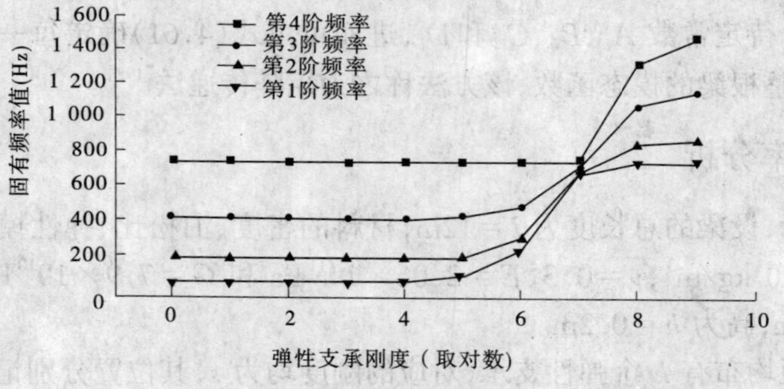

图 4.12　当 $k=3$ 时,梁的最低 4 阶固有频率随弹性支承刚度 s 变化的对数曲线

形,其固有频率与无支承单跨梁差别不大;而当支承刚度较大时,可视为类似刚性支承情形。由此可得出结论:对于弹性支承多跨梁模型,在固有频率计算方面,只有当弹性支承刚度处于一定范围内时才有必要处理成弹性支承多跨梁模型,如果支承刚度过小或过大,则可简化成单跨梁或刚性支承多跨梁模型。

另外,上述支承刚度的"过渡区间"对于不同阶频率是不一样的。一般说来,频率阶数越高,其对应的刚度"过渡区间"起点也就越高;而梁下弹性支承数目越多,连续梁的各阶频率值在刚度"过渡区间"变化范围也就越大。例如,当支承数目 $k=1$ 时,1 阶频率对应

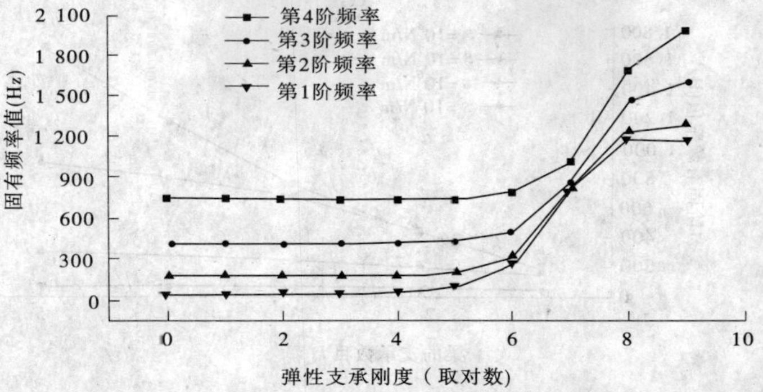

图 4.13　当 $k=4$ 时,梁的最低 4 阶固有频率随弹性支承刚度 s 变化的对数曲线

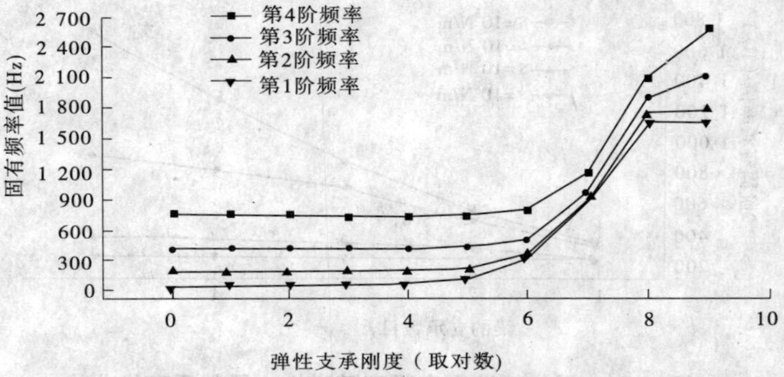

图 4.14　当 $k=5$ 时,梁的最低 4 阶固有频率随弹性支承刚度 s 变化的对数曲线

的刚度“过渡区间”为 $10^4 \sim 10^7$ N/m,而 3 阶频率对应的刚度“过渡区间”为 $10^6 \sim 10^8$ N/m;当 $k=1$ 时,1 阶频率值在对应的刚度“过渡区间”的变化范围为 46.29～419.185Hz,而当 $k=5$ 时,1 阶频率值在对应的刚度“过渡区间”的变化范围为 46.29～1 656.934Hz。由于第一阶频率的对应的刚度“过渡区间”起始转折点的支承刚度最低(如图 4.10～图 4.14 所示),同样也可以说如果连续梁的第 1 阶的频率(或振型)曲线接近于简支梁的频率(或振型)时,可以确保以后各阶频率(或振型)均更接近于简支梁的频率(或振型)。

仍分别取支承数目 $k=1$、2、3、4、5,作图显示最低 4 阶固有频率在某一支承刚度 s 下随支承数目 k 的变化情况。图中的纵坐标为梁的固有频率值,横坐标为梁的支承数目(均布支承)。

显然,图 4.15～图 4.18 显示,在合适的支承刚度下,随着支承数目的增加,一般地说,各阶频率都会有所增长。但是,若所有支承恰好加在无支承时对应阶模态曲线的驻点处时,则由于此时支承对该阶频率的提高影响不大,故会出现图 4.17、图 4.18 中所示的“拐折”现象。

另外,从 $s=10^2$ N/m 这条曲线可以看出,过小刚度弹性支承下的梁其固有频率与支承数目确实近乎无关,这也验证了前面的结论。

4.8.3　振型分析

取支承数目 $k=1$,分别作出弹性支承刚度 $s=2\times10^5$、1×10^6、3×10^7 N/m 时的 1 阶

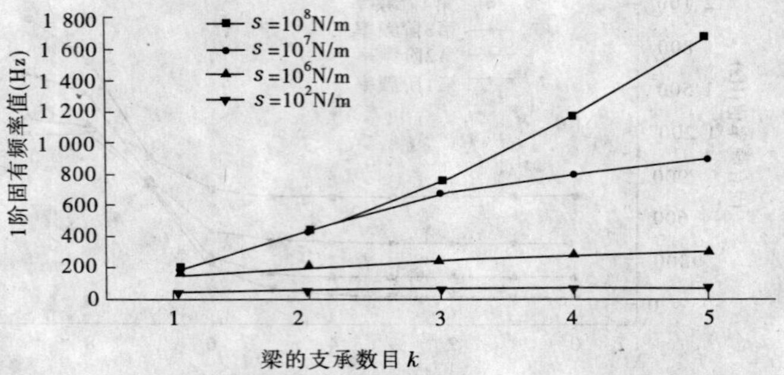

图 4.15　梁的 1 阶固有频率随弹性支承数目变化曲线

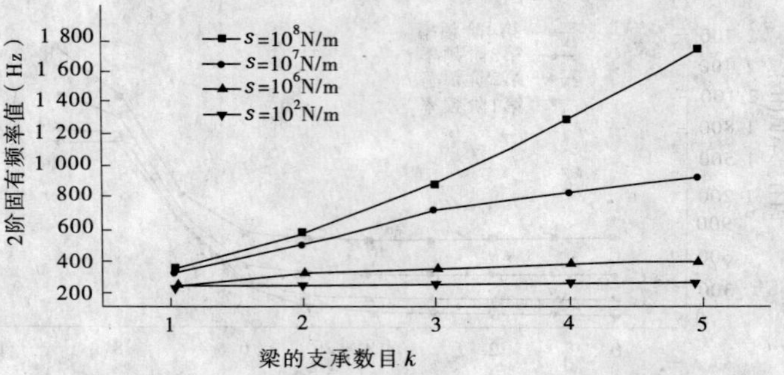

图 4.16　梁的 2 阶固有频率随弹性支承数目变化曲线

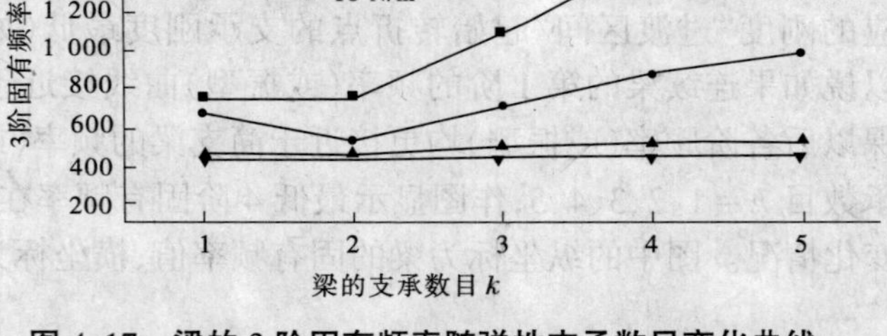

图 4.17　梁的 3 阶固有频率随弹性支承数目变化曲线

模态曲线。取支承数目 $k=1$,分别作出弹性支承刚度 $s=10^6$、10^7、10^8N/m 时的 3 阶模态曲线。图中纵坐标中为模态幅值,横坐标为梁的相对长度,取 1。

图 4.19～图 4.24 可以看出,图 4.19、图 4.22 分别与简支梁的第 1、3 阶振型几乎一致,而图 4.22、图 4.24 分别与跨中为简支支承两跨连续梁的第 1、3 阶振型[141]几乎一致;同本书 4.8.2 部分中固有频率存在对应的支承刚度"过渡区间"一样,对于任一阶的振型曲线,同样存在振型曲线对应的支承刚度"过渡区间",支承刚度小于该区间的下限刚度(起点)时振型曲线为简支梁的振型;反之,则为跨中刚性支承的振型曲线。图 4.19～图 4.21或图 4.22～图 4.24 都验证了 4.8.2 部分中"只有当弹性支承刚度处于一定范围

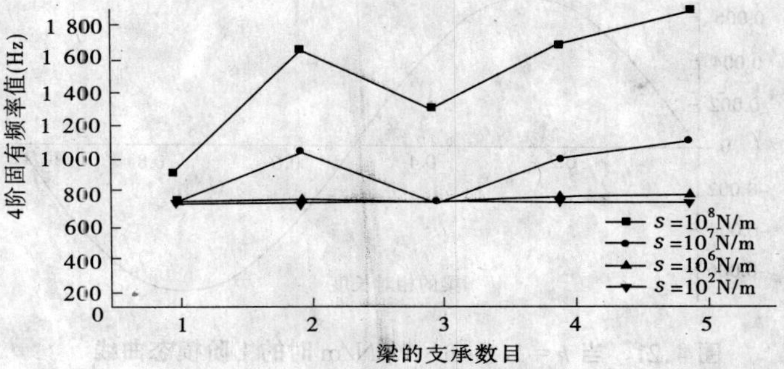

图 4.18　梁的 4 阶固有频率随弹性支承数目变化曲线

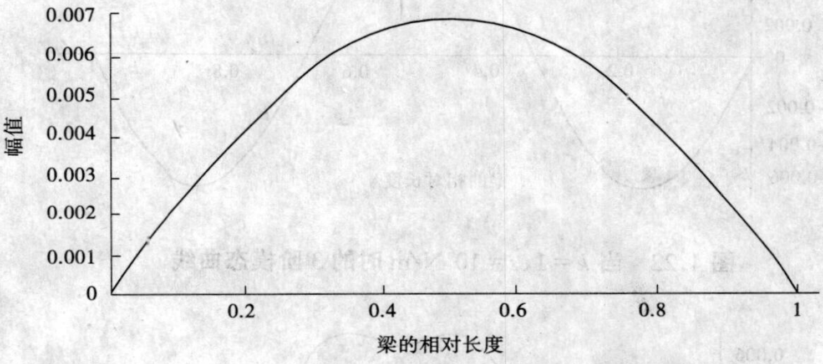

图 4.19　当 $k=1$、$s=2\times10^5$ N/m 时的 1 阶模态曲线

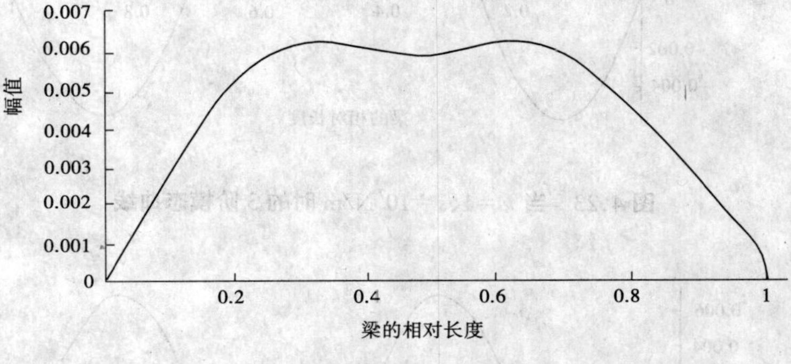

图 4.20　当 $k=1$、$s=10^6$ N/m 时的 1 阶模态曲线

内时才有必要处理成弹性支承多跨梁模型,如果支承刚度过小或过大,则可简化成单跨简支梁或刚性支承多跨梁模型”的结论。

多跨连续梁振型曲线对应的支承刚度过渡区间的变化范围,除与梁的频率大小有关外,还与梁下弹性支承的数目(间距)有关。表 4.5 列出了图 4.9 所示算例中的连续梁随着梁下弹性支承数目的变化,其第 1 阶频率对应的支承刚度“过渡区间”的下限刚度(起点)和上限刚度(终点)值的大小。

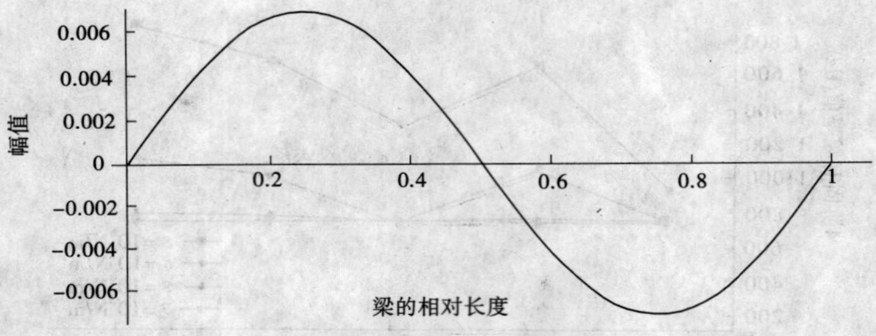

图 4.21　当 $k=1$、$s=3\times10^7$ N/m 时的 1 阶模态曲线

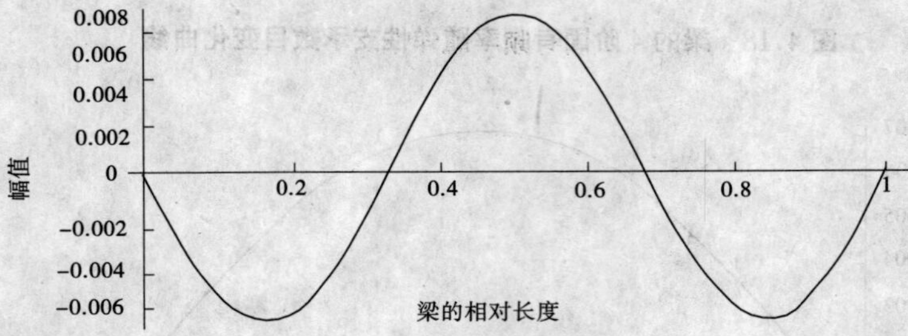

图 4.22　当 $k=1$、$s=10^6$ N/m 时的 3 阶模态曲线

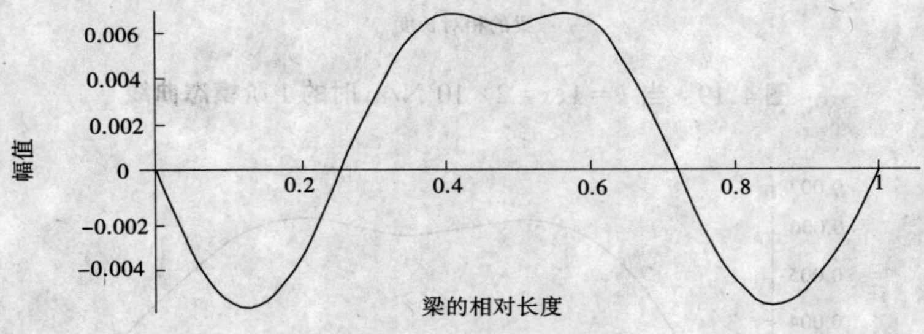

图 4.23　当 $k=1$、$s=10^7$ N/m 时的 3 阶模态曲线

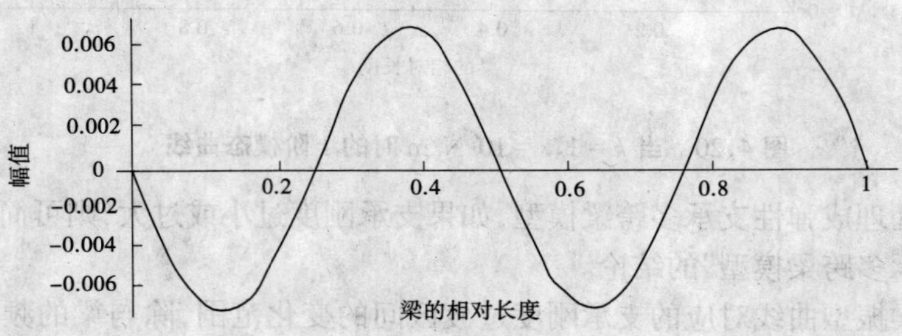

图 4.24　当 $k=1$、$s=10^8$ N/m 时的 3 阶模态曲线

表 4.5　弹性支承数的变化对支承刚度“过渡区间”的上下限刚度值的影响

弹性支承数目	1	2	3	5	7	9	19
支承间距(m)	6	4	3	2	1.5	1.2	0.6
过渡区间的下限刚度(N/m)	2×10^5	1×10^6	4×10^6	8.8×10^6	1.5×10^7	3.5×10^7	2.0×10^8
过渡区间的上限刚度(N/m)	3×10^7	5.5×10^7	7.2×10^7	8.3×10^7	1×10^8	1.35×10^8	1.1×10^9

从表 4.5 或图 4.20～图 4.23 或图 4.26～图 4.28 的比较来看，梁下的弹性支承数目越多(或弹性支承间距越小)，其振型(接近于简支梁振型)对应的“过渡区间”下限刚度(起点)也就越高；梁的频率越高，其振型(接近于简支梁振型)对应的“过渡区间”的下限刚度(起点)也越高。当 $k=1$ 时，第 1 阶振型的支承刚度“过渡区间”的范围为 $2\times10^5\sim3\times10^7$N/m，而第 3 阶振型的支承刚度“过渡区间”的范围为 $1\times10^6\sim1\times10^8$N/m。这也从模态曲线的角度验证了 4.8.2 部分中“更高阶频率对应的弹性支承刚度‘过渡区间’的起点更高”的结论。

现在来分析弹性支承的多跨连续梁，随着梁下的弹性支承的数目的增加对梁的各阶振型曲线的影响规律。现在来分析当梁下的弹性支承数目由 1 个增加到 5 个时，梁的振型曲线变化的趋势。由本书的 4.8.2 可知，如果连续梁的第 1 阶的频率(或振型)曲线接近于简支梁的频率(或振型)时，那么可以确保以后各阶频率(或振型)均更接近于简支梁的频率(或振型)。因此，只要分析梁的前 3 阶振型的变化规律即可。

取支承数目 $k=5$，分别作出 $s=10^6$、10^7、10^8N/m 时的 1 阶模态曲线。

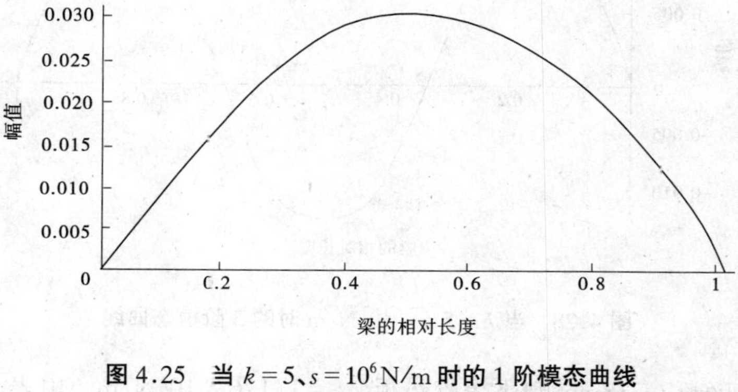

图 4.25　当 $k=5$、$s=10^6$N/m 时的 1 阶模态曲线

取支承数目 $k=5$，分别作出 $s=10^7$、10^8、10^9N/m 时的 3 阶模态曲线。

图 4.19～图 4.21 和图 4.25～图 4.27，或图 4.22～图 4.24 和图 4.28～图 4.30 中模态曲线的变化表明，在弹性支承刚度一定时，梁下的支承数目越多，支承间距越小，则梁的振型曲线越接近简支梁的振型曲线。推而广之，如果梁下的支承数目无限大(连续支承)，梁的振型曲线应为简支梁的振型曲线。

文献[179]介绍，钢轨下橡胶垫板的平均计算刚度为：12～14mm 高强轨下橡胶垫板，

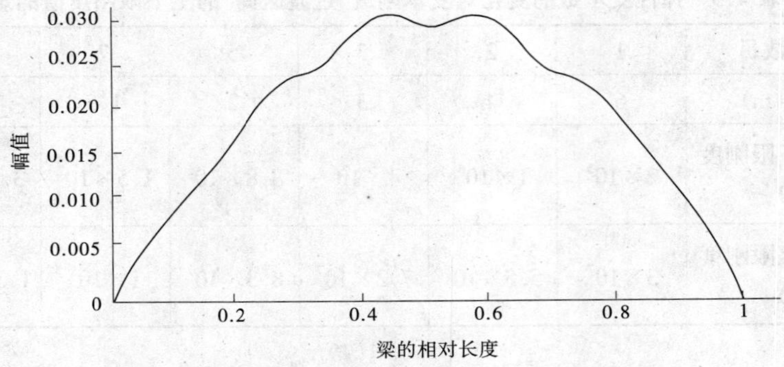

图 4.26　当 $k=5$、$s=10^7\text{N/m}$ 时的 1 阶模态曲线

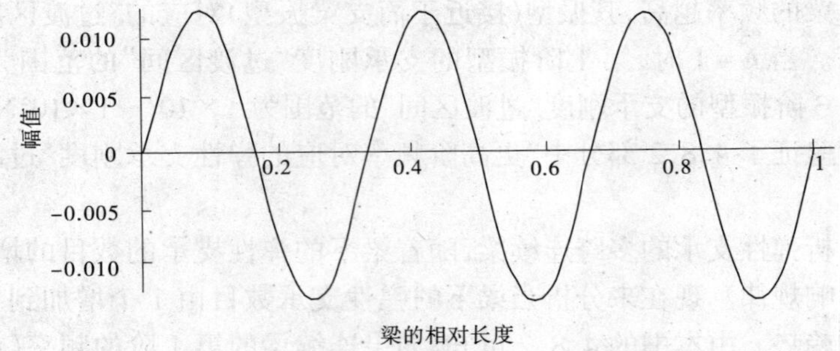

图 4.27　当 $k=5$、$s=10^8\text{N/m}$ 时的 1 阶模态曲线

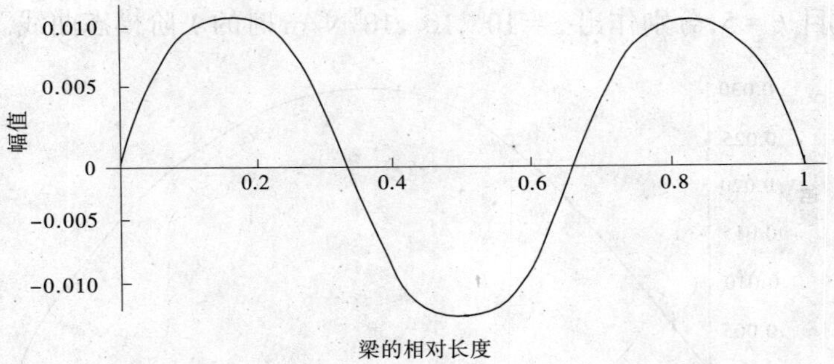

图 4.28　当 $k=5$、$s=10^7\text{N/m}$ 时的 3 阶模态曲线

$k_p=4.9\times10^6\text{N/m}$；7～18mm 轨下橡胶垫板 $k_p=1.176\times10^8\text{N/m}$。由表 4.1 可知，当梁下的支承数目 $k=19$ 时，即支承间距为 0.6m，梁下弹性支承刚度“过渡区间”的下限刚度为 $2.0\times10^8\text{N/m}$ 时，此刚度大于有轨交通中钢轨下橡胶垫板刚度的计算取值范围，其 1 阶模态曲线和简支梁的 1 阶正弦曲线比较接近。由本书 4.8.2 可知，其高阶模态曲线更近似于简支梁对应阶的正弦曲线。实际上，有轨交通中轨下橡胶垫板的中心间距一般为 0.6m左右，在对车辆轨道耦合振动分析时，钢轨的各阶振型取为简支梁的正弦振型函数来计算，可以取得较为精确的结果。

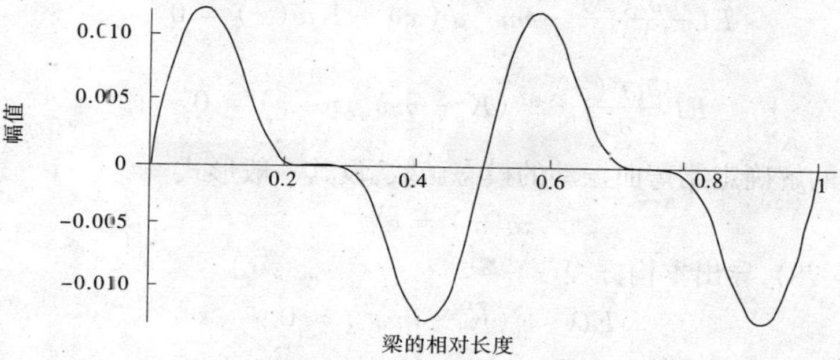

图 4.29　当 $k=5$、$s=10^8$ N/m 时的 3 阶模态曲线

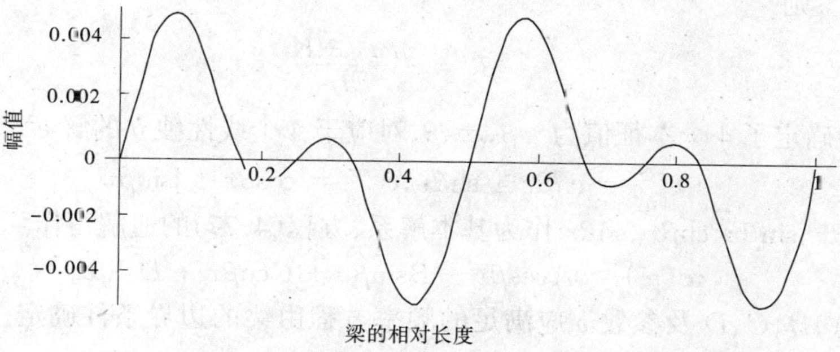

图 4.30　当 $k=5$、$s=10^9$ N/m 时的 3 阶模态曲线

4.8.4　钢轨振型函数的确定

为了验证在弹性支承刚度一定时，梁下的支承数目越多，则梁的振型曲线越接近简支梁的振型曲线这一论断，本书把钢轨下面的橡胶垫板支承做了近似处理（轨下橡胶垫板沿钢轨方向一般长 20cm 左右，橡胶垫板净间距 40cm 左右），认为钢轨是放置在弹性地基上的连续支承（支承间距趋近于 0）的 Euler 梁，地基模型为经典的 Winkler 地基，这种地基对梁施反力的集度为 p，是和梁的挠度 y 成正比而方向相反的，即

$$p = -Ky \tag{4.73}$$

其中的比例常数 K 称为地基模量（此时令图 4.9 中梁下弹性支承假定为连续分布）。

如图 4.9 所示，设梁的总长度为 l，材料的线密度和弹性模量分别为 ρ 和 E，横截面积为 A，单位长度的质量 $m=\rho A$，相应的截面惯性矩为 I，则 EI 为梁的抗弯强度，K 称为地基模量。图 4.9 的 Euler 梁的微分振动方程为（图 4.9 中梁下弹簧假定为连续分布）：

$$EI\frac{\partial^4 y}{\partial x^4} + m\frac{\partial^2 y}{\partial t^2} + Ky = 0 \tag{4.74}$$

这是一个常系数的线性微分方程，将方程的解分离变量，写做

$$y(x,t) = w(x)e^{j\omega t} \tag{4.75}$$

将式（4.75）代入式（4.74），得到

$$EI\frac{\partial\omega^4(x)}{\partial x^4}-m\omega^2 w(x)+Kw(x)=0 \tag{4.76}$$

或

$$EI\frac{\partial\omega^4(x)}{\partial x^4}+(K-m\omega^2)w(x)=0 \tag{4.77}$$

方程(4.77)的解确定梁弯曲振动的模态函数,设其一般形式

$$w(x)=e^{\lambda x} \tag{4.78}$$

代入方程(4.78),导出本构方程

$$EI\lambda^4+(K-m\omega^2)=0 \tag{4.79}$$

即

$$\lambda^4=\frac{m\omega^2-K}{EI} \tag{4.80}$$

再令 $\beta^4=\lambda^4$,则

$$\beta^4=\frac{m\omega^2-K}{EI} \tag{4.81}$$

方程(4.80)确定了4个本征值为 $\pm\beta,\pm i\beta$,对应于4个线性独立的解 $e^{\pm\beta x}$ 和 $e^{\pm i\beta x}$,由于

$$e^{\pm\beta x}=\mathrm{ch}\beta x\pm\mathrm{sh}\beta x,\ e^{\pm i\beta x}=\cos\beta x\pm \mathrm{i}\sin\beta x \tag{4.82}$$

也可将 $\cos\beta x$、$\sin\beta x$、$\mathrm{ch}\beta x$、$\mathrm{sh}\beta x$ 作为基本解系,方程(4.77)的通解写作

$$w(x)=A\cos\beta x+B\sin\beta x+C\mathrm{ch}\beta x+D\mathrm{sh}\beta x \tag{4.83}$$

积分常数 A、B、C、D 及参数 ω 应满足的频率方程由梁的边界条件确定。简支端的边界条件为

$$w(0)=w''(0)=0,\ w(l)=w''(l)=0 \tag{4.84}$$

由式(4.83)得

$$w''(x)=-A\beta^2\cos\beta x-B\beta^2\sin\beta x+C\beta^2\mathrm{ch}\beta x+D\beta^2\mathrm{sh}\beta x \tag{4.85}$$

将边界条件代入式(4.83)、式(4.85)得

$$A+C=0,\ -A+C=0 \tag{4.86}$$

所以

$$A=C=0 \tag{4.87}$$

以及

$$\left.\begin{aligned}B\sin\beta l+D\mathrm{sh}\beta l=0\\-B\sin\beta l+D\mathrm{sh}\beta l=0\end{aligned}\right| \tag{4.88}$$

因 $\mathrm{sh}\beta l\neq 0$,故式(4.88)解出,得

$$D=0 \tag{4.89}$$

则频率方程(4.83)简化为

$$\sin\beta l=0 \tag{4.90}$$

解上式

$$\beta_i l=i\pi\quad(i=1,2,3,\cdots) \tag{4.91}$$

即

$$\beta_i=\frac{i\pi}{l} \tag{4.92}$$

由式(4.81)、式(4.92)可得

$$\left(\frac{i\pi}{l}\right)^4 = \frac{m\omega_i^2 - K}{EI} \tag{4.93}$$

即
$$m\omega_i^2 = EI\left(\frac{i\pi}{l}\right)^4 + K \tag{4.94}$$

或者
$$\omega_i^2 = \frac{1}{m}\left(EI\left(\frac{i\pi}{l}\right)^4 + K\right) \tag{4.95}$$

即弹性 Winkler 地基上 Euler 梁(见图 4.9)的固有频率为:

$$\omega_i = \sqrt{\bar{\omega}_i^2 + \frac{K}{m}} \tag{4.96}$$

式中:$\bar{\omega}_i = \left(\frac{i\pi}{l}\right)^2\sqrt{\frac{EI}{m}}$ $(i=1,2,\cdots)$为简支梁的固有频率。代入式(4.83)计算振型函数,将任意常数 B 取作 1,考虑式(4.93)得到弹性地基上 Euler 梁(图 4.9)的振型函数为

$$w_i(x) = B\sin\beta_i x = \sin\frac{i\pi}{l}x \quad (i = 1,2,3,\cdots) \tag{4.97}$$

由式(4.95)或式(4.96)可知,弹性地基上 Euler 梁(见图 4.9)的固有频率为比相同结构简支梁的固有频率得到提高,其对应的关系参见式(4.96),然而,弹性地基上 Euler 梁(见图 4.9)的振型函数却和相同结构简支梁的各阶振型函数完全相同。

由于弹性地基上 Euler 梁(见图 4.9)的结构是由钢轨和轨下胶垫的结构近似而来,所以国内外文献中将钢轨看做有限长的简支梁是有理论依据的,计算时只要把轨下胶垫对钢轨的作用力看做是对钢轨作用的荷载,同时采用简支梁的振型函数,只要钢轨的长度取为足够长(大于 100m),模态阶数取得足够多(大于 90 阶),这样的处理结果就可获得较为满意的结果[10]。

4.9 车辆、无碴轨道和桥梁系统的计算模型及运动方程

4.9.1 车桥系统方程的建立方法评述

正如本书绪论所述,桥梁在移动车辆荷载作用下动力响应的研究长期以来受到广大桥梁工作研究者的关注。不同时期,由于研究手段、计算方法的不同,研究者针对车桥系统建立起不同的方程。但归纳起来,不外乎以下几种。

(1)桥梁作为连续体(具有无穷个自由度)、车辆为有限自由度的耦联系统方程:这种方程的推导一般是假定桥梁作为一等截面均质梁,采用无穷级数展开技术来求解。早期关于桥梁在移动荷载下的动力响应研究一般采用该方法。如 Timoshenko 和 Yong 的方法[181]。

(2)桥梁与车辆都采用有限自由度的耦联系统方程。这种方程的推导是假定在车辆通过桥梁时的任意时刻,桥梁的变形为一已知曲线或几种已知曲线的叠加。这样,由于只有有限未知量,系统方程可以容易地通过解析或数值方法求解。如 Wen[182] 和 Jacobsen[183] 采用的方法。

(3)桥梁和车辆都采用多个自由度的耦联系统方程。这种方法一般是用有限元或者

由有限元法派生出来的模态分析法与子结构法来模拟桥梁结构，车辆的模型可以很复杂，大都作为多自由度刚体。车桥耦联在一起的系统方程一般采用直接积分法如 Newmark、Wilson－θ 法求解。Chu[24-25]等详细给出了有关公式，Wiriyachai[26-27]、Bhatti[33]、曾庆元[58-63]、夏禾[100-106]等都采用了该方法。

(4)桥梁与车辆的方程采取分离的方法计算，两者之间通过轮轨的几何相容条件和相互作用力平衡条件来联系。这种方法对桥梁、车辆移动方程分别求解，并用迭代过程来满足两者之间的相容条件。该方法最早由 Veletsos A.S. 和 Huang T.[184]提出，此后，被曹雪琴[74-79]、许慰平[82]、李小珍[90-92]、沈锐利[93-96]等采用。微分方程一般用直接积分法求解。最近，Green M.F. 和 Cebon D.[185]提出了在频域内求解分离的车桥系统方程的新方法，他们利用模态脉冲响应函数与模态激扰力，采用模态叠加法并结合 FFT 和 IFFT 级数来求解桥梁动力响应。

上述 4 种建立车桥系统方程的方法，前两种实际上是一种解析或半解析法，在早期的研究中较多采用，这与当时计算技术、方法和手段的局限性有关，一般只适用于等截面均布梁的情况，在大多数情况下无法适用。随着计算机的出现以及计算技术的发展，人们普遍认识到了对桥梁和车辆采用复杂的分析模型是必要的，如梁桥、悬索桥、斜拉桥往往需要很多自由度，而车辆则采用多自由度刚体。目前，前两种方法很少使用，大都采用后两种方法来建立车桥系统方程。

对于采用耦合在一起的车桥系统方程求解的第 3 种方法，优点是车辆和桥梁的运动方程耦合在一起，在每一步求解时车辆和桥梁系统之间的位移和力的协调关系自然得到满足，避免了车桥两个子系统之间用迭代过程来满足几何相容条件和相互作用力的平衡条件，迭代方法对时间步长的选取要求不太高；缺点是车桥系统的系数矩阵将随着车辆在桥上位置的不同而发生变化，导致在每一时间步必须重新生产和分解，随着车桥计算模型复杂性的增加，耦联的自由度也将越来越多，使得计算量增大。但随着计算机技术的不断发展、计算速度的快速提高和计算方法的不断改进，上述缺点将会逐渐得到克服。本书采用了这一方法。

而采用分离的车辆、桥梁运动方程时，通过分别求解车辆、桥梁的运动方程，在迭代求解时每一步都要判断使之满足轮轨几何相容条件和相互作用力平衡条件，虽然可以避免在每一步时间步长上，都要重新计算每一时刻的系统的质量矩阵、阻尼矩阵和刚度矩阵，表面上减少计算工作量。实际上，在每一步对车桥运动方程分别迭代求解时，要求时间步长小得多，因为如果时间步长超过一定限值，车辆或桥梁的位移要远大于所要求的几何相容条件而无法判断收敛性，易于导致迭代失败。

4.9.2 车辆－无碴轨道－桥梁耦合关系的建立

列车在桥梁上行驶时，车桥系统的振动是耦合在一起的。大量事实表明：即使车桥整个系统不受任何外力作用，系统仍然会发生强烈的振动，因此整个车桥系统具有自激的性质，这是由于车桥系统内部存在的激扰因素所引起的。这些激扰因素包括体系内部质量分布不均、轨道不平顺和轮对蛇行运动等。它们只有在列车运行时才会发生作用。这些激扰因素不但可以激起车桥系统不断地产生振动，而且系统一旦产生振动后，列车与桥梁就会相互影响而使振动更加强烈，这就是车桥系统振动的耦合效应。因此，研究车桥系统的振动，不仅要研究系统在外力作用下引起的振动，以及系统在本身内部激扰因素引起的振动，还必须研究车桥系统振动的耦合效应。

车桥系统耦合关系体现为以下两个方面：

(1)轮轨接触处车辆位移与轨道系统位移之间的几何相容条件；

(2)轮轨接触处轮轨相互作用力的静力平衡条件。

车辆轮对与钢轨的接触是弹性的，在研究轨道动力学的车辆模型中一般是在轮对与轨道之间用线性弹簧来模拟这种关系。但是研究表明[175-177]，即使采用这种方法处理，所计算的轮对振动频率比车体沉浮、点头及转向架沉浮、点头频率要大得多(车体沉浮及点头振动频率在 2Hz 以下，转向架在 10Hz 以下，轮对则在 30Hz 以下)，一般也高于桥梁的低阶振动频率，因此实际上可将轮对与钢轨的接触认为是刚性的，在模型处理上认为轮对与钢轨是完全协调(接触)的，即轮对的竖向运动轨迹是钢轨与轮对接触面。因此本章第 4.6节对竖向振动时轮对与钢轨接触的分析及建模是比较合理的。

因此，车桥耦合垂向振动分析时的几何相容条件具体表现为，根据轮轨接触处钢轨的位移和轨道不平顺值之间的关系来得到轮对的位移；而静力平衡条件则是轮轨保持刚性接触的容许条件，作用在轨道上的荷载包括：轮对的静轮载；轮对由加速度引起的惯性力；弹簧由于转向架和轮对所在位置轨道的相对位移而产生的弹性力；阻尼器由于转向架和轮对所在位置轨道的相对速度差而产生的阻尼力。根据作用力与反作用力的互等原则，得到轨道作用于轮对上的力，此力即为轮轨作用力。

在研究列车、无碴轨道和桥梁的动力相互作用时，如果不考虑外力(如风力或地震力)的作用，将车辆的运动方程式(4.40)～式(4.45)、无碴轨道系统的运动方程式(4.46)～式(4.48)或式(4.45)～式(4.51)组合在一起，即可构成系统动力平衡方程组。

由于直接采用桥梁的有限元几何模型时自由度很多，工作量很大，为减少计算自由度，无碴轨道和桥梁模型中引进了模态综合技术。由于结构的动力响应主要是若干个低阶振型起控制作用，这种方法的主要优点是在计算中仅考虑少数若干阶振型就可以获得满意的精度。即使是具有高频振动的钢轨，取 100 个左右的振型计算就可以对钢轨的振动进行分析，从而大大减少了计算工作量。

需要指出的是，由于本书中采用的是车辆和轨道梁中面模型进行计算的，再者轨道梁的抗扭刚度的设计值要大得多，使车辆在轨道梁上单线运行时由于偏心作用所产生的桥梁竖向附加位移与车桥作用时的垂向位移相比要小得多，所以车辆在轨道梁上单线运行时产生的偏心位移对桥梁竖向位移产生的影响，本书不予考虑。

在本动力系统中，车辆运动方程不是通过与无碴轨道和桥梁的运动方程相组合，而是与无碴轨道和桥梁系统振型的广义坐标相组合。系统运动方程组是一个时变系统的二阶微分方程组，本书采用了 Newmark－β 数值积分方法来进行求解。用下标 r、s、b 和 v 分别表示钢轨、轨道板、桥梁和车辆，则车辆、无碴轨道和桥梁相互作用系统的运动方程表达式为

$$[M]\{\ddot{X}\} + [C]\{\dot{X}\} + [K]\{X\} = \{F\} \tag{4.98}$$

式中，各参数介绍如下。

(1) $\{X\}$为广义位移向量,可表示为

$$\{X\} = \{\{X_r\} \quad \{X_s\} \quad \{X_b\} \quad \{X_v\}\}^{\mathrm{T}} \tag{4.99}$$

式中:

①$\{X_r\}$为钢轨的位移子向量,可表示为

$$\{X_r\} = [\, q_1^r \quad q_2^r \quad \cdots \quad q_{120}^r \,]_{1\times120}$$

②$\{X_s\}$为轨道板的位移子向量,设钢轨下共有 NC 个连续型轨道板,可表示为

$$\{X_s^c\} = [\, q_1^s \quad q_2^s \quad \cdots \quad q_{NC}^s \,]_{1\times NC}$$

设钢轨下共有 ND 个分布式轨道板,可表示为

$$\{X_s^d\} = [\, Z_{f1} \quad \theta_{f1} \quad Z_{f2} \quad \theta_{f2} \quad \cdots \quad Z_{fND} \quad \theta_{fND} \,]_{1\times ND}$$

其中,Z_{fi}、θ_{fi} 表示第 i 个分布式轨道板的沉浮和点头振动的变量;

③$\{X_b\}$为桥梁的位移子向量,设钢轨下共有 NX 跨桥梁,可表示为

$$\{X_b\} = [\, q_1^b \quad q_2^b \quad \cdots \quad q_{NX}^b \,]_{1\times NX}$$

设桥上车辆总数为 NV,车辆的位移子向量$\{X_v\}$可表示为

$$\{X_v\} = [\{X_{v1}\} \quad \{X_{v2}\} \quad \cdots \quad \{X_{vNV}\}]^{\mathrm{T}}_{6NV\times1}$$

式中

$$\{X_{vi}\} = [\, Z_{ci} \quad \theta_{ci} \quad Z_{e1i} \quad \theta_{e1i} \quad Z_{e2i} \quad \theta_{e2i} \,]^{\mathrm{T}}_{6\times1}$$

(2) $[M]$为广义质量矩阵。其子矩阵为

$$[M] = \begin{bmatrix} [M_{rr}]_{120\times120} & [0] & [0] & [0] \\ [0] & [M_{ss}] & [0] & [0] \\ [0] & [0] & [M_{bb}] & [0] \\ [0] & [0] & [0] & [M_{vv}] \end{bmatrix} \tag{4.100}$$

式中:

①钢轨的质量子矩阵$[M_{rr}]_{120\times120}$为

$$[M_{rr}]_{120\times120} = \begin{bmatrix} 1+\rho_r\Phi_{1,1} & \rho_r\Phi_{1,2} & \cdots & \rho_r\Phi_{1,120} \\ \rho_r\Phi_{2,1} & 1+\rho_r\Phi_{2,2} & \cdots & \rho_r\Phi_{2,120} \\ \vdots & & & \vdots \\ \rho_r\Phi_{120,1} & \rho_r\Phi_{120,2} & \cdots & 1+\rho_r\Phi_{120,120} \end{bmatrix}_{120\times120} \tag{4.101}$$

其中,$\rho_r = \dfrac{2M_w}{\bar{m}_r L_r}$($M_w$ 为轮对质量,$\bar{m}_r$ 为单位长度钢轨的质量,L_r 为钢轨视为 Euler 梁时的长度);$\Phi_{nm} = [\phi_n]_{1\times4}\cdot[\phi_m]^{\mathrm{T}}_{4\times1}$,$[\phi_n]_{1\times m_0} = \left[\sin\dfrac{n\pi}{L}(vt-a_1) \quad \sin\dfrac{n\pi}{L}(vt-a_2) \quad \cdots \quad \sin\dfrac{n\pi}{L}(vt-a_{m_0})\right]_{1\times m_0}$,轨道上有 NV 辆车辆,共有 $m_0 = 4\times NV$ 个轮对,向量$[\phi_n]_{1\times m_0}$中的元素为第 n 振型在 t 时刻第 j 个轮对位置 $x_j = vt - a_j\,(j=1,2,\cdots,m_0)$的函数值,以下符号定义与此相同。

②轨道板的质量矩阵$[M_{ss}]$,其具体表达式为:

(a)对于连续型轨道板，其自由度数 $n_1 = 12 \times NC$，则$[M_{ss}^c] = [I]_{n_1 \times n_1}$，为 $n_1 \times n_1$ 阶单位矩阵；

(b)对于预制式轨道板，其自由度数 $n_2 = 2 \times ND$，则其子矩阵为

$$[M_{ss}^d] = \begin{bmatrix} M_{f1} & 0 & 0 & 0 & \cdots & 0 & 0 \\ 0 & \theta_{f1} & 0 & 0 & \cdots & 0 & 0 \\ 0 & 0 & M_{f2} & 0 & \cdots & 0 & 0 \\ 0 & 0 & 0 & \theta_{f2} & \cdots & 0 & 0 \\ \vdots & \vdots & \vdots & \vdots & & \vdots & \vdots \\ 0 & 0 & 0 & 0 & \cdots & M_{fND} & 0 \\ 0 & 0 & 0 & 0 & \cdots & 0 & \theta_{fND} \end{bmatrix}_{n_2 \times n_2} \tag{4.102}$$

③桥梁的质量子矩阵$[M_{bb}]$，其自由度数 $n_3 = 12 \times NX$，子矩阵为

$$[M_{dd}] = [I]_{n_3 \times n_1}（该矩阵为 n_3 \times n_3 阶单位矩阵）$$

NV 辆车辆的质量矩阵，其自由度数 $n_4 = 6 \times NV$，则其子矩阵为

$$[M_{vv}] = \begin{bmatrix} [M_{v1}] & [0] & \cdots & [0] \\ [0] & [M_{v2}] & \cdots & [0] \\ \vdots & \vdots & & \vdots \\ [0] & [0] & \cdots & [M_{vNV}] \end{bmatrix}_{n_c \times n_4} \tag{4.103}$$

其中

$$[M_{vi}] = \begin{bmatrix} M_c & 0 & 0 & 0 & 0 & 0 \\ 0 & J_c & 0 & 0 & 0 & 0 \\ 0 & 0 & M_e & 0 & 0 & 0 \\ 0 & 0 & 0 & J_e & 0 & 0 \\ 0 & 0 & 0 & 0 & M_e & 0 \\ 0 & 0 & 0 & 0 & 0 & J_e \end{bmatrix}_{6\times 6}$$

(3)$[C]$为广义阻尼矩阵。

①对于连续型轨道板，其具体表达式如下：

设钢轨下有 N 跨轨道板，但轨道板下有 M 跨桥梁，则其子矩阵为

$$[C] = \begin{bmatrix} [\overline{C}_{11}] & [\overline{C}_{12}] & [\overline{C}_{13}] \\ [\overline{C}_{21}] & [\overline{C}_{22}] & [0] \\ [\overline{C}_{31}] & [0] & [\overline{C}_{33}] \end{bmatrix} \tag{4.104}$$

其中：

(a)矩阵(4.104)的子矩阵$[\overline{C}_{12}]$

$$[\overline{C}_{11}] = \begin{bmatrix} [C_{1,1}]_{120\times120} & [C_{1,2}]_{120\times12} & \cdots & [C_{1,(N+1)}] \\ [C_{2,1}]_{12\times120} & [C_{2,2}]_{12\times12} & \cdots & [0]_{12\times12} \\ \vdots & \vdots & & \vdots \\ [C_{(N+1),1}]_{12\times120} & [0]_{12\times12} & \cdots & [C_{(N+1),(N+1)}] \end{bmatrix}_{(120+12N)\times(120+12N)} \tag{4.105}$$

其各子矩阵为

$$[C_{1,1}] = \begin{bmatrix} F_1^r + \rho_c^r \Phi_{1,1} + \rho_{cp}^r \psi_{1,1}^1 & \rho_c^r \Phi_{1,2} + \rho_{cp}^r \psi_{1,2}^1 & \cdots & \rho_c^r \Phi_{1,120} + \rho_{cp}^r \psi_{1,120}^1 \\ \rho_c^r \Phi_{2,1} + \rho_{cp}^r \psi_{2,1}^1 & F_2^r + \rho_c^r \Phi_{2,2} + \rho_{cp}^r \psi_{2,2}^1 & \cdots & \rho_c^r \Phi_{2,120} + \rho_{cp}^r \psi_{2,120}^1 \\ \vdots & \vdots & & \vdots \\ \rho_c^r \Phi_{120,1} + \rho_{cp}^r \psi_{120,1}^1 & \rho_c^r \Phi_{120,2} + \rho_{cp}^r \psi_{120,2}^1 & \cdots & F_{120}^r + \rho_c^r \Phi_{120,120} + \rho_{cp}^r \psi_{120,120}^1 \end{bmatrix} \tag{4.106}$$

第 1 行第 i 列子矩阵$[C_{1,i}](1 < i \leqslant N+1)$为

$$[C_{1,i}]_{120\times12} = \begin{bmatrix} -\rho_{cp}^r \psi_{1,1}^i & -\rho_{cp}^r \psi_{1,2}^i & \cdots & -\rho_{cp}^r \psi_{1,12}^i \\ -\rho_{cp}^r \psi_{2,1}^i & -\rho_{cp}^r \psi_{2,2}^i & \cdots & -\rho_{cp}^r \psi_{2,12}^i \\ \vdots & \vdots & & \vdots \\ -\rho_{cp}^r \psi_{120,1}^i & -\rho_{cp}^r \psi_{120,2}^i & \cdots & -\rho_{cp}^r \psi_{120,12}^i \end{bmatrix}_{120\times12} \tag{4.107}$$

第 i 行第 1 列子矩阵$[C_{1,i}](1 < i \leqslant N+1)$为

$$[C_{i,1}]_{12\times120} = \begin{bmatrix} -\rho_{cp}^s \psi_{1,1}^i & -\rho_{cp}^s \psi_{1,2}^i & \cdots & -\rho_{cp}^s \psi_{1,120}^i \\ -\rho_{cp}^s \psi_{2,1}^i & -\rho_{cp}^s \psi_{2,2}^i & \cdots & -\rho_{cp}^s \psi_{2,120}^i \\ \vdots & \vdots & & \vdots \\ -\rho_{cp}^s \psi_{12,1}^i & -\rho_{cp}^s \psi_{12,2}^i & \cdots & -\rho_{cp}^s \psi_{12,120}^i \end{bmatrix}_{12\times120} \tag{4.108}$$

第 i 行第 i 列子矩阵$[C_{i,i}](1 < i \leqslant N+1)$为

$$[C_{i,i}]_{12\times12} = \begin{bmatrix} 2\xi_1^s \omega_1^s + \rho_{cp}^s \Pi_{1,1}^i & \rho_{cp}^s \Pi_{1,2}^i & \cdots & \rho_{cp}^s \Pi_{1,12}^i \\ \rho_{cp}^s \Pi_{2,1}^i & 2\xi_2^s \omega_2^s + \rho_{cp}^s \Pi_{2,2}^i & \cdots & \rho_{cp}^s \Pi_{2,12}^i \\ \vdots & \vdots & & \vdots \\ \rho_{cp}^s \Pi_{12,1}^i & \rho_{cp}^s \Pi_{12,2}^i & \cdots & 2\xi_{12}^s \omega_{12}^s + \rho_{cp}^s \Pi_{12,12}^i \end{bmatrix}_{12\times12} \tag{4.109}$$

其中，$\rho_{cp}^r = \dfrac{2C_p}{\overline{m}_r L_r}$，$\rho_{cp}^s = \dfrac{2C_p}{\overline{m}_s L_s}$，$F_i^r = 2\xi_i \omega_i^r$（$C_p$ 为钢轨下橡胶垫板阻尼系数；$\overline{m}_s$、L_s 分别为轨道板的单位长度质量和长度）；ξ_i^s、ω_i^s 分别为第 i 阶轨道板的阻尼比和圆频率；设钢轨下橡胶垫板的间距为 l_d，$[\beta_n]_{1\times m_1} = \left[\sin\dfrac{n\pi}{L_s} l_d \quad \sin\dfrac{n\pi}{L_s} 2\cdot l_d \quad \cdots \quad \sin\dfrac{n\pi}{L_s} m_1 \cdot l_d\right]_{1\times m_1}$ 向量中的元素为单跨轨道板上第 j 个橡胶垫板的局部坐标的位置 $x_j = j\cdot l_d$（$j = 1,2,\cdots,m_1$）的函数值，$[\varphi_n^i]_{1\times m_1} = \left[\sin\dfrac{n\pi}{L_r}[(i-1)l_d+1] \quad \sin\dfrac{n\pi}{L_r}[(i-1)l_d+2] \quad \cdots \quad \sin\dfrac{n\pi}{L_r} i\cdot l_d\right]_{1\times m_1}$，向量中的元素为与第 i 跨轨道板联结的第 n 阶振型的钢轨上第 j 个橡胶垫板的局部坐标的位置 x_j

$=(i-1)\cdot l_d+j(j=1,2,\cdots,m_1)$的函数值，$m_1$ 为单跨轨道板与钢轨连接的橡胶垫板数目，当 $m\neq n$ 时，$\psi_{m,n}^i=[\varphi_n^i]_{1\times m_1}\cdot[\beta_n]_{m_1\times 1}^{\mathrm T}$；当 $m=n$，且 $i=1$ 时，即式(4.106)对角元素中钢轨的受力特性 $\psi_{m,m}^1=\sum\limits_{j=1}^{N}[\varphi_m^j]_{1\times m_1}[\varphi_m^j]_{m_1\times 1}^{\mathrm T}$；$\Pi_{mn}^i=[\beta_n]_{1\times m_1}\cdot[\beta_n]_{m_1\times 1}^{\mathrm T}$。子矩阵$[C_{i,j}]$和$[C_{j,i}]$当 $i\neq j$ 时表明了钢轨和轨道板结构之间、钢轨和轨道板各振型之间的相互耦联的关系。

(b)矩阵(4.104)的子矩阵$[\overline{C}_{12}]$

$$[\overline{C}_{12}]=\begin{bmatrix}[0] & \cdots & [0] & [0] & \cdots & [0] & \cdots & [0] & \cdots & [0]\\ [C_{2,1}] & \cdots & [C_{2,M}] & [0] & \cdots & [0] & \cdots & [0] & \cdots & [0]\\ [0] & \cdots & [0] & [C_{3,M+1}] & \cdots & [C_{3,2M}] & \cdots & [0] & \cdots & [0]\\ \vdots & & \vdots & \vdots & & \vdots & & \vdots & & \vdots\\ [0] & \cdots & [0] & [0] & \cdots & [0] & \cdots & [C_{N,N\cdot M-1}] & \cdots & [C_{N,NM}]\end{bmatrix}\tag{4.110}$$

$[\overline{C}_{12}]$反映了轨道板和桥梁的结构和各振型之间的相互耦联的关系。现仅列出第 i 跨轨道板和第 j 跨桥梁之间的耦合作用子矩阵，其他的轨道板和桥梁之间的耦合作用与此相同。

$$[C_{i,j}]_{12\times 12}=\begin{bmatrix}-\rho_{cpp}^s\psi_{1,1}^j & -\rho_{cpp}^s\psi_{1,2}^j & \cdots & -\rho_{cpp}^s\psi_{1,12}^j\\ -\rho_{cpp}^s\psi_{2,1}^j & -\rho_{cpp}^s\psi_{2,2}^j & \cdots & -\rho_{cpp}^s\psi_{2,12}^j\\ \vdots & \vdots & & \vdots\\ -\rho_{cpp}^s\psi_{12,1}^j & -\rho_{cpp}^s\psi_{12,2}^j & \cdots & -\rho_{cpp}^s\psi_{12,12}^j\end{bmatrix}_{12\times 12}\tag{4.111}$$

其中，$\rho_{cpp}^s=\dfrac{2C_{pp}}{m_sL_s}$（$C_{pp}$ 为轨道板和桥梁之间橡胶支座的阻尼系数，其余符号定义同前）；设轨道板下橡胶支座的间距为 l_z，$[\beta_n]_{1\times m_1}=\left[\sin\dfrac{n\pi}{L_b}l_z\quad \sin\dfrac{n\pi}{L_b}2\cdot l_z\quad\cdots\quad \sin\dfrac{n\pi}{L_b}m_2\cdot l_z\right]_{1\times m_1}$，向量中元素为第 n 阶振型单跨桥梁上第 k 个橡胶支座的局部坐标的位置 $x_k=k\cdot l_z(k=1,2,\cdots,m_2)$的函数值，$[\varphi_r^i]_{1\times m_1}=\left[\sin\dfrac{n\pi}{L_s}[(j-1)l_z+1]\quad \sin\dfrac{n\pi}{L_s}[(j-1)l_z+2]\quad\cdots\right.$ $\left.\sin\dfrac{n\pi}{L_s}j\cdot l_d\right]_{1\times m_1}$，向量中的元素为与第 j 跨桥梁联结的第 n 阶振型的钢轨上第 n 个橡胶垫板的局部坐标位置 $x_j=(j-1)\cdot l_z+n(n=1,2,\cdots,m_2)$的函数值，$m_2$ 为单跨桥梁与轨道板连接的橡胶垫板数目，且 $\psi_{m,n}^j=[\varphi_m^j]_{1\times m_1}\cdot[\beta_n]_{m_2\times 1}^{\mathrm T}$。

(c)要求矩阵式(4.104)的子矩阵$[\overline{C}_{21}]$，只需将子矩阵$[\overline{C}_{12}]$转置即可，即将$[\overline{C}_{12}]$的子矩阵式(4.110)$[C_{i,j}]_{12\times 12}$中的元素由 ρ_{cpp}^s 换为 ρ_{cpp}^b 即可，而 $\rho_{cpp}^s=\dfrac{2C_{pp}}{\overline{m}_bL_b}$（$\overline{m}_b$、$L_b$ 分别为桥梁的单位长度质量和长度）。

(d)设轨下桥梁数为 NX，则矩阵式(4.104)的子矩阵$[\overline{C}_{22}]$为

$$[\overline{C}_{22}]=\begin{bmatrix}[C_{1,1}]_{12\times12} & [0] & [0] & [0]\\ [0] & [C_{2,2}]_{12\times12} & [0] & [0]\\ \vdots & \vdots & & \vdots\\ [0] & [0] & [0] & [C_{NX,NX}]_{12\times12}\end{bmatrix}_{12NX\times12NX} \tag{4.112}$$

其中子矩阵$[C_{i,i}]_{12\times12}$为

$$[C_{i,i}]_{12\times12}=\begin{bmatrix}2\xi_1^b\omega_1^b+\rho_{cpp}^bZ_{1,1} & \rho_{cpp}^bZ_{1,2} & \cdots & \rho_{cp}^sZ_{1,12}^i\\ \rho_{cpp}^bZ_{1,2} & 2\xi_2^b\omega_2^b+\rho_{cpp}^bZ_{2,2} & \cdots & \rho_{cpp}^bZ_{2,12}\\ \vdots & \vdots & & \vdots\\ \rho_{cpp}^bZ_{12,1} & \rho_{cpp}^bZ_{12,2} & \cdots & 2\xi_{12}^b\omega_{12}^b+\rho_{cpp}^bZ_{12,12}\end{bmatrix}_{12\times12} \tag{4.113}$$

式中：$\rho_{cpp}^b=\dfrac{2C_{pp}}{\overline{m}_bL_b}$（$C_{pp}$为轨道板和桥梁之间橡胶支座的阻尼系数，$\overline{m}_b$、$L_b$ 分别为桥梁的单位长度质量和长度），设轨道板下橡胶支座的间距为 l_z，$[\beta_n]_{1\times m_1}=\left[\sin\dfrac{n\pi}{L_b}l_z\quad \sin\dfrac{n\pi}{L_b}2\cdot l_z\quad\cdots\quad\sin\dfrac{n\pi}{L_b}m_2\cdot l_z\right]_{1\times m_1}$，向量中元素为第 n 阶振型单跨桥梁上第 k 个橡胶支座的局部坐标的位置$x_k=k\cdot l_z(k=1,2,\cdots,m_2)$的函数值，且 $Z_{mn}=[\beta_m]_{1\times m_2}\cdot[\beta_n]_{m_2\times1}^{\mathrm{T}}$；$\xi_i^b$、$\omega_i^b$ 分别为第i 阶桥梁的阻尼比和圆频率。

(e)设轨道上有 NV 辆车辆，则矩阵(4.104)的子矩阵$[\overline{C}_{13}]$为

$$[\overline{C}_{13}]_{120\times6NV}=[[C_{1,1}]_{120\times6}\quad[C_{1,2}]_{120\times6}\quad\cdots\quad[C_{1,NV}]_{120\times6}]_{120\times12NV} \tag{4.114}$$

其中，第 i 辆车作用于钢轨时，钢轨的阻尼系数矩阵为

$$[C_{1,i}]_{120\times6}=\begin{bmatrix}0 & 0 & -\rho_cb_1 & -\frac{1}{2}\rho_cS_ec_1 & -\rho_cd_1 & -\frac{1}{2}\rho_cS_ee_1\\ 0 & 0 & -\rho_cb_2 & -\frac{1}{2}\rho_cS_ec_2 & -\rho_cd_2 & -\frac{1}{2}\rho_cS_ee_2\\ \vdots & \vdots & \vdots & \vdots & \vdots & \vdots\\ 0 & 0 & -\rho_cb_{120} & -\frac{1}{2}\rho_cc_{120} & -\rho_cd_{120} & -\frac{1}{2}\rho_cS_ee_{120}\end{bmatrix}_{120\times6} \tag{4.115}$$

式中，$\rho_c=\dfrac{2C_e}{\overline{m}_rL_r}$（$C_e$为一系悬挂系统阻尼器的阻尼系数）；$S_e$ 为同一转向架上阻尼器的距离。

$$b_n=\sin\frac{n\pi}{L_r}(vt-a_{4(i-1)+1})+\sin\frac{n\pi}{L_r}(vt-a_{4(i-1)+2})\quad(1\leqslant n\leqslant120);$$

$$c_n=\sin\frac{n\pi}{L_r}(vt-a_{4(i-1)+1})-\sin\frac{n\pi}{L_r}(vt-a_{4(i-1)+2})\quad(1\leqslant n\leqslant120);$$

$$d_n=\sin\frac{n\pi}{L_r}(vt-a_{4(i-1)+3})+\sin\frac{n\pi}{L_r}(vt-a_{4(i-1)+4})\quad(1\leqslant n\leqslant120);$$

$$e_n = \sin\frac{n\pi}{L_r}(vt - a_{4(i-1)+3}) - \sin\frac{n\pi}{L_r}(vt - a_{4(i-1)+4}) \quad (1 \leqslant n \leqslant 120);$$

式中：$a_{4(i-1)+j}$ 为第 i 辆车的第 j 与第 1 辆车第 1 轮对的距离。

(f)求解矩阵(4.104)的子矩阵$[\overline{C}_{31}]$，只需将子矩阵$[\overline{C}_{13}]$转置即可，只是需要把$[\overline{C}_{13}]$中的元素 ρ_c 换成C_e。

(g)矩阵(4.104)的子矩阵$[\overline{C}_{33}]$，其各子矩阵为

$$[\overline{C}_{33}] = \begin{bmatrix} [C_{1,1}]_{6\times6} & [0] & [0] & [0] \\ [0] & [C_{2,2}]_{6\times6} & [0] & [0] \\ \vdots & \vdots & & \vdots \\ [0] & [0] & [0] & [C_{NX,NX}]_{6\times6} \end{bmatrix}_{6NX\times6NX} \tag{4.116}$$

其中，子矩阵$[C_{i,i}]_{6\times6}$为

$$[C_{i,i}]_{6\times6} = \begin{bmatrix} 4C_c & 0 & -C_c & 0 & -C_c & 0 \\ 0 & C_cS^2 & -\frac{1}{2}C_cS & 0 & \frac{1}{2}SC_c & 0 \\ -C_c & -\frac{1}{2}C_cS & C_c+2C_e & 0 & 0 & 0 \\ 0 & 0 & 0 & \frac{1}{2}S_e^2C_e & 0 & 0 \\ -C_c & \frac{1}{2}SC_c & 0 & 0 & C_c+2C_e & 0 \\ 0 & 0 & 0 & 0 & 0 & \frac{1}{2}S_e^2C_e \end{bmatrix}_{6\times6} \tag{4.117}$$

式中：C_c、C_e 分别为二系和一系阻尼器的阻尼系数；S 为同一车辆前后转向架的中心距。其他符号定义同前。

②对于预制式轨道板，其具体表达如下所述。

假定钢轨下有 M 跨箱梁，而单跨箱梁上有 N 块轨道板，则钢轨下轨道板的数目共有 $M\times N$ 个。设单块轨道板上与钢轨作用的橡胶垫板的数目为 N_g，单块轨道板和箱梁之间的橡胶支座的数目为 N_x。钢轨下面轨道板和箱梁的长度分别为 L_s、L_b，单块预制式轨道板的长度为 S_f。令 $Z=M\times N$。

其广义刚度矩阵$[C]$的子矩阵形式和式(4.104)相同。

$$[C] = \begin{bmatrix} [\overline{C}_{11}] & [\overline{C}_{12}] & [\overline{C}_{13}] \\ [\overline{C}_{21}] & [\overline{C}_{22}] & [0] \\ [\overline{C}_{31}] & [0] & [\overline{C}_{33}] \end{bmatrix} \tag{4.118}$$

矩阵(4.118)中各符号定义如下。

(a)矩阵(4.118)中子矩阵$[\overline{C}_{11}]$。

$$[\overline{C}_{11}] = \begin{bmatrix} [C_{1,1}]_{120\times120} & [C_{1,2}]_{120\times2} & \cdots & [C_{1,(Z+1)}] \\ [C_{2,1}]_{2\times120} & [C_{2,2}]_{2\times2} & \cdots & [0]_{2\times2} \\ \vdots & \vdots & & \vdots \\ [C_{(Z+1),1}]_{2\times120} & [0]_{2\times2} & \cdots & [C_{(Z+1),(Z+1)}] \end{bmatrix}_{(120+2Z)\times(120+2Z)} \tag{4.119}$$

其各子矩阵为

$$[C_{1,1}] = \begin{bmatrix} F_1^r + \rho_c^r\Phi_{1,1} + \rho_{cp}^r\psi_{1,1}^1 & \rho_c^r\Phi_{1,2} + \rho_{cp}^r\psi_{1,2}^1 & \cdots & \rho_c^r\Phi_{1,120} + \rho_{cp}^r\psi_{1,120}^1 \\ \rho_c^r\Phi_{2,1} + \rho_{cp}^r\psi_{2,1}^1 & F_2^r + \rho_c^r\Phi_{2,2} + \rho_{cp}^r\psi_{2,2}^1 & \cdots & \rho_c^r\Phi_{2,120} + \rho_{cp}^r\psi_{2,120}^1 \\ \vdots & \vdots & & \vdots \\ \rho_c^r\Phi_{120,1} + \rho_{cp}^r\psi_{120,1}^1 & \rho_c^r\Phi_{120,2} + \rho_{cp}^r\psi_{120,2}^1 & \cdots & F_{120}^r + \rho_c^r\Phi_{120,120} + \rho_{cp}^r\psi_{120,120}^1 \end{bmatrix} \tag{4.120}$$

第 1 行第 i 列子矩阵 $[C_{1,i}](1<i\leqslant Z+1)$ 为

$$[C_{1,i}]_{120\times2} = \begin{bmatrix} -\frac{2C_p}{\overline{m}_rL_r}f_1^i & -\frac{2C_p}{\overline{m}_rL_r}g_1^i \\ -\frac{2C_p}{\overline{m}_rL_r}f_2^i & -\frac{2C_p}{\overline{m}_rL_r}g_2^i \\ \vdots & \vdots \\ -\frac{2C_p}{\overline{m}_rL_r}f_{120}^i & -\frac{2C_p}{\overline{m}_rL_r}g_{120}^i \end{bmatrix}_{120\times2} \tag{4.121}$$

第 i 行第 1 列子矩阵 $[C_{i,i}](1<i\leqslant Z+1)$ 为

$$[C_{i,1}]_{2\times120} = \begin{bmatrix} -C_pf_1^i & -C_pf_2^i & \cdots & -C_pf_{120}^i \\ -C_pg_1^i & -C_pg_2^i & \cdots & -C_pg_{120}^i \end{bmatrix}_{2\times120} \tag{4.122}$$

第 i 行第 i 列子矩阵 $[C_{i,i}](1<i\leqslant Z+1)$ 为

$$[C_{i,i}]_{2\times2} = \begin{bmatrix} N_g\cdot C_p + N_x\cdot C_{pp} & 0 \\ 0 & \sum_{i=1}^{N_g}\left(x_i-\frac{S_f}{2}\right)^2\cdot C_p + \sum_{j=1}^{N_x}\left(\overline{x}_j-\frac{S_f}{2}\right)^2\cdot C_{pp} \end{bmatrix}_{2\times2} \tag{4.123}$$

其中，$[\alpha_n]_{1\times m_0} = \left[\sin\frac{n\pi}{L_r}l_d \quad \sin\frac{n\pi}{L_r}2\cdot l_d \quad \cdots \quad \sin\frac{n\pi}{L_r}m_0\cdot l_d\right]_{1\times m_0}$，向量中的元素为第 n 阶振型钢轨上第 j 个橡胶垫板位置 $x_j=j\cdot l_d(j=1,2,\cdots,m_0)$ 的函数值，m_0 为钢轨下面所有的橡胶垫板数目；m_1 为单块轨道板与钢轨连接的橡胶垫板数目，$[\varphi_n^i]_{1\times m_1} = \left[\sin\frac{n\pi}{L_r}[(i-1)l_d+1] \quad \sin\frac{n\pi}{L_r}[(i-1)l_d+2] \quad \cdots \quad \sin\frac{n\pi}{L_r}i\cdot l_d\right]_{1\times m_1}$ 向量中的元素为与第 i 块轨道板连接的第 n 阶振型的钢轨上第 j 个橡胶垫板位置 $x_j=(i-1)\cdot l_d+j(j=1,2,\cdots,m_1)$ 的函数值，当 $m\neq n$ 时，$\psi_{m,n}^i=[\varphi_m^i]_{1\times m_1}\cdot[\varphi_n^i]_{m_1\times1}^{\mathrm{T}}$；当 $m=n$，且 $i=1$ 时，即式(4.106)对角元素中钢轨的受力特性，$\psi_{m,m}^1=[\alpha_n]_{1\times m_0}[\alpha_n]_{m_0\times1}^{\mathrm{T}}$；$x_i$ 或 x_j 为橡胶垫板所

在的轨道板的局部坐标值，$\bar{x}_i$ 或 $\bar{x}_j$ 为轨道板下橡胶支座所在的轨道板的局部坐标值，坐标原点为轨道板的最左侧；$g_n^i = \sum_{j=1}^{N_g}\left(x_j - \frac{S_f}{2}\right)\sin\frac{n\pi}{L_r}[j \cdot l_d + (i-1)\cdot S_f]$，$f_n = \sum_{j=1}^{N_g}\sin\frac{n\pi}{L_r}\cdot[j \cdot l_d + (i-1)\cdot S_f]$。当 $i \neq j$ 时，子矩阵 $[C_{i,j}]$ 和 $[C_{j,i}]$ 表明了钢轨和轨道板结构之间、钢轨和轨道板各振型之间的相互耦联的关系，其他符号定义同前。

(b)矩阵(4.115)的子矩阵 $[\bar{C}_{21}]$。

$$[\bar{C}_{21}] = \begin{bmatrix} [0] & [0] & \cdots & [0] & [0] & \cdots & [0] & \cdots & [0] & \cdots & [0] \\ [0] & [C_{2,1}] & \cdots & [C_{2,N}] & [0] & \cdots & [0] & \cdots & [0] & \cdots & [0] \\ [0] & [0] & \cdots & [0] & [C_{3,N+1}] & \cdots & [C_{3,2N}] & \cdots & [0] & \cdots & [0] \\ \vdots & \vdots & & \vdots & \vdots & & \vdots & & \vdots & & \vdots \\ [0] & [0] & \cdots & [0] & [0] & \cdots & [0] & \cdots & [C_{M,N\cdot M-1}] & \cdots & [C_{M,NM}] \end{bmatrix} \tag{4.124}$$

$[\bar{C}_{21}]$ 的各子矩阵反映了桥梁结构和轨道板之间、桥梁各振型和轨道板之间的相互耦联的关系。现仅列出第 i 跨轨道板和第 j 跨桥梁之间的耦合作用子矩阵，其他的轨道板和桥梁之间的耦合作用与此相同。

$$[C_{i,j}]_{12\times 2} = \begin{bmatrix} -\rho_{cpp}^b\sum_{k=1}^{N_x}\sin\frac{\pi}{L_b}kl_z & -\rho_{cpp}^b\sum_{k=1}^{N_x}\left(\bar{x}_k - \frac{1}{2}S_f\right)\sin\frac{\pi}{L_b}kl_z \\ -\rho_{cpp}^b\sum_{k=1}^{N_x}\frac{2\pi}{L_b}kl_z & -\rho_{cpp}^b\sum_{k=1}^{N_x}\left(\bar{x}_k - \frac{1}{2}S_f\right)\sin\frac{2\pi}{L_b}kl_z \\ -\rho_{cpp}^b\sum_{k=1}^{N_x}\frac{12\pi}{L_b}kl_z & -\rho_{cpp}^b\sum_{k=1}^{N_x}\left(\bar{x}_k - \frac{1}{2}S_f\right)\sin\frac{12\pi}{L_b}kl_z \end{bmatrix}_{12\times 2} \tag{4.125}$$

其中，轨道板下橡胶支座的间距为 l_z，其他符号定义同前。

(c)求矩阵(4.119)的子矩阵 $[\bar{C}_{12}]$，只需将子矩阵 $[\bar{C}_{21}]$ 转置即可，还需将 $[\bar{C}_{21}]$ 的子矩阵式(4.124) $[C_{i,j}]_{12\times 2}$ 中的元素由 ρ_{cpp}^b 换为 C_{pp}。

(d)式(4.119)的子矩阵 $[\bar{C}_{22}]$、$[\bar{C}_{13}]$、$[\bar{C}_{31}]$、$[\bar{C}_{33}]$ 分别和式(4.104)中对应的子矩阵中的元素相等。

(4) $[K]$ 为广义刚度矩阵。

其各元素同广义阻尼矩阵 $[C]$ 存在一一对应关系，只需将广义阻尼矩阵 $[C]$ 中的元素 ρ_{cp}^r 换成 $\rho_{kp}^r = \frac{2K_p}{m_r L_r}$、$\rho_{cp}^s$ 换成 $\rho_{kp}^s = \frac{2K_p}{m_s L_s}$、$\rho_{cpp}^s$ 换成 $\rho_{kpp}^s = \frac{2K_{pp}}{m_s L_s}$、$\rho_{cpp}^b$ 换成 $\rho_{kpp}^b = \frac{2K_{pp}}{m_b L_b}$、$\rho_c$ 换成 $\rho_k = \frac{2K_e}{m_r L_r}$、$C_c$ 换成 K_c、C_e 换成 K_e、$2\xi_i^r\omega_i^r$ 换成 $(\omega_i^r)^2$、$2\xi_i^s\omega_i^s$ 换成 $(\omega_i^s)^2$、$2\xi_i^b\omega_i^b$ 换成 $(\omega_i^b)^2$ 即可。K_p、K_{pp} 分别为钢轨下橡胶垫和轨道板下面的刚度系数，K_c、K_e 分别为车辆的二系和一系弹簧的刚度系数。

(5) $\{F\}$ 为广义力向量。

其各分量为

$$\{F\} = \left\{\{F_r\}^{\mathrm{T}} \quad \{0\}^{\mathrm{T}} \quad \{F_v\}^{\mathrm{T}}\right\}^{\mathrm{T}}$$

其中,①$\{F_r\}=[f_1 \quad f_2 \quad \cdots \quad f_{120}]^{\mathrm{T}}_{1\times 120}$为车辆与钢轨相互作用产生的荷载,其分量

$$f_n = \rho_F^r \sum_{j=1}^{4\times NV} \sin\frac{n\pi}{L_r}(vt - a_j) - \rho_k \sum_{j=1}^{4\times NV} w_j \cdot \sin\frac{n\pi}{L_r}(vt - a_j),$$

而 $\rho_F^r=\frac{2}{\overline{m}_r L_r}\left(M_w+\frac{M_e}{2}+\frac{M_c}{4}\right)g$;②$\{F_v\}=[F_{v1} \quad F_{v2} \quad \cdots F_{vNV}]^{\mathrm{T}}_{4NV\times 1}$为由轨道不平顺引起的车辆运动的附加荷载,其分量为

$$[F_{vi}] = \left[K_e(w_1^i + w_2^i) \quad \frac{1}{2}S_eK_e(w_1^i - w_2^i) \quad K_e(w_3^i + w_4^i) \quad \frac{1}{2}S_eK_e(w_3^i - w_4^i)\right]_{1\times 4}$$

式中,$w_j^i(j=1,2,3,4)$为第 i 辆车第 j 轮对处轨道不平顺值。

列车过桥时,各轮对位置不断地变化,上述式子中的系数 ϕ 和 Φ 也随之不断地改变,使得系统动力方程组成为一个时变系数的二阶线性微分方程组。方程组用 Newmark 方法来求解。

采用模态综合法的另一个好处是:在选取结构的模态阶数时,已考虑了可能发生的最高阶数,数值积分的时间步长可以根据这个最高模态的振动周期确定。因此,采用模态综合法的模型,在数值积分时一般不会由于积分步长过多而发生计算的不稳定或发散。

第5章　车桥耦合振动分析的程序校核以及轮轨作用力迭代求解方法的改进

轮轨作用关系和车辆与轨道的相互作用一直是车辆动力学和轨道结构振动的中心课题。由于轮轨相互作用的复杂性和许多问题的随机性，至今尚有很多问题还没有得到解决，特别是轨道动力学方面的问题，如轮轨冲击问题、轮轨接触应力问题以及无缝线路温度力的测试问题等，至今仍是轨道交通研究人员不断探索的课题。线路的动力学性能的好坏是列车安全、平稳通过的条件，而动力学性能良好的车辆应该在它与轨道相互作用时尽量减轻对轨道的破坏作用，以及降低轨道对轮对的磨耗，从而增加轨道以及轮对的使用寿命。

机车车辆与轨道结构是一个整体的系统。在这个系统中，它们相互关联、相互作用。轮轨相互作用是研究，当车辆通过轨道时，轨道结构所产生的各种力学问题。在相当长的历史阶段内，由于各种研究目的以及学科的分类不同，轮轨相互作用的理论形成了两个相互独立的系统(即机车车辆系统和轨道结构系统)进行研究。随着科技的发展，特别是计算机技术以及与之相关的各种数值计算理论与方法的发展，人们对车辆与轨道之间的耦合关系进行了更为详尽的研究，并把车辆与轨道置于一个统一的系统加以计算分析，取得了一系列的成果。但是由于车辆是低频振动，而轨道结构是高频振动，两者之间的耦合程度属于弱耦合关系，所以车辆与轨道模型的分开考虑仍是十分必要且具有重要应用价值的。

对轨道结构动力性能的研究，世界各国多采用仿真分析的方法。仿真分析的突出优点是能够代替昂贵而又非常耗时的物理试验，对所研究的问题进行数值模拟。近年来出现了各种计算模型，并取得了许多有价值的成果。

本书的第4.9节简单介绍了车桥耦合振动常用的2种分析方法，即车辆、桥梁运动方程耦联在一起同步求解的统一模型法，以及车辆和桥梁两个子系统通过轮轨接触力迭代求解的分离模型方法。本书对车辆、无碴轨道和桥梁系统耦合振动的求解采用了第一种方法，即统一模型方法(见本书第4章的第4.6～4.7节)，并编制了相应的分析程序，为了验证所编制程序的可靠性和准确性，本章对程序进行了校核。所采用的校核方法是，给出相对典型的车桥作用模型。即单节二系车辆作用于单跨的钢轨、箱梁上，钢轨和箱梁通过橡胶垫相连接，采用了车辆桥梁振动响应求解的统一模型法、通过轮轨接触力迭代的分离模型法(见本章的第5.1、5.2节)以及采用有限元分析软件ANSYS等3种方法对上述模型分别给予了计算，通过比较来说明本书编制的程序的可靠性。同时，在用车辆桥梁通过轮轨接触力迭代的分离模型法来分析时，发现了文献[179]介绍的轮轨接触力迭代求解方法以及车辆模型的不完善之处，并进行了改进，通过计算结果的比较说明了本书改进的合理性。本章首先介绍文献[179]介绍的轮轨接触力的迭代求解方法和车辆模型，随后介绍本书所改进的部分。

5.1 分离模型的分析方法

首先介绍文献[179]给出的二维车辆－轨道计算模型及轮轨接触力的迭代求解的分离模型方法，在分析比较的基础上本书给出了相应的改进。

5.1.1 基本假设

本书用模态分析方法来建立车辆－轨道系统的竖向振动模型时，采用了以下基本假设：

(1)仅考虑轮对竖向动力效应。

(2)轨道、桥梁和上部结构(车辆)轨道方向左右对称，可取其半结构来研究。

(3)将车辆－轨道、桥梁耦合系统分解为上部车辆子系统和下部轨道、桥梁子系统，两个子系统之间通过轮轨相互作用力来耦合，轮轨作用力在迭代求解过程中每一个时间步长的收敛，均要求这两个子系统来满足轮轨的几何相容条件和相互作用力条件。

(4)轮轨之间的接触力遵循赫兹公式。

(5)轨道结构形式为无碴轨道结构。认为钢轨通过橡胶垫直接作用在箱梁上，且钢轨、箱梁仅取单跨来考虑。

(6)钢轨、箱梁均视为通过弹性支座(橡胶垫)来相互作用的 Euler 梁，轨下橡胶垫层的支承弹性及阻尼分别用等效的弹性系数 k_p 和阻尼系数 c_p 来表示。

车辆－轨道、箱梁耦合系统计算模型如图 5.1 所示。

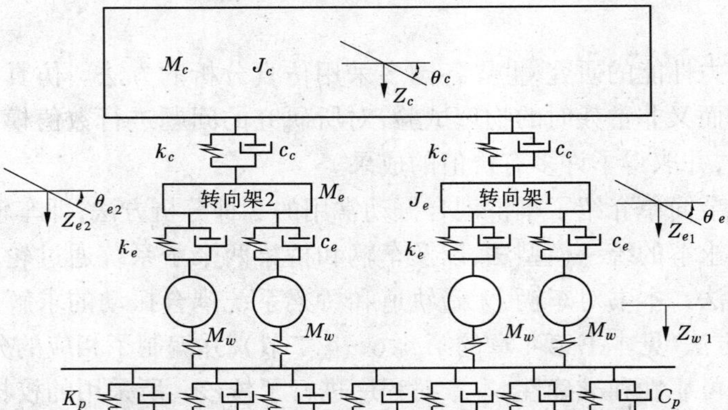

图 5.1 车辆－轨道、箱梁耦合系统计算模型

5.1.2 整车附有二系悬挂系统的车辆模型

整车附有二系悬挂系统的车辆模型见图 5.2。在整车模型中，车体和转向架都考虑沉浮振动和点头振动。本书假定位移和力度方向以竖直向下为正，转角和力矩的方向以顺时针为正。下面首先引入文献[145]给出的采用隔离体方法来建立的车辆振动方程。

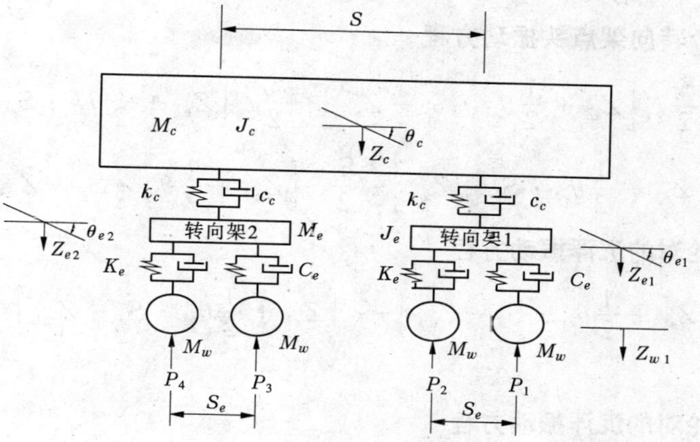

图 5.2　整车附有二系悬挂系统的车辆模型

5.1.2.1　车体沉浮振动方程

$$M_c\ddot{Z}_c + k_c\left[Z_c + \frac{1}{2}\theta_c \cdot S - Z_{e1}\right] + c_c\left[\dot{Z}_c + \frac{1}{2}\dot{\theta}_c S - \dot{Z}_{e1}\right] +$$

$$k_c\left[Z_c - \frac{1}{2}\theta_c \cdot S - Z_{e2}\right] + c_c\left[\dot{Z}_c - \frac{1}{2}\dot{\theta}_c \cdot S - \dot{Z}_{e2}\right] = M_c g \qquad (5.1)$$

5.1.2.2　车体点头振动方程

$$J_c\ddot{\theta}_c + \frac{S}{2}k_c\left[Z_c + \frac{1}{2}\theta_c \cdot S - Z_{e1}\right] + \frac{S}{2}c_c\left[\dot{Z}_c + \frac{1}{2}\dot{\theta}_c \cdot S - \dot{Z}_{e1}\right] -$$

$$\frac{S}{2}k_c\left[Z_c - \frac{1}{2}\theta_c \cdot S - Z_{e2}\right] - \frac{S}{2}c_c\left[\dot{Z}_c - \frac{1}{2}\dot{\theta}_c \cdot S - \dot{Z}_{e2}\right] = M_c g \qquad (5.2)$$

5.1.2.3　第 1 个转向架沉浮振动方程

$$M_e\ddot{Z}_{e1} - k_c\left[Z_c + \frac{1}{2}\theta_c \cdot S - Z_{e1}\right] - c_c\left[\dot{Z}_c + \frac{1}{2} \cdot \dot{\theta}_c \cdot S - \dot{Z}_{e1}\right] +$$

$$k_e\left[Z_{e1} + \frac{1}{2}\theta_{e1} \cdot S_e - Z_{w1}\right] + c_e\left[\dot{Z}_{e1} + \frac{1}{2}\dot{\theta}_{e1} \cdot S_e - \dot{Z}_{w1}\right] +$$

$$k_e\left[Z_{e1} - \frac{1}{2}\theta_{e1} \cdot S_e - Z_{w2}\right] + c_e\left[\dot{Z}_{e1} - \frac{1}{2}\dot{\theta}_{e1} \cdot S_e - \dot{Z}_{w2}\right] = M_e g \qquad (5.3)$$

5.1.2.4　第 1 个转向架点头振动方程

$$M_e\ddot{Z}_{e1} + \frac{S_e}{2}k_e\left[Z_{e1} + \frac{1}{2}\theta_{e1} \cdot S_e - Z_{w1}\right] + \frac{S_e}{2}c_e\left[\dot{Z}_{e1} + \frac{1}{2}\dot{\theta}_{e1} S_e - \dot{Z}_{w1}\right] -$$

$$\frac{S_e}{2}k_e\left[Z_{e1} - \frac{1}{2}\theta_{e1} \cdot S_e - Z_{w2}\right] - \frac{S_e}{2}c_e\left[\dot{Z}_{e1} - \frac{1}{2}\dot{\theta}_{e1} \cdot S_e - \dot{Z}_{w2}\right] = 0 \qquad (5.4)$$

5.1.2.5　第 2 个转向架沉浮振动方程

$$M_e\ddot{Z}_{e2} - k_c\left[Z_c + \frac{1}{2}\theta_c \cdot S - Z_{e2}\right] - c_c\left[\dot{Z}_c + \frac{1}{2}\dot{\theta}_c \cdot S - \dot{Z}_{e2}\right] +$$

$$k_e\left[Z_{e2} + \frac{1}{2}\theta_{e2} \cdot S_e - Z_{w3}\right] + c_e\left[\dot{Z}_{e2} + \frac{1}{2}\dot{\theta}_{e2} \cdot S_e - \dot{Z}_{w3}\right] +$$

$$k_e\left[Z_{e2}-\frac{1}{2}\theta_{e2}\cdot S_e-Z_{w4}\right]+c_e\left[\dot{Z}_{e2}-\frac{1}{2}\dot{\theta}_{e2}\cdot S_e-\dot{Z}_{w4}\right]=M_e g \tag{5.5}$$

5.1.2.6　**第 2 个转向架点头振动方程**

$$M_e\ddot{Z}_{e2}+\frac{S_e}{2}k_e\left[Z_{e2}+\frac{1}{2}\theta_{e2}\cdot S_e-Z_{w3}\right]+\frac{S_e}{2}c_e\left[\dot{Z}_{e2}+\frac{1}{2}\dot{\theta}_{e2}\cdot S_e-\dot{Z}_{w3}\right]-$$

$$\frac{S_e}{2}k_e\left[Z_{e2}-\frac{1}{2}\theta_{e2}\cdot S_e-Z_{w4}\right]-\frac{S_e}{2}c_e\left[\dot{Z}_{e2}-\frac{1}{2}\dot{\theta}_{e2}\cdot S_e-\dot{Z}_{w4}\right]=0 \tag{5.6}$$

5.1.2.7　**第 1 轮对的沉浮振动方程**

$$M_e\ddot{Z}_{w1}-k_e\left[Z_{e1}+\frac{1}{2}\theta_{e1}\cdot S_e-Z_{w1}\right]-c_e\left[\dot{Z}_{e1}+\frac{1}{2}\dot{\theta}_{e1}\cdot S_e-\dot{Z}_{w1}\right]=M_w g-F_{w1} \tag{5.7}$$

5.1.2.8　**第 2 轮对的沉浮振动方程**

$$M_e\ddot{Z}_{w2}-k_e\left[Z_{e1}-\frac{1}{2}\theta_{e1}\cdot S_e-Z_{w2}\right]-c_e\left[\dot{Z}_{e1}-\frac{1}{2}\dot{\theta}_{e1}\cdot S_e-\dot{Z}_{w2}\right]=M_w g-F_{w2} \tag{5.8}$$

5.1.2.9　**第 3 轮对的沉浮振动方程**

$$M_e\ddot{Z}_{w3}-k_e\left[Z_{e2}+\frac{1}{2}\theta_{e2}\cdot S_e-Z_{w3}\right]-c_e\left[\dot{Z}_{e2}+\frac{1}{2}\dot{\theta}_{e2}\cdot S_e-\dot{Z}_{w3}\right]=M_w g-F_{w3} \tag{5.9}$$

5.1.2.10　**第 4 轮对的沉浮振动方程**

$$M_e\ddot{Z}_{w4}-k_e\left[Z_{e2}-\frac{1}{2}\theta_{e2}\cdot S_e-Z_{w4}\right]-c_e\left[\dot{Z}_{e2}+\frac{1}{2}\dot{\theta}_{e2}\cdot S_e-\dot{Z}_{w4}\right]=M_w g-F_{w4} \tag{5.10}$$

式中:F_{wi} 为轮轨接触力,$i=1\sim4$ 为轮对数。可根据轮对相对接触竖向位移由赫兹公式求得

$$F_{wi}=\begin{cases}\frac{1}{G^{3/2}}\mid Z_{wi}-(Z_{xi}+\eta_i)\mid^{3/2} & Z_{wi}-(Z_{xi}+\eta_i)\geqslant 0\\ 0 & Z_{wi}-(Z_{xi}+\eta_i)<0\end{cases} \tag{5.11}$$

其中,Z_{wi}、Z_{xi} 分别为车轮和钢轨在 x_i 点的位移;η_i 为钢轨表面的不平顺度;G 为接触挠度系数。

当车轮为锥形踏面时,有

$$G=4.57R^{-0.149}\times10^{-8}\quad(\mathrm{m/N^{2/3}}) \tag{5.12}$$

当车轮为磨耗型踏面时,有

$$G=3.86R^{-0.115}\times10^{-8}\quad(\mathrm{m/N^{2/3}}) \tag{5.13}$$

式中:R 为车轮半径。轮轨相互作用由迭代法求解。上述各式中的符号定义同本书第 2 章。

5.1.3 钢轨、箱梁的模型及振动方程

5.1.3.1 钢轨的振动方程

$$EI_r \frac{\partial^4 y_r(x_r,t)}{\partial x_r^4} + m_r \frac{\partial^2 y_r(x_r,t)}{\partial t^2} + c_r \frac{\partial y_r(x_r,t)}{\partial t} = \sum_{j=1}^{4} \delta(x_r - (vt + a_i)) F_{wj} + \sum_{k=1}^{NK} \delta(x_r - x_r^k)[P_{1k} + P_{2k}] \tag{5.14}$$

式中:$0 \leqslant x_r \leqslant L_b$;$F_{w_j}$ 为第 j 个轮对与钢轨的轮轨接触力。其他符号定义见第 3 章。$P_{1k} = K_p[y_b(x_s,t) - y_r(x_r,t)]$为为橡胶垫板由于钢轨与箱梁所在位置的相对位移而产生的弹性力(其中 K_p 为橡胶垫板刚度;y_r 为钢轨的振动位移;y_b 为箱梁的振动位移)。$P_{2k} = C_p[\dot{y}_b(x_s - x_t) - \dot{y}_i(x_r,t)]$为橡胶垫板由于钢轨与浮置板所在位置的相对速度而产生的阻尼力(其中,C_p 为橡胶垫板阻尼系数;$\dot{y}_i$ 为钢轨的振动速度;$\dot{y}_b$ 为箱梁的振动速度)。

5.1.3.2 钢轨下面单跨箱梁的振动方程

$$EI_b \frac{\partial^4 y_{bi}(x_{bi},t)}{\partial x_{bi}^4} + m_b \frac{\partial^2 y_{bi}(x_{bi},t)}{\partial t^2} + c_b \frac{\partial y_{bi}(x_{bi},t)}{\partial t} = -\sum_{j=1}^{Nk} \delta(x_{bi} - x_{bi}^j)[P_{1j} + P_{2j}] \tag{5.15}$$

式中:$0 \leqslant x_b \leqslant L_b$;其他符号定义见第 3 章。

5.2 轮轨接触力迭代求解方法的改进

5.2.1 改进前的迭代方法

下面首先简要介绍文献[179]给出的轮轨接触力迭代求解方法。

5.2.1.1 初始计算

在起始第一时间步长和首次迭代时,先假定轮轨接触力大小,据式(5.11)算出轮轨相对位移。假定轨道初始位移为 0,得到车轮的初始位移。

5.2.1.2 对时间步长循环

在 $t+\Delta t$ 时刻第 $k+1$ 迭代步内,交叉对下部结构和上部结构求解动力方程,得到 $t+\Delta t$ 时刻结构动力响应。

步骤一:将式(5.11)算出的 $t+\Delta t$ 时刻轮轨作用力作为外荷载施加于下部结构,用 Newmark 方法积分求得 $t+\Delta t$ 时刻下部结构动力响应。

步骤二:由步骤一得到的 $t+\Delta t$ 时刻第 $k+1$ 迭代步的下部结构位移,用式(5.11)计算轮轨接触力。

步骤三:将该力作用于上部结构,由 Newmark 方法积分求得 $t+\Delta t$ 时刻第 $k+1$ 迭代步的上部结构动力响应。

步骤四:利用轨道位移进行收敛性判别。如果收敛性没有满足则转步骤一,进行 $t+\Delta t$ 时刻 $k+2$ 步的计算;如果收敛性得到满足,返回 5.2.1.2 步,迭代求解 $(t+\Delta t)+\Delta t$ 时刻

结构的动力响应。

5.2.2 迭代方法的改进

本书在计算中发现，采用上述迭代方法，得到的轮轨接触力如图 5.7 所示。图 5.7 表明轮轨接触的所有时间尚不到全部时间的 1/2，显然不符合轮轨接触的常识，且与文献[10]给出的测试结果出入较大。因此，本书给出了迭代方法的如下改进。

首先，在进入 $t+\Delta t$ 时刻时，先记录 $t+\Delta t$ 时刻上部和下部结构的初始动力响应（位移、速度和加速度），然后按照上述步骤一至步骤三进行迭代，当第 n 步迭代收敛时，记下各轮对在收敛时的轮轨接触力，然后将此接触力分别作用于上部和下部结构，据记录下的 $t+\Delta t$ 时刻的初始动力响应进行 Newmark 数值积分，可得到 $(t+\Delta t)+\Delta t$ 时刻上部和下部结构的动力响应。

显然，本书给出的改进方法特点是，在进行 $t+\Delta t$ 时刻动力方程的迭代求解时仅关注收敛时刻的轮轨接触力，将此力作为上、下步结构耦合效应的协调关系——静力平衡条件。据此条件以及 $t+\Delta t$ 时刻的初始动力响应来求出 $(t+\Delta t)+\Delta t$ 时刻系统的振动响应。

应用文献[145]给出的以隔离体为基础建立的车辆动力方程(5.1)～方程(5.10)进行的迭代求解结果如图 5.8、图 5.9 所示，通过与 ANSYS 软件的计算结果（图 5.5 曲线 d），以及本书采用的将车辆、钢轨和箱梁建立的统一模型求解的结果相比（图 5.5 曲线 c），方程(5.1)～方程(5.10)计算的结果偏大（钢轨的最大跨中位移 8.8mm）。本书认为车辆的振动方程应该是基于车辆的静力平衡位置来建立的，即将方程(5.1)、(5.3)、(5.5)、(5.7)、(5.8)、(5.9)和方程(5.10)的右端项分别改为：0、0、0、$p-F_{w1}$、$p-F_{w2}$、$p-F_{w3}$、$p-F_{w4}$，其中 $p=(M_w+\frac{M_e}{2}+\frac{M_c}{4})\cdot g$ 为轮对的静荷载。本书的修正效果，可通过 5.4 节的图 5.10～图 5.18 来说明。

5.3 程序的校核

本书采用了统一模型法、分离模型法以及 ANSYS 软件等 3 种方法，对本书编制的程序进行了校核，校核结果的比较见表 5.2 和图 5.5、图 5.6。

在动力学仿真时车辆参数计算参考了秦沈客运专线列车的设计参数[10]，其具体参数值见表 5.1。钢轨采用 T60 型。钢轨的弹条式扣件 $k_c=3.92\text{MN/m}$，轨下橡胶垫板的刚度系数为 $k_p=60\text{MN/m}$，阻尼系数为 $7.5\times10^4\text{N}\cdot\text{s/m}$。扣件间距为 0.558～0.625m。钢轨、箱梁跨度为 30m，箱梁梁体抗弯截面模量为 $5.024\,8\times10^{10}\text{N}\cdot\text{m}^2$，单位长度梁重为 20 866.5kg/m，箱梁阻尼系数为 0.05N·s/m。车辆运行速度 $V=70\text{km/h}$，时间步长 0.000 1s，钢轨和箱梁都取 12 阶模态。

为了验证本书编制程序的可靠性以及轮轨接触力迭代方法的改进效果，本章又通过采用本书第 4 章建立的车辆、轨道和桥梁系统的统一模型，即将车辆、轨道和箱梁的方程放在一起统一求解。图 5.5、图 5.6 的曲线 c 为统一模型计算的钢轨和箱梁跨中的位移随时间的变化曲线。可以看出，它们分别与分离模型计算的图 5.11（或图 5.5 的曲线 b）

和图 5.14(或图 5.6 的曲线 b)的结果几乎一致。

表 5.1 机车车辆的计算参数

车型	质量			点头惯量		刚度系数		阻尼系数	
	车体 (kg)	构架 (kg)	轮对 (kg)	车体 ($kg \cdot m^2$)	构架 ($kg \cdot m^2$)	一系 (N/m)	二系 (N/m)	一系 (N·s/m)	二系 (N·s/m)
机车	63 807	4 297	1 900	1 349 328	4 033	2 339 600	885 800	21 000	63 750

另外,文献[188]指出,当列车的速度小于列车的临界速度的 0.4 倍时,即 $v < 0.4v_c$ ($v_c = \pi/L \cdot \sqrt{EI/m} = 2fL$ 为列车的一阶临界速度。其中,f 为轨下结构的基频。本书中 $v_c = 65\text{m/s}$)车桥耦合振动响应和车桥非耦合振动(移动荷载作用于轨道)的响应(位移),两者的结果相差不大。而本书设定的车速 $v = 70\text{km/h} = 19.44\text{m/s}$,是满足 $v < 0.4v_c$ 这一条件的。因此,可以用 ANSYS 等有限元分析软件将车辆运行时的车桥耦合振动响应分析简化为移动荷载(静轮载)作用于相同轨道结构下的振动分析,用商品化软件的模拟结果来校核本书的分析计算结果。

轨道的 ANSYS 有限元建模为钢轨和箱梁的二维中面模型。如图 5.3、图 5.4 所示,其中图 5.4 为建模的局部放大图。钢轨和箱梁的长度均为 30m,竖向支承杆件为弹簧元件。根据钢轨和箱梁受力变形的特点,钢轨和箱梁的结构单元类型均选取 beam3 型梁段单元,单元网格长度均为 0.01m;而橡胶垫板选用 Combine14 型弹簧元件单元,轨道全长共划分 6 002 个单元,6 000 个节点,其中钢轨划分了 3 000 个单元,3 001 个节点,箱梁划分了 3 000 个单元、3 001 个节点。共有 30 个弹簧元件,均位于单元节点上。移动荷载的运行速度 $v = 70\text{km/h}$,时间步长为 0.000 1s。

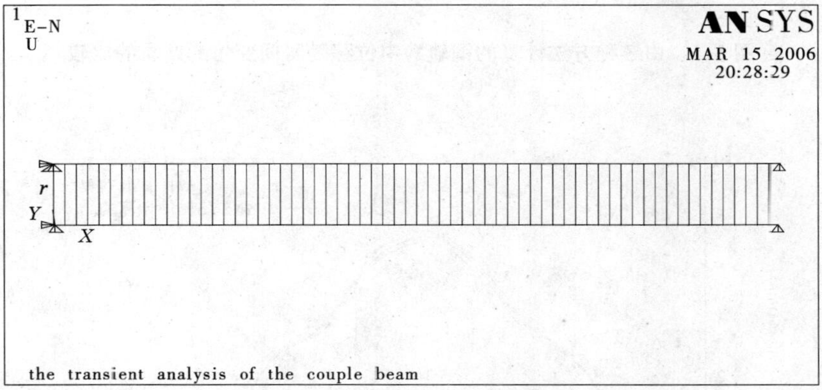

图 5.3 钢轨和箱梁的结构离散图

ANSYS 软件计算了钢轨和箱梁跨中位移随时间的变化曲线,计算结果见图 5.5、图 5.6 的曲线 d。这里需要指出的是,图 5.5、图 5.6 的曲线 b 分别与图 5.11、图 5.14 中的曲线相一致,这是为了比较的方便。从图 5.5、图 5.6 中的曲线 b、c 和 d(或表 5.2)的比较可以看出,曲线 b、c 和 d 的结果是很接近的,也说明了车桥系统的分离模型、统一模

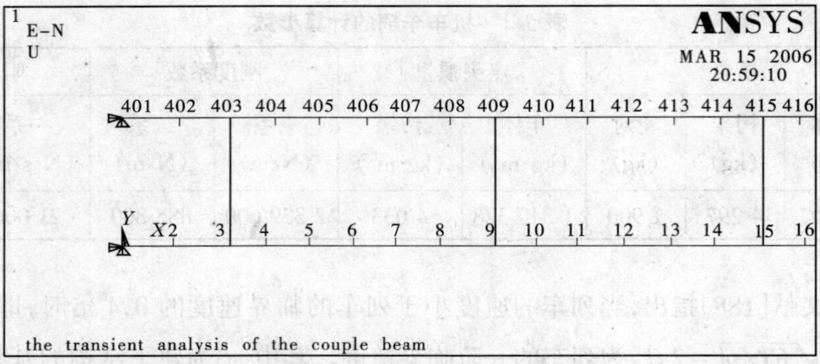

图 5.4 钢轨和箱梁的结构离散的局部放大图

型以及 ANSYS 采用的有限元等方法的求解结果相差不大。这些说明了本书程序编制的可靠性以及轮轨接触力迭代方法改进的合理性。

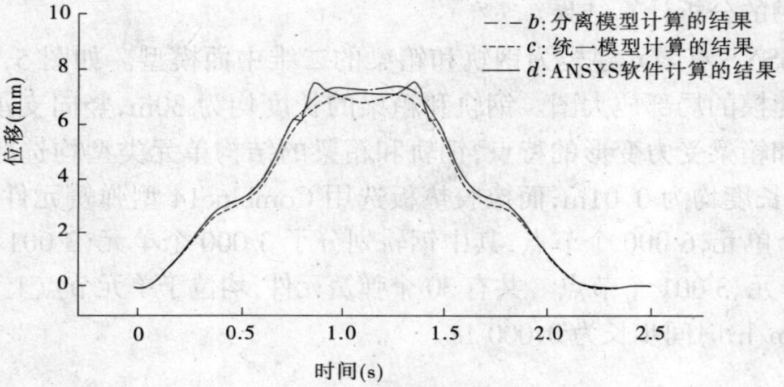

图 5.5 由 3 种方法计算的钢轨跨中位移随时间变化的结果的比较

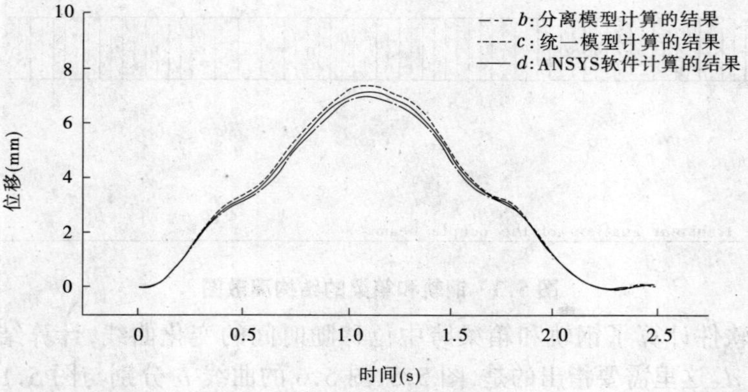

图 5.6 由 3 种方法计算的箱梁跨中位移随时间变化的结果的比较

表 5.2　程序校核所用的 3 种计算方法的比较说明

计算工具	计算方法	荷载模型	钢轨跨中最大位移(mm)	钢轨挠跨比	箱梁跨中最大位移(mm)	箱梁挠跨比
ANSYS	有限元法	移动荷载(静轮载)	7.46	2.51×10^{-4}	7.16	2.38×10^{-4}
统一模型法	模态分析法	二系车辆耦合振动	7.12	2.37×10^{-4}	7.38	2.46×10^{-4}
分离模型法	模态分析法	二系车辆耦合振动	7.31	2.43×10^{-4}	6.97	2.33×10^{-4}

5.4　分离模型方法的数值仿真结果

分离模型方法的数值仿真结果见图 5.7～图 5.18，车辆和轨道梁的计算参数见第 5.3 节。

图 5.7 为按照文献[179]给出的迭代方法计算得出的结果，图中显示轮对与轨道的非接触时间达到一半以上，且 0.3～1.5s 区间的轮对接触力是轮对静荷载(19.62kN)的 10～50倍，这显然与实际不符，可见文献[179]提供的算法有缺陷。

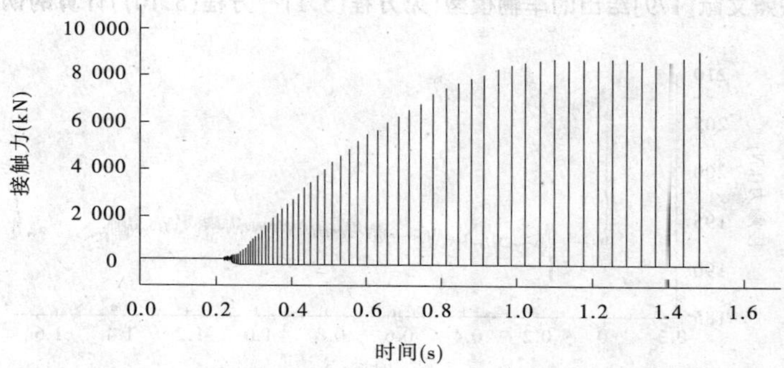

图 5.7　按照文献[179]给出的迭代方法计算的第一轮轨的接触力

图 5.8、图 5.9 分别为按照文献[179]给出的车辆模型(见方程(5.1)～方程(5.10))计算的第 1 轮对轮轨接触力、钢轨跨中位移。通过与上面的 ANSYS 给出的校核结果(见图 5.5 曲线 d)或车桥统一模型基础上的计算结果(见图 5.5 曲线 c)相比可以看出，图 5.8、图 5.9 给出的计算结果偏大(其中，钢轨跨中最大位移达到 8.8mm；而最大轮轨作用力达到 323.35kN，与轮对的静轮载相差较大)。最主要的是这些结果无论是与图 5.5 相比，还是与文献[10]给出的轮轨接触力的测试结果相比，图 5.8、图 5.9 所揭示轮对接触力和位移的分布规律显然差别较大。看来，车辆以隔离体为单元建立的车辆振动方程(见方程(5.1)～方程(5.10))的计算结果偏大，未能有效地反映出车桥耦合振动的振动响应的规律。

下面图 5.10～图 5.18 为本书对车辆计算模型和迭代方法修正后的计算结果。其中，图 5.10 中的轮轨接触力是采用赫兹公式(见方程 5.11)给出的激励计算而得的。

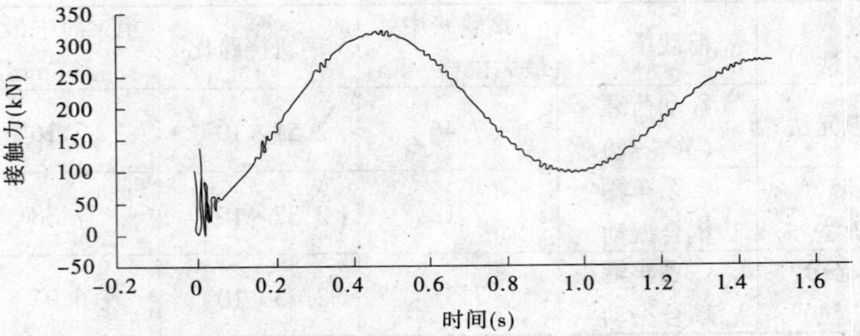

图 5.8　按照文献[179]给出的车辆模型(方程(5.1)～方程(5.10))计算的第 1 轮对轮轨的接触力

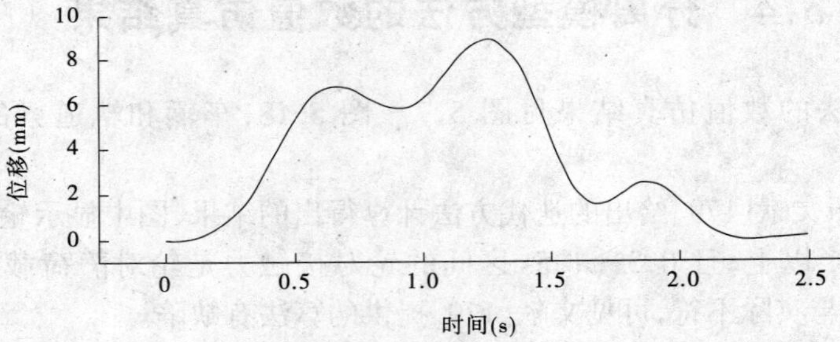

图 5.9　按照文献[179]给出的车辆模型(见方程(5.1)～方程(5.10))计算的钢轨跨中位移

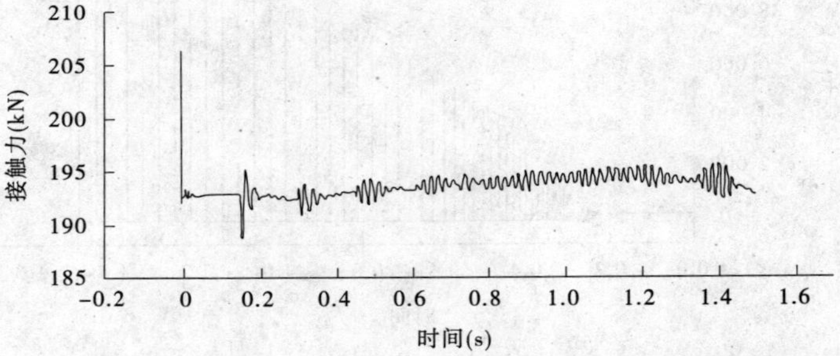

图 5.10　车辆模型和迭代方法修正后计算的第一轮对轮轨接触力

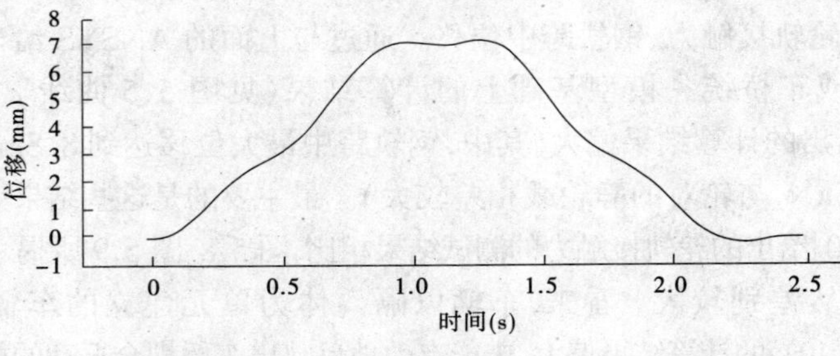

图 5.11　车辆模型和迭代方法修正后计算的钢轨跨中位移随时间的变化

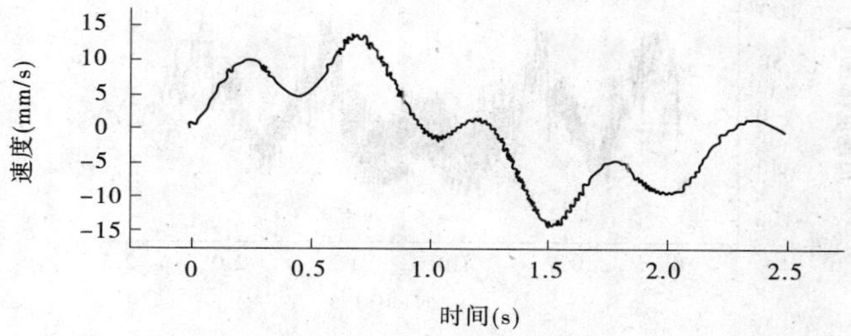

图 5.12　车辆模型和迭代方法修正后计算的钢轨跨中速度随时间的变化

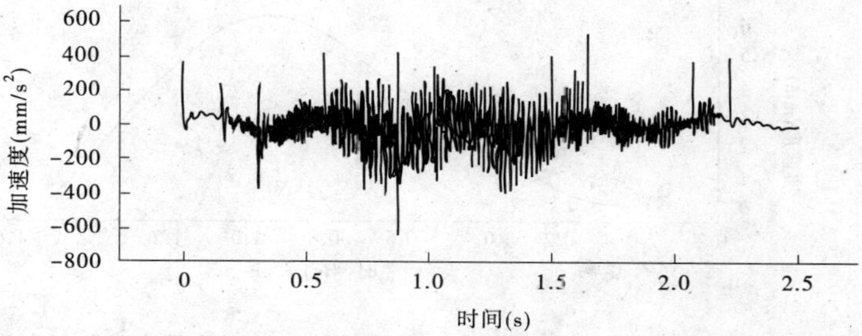

图 5.13　车辆模型和迭代方法修正后计算的钢轨跨中加速度随时间的变化

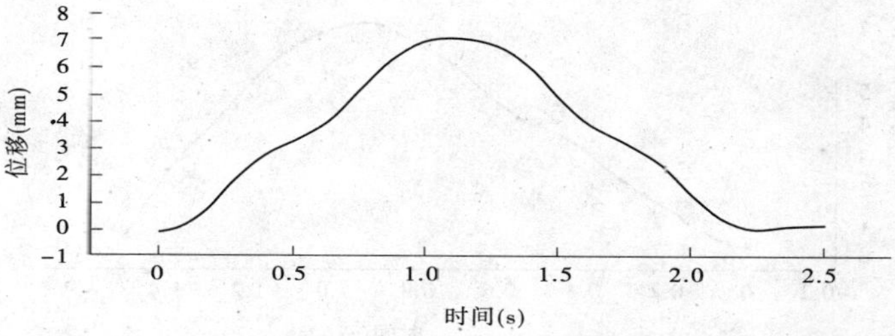

图 5.14　车辆模型和迭代方法修正后计算的箱梁跨中位移随时间的变化

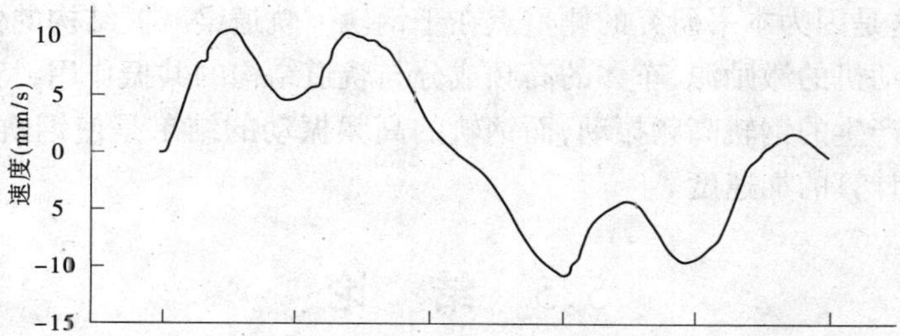

图 5.15　车辆模型和迭代方法修正后计算的箱梁跨中速度随时间的变化

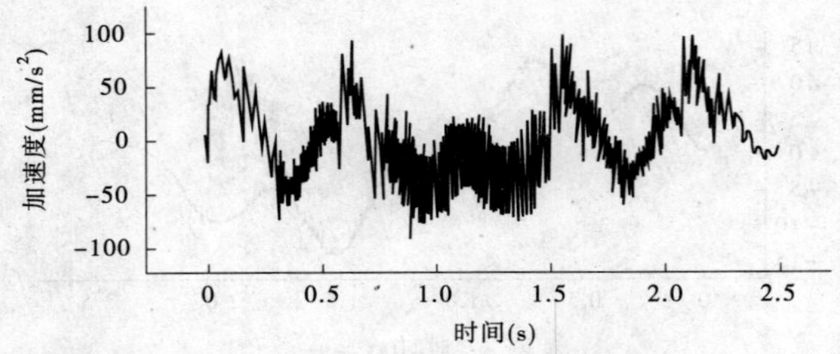

图 5.16　车辆模型和迭代方法修正后计算的箱梁跨中加速度随时间的变化

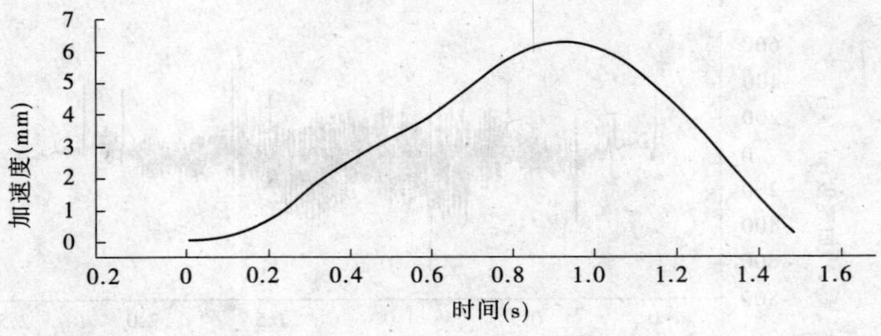

图 5.17　车辆模型和迭代方法修正后计算的第一轮对作用点处钢轨的竖向位移

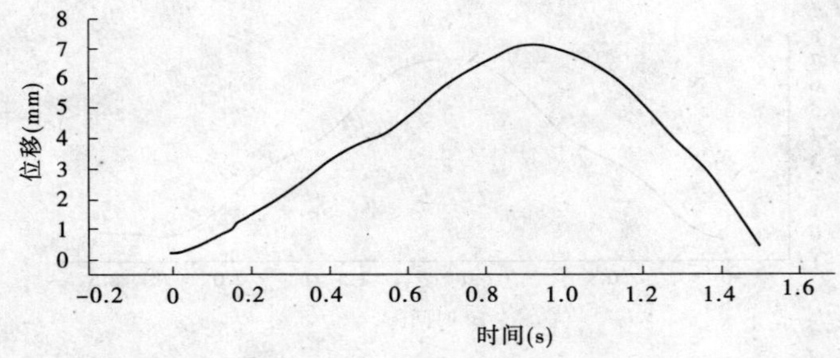

图 5.18　车辆模型和迭代方法修正后计算的第一轮对竖向位移随时间的变化

这里需要指出的是,图 5.13 和图 7.3 给出的钢轨跨中最大加速度,和实际测试的结果相比都较小,这是因为本书研究的侧重点在于钢轨下轨道梁减振结构的优化问题,所以没有考虑机车发动机的激励源、车体的高频成分与轨道结构的共振作用,特别是轮对和钢轨之间的撞击所产生的钢轨高频振动,而钢轨的高频振动的结果是使钢轨的实测加速度要远远大于钢轨计算的加速度。

5.5　结　论

经过以上的研究,可归纳几个主要的结论。

(1)车桥耦合振动常用的两种分析方法,即车辆、桥梁运动方程耦联在一起同步求解的统一模型法,以及车辆和桥梁两个子系统通过轮轨接触力迭代求解的分离模型方法,这两种方法的计算结果相差不大。

(2)由于轮轨接触力的迭代计算要用 Newmark 方法,所以轮轨接触力的迭代收敛效果与计算时所采用的时间步长、收敛精度以及初始轮轨接触力的假定有关,特别是时间步长的大小影响了迭代的收敛和发散。

(3)车桥耦合振动分析中车辆模型宜采用在车辆的静力平衡位置基础上来建立车辆的振动方程。

(4)在车桥耦合振动分析中即使采用的是把车辆、轨道和桥梁的振动方程放在一起建立统一的模型同时求解,涉及到车辆的振动方程同样宜采用车辆的静力平衡位置基础上所建立车辆的振动方程。

(5)通过对 3 种不同计算方法的计算结果的分析比较,其一致性说明了本书程序编制的可靠性,以及车辆振动模型和迭代收敛方法的改进的合理性。

第 6 章　无碴轨道系统的结构特性对振动响应影响的分析

前面已指出，尽管无碴轨道结构在高速铁路、客运专线以及轨道交通方面的应用越来越广泛，然而由于无碴轨道结构的复杂性，目前采用的大多数车桥系统分析模型都没有对桥上的无碴轨道结构进行建模，以及对轨道与桥梁结构的动力耦合作用作详细的考虑。比如，对减振性能最好的浮置板式无碴轨道结构，国内外的文献[180,186]大都将浮置板轨道结构简单视为一种质量－弹簧隔振系统（一级隔振系统），因此浮置板采用了有意增大参振质量和有效阻尼的办法来控制噪声和振动。故一般而言，浮置板体积较大，需要大型机械施工。维修时，若需更换支座，在隧道内将造成不便。由于浮置板体积和质量都很大，所以浮置板轨道结构应用在高架桥上将受到很大的限制。

本书没有将浮置板、弹性支承块和板式等无碴轨道结构简单视为一种质量－弹簧隔振系统（一级隔振系统），而是将它们视为两级隔振系统，并建立了车辆－无碴轨道－桥梁的力学计算模型。本书认为，仅仅从轨道板质量的角度来考虑无碴轨道的减振效果，况且采用的是简单的质量－弹簧模型来分析，得出的结论无疑具有一定的局限性。很明显的例子就是会把浮置板设计得很庞大、质量很重，不论对于施工、维修、适用范围和成本方面都带来了许多不便。基于此，本书认为既然无碴轨道是一种多级隔振系统，那么该系统的减振效果不但与轨道板的质量有关，而且还与轨道板的截面抗弯刚度、纵向长度布置尺寸、钢轨下橡胶垫的刚度和阻尼系数、轨道板下面的减振材料的刚度和阻尼特性，以及轨道板下面的橡胶支座的间距（如果采用分布式支承的话）有很密切的关系。因此，本书从上述几方面分别考虑它们对振动特性的影响规律，从而使无碴轨道结构在设计、施工、维修以及经济角度等方面能够达到符合减振要求的合理效果。

本书认为，由于车辆、轨道和桥梁耦合作用时的不确定因素很多，比如轮轨相互作用、轨道不平顺等问题，我们目前只能在定性上对车桥振动问题进行研究，在定量上难以精确地分析出轮轨之间、无碴轨道与桥梁之间等的动力作用特性。哲学原理告诉我们，矛盾无所不在，无所不有，矛盾双方只有相比较而存在，相斗争而发展。因此，我们可以从定量上来比较无碴轨道的各部件结构特征的变化对车桥系统的影响效果，从中得出合理有效的结构减振特征参数。

6.1　车辆、无碴轨道、桥梁的耦合振动分析

6.1.1　连续型轨道板结构

在动力学仿真时，车辆的参数设计借鉴了上海市轨道交通明珠线的列车、无碴轨道及桥梁的计算参数（见图 6.1）。整车附有二系悬挂系统的车辆模型（见图 6.2），车辆模型是

由 4 节电动车编组而成的列车，其中 1、4 辆为牵引机车，机车、车辆为二系悬挂的由车体、转向架及轮对组成的刚体系统。用计算机来模拟列车过桥的全过程进行计算：列车按 1 节、2 节、3 节、4 节 4 种情况编组，由研究对象前两跨处开始运行，直到车尾行出研究对象两跨后为止。假定初始时刻钢轨、轨道板和箱梁的位移和速度为 0，车辆运行速度 $v=70km/h$，时间步长为 0.01s。轻轨列车的计算参数如表 6.1 所示。

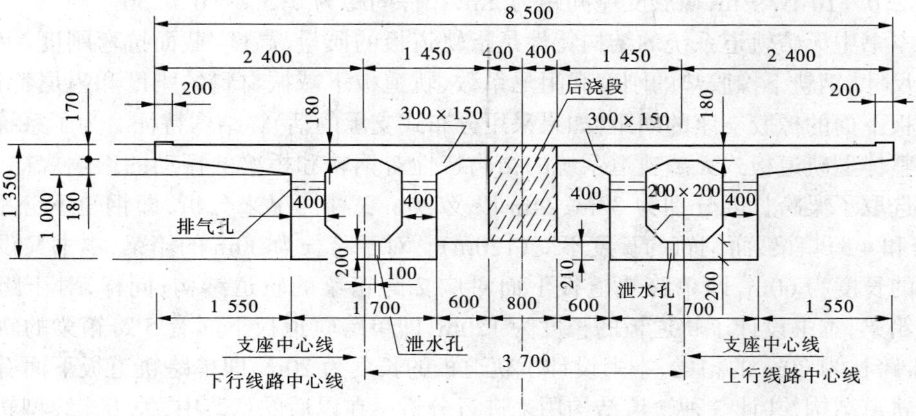

图 6.1　上海市轨道交通明珠线一期工程北延伸线箱梁截面构造图　（单位：mm）

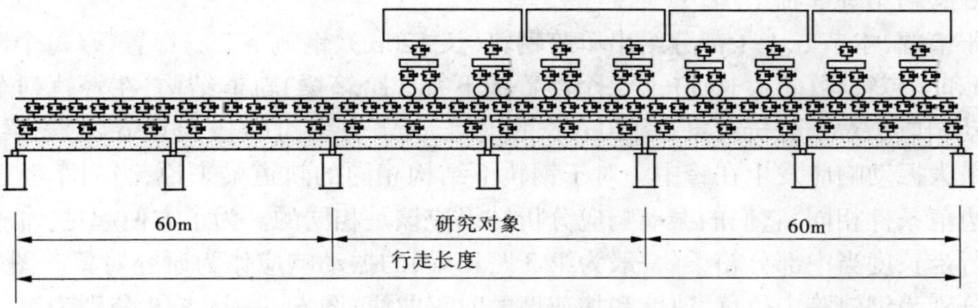

图 6.2　车辆－桥梁耦合作用及连续型轨道板结构的计算模型

表 6.1　轻轨列车的计算参数

车型	质量			点头惯量		刚度系数		阻尼系数	
	车体 (kg)	构架 (kg)	轮对 (kg)	车体 ($kg \cdot m^2$)	构架 ($kg \cdot m^2$)	一系 (N/m)	二系 (N/m)	一系 (N·s/m)	二系 (N·s/m)
机车	11 000	4 500	1 500	269 865	3 102	700 000	290 000	20 000	50 000
车辆	5 000	2 800	1 300	107 350	2 669	70 000	290 000	20 000	50 000

对于具有高频特性的钢轨振动的数值模拟，文献[10]通过数值试验的方法，确定出了合理的钢轨计算长度（100m）和钢轨的模态阶数（90 阶）。为了更可靠地计算，本

书选取钢轨的计算长度为120m，钢轨的模态阶数为120阶，箱梁和浮置板的模态阶数为12阶。

钢轨质量为60.64kg/m，轨下橡胶垫刚度为4.9×10^{7}N/m，弹条式扣件的刚度为3.92MN/m，轨下橡胶垫阻尼为6.2×10^{4}N·s/m，轨道板单位长度质量为1 117.5kg/m，轨道板厚为0.3m，宽为2.98m，轨道板下橡胶支座刚度为0.14×10^{7}N/m，轨下橡胶支座阻尼为2.0×10^{5}N·s/m，橡胶支座间距为2m，扣件间距为0.558～0.625m。

在本书中无碴轨道系统的结构特性是指轨道板的质量、高度、截面抗弯刚度、纵向长度布置尺寸、钢轨下橡胶垫的刚度和阻尼系数、轨道板下减振材料的刚度和阻尼特性，以及轨道板下面的橡胶支座的间距(如果采用分布式支承的话)等结构特征。为了系统地分析连续整体型轨道板式无碴轨道系统的结构特性对钢轨和桥梁的振动的影响规律，本部分分别选取了梁跨长度分别为30m、24m以及20m 3种情况来分析，即钢轨下分别有6跨、5跨和4跨箱梁，而钢轨的长度不变(120m)。对于跨长为30m的箱梁，本书又设计了轨道板的长度为60m，即单跨轨道板下面对应2跨箱梁的轨道结构；同样，对于跨长为24m的箱梁，本书设计了轨道板的长度为120m，即单跨轨道板下面有5跨箱梁的轨道结构；对于跨长为20m的箱梁，本书设计了轨道板的长度为20m，即单跨轨道板下面有1跨箱梁的轨道结构，共计3种轨道结构用来进行分析。在以后的章节中，关于连续型轨道板的分析，在没有特殊说明的情况下，均按上述3种结构布置方案进行分析，分别简称：①钢轨、2跨轨道板和4跨箱梁结构；②钢轨、1跨轨道板和5跨箱梁结构；③钢轨、6跨轨道板和6跨箱梁等3种结构。

限于篇幅，本节6.1.1部分给出单跨钢轨(长120m)、钢轨下2跨浮置板(每个浮置板长60m)和4跨箱梁(箱梁长30m，每个浮置板下有2跨箱梁)轨道结构，在轻轨列车作用下的振动响应。对于分析对象为120m长的钢轨，其下有多跨(4、5跨或6跨)箱梁，每跨箱梁的最大振动响应发生在跨中。对于钢轨下结构相同的轨道梁来说，当列车经过时只要初始边值条件相同，它们的振动响应分析结果应该是相同的。为了方便起见，本书选取了列车行走长度当中部分箱梁(一般为第3跨箱梁)的振动响应作为研究对象。图6.3～图6.5分别为钢轨跨中位移、速度和加速度的时程曲线；图6.6～图6.8分别为第3跨箱梁跨中位移、速度和加速度的时程曲线；图6.9～图6.11分别为车体沉浮振动位移、速度和加速度的时程曲线；图6.12～图6.14分别为车体点头振动角位移、角速度和角加速度的时程曲线。

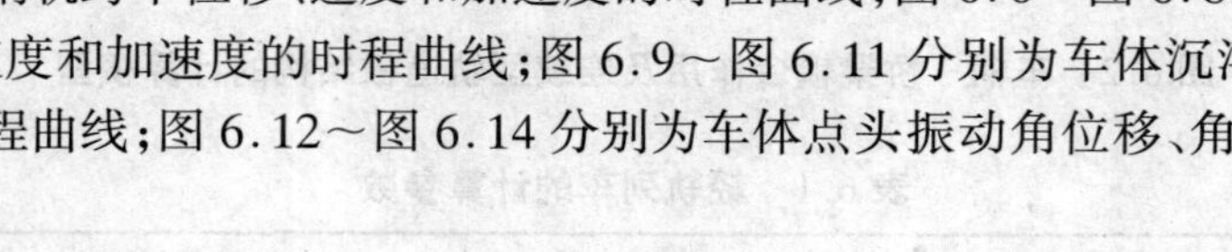

图6.3　钢轨跨中位移的时程曲线

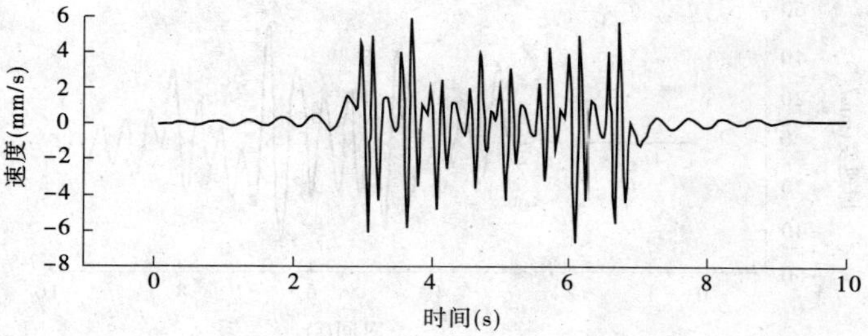

图 6.4　钢轨跨中速度的时程曲线

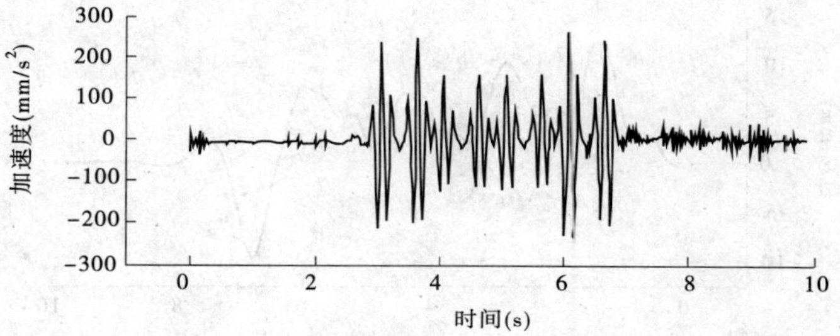

图 6.5　钢轨跨中加速度的时程曲线

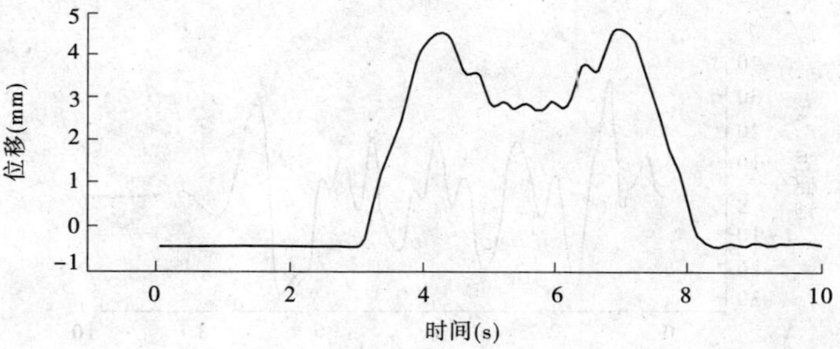

图 6.6　第 3 跨箱梁跨中位移的时程曲线

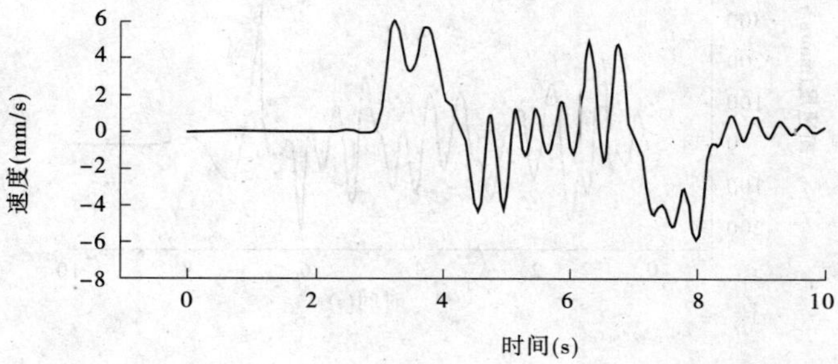

图 6.7　第 3 跨箱梁跨中速度的时程曲线

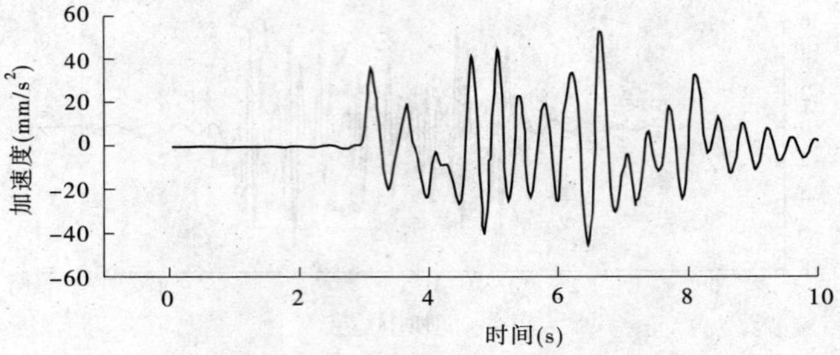

图 6.8　第 3 跨箱梁跨中加速度的时程曲线

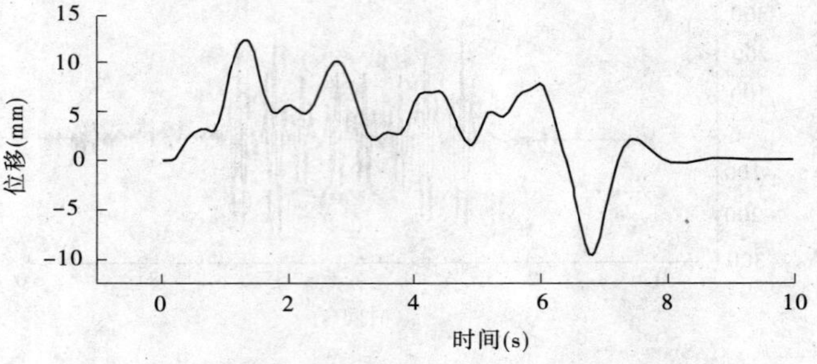

图 6.9　车体沉浮振动位移的时程曲线

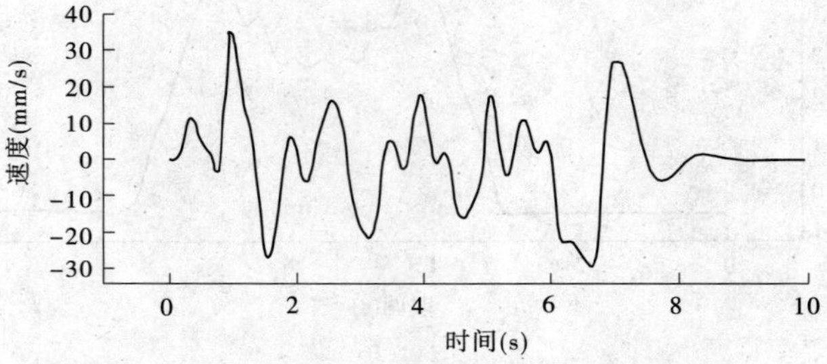

图 6.10　车体沉浮振动速度的时程曲线

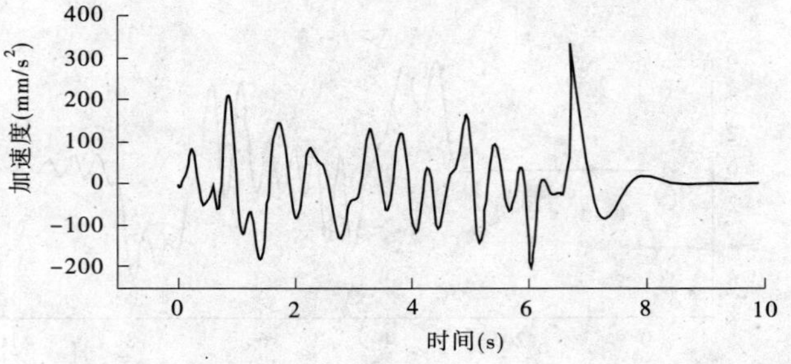

图 6.11　车体沉浮振动加速度的时程曲线

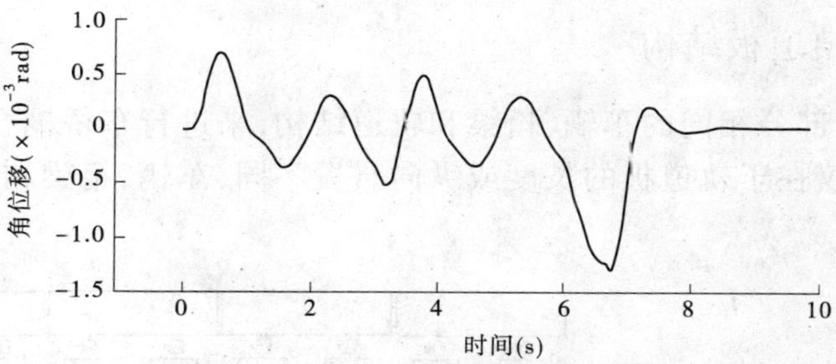

图 6.12　车体点头振动角位移的时程曲线

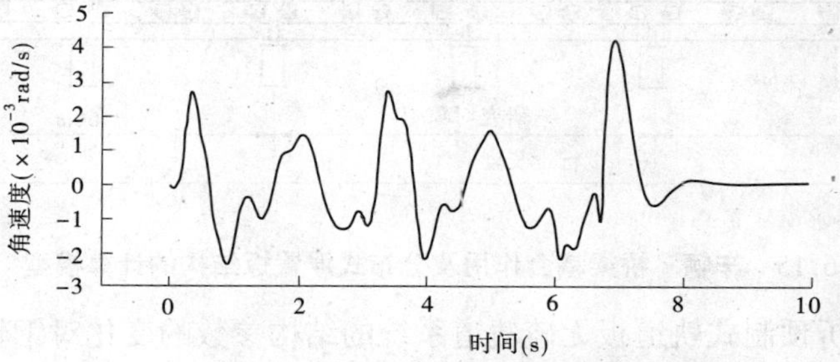

图 6.13　车体点头振动角速度的时程曲线

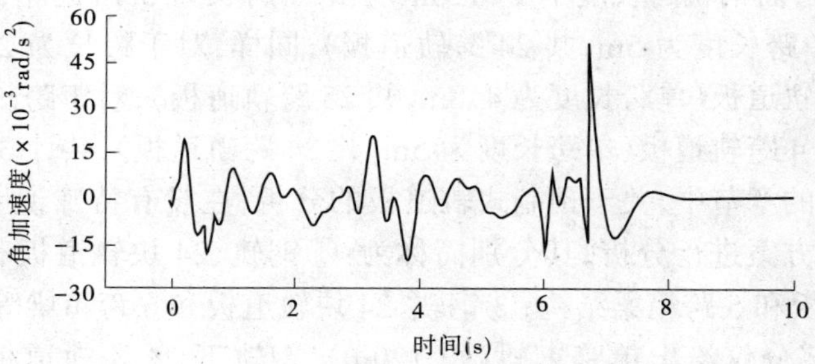

图 6.14　车体点头振动角加速度的时程曲线

文献[102]指出，各国的规范都规定，在桥梁设计和桥梁检定时，要对桥梁的动力性能进行评定，必要时还应进行车桥系统动力分析，以使桥梁的动力性能满足列车高逗运行的安全要求。图 6.8 给出了箱梁（梁跨 $L=30\text{m}$）跨中的最大加速度为 52.830 1mm/s²，远远小于文献[102]给出的竖向振动加速度标准 $0.35g=350\text{mm/s}^2$；图 6.6 给出了箱梁跨中的最大位移为 4.636 373mm，远小于文献[102]给出的简支钢筋混凝土梁的挠度允许值 $L/800=37.5\text{mm}$，其挠跨比为 $4.636\ 373/30\ 000=1.545\ 45\times10^{-4}$，也远小于文献[102]给出的钢筋混凝土梁的竖向挠跨比 $1/4\ 000=2.5\times10^{-3}$。本算例给出的桥梁的振动是满足桥梁动力评定标准[102]的。图 6.11 给出了车体沉浮振动的最大加速度为 343.272 5mm/s²，远小于文献[102]给出的国标关于铁路客车车体振动加速度的评定标准 2 000mm/s²，同时也远小于文献[102]给出的高速铁路和客运专线桥上列车车体振动加速度评定标准1 250mm/s²。可见算例中车辆的振动是满足车辆运行平稳性标准[102]的。

6.1.2 预制式轨道板结构

采用和 6.1.1 部分相同的车辆、箱梁和轨道结构,来进行车桥耦合动力学分析(见图 6.15),差别仅仅在于轨道板的长度或纵向布置不同,车辆、箱梁和轨道的计算参数见表 6.1。

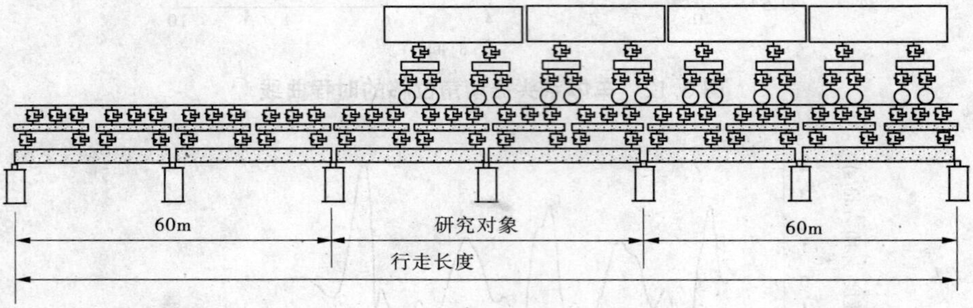

图 6.15 车辆-桥梁耦合作用及分布式浮置板结构的计算模型

为了系统地分析预制式轨道板无碴轨道系统的结构参数的变化对钢轨和箱梁振动的影响规律,本部分设定了 3 种箱梁跨度尺寸(即 30m、24m 以及 20m),即钢轨下分别有 4 跨、5 跨和 6 跨箱梁,而钢轨的长度不变(120m)。对于跨长为 30m 的箱梁,单跨箱梁上布置了 6 跨轨道板(单跨长度为 5m,共 24 跨轨道板);同样,对于跨长为 24m 的箱梁,单跨箱梁上布置了 5 跨轨道板(单跨长度为 4.8m,共 25 跨轨道板);对于跨长为 20m 的箱梁,单跨箱梁上布置了 4 跨轨道板(单跨长度为 5m,共 24 跨轨道板),共计 3 种轨道结构用来进行分析。在以后的章节中,关于预制式轨道板的分析,在没有特殊说明的情况下,均按上述 3 种结构布置方案进行分析,其分别简称为:①钢轨、24 块轨道板和 4 跨箱梁结构;②钢轨、25 块轨道板和 5 跨箱梁结构;③钢轨、24 块轨道板和 6 跨箱梁等 3 种结构。限于篇幅,本节 6.1.2 部分仅给出单跨钢轨(长 120m)、钢轨下 24 跨轨道板(每块轨道板长 5m)和 4 跨箱梁(箱梁长 30m,每跨箱梁上 6 跨轨道板)结构在轻轨列车作用下的振动响应。图 6.16～图 6.18 分别为钢轨跨中位移、速度和加速度的时程曲线;图 6.19～图 6.21 分别为第 3 跨箱梁跨中位移、速度和加速度的时程曲线;图 6.22～图 6.24 分别为第 1 车厢沉浮振动位移、速度和加速度的时程曲线;图 6.25～图 6.27 分别为第 1 车厢点头振动角位移、角速度和角加速度的时程曲线。

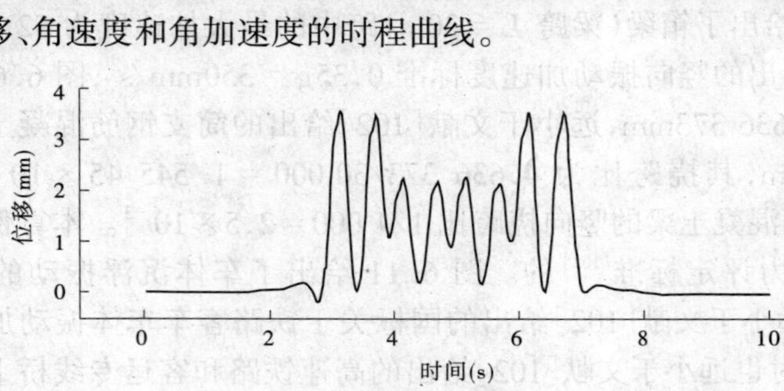

图 6.16 钢轨跨中位移的时程曲线

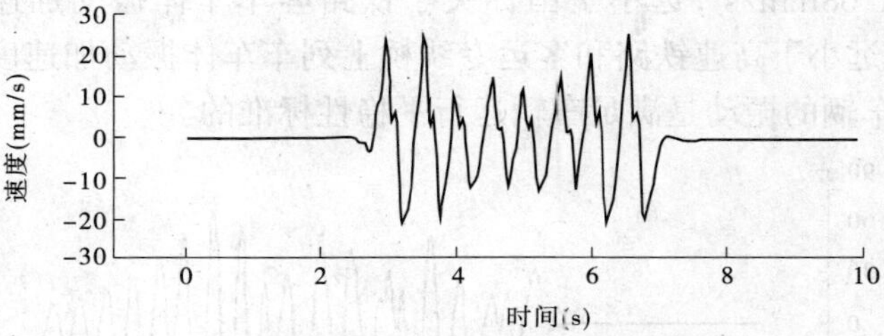

图 6.17　钢轨跨中速度的时程曲线

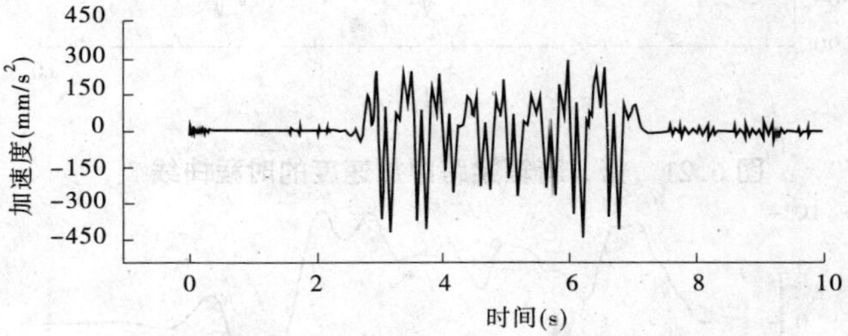

图 6.18　钢轨跨中加速度的时程曲线

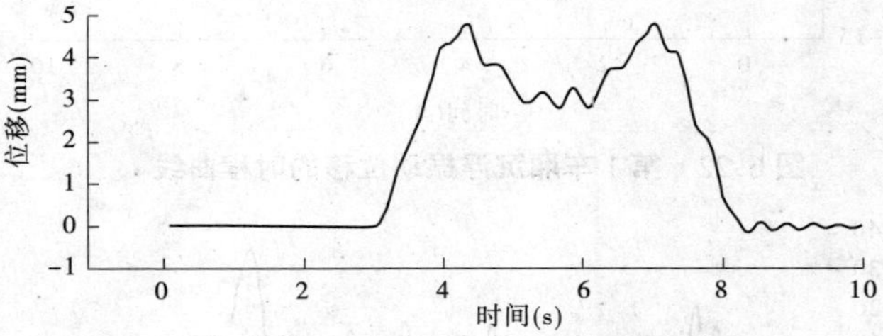

图 6.19　第 3 跨箱梁跨中位移的时程曲线

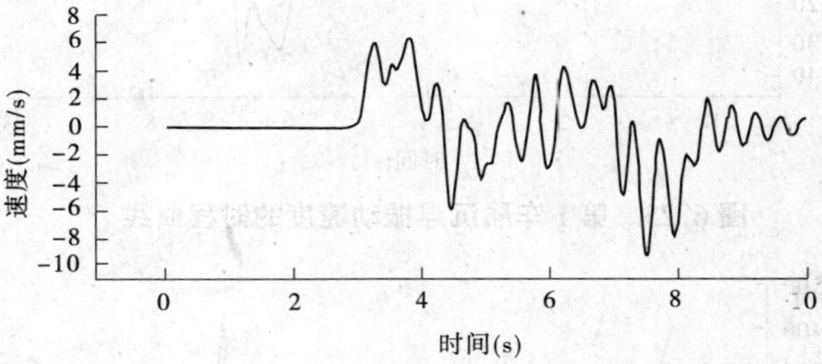

图 6.20　第 3 跨箱梁跨中速度的时程曲线

图 6.21 给出了第 3 跨箱梁(梁跨 $L = 30$m)跨中的最大加速度绝对值 70.380 52mm/s²，远小于竖向振动加速度标准 0.35g；图 6.19 给出了第 3 跨箱梁跨中的最大位移 4.807 8mm，远小于简支钢筋混凝土梁的挠度允许值 $L/800 = 37.5$mm，其挠跨比为 4.807 8/30 000 = $1.602\ 6\times10^{-4}$，也远小于钢筋混凝土梁的竖向挠跨比 1/4 000 = 2.5×10^{-3}。可见本算例给出的桥梁的振动是满足桥梁动力评定标准的。图 6.24 给出了第 1 车厢沉浮振动的最

大加速度为 431.981 68mm/s^2，远小于国标关于铁路客车车体振动加速度的评定标准 2 000mm/s^2，同时也远小于高速铁路和客运专线桥上列车车体振动加速度评定标准1 250 mm/s^2，可见算例中车辆的振动是满足车辆运行平稳性标准的。

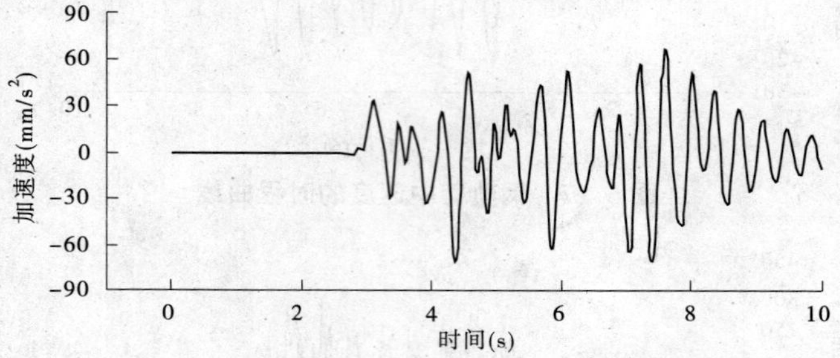

图 6.21　第 3 跨箱梁跨中加速度的时程曲线

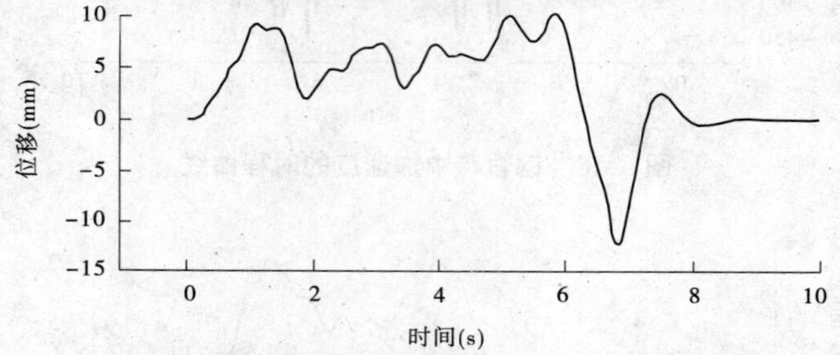

图 6.22　第 1 车厢沉浮振动位移的时程曲线

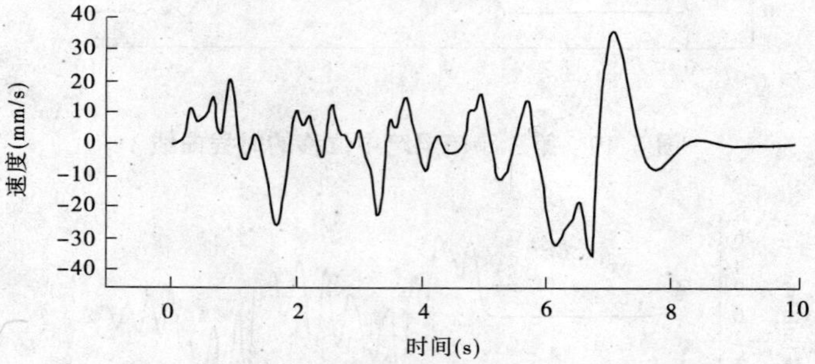

图 6.23　第 1 车厢沉浮振动速度的时程曲线

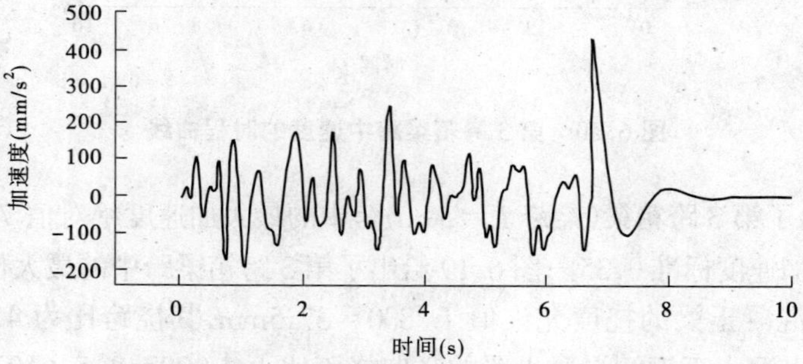

图 6.24　第 1 车厢沉浮振动加速度的时程曲线

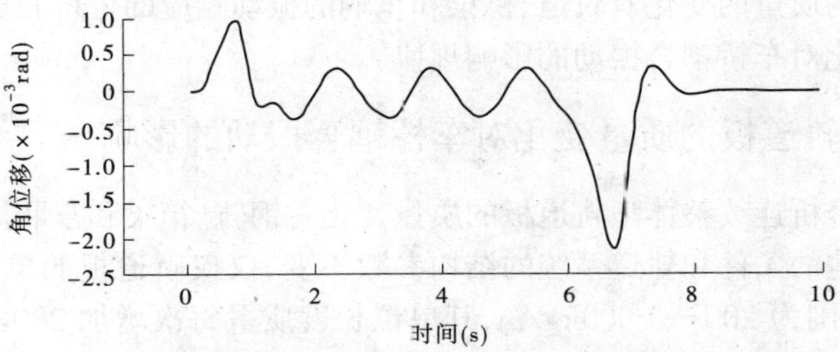

图 6.25　第 1 车厢点头振动角位移的时程曲线

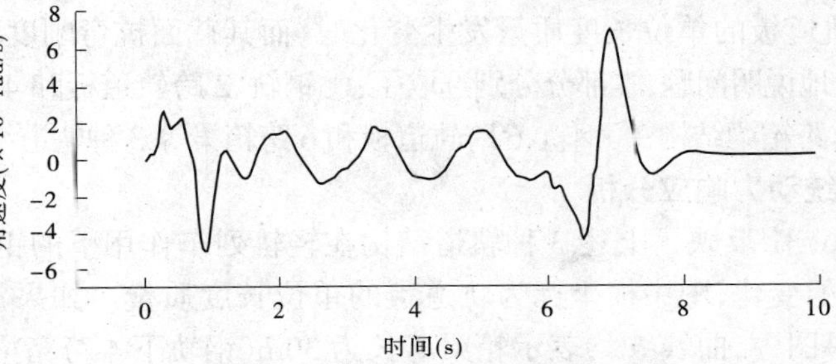

图 6.26　第 1 车厢点头振动角速度的时程曲线

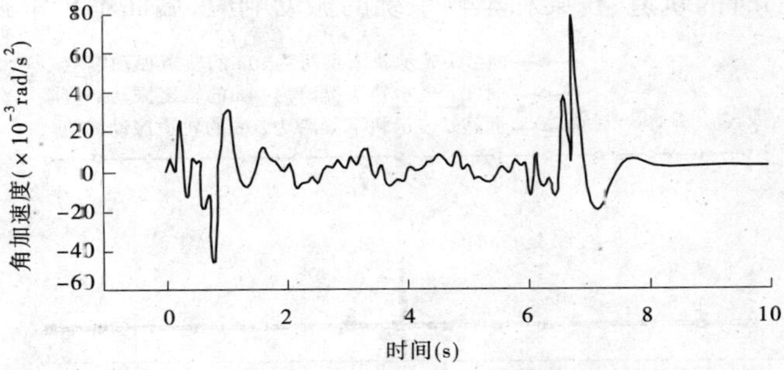

图 6.27　第 1 车厢点头振动角加速度的时程曲线

6.2　轨道板结构质量变化对车桥耦合振动的影响

前面已经指出,国内外许多文献将浮置板结构简单视为一级质量－弹簧隔振系统,浮置板均采用了有意增大参振质量和有效阻尼的办法来控制噪声和振动,故浮置板体积较大,施工、维修均不便。从经济角度来看,桥梁上的恒载越小越好,而有轨交通中桥梁上的无碴轨道(轨道板)的重量不能太大,因此减振效果最好的浮置板结构由于其结构的原因,使其在高架桥上的应用受到了很大的限制。本节主要目的是通过分析有轨交通中无碴轨道(轨道板)的结构特性,即其质量和抗弯刚度的变化对车辆、无碴轨道和桥梁系统耦合振动的影响,来探讨有轨交通中无碴轨道(轨道板)的减振特性,以及浮置板结构用于轻轨高架桥上的结构特点。

针对连续型和预制式轨道板结构的振动特性本节分别来进行研究。通过对连续型和预制式轨道板结构质量的变化对轨道、桥梁和车辆的振动响应的分析和比较，总结出轨道板结构的质量变化对车桥耦合振动的影响规律。

6.2.1 连续型轨道板的质量变化对车桥耦合振动的影响

为了系统地分析连续整体型轨道板的质量变化对钢轨、箱梁和车厢振动的影响规律，本书首先假定其他的条件和轨道系统的结构参数不变，仅仅轨道板的单位长度质量发生了变化，其变化范围为 200～3 000kg/m，其单位长度质量每次增加 200kg/m，共分 15 种情况进行分析，计算结果见图 6.28～图 6.35。这里需要指出的是，为了排除轨道板质量与轨道板抗弯刚度的相关性，本节假定轨道板（无论连续型还是预制式轨道板）为空心板，这样就能保证当轨道板的单位长度质量发生变化时，而其截面抗弯刚度不变。

为了更加充分地说明问题，本部分分别选取了：①钢轨、2 跨轨道板和 4 跨箱梁结构；②钢轨、1 跨轨道板和 5 跨箱梁结构；③钢轨、6 跨轨道板和 6 跨箱梁等 3 种轨道结构来进行分析。

6.2.1.1 轨道系统动力响应分析

图 6.28～图 6.31 反映了上述 3 种轨道结构在轻轨列车作用下的钢轨和箱梁的最大振动位移、加速度的变化，图中横坐标为轨道板的单位长度质量。如果没有特别说明，本章的所有计算结果图中，曲线 b 均表示箱梁跨长为 30m（钢轨下 4 跨箱梁）时的轨道、桥梁和车辆系统的振动响应，曲线 c、d 均分别表示箱梁跨长 24m（钢轨下 5 跨箱梁）和 20m（钢轨下 6 跨箱梁）时的轨道、桥梁和车辆系统的振动响应，后面不再单独说明。

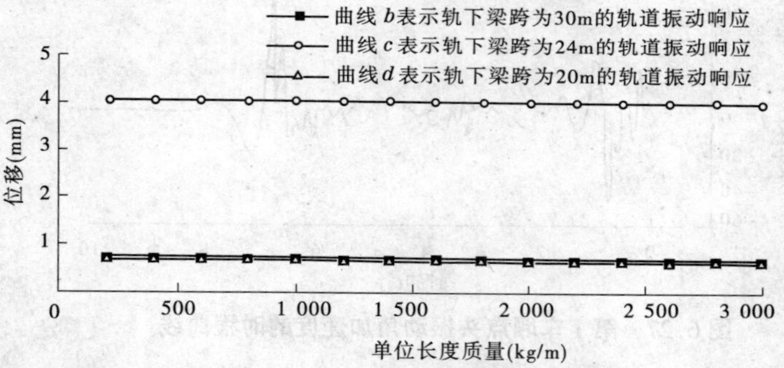

图 6.28　连续型轨道板单位长度质量变化对 3 种轨道结构中钢轨跨中最大振动位移的影响分布图

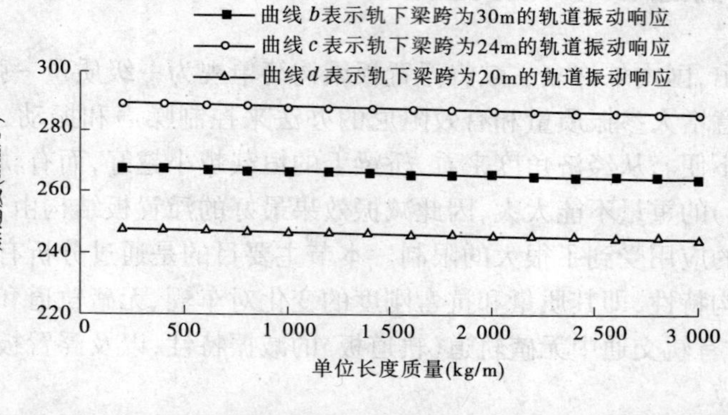

图 6.29　连续型轨道板单位长度质量变化对 3 种轨道结构中钢轨跨中最大振动加速度的影响分布图

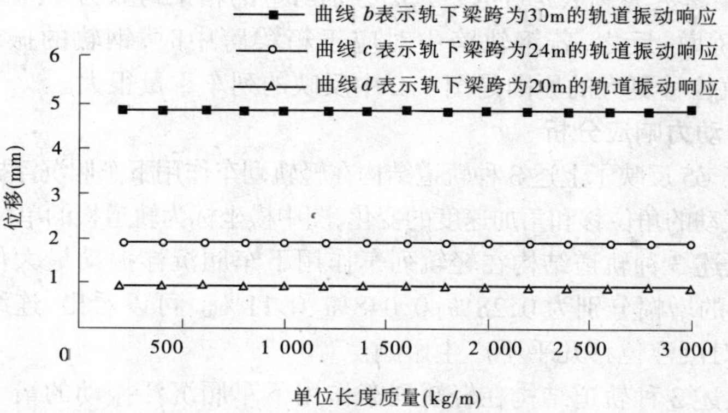

图 6.30　连续型轨道板单位长度质量变化对 3 种轨道结构中第 3 跨箱梁跨中最大振动位移的影响分布图

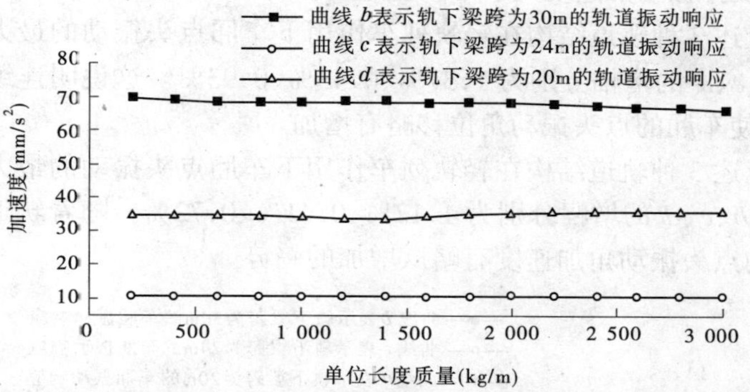

图 6.31　连续型轨道板单位长度质量变化对 3 种轨道结构中第 3 跨箱梁跨中最大振动加速度的影响分布图

图 6.28 为上述 3 种轨道结构在轻轨列车作用下钢轨跨中最大振动位移的变化分布图。曲线 b、c 分别上涨 0.18%、0.27%，而曲线 d 下降幅 0.09%。因此，连续型轨道板单位长度质量的变化对钢轨的振动位移几乎不产生影响。

图 6.29 为上述 3 种轨道结构在轻轨列车作用下钢轨跨中最大振动加速度的变化分布图。曲线 b、c、d 分别上涨 0.59%、0.14%、0.5%。可以看出，随着轨道板单位长度质量的增加，钢轨的振动加速度的减少很有限。

图 6.30 为上述 3 种轨道结构在轻轨列车作用下第 3 跨箱梁跨中最大振动位移的变化分布图。曲线 b、c、d 分别上涨 0.93%、0.29%、0.82%。因此，连续型轨道板单位长度质量的变化对箱梁振动位移几乎不产生影响。

图 6.31 为上述 3 种轨道结构在轻轨列车作用下第 3 跨箱梁跨中最大振动加速度的变化分布图。可以看出，随着轨道板单位长度质量的增加，箱梁的振动加速度出现了不同的变化趋势，但变化的幅度有限。轨道板的单位长度质量增加了 15 倍，曲线 b 为下降趋势，降幅为 4.25%；曲线 c 为上升趋势，涨幅为 7.32%；曲线 d 为中间低两边高的凹型曲线，其中最右端比中部最低处上涨 7.44%。

这里需要指出的是，图 6.28 中的曲线 b、d 反映的钢轨最大振动位移小于 1mm，而曲线 c 反映的钢轨振动位移大于 4mm，这是因为本书给出的钢轨位移均取于钢轨的跨中，而当钢轨下的箱梁跨数为偶数跨(曲线 b、d 分别对应的箱梁跨数为 4、6 跨)时,钢轨跨中对应于高架桥的桥墩;反之,若钢轨跨中对应于箱梁跨中时,钢轨的振动位移会很大。图 7.2给出的钢轨位移更大的原因是图 7.2 中反映的列车重量很大。

6.2.1.2 车厢的动力响应分析

图 6.32~图 6.35 反映了上述 3 种轨道结构在轻轨列车作用下车厢沉浮振动的最大位移、加速度以及点头振动的角位移和角加速度的变化,图中横坐标为轨道板的单位长度质量。

图 6.32 为上述 3 种轨道结构在轻轨列车作用下车厢沉浮振动最大位移的变化分布图。曲线 b、c、d 的增幅分别为 0.28%、0.048%、0.11%。可以看出,连续型轨道板单位长度质量的变化对沉浮位移几乎不产生影响。

图 6.33 为上述 3 种轨道结构在轻轨列车作用下车厢沉浮振动的最大加速度的变化分布图。曲线 b、c、d 的增幅分别为 0.83%、0.46%、0.62%。连续型轨道板单位长度质量的增加对车厢沉浮振动加速度几乎不产生影响。

图 6.34 为上述 3 种轨道结构在轻轨列车作用下车厢点头振动的最大角位移变化的分布图。曲线 b、c、d 的增幅分别为 1.37%、0.43%、0.93%。这说明连续型轨道板单位长度质量的变化使车厢的点头振动角位移略有增加。

图 6.35 为上述 3 种轨道结构在轻轨列车作用下车厢点头振动的最大角加速度的变化分布图。曲线 b、c、d 的增幅分别为 1.12%、0.41%、0.72%。随着轨道板单位长度质量的增加,车厢的点头振动角加速度有略微增加的趋势。

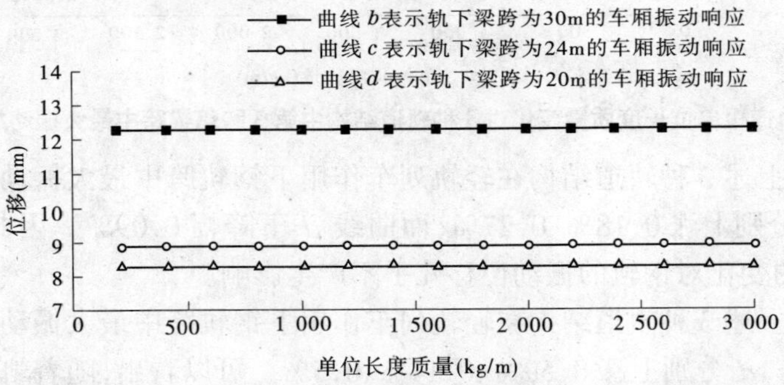

图 6.32 车厢沉浮振动的最大位移随连续型轨道板单位长度质量变化的分布图

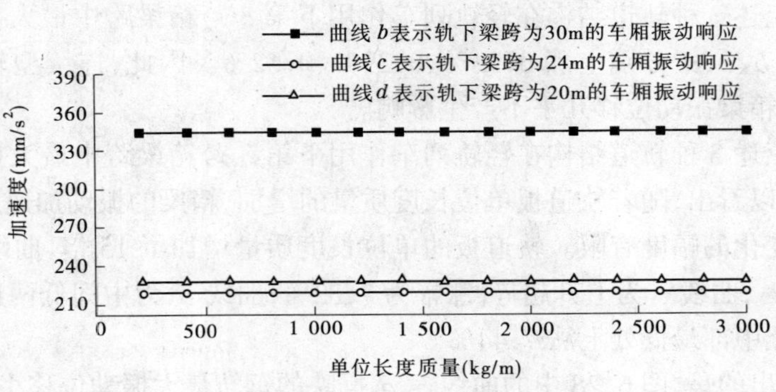

图 6.33 车厢沉浮振动的最大加速度随连续型轨道板单位长度质量变化的分布图

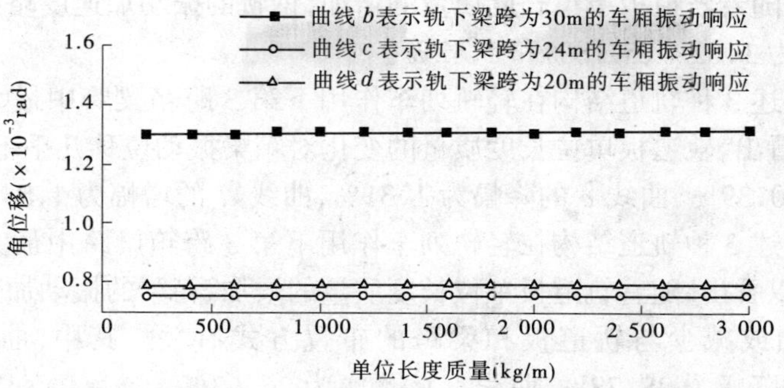

图 6.34　车厢点头振动的最大角位移随连续型轨道板单位长度质量变化的分布图

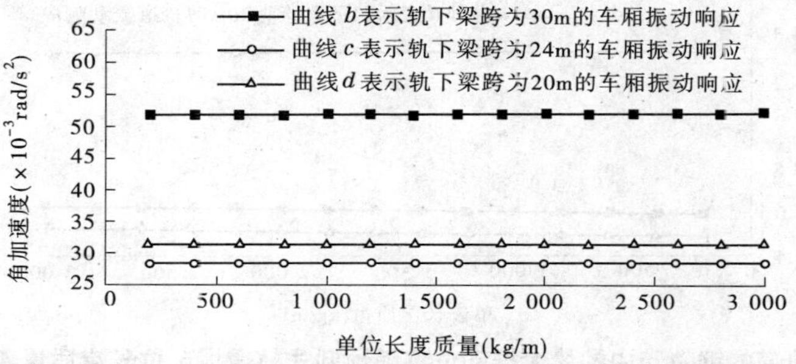

图 6.35　车厢点头振动的最大角加速度随连续型轨道板单位长度质量变化的分布图

由图 6.28～图 6.35 可以看出，连续型轨道板质量的变化对车辆和桥梁振动的影响很有限，单位长度质量增加 15 倍，箱梁和钢轨振动位移和加速度量的变化不超过 5%，而车厢的振动位移和加速度量的增加不超过 1.5%。由此可见，连续型轨道板质量的增加与无碴轨道减振性能的改善没有必然的联系。

6.2.2　预制式轨道板的质量变化对车桥耦合振动的影响

为了系统地分析预制式轨道板的质量变化对钢轨、箱梁和车厢振动的影响规律，参照 6.2.1 部分，本部分同样假定仅仅是轨道板（空心板）的单位长度质量发生了变化，其变化范围在 200～3 000kg/m 之间，其单位长度质量每次增加 200kg/m，共分 15 种情况进行分析，计算结果如图 6.36～图 6.43 所示。

前已说明，本部分设定了：①钢轨、24 跨轨道板和 4 跨箱梁结构；②钢轨、25 跨轨道板和 5 跨箱梁结构；③钢轨、24 跨轨道板和 6 跨箱梁结构共计 3 种轨道结构用来进行分析。

6.2.2.1　轨道系统动力响应分析

图 6.36～图 6.39 反映了上述 3 种轨道结构在轻轨列车作用下的钢轨和箱梁的最大的振动位移、加速度的变化，图中横坐标为轨道板的单位长度质量。

图 6.36 为上述 3 种轨道结构在轻轨列车作用下钢轨跨中最大振动位移的变化分布图。随着轨道板单位长度质量的增大，钢轨的振动位移变化不大，曲线 b、d 的增幅分别为 1.08% 和 1.25%，而曲线 c 的降幅为 0.09%。

图 6.37 为上述 3 种轨道结构在轻轨列车作用下钢轨跨中最大振动加速度的变化分

布图。可以看出，随着轨道板单位长度质量的增加，钢轨的振动加速度略有减少，曲线 b、c、d 的降幅依次为1.62%、5.18%和1.42%。

图6.38为上述3种轨道结构在轻轨列车作用下第3跨箱梁跨中最大振动位移的变化分布图。可以看出，轨道板单位长度质量的变化对箱梁振动位移几乎不产生影响，其中曲线 b 的增幅为0.39%，曲线 c 的降幅为1.31%，曲线 d 的增幅为1.84%。

图6.39为上述3种轨道结构在轻轨列车作用下第3跨箱梁跨中最大振动加速度的变化分布图。可以看出，随着轨道板单位长度质量的增加，箱梁的振动加速度增幅和降幅都较明显，其增加或减少与轨道板和梁跨的布置方式有关。其中，曲线 b 的降幅为9.71%，曲线 c 的降幅为28.78%，曲线 d 的增幅为26.63%。

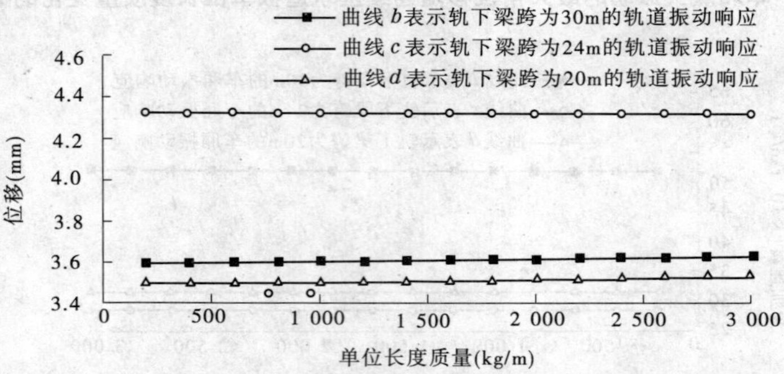

图6.36 3种轨道的钢轨跨中的最大振动位移随预制式轨道板单位长度质量变化的分布图

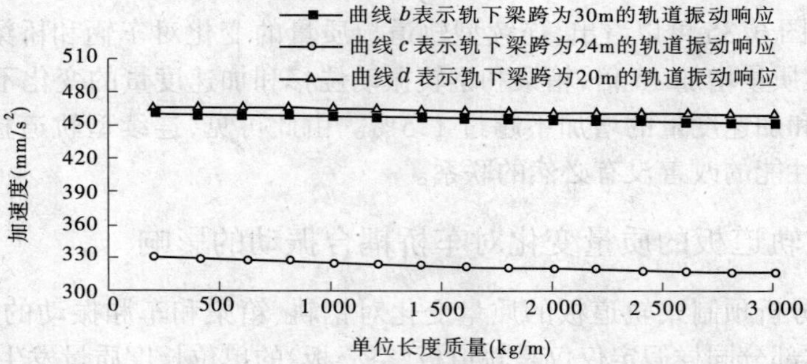

图6.37 3种轨道的钢轨跨中的最大振动加速度随预制式轨道板单位长度质量变化的分布图

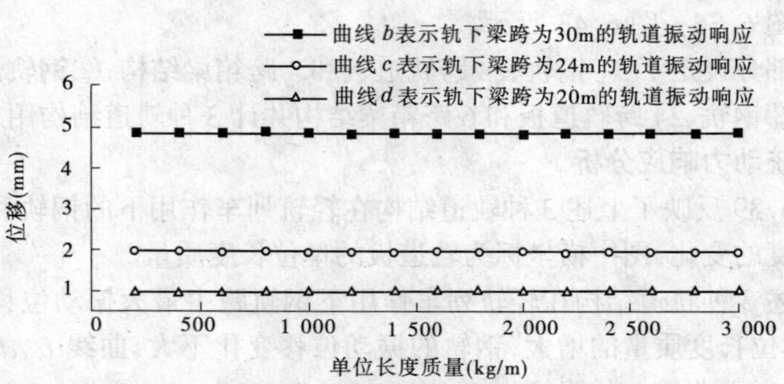

图6.38 3种轨道的第3跨箱梁跨中的最大振动位移随预制式轨道板单位长度质量变化的分布图

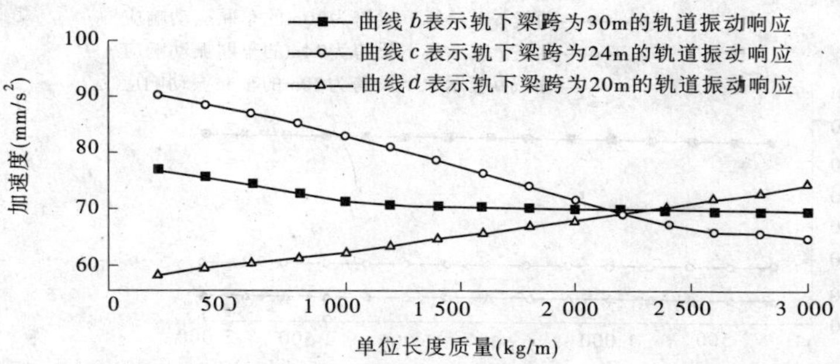

图 6.39　3 种轨道的第 3 跨箱梁跨中的最大振动加速度随预制式轨道板单位长度质量变化的分布图

由此可知，预制式轨道板质量的增加对钢轨的位移、速度以及箱梁的位移影响不大，而对箱梁跨中的加速度影响较大，轨道板的质量变化可能引起箱梁振动加速度增加或减少，与轨道板和箱梁的布置方式有关。

6.2.2.2　车厢的动力响应分析

图 6.40～图 6.43 反映了上述 3 种轨道结构在轻轨列车作用下车厢沉浮振动的最大位移、加速度以及点头振动的最大角位移和角加速度的变化，图中横坐标为轨道板的单位长度质量。

图 6.40 为上述 3 种轨道结构在轻轨列车作用下车厢沉浮振动最大位移的变化分布图。曲线 b、c、d 的增幅分别为 0.9%、0.73%、0.28%。可以看出，轨道板单位长度质量的变化对车厢沉浮位移产生的影响不大。

图 6.41 为上述 3 种轨道结构在轻轨列车作用下车厢沉浮振动最大加速度的变化分布图。曲线 b、c、d 的增幅分别为 1.02%、0.71%、0.69%。随着轨道板单位长度质量的增加，车厢沉浮振动加速度略有增加。

图 6.42 为上述 3 种轨道结构在轻轨列车作用下车厢点头振动的最大角位移的变化分布图。曲线 b、d、c 的增幅分别为 0.8%、0.74%、0.73%。这说明轨道板单位长度质量的变化对车厢点头振动角位移产生的影响不大。

图 6.43 为上述 3 种轨道结构在轻轨列车作用下车厢点头振动的最大角加速度的变化分布图。曲线 b、c、d 的增幅分别为 0.51%、0.74%、0.74%。可以看出，随着预制式轨道板单位长度质量的增加，车厢点头振动的角加速度有略微增加的趋势。

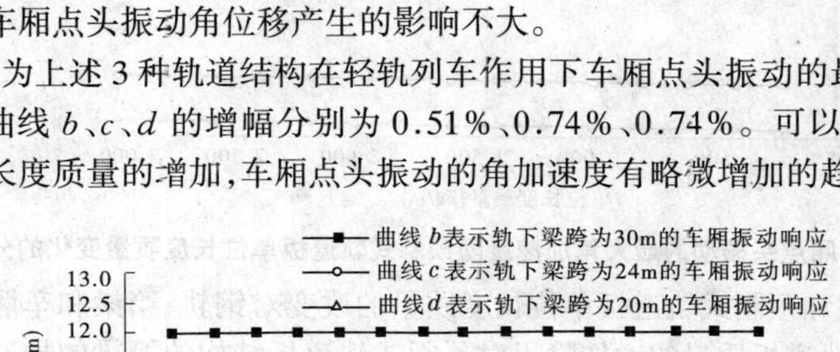

图 6.40　车厢沉浮振动的最大位移随预制式轨道板单位长度质量变化的分布图

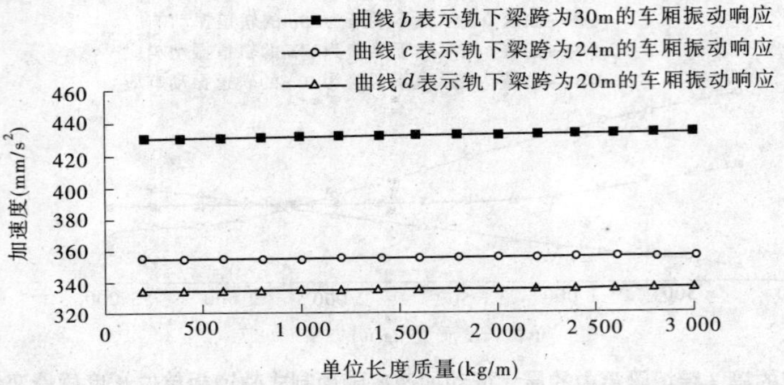

图 6.41　车厢沉浮振动的最大加速度随预制式轨道板单位长度质量变化的分布图

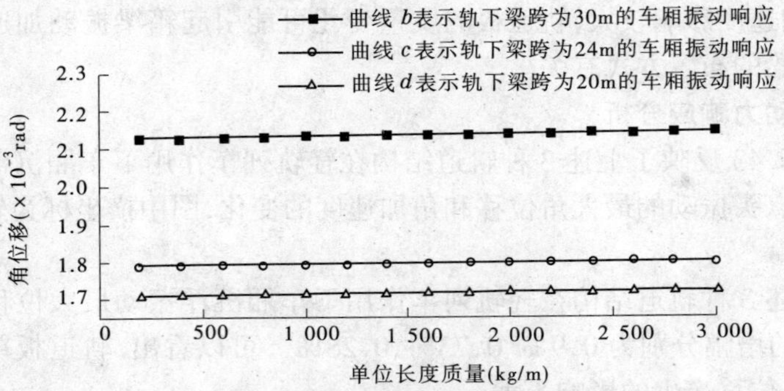

图 6.42　车厢点头振动的最大角位移随预制式轨道板单位长度质量变化的分布图

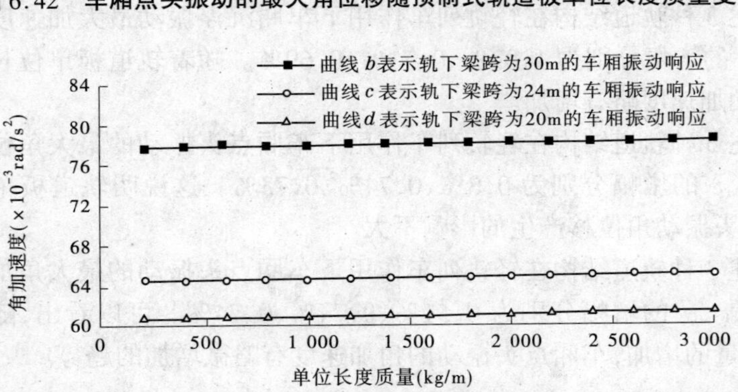

图 6.43　车厢点头振动的最大角加速度随预制式轨道板单位长度质量变化的分布图

通过对连续型和预制式轨道板单位长度质量的改变对钢轨、箱梁和车厢振动的影响的分析,可以看出轨道板质量的增加除了对预制式轨道板结构的箱梁的加速度值影响较大外,对车辆和钢轨的振动位移、加速度以及箱梁的位移影响都很小。由图 6.31 和图 6.39可以看出,与一级隔振系统的特点不同,轨道板质量的增加并不能保证箱梁的加速度一定降低,这与箱梁和轨道板的不同布置有关。因此,在高架桥上的轨道板质量不能像隧道中的浮置板那样做得很笨重,看来,如果试图以在高架桥上增加轨道板的质量来提高其减振效果的话,很可能会南辕北辙。

钢轨下的轨道板和箱梁组合在一起,共同组成了轨下的基础(这里简称为轨道梁),由于轨道板和箱梁的质量相比要小得多，因此轨道板质量的改变对轨道梁自振频率的改变影响不大，亦即轨道板质量的变化对车桥系统耦合振动响应的影响不大。

工程建议：由于车桥耦合振动中轨道板质量的变化对钢轨和箱梁的振动位移和加速度的影响有限，因此轨道板质量的增加与无碴轨道减振性能的改善没有必然的联系，工程实践上可将浮置板设计为空心板，以减轻桥梁的恒载和使施工更加便利。

6.3 轨道板结构抗弯刚度或高度变化对车桥耦合振动的影响

通过 6.2 节的讨论，已经基本上排除了在高架桥上通过增加轨道板的质量来提高无碴轨道系统的减振效果的措施。本节来讨论通过改变连续型轨道板结构的抗弯刚度，以及改变预制式轨道板结构的高度，通过车辆－无碴轨道－桥梁耦合振动的分析，来研究轨道板的抗弯刚度或高度尺寸对系统振动的影响。

6.3.1 连续型轨道板的抗弯刚度变化对车桥耦合振动的影响

为了系统地分析连续整体型轨道板的抗弯刚度的变化对钢轨、箱梁和车厢振动的影响规律，本书首先假定其他的条件和轨道系统的结构参数不变，仅仅是连续型轨道板的抗弯刚度发生了变化，其变化范围为 $1\times10^6\sim1\times10^{10}$ N·m^2，依次取 18 个点来进行分析，其分别为 0.01、0.05、0.1、0.3、0.6、1.0、3.0、6.0、10、20、…、100，其单位为 10^8 N·m^2，计算结果如图 6.44～图 6.51 所示。

为了更加充分地说明问题，本部分分别选取了：①钢轨、2 跨轨道板和 4 跨箱梁结构；②钢轨、1 跨轨道板和 5 跨箱梁结构；③钢轨、6 跨轨道板和 6 跨箱梁等 3 种轨道结构来进行分析。

6.3.1.1 轨道系统动力响应分析

图 6.44～图 6.47 反映了上述 3 种轨道结构在轻轨列车作用下的钢轨和箱梁的最大振动位移、加速度的变化，图中横坐标为轨道板的抗弯刚度。

图 6.44 为上述 3 种轨道结构在轻轨列车作用下钢轨跨中最大振动位移的变化分布图。曲线 b、c、d 降幅依次为 40.06%、26.2%、62.21%。其中，$10^7\sim10^9$ N·m^2 区间 3 曲线降幅占总降幅的百分比分别为 67.4%、54.68%、86.5%。

图 6.45 为上述 3 种轨道结构在轻轨列车作用下钢轨跨中最大振动加速度的变化分布图。曲线 b、c、d 的降幅分别为 6.28%、3.69%、9.73%。其中 $10^7\sim10^9$ N·m^2 区间 3 曲线降幅占总降幅的百分比分别为 88.98%、50.46%、66.33%。

图 6.46 为上述 3 种轨道结构在轻轨列车作用下第 3 跨箱梁跨中最大振动位移的变化分布图。曲线 b、c、d 的降幅依次为 33.18%、20.45%、53.32%。3 条曲线在变化区间内接近于线性减少。

图 6.47 为上述 3 种轨道结构在轻轨列车作用下第 3 跨箱梁跨中最大振动加速度的变化分布图。曲线 b、c、d 的降幅分别为 40.52%、44.05%、18.91%。其中 $10^7\sim10^9$ N·m^{2}区间 3 曲线降幅占总降幅的百分比分别为 33.17%、46.59%、51.23%。

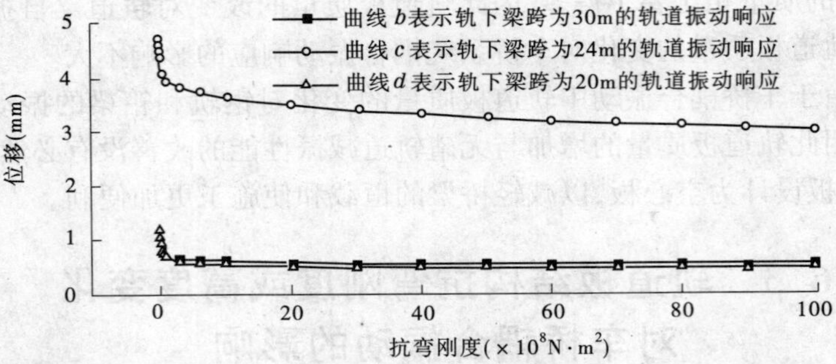

图 6.44　3 种轨道的钢轨跨中最大振动位移随连续型轨道板抗弯刚度变化的分布图

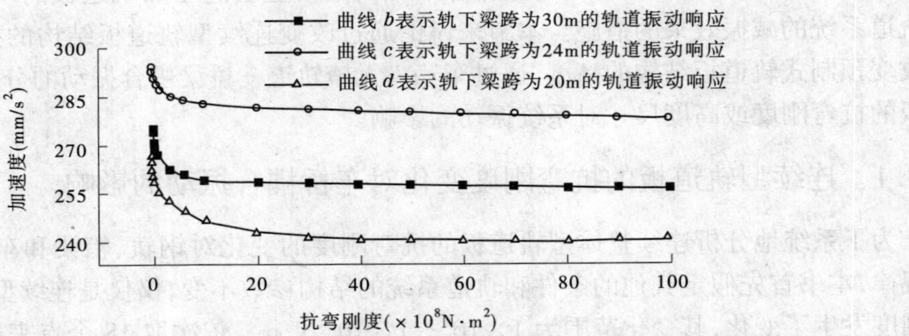

图 6.45　3 种轨道的钢轨跨中最大振动加速度随连续型轨道板抗弯刚度变化的分布图

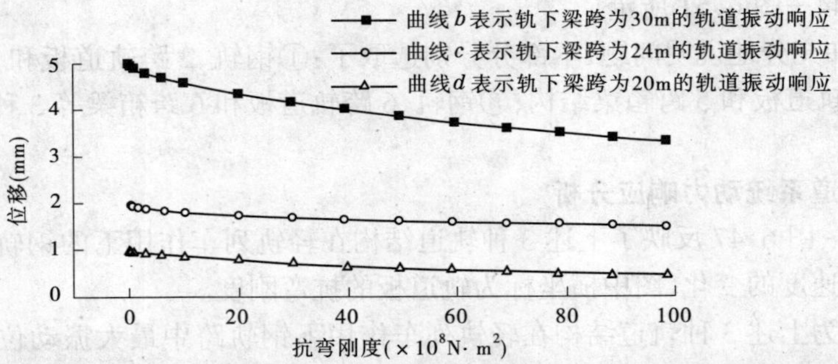

图 6.46　3 种轨道的第 3 跨箱梁跨中最大振动位移随连续型轨道板抗弯刚度变化的分布图

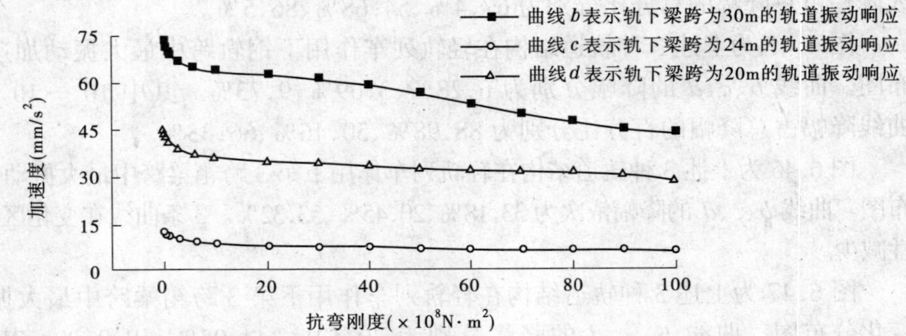

图 6.47　3 种轨道的第 3 跨箱梁跨中最大振动加速度随连续型轨道板抗弯刚度变化的分布图

6.3.1.2 **车厢的动力响应分析**

图 6.48～图 6.51 反映了上述 3 种轨道结构在轻轨列车作用下车厢的最大沉浮振动位移、加速度以及点头振动的角位移和角加速度的变化，图中横坐标为轨道板的抗弯刚度。

图 6.48 为上述 3 种轨道结构在轻轨列车作用下车厢沉浮振动最大位移的变化分布图。曲线 b、c、d 的降幅分别为 22.2%、5.43%、24.11%。其中，10^7～10^9N·m^2 区间 3 曲线降幅占总降幅的百分比分别为 45.09%、17.37%、54.38%。

图 6.49 为上述 3 种轨道结构在轻轨列车作用下车厢沉浮振动最大加速度的变化分布图，曲线 b、c、d 的降幅依次为 49.26%、18.85%、33.36%。其中，10^7～10^9N·m^2 区间 3 曲线降幅占总降幅的百分比分别为 53.85%、40.33%、76.58%。

图 6.50 为上述 3 种轨道结构在轻轨列车作用下车厢点头振动最大角位移的变化分布图。曲线 b、c、d 的降幅分别为 58.62%、38.52%、57.42%。其中，10^7～10^9N·m^2 区间 3 曲线降幅占总降幅的百分比分别为 59.65%、28.72%、57.69%。

图 6.51 为上述 3 种轨道结构在轻轨列车作用下车厢点头振动最大角加速度的变化分布图。曲线 b、c、d 的降幅依次为 52.65%、22.22%、52.9%，其中，10^7～10^9N·m^2 区间 3 曲线降幅占总降幅的百分比分别为 60.71%、22.99%、69.63%。

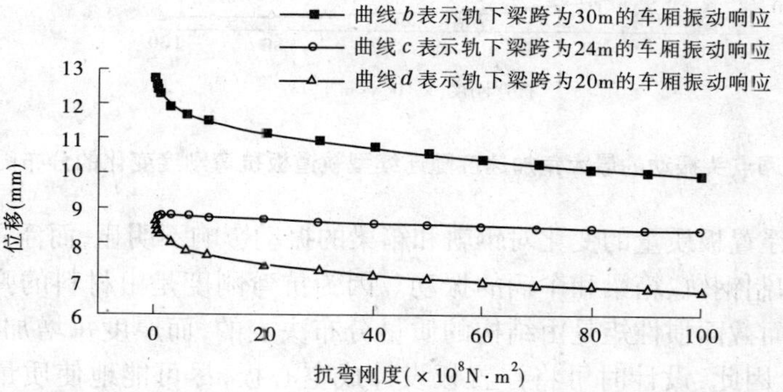

图 6.48 车厢沉浮振动的最大位移随连续型轨道板抗弯刚度变化的分布图

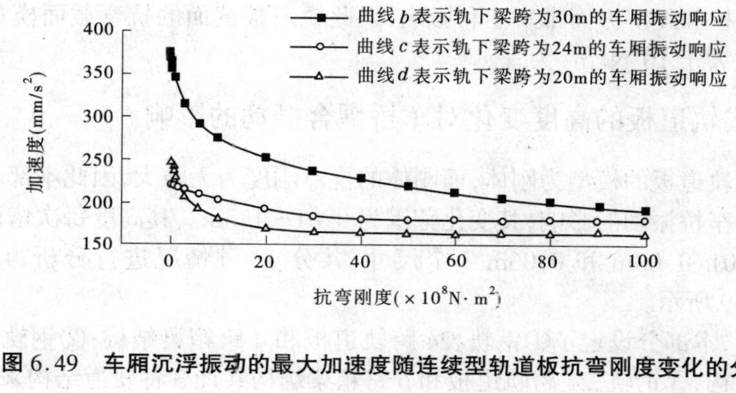

图 6.49 车厢沉浮振动的最大加速度随连续型轨道板抗弯刚度变化的分布图

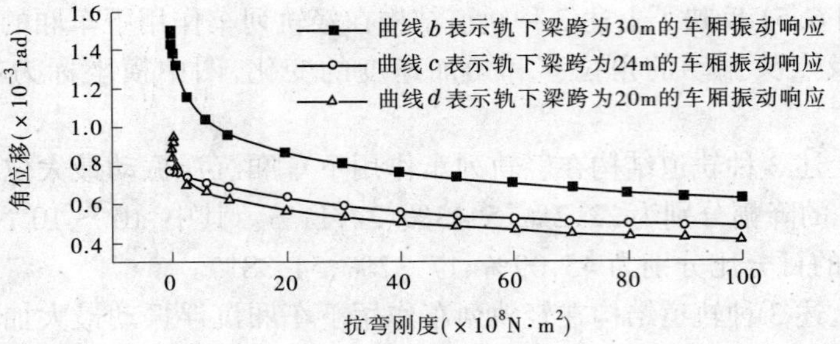

图 6.50　车厢点头振动的最大角位移随连续型轨道板抗弯刚度变化的分布图

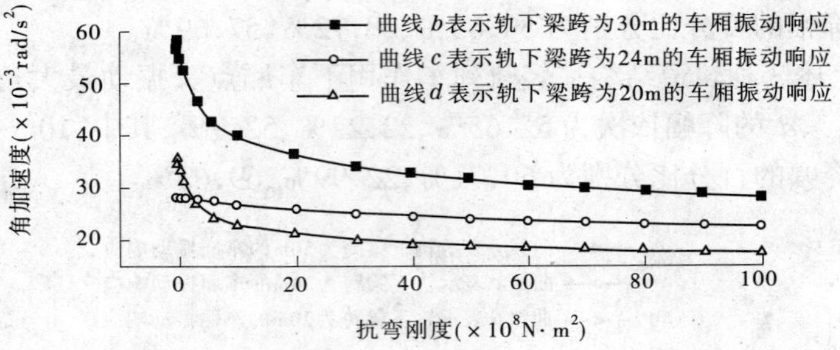

图 6.51　车厢点头振动的最大角加速度随连续型轨道板抗弯刚度变化的分布图

由 6.2 节可知，浮置板质量的变化对钢轨和箱梁的振动影响不明显，而浮置板的抗弯刚度的增加能有效抑制钢轨、箱梁和车辆的振动。因为抗弯刚度是由材料的弹性模量和截面惯性矩决定的，而截面惯性矩是由结构的质量分布决定的，而厚度每增加 1 倍，截面惯性矩可增加 8 倍。因此，设计时可将浮置板设计成空心板，尽可能地使质量远离中心轴，甚至在有特殊减振要求的地区，浮置板的上、下面可增加钢板，以增加截面弹性模量。另外，连续型轨道板抗弯截面模量值在小于 10^9N·m^2 时的减振效果明显，在大于 10^9 N·m^2 时振动值的减小逐渐趋于平缓。而抗弯截面模量过高势必会增加轨道板的重量和桥梁的恒载，给施工、维护和经济方面带来不利影响，因此轨道板截面的抗弯截面模量值设计为 10^9N·m^2 左右或大于 10^9N·m^2 为宜。

6.3.2　预制式轨道板的高度变化对车桥耦合振动的影响

由于预制式轨道板的模型为刚体，而刚体的抗弯刚度为无限大，因此本部分考虑轨道板高度的变化对车桥振动的影响，其变化范围为 0.01～1.5m。其高度每次增加 0.1m，在 0.1m 之前取 0.01、0.03m 和 0.06m 3 个尺寸，共分 18 种情况进行分析，计算结果如图 6.52～图 6.59 所示。

前面已说明，本部分设定了①钢轨、24 跨轨道板和 4 跨箱梁结构；②钢轨、25 跨轨道板和 5 跨箱梁结构；③钢轨、24 跨轨道板和 6 跨箱梁结构共计 3 种轨道结构来进行分析。

6.3.2.1 轨道系统的振动分析

图 6.52～图 6.55 反映了上述 3 种轨道结构在轻轨列车作用下的钢轨和箱梁的最大的振动位移、加速度的变化，图中横坐标为轨道板的高度尺寸。从图 6.52～图 6.55 四个图可以看出，预制式轨道板的高度从 0.01m 变化到 1.5m，然而钢轨和箱梁的位移、加速度几乎没有变化，幅值的改变均在 0.1%之内。

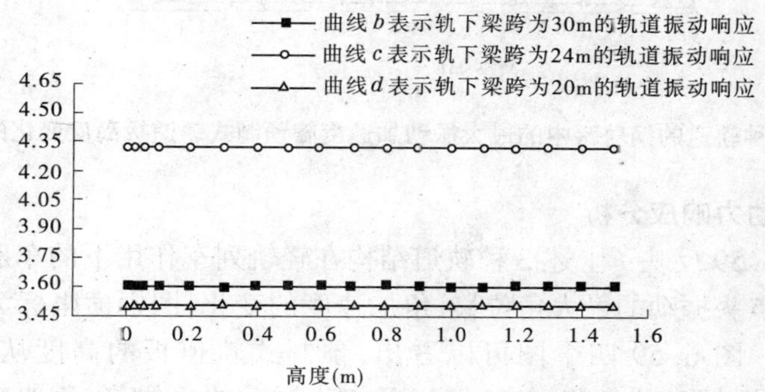

图 6.52 3 种轨道的钢轨跨中的最大振动位移随预制式轨道板高度变化的分布图

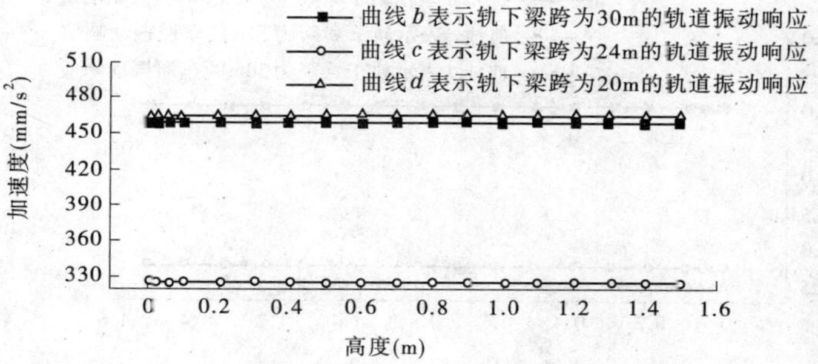

图 6.53 3 种轨道的钢轨跨中的最大振动加速度随预制式轨道板高度变化的分布图

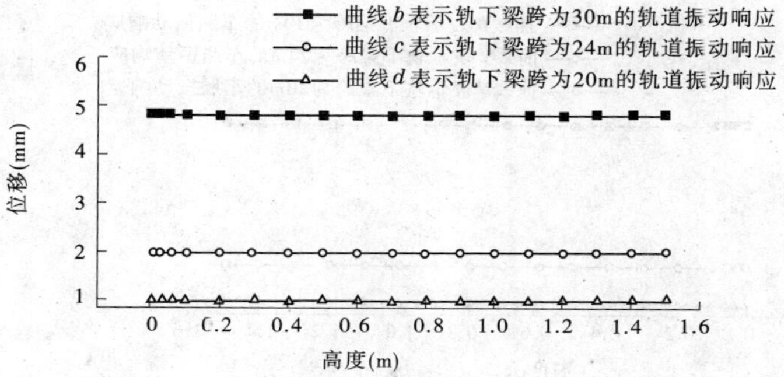

图 6.54 3 种轨道的箱梁跨中的最大振动位移随预制式轨道板高度变化的分布图

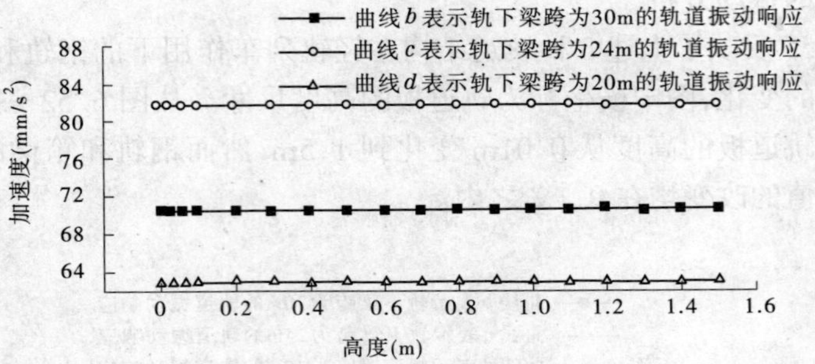

图 6.55　3 种轨道的钢轨跨中的最大振动加速度随预制式轨道板高度变化的分布图

6.3.2.2　车厢的动力响应分析

图 6.56～图 6.59 反映了上述 3 种轨道结构在轻轨列车作用下的车厢沉浮振动的最大位移、加速度和点头振动的最大角位移、角加速度的变化，图中横坐标为轨道板的高度尺寸。从图 6.56～图 6.59 四个图可以看出，预制式轨道板的高度从 0.01m 变化到 1.5m，然而车厢沉浮振动的位移、加速度以及点头振动的角位移、角加速度几乎没有变化，幅值的改变均在 0.1%之内。

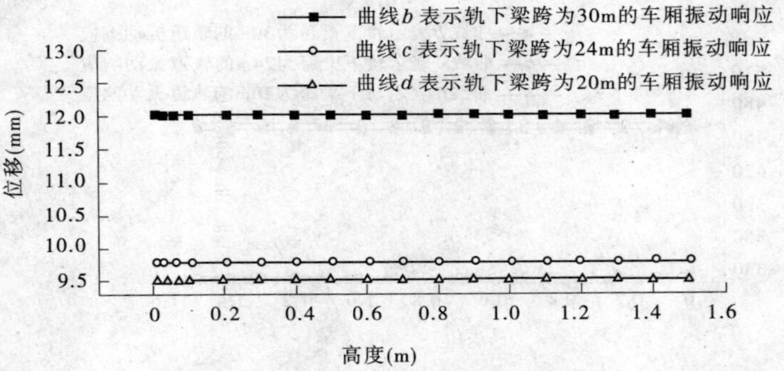

图 6.56　车厢沉浮振动的最大位移随预制式轨道板高度变化的分布图

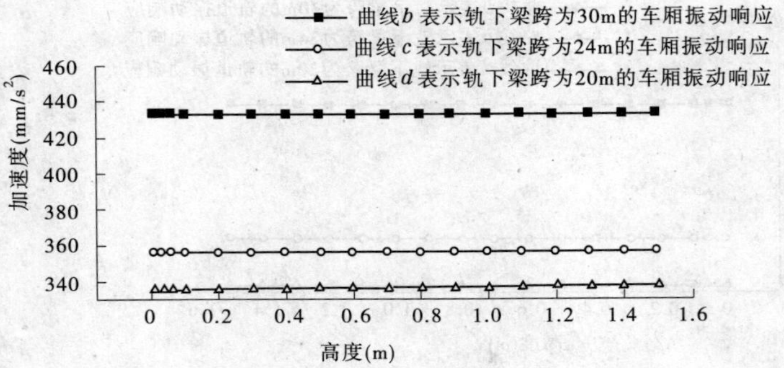

图 6.57　车厢沉浮振动的最大加速度随预制式轨道板高度变化的分布图

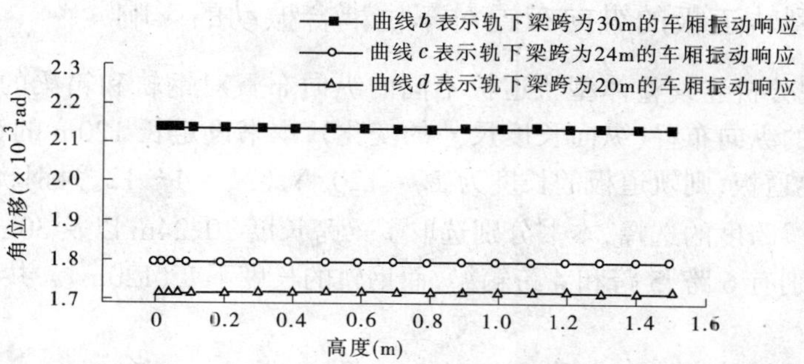

图 6.58 车厢点头振动的最大角位移随预制式轨道板高度变化的分布图

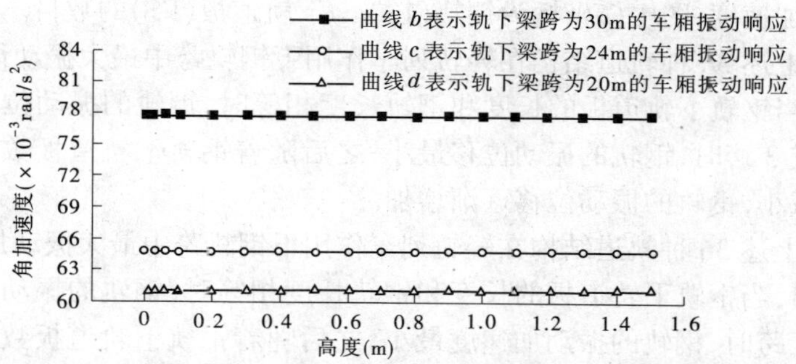

图 6.59 车厢点头振动的最大角加速度随预制式轨道板高度变化的分布图

截面高度的增加意味着截面惯性矩和转动惯量的增加，而轨道板的刚体模型不能有效地模拟截面惯性矩和转动惯量的增加对车桥振动响应影响的预测。其原因是刚体模型本身就说明截面的抗弯截面模量无穷大，不会发生弯曲变形。实际上，一般的预制式轨道板在车桥耦合振动中发生了弯曲变形的，而本节的 6.3.1 的计算结果说明了轨道板的弯曲变形对车桥振动的影响。这一切都是把轨道板视为刚体模型时模型本身缺陷的原因，由此看来刚体模型不能有效模拟截面的弯曲变形以及截面惯性矩和转动惯量的变化对车桥耦合振动影响的规律。

本节的工程建议：①车桥耦合振动中轨道板抗弯刚度的增加对钢轨和箱梁的振动响应有明显的抑制作用，轨道板设计时尽量将质量分布远离中心轴，或增加钢板，以增加截面的弹性模量。②轨道板截面的抗弯截面模量值设计为 10^9N·m^2 左右为宜。

随着轨道板的抗弯刚度取值越小，轨道梁的自振频率就会降低，当其抗弯刚度值小于 10^9N·m^2 时，轨道梁的频率将和车厢的振动频率很接近，从而使车桥系统振动加剧。

6.4 轨道板纵向布置对车桥耦合振动影响的分析

本节通过对整体连续型和预制式轨道板结构的不同的纵向布置（或者纵向长度尺寸的确定）对轨道、箱梁和车辆的振动响应的分析和比较，总结出轨道板结构的纵向布置方式对车桥耦合振动的影响规律，求得合理的高架轨道结构布置方式，使轨道的固有频率降低、减振效果好。

6.4.1 连续型轨道板的纵向布置对车桥耦合振动的影响

为了系统地分析连续整体型轨道板不同的纵向布置对钢轨和箱梁的振动的影响规律,关于轨道板的纵向布置(纵向长度尺寸的变化),本书设定长 120m 的钢轨下,分别布置了 1～12 块轨道板,则轨道板的长度为 $L_s = 120/N_s$($N_s = 1$～12,为钢轨下轨道板的数目)。而对于箱梁跨度的选择,本书分别选取了梁跨长度 20、24m 以及 30m 3 种情况来分析,即钢轨下分别有 6 跨、5 跨和 4 跨箱梁,而钢轨的长度不变(120m)。共计 36 种轨道结构用来进行分析。

6.4.1.1 轨道系统动力响应分析

图 6.60～图 6.63 反映了上述 36 种轨道结构在轻轨列车作用下的钢轨和箱梁的最大的振动位移、加速度,图中横坐标为钢轨(120m)下轨道板(FS)的数目。

图 6.60 为上述 36 种轨道结构在轻轨列车作用下钢轨跨中最大振动位移的变化分布图。可以看出,当钢轨下轨道板的长度和钢轨长度相等时,钢轨的振动位移最大;钢轨下轨道板为 2 跨或 3 跨时,钢轨的振动位移最小;之后随着钢轨下轨道板数目的增加,或者轨道板的长度减小,钢轨的振动位移逐渐增加。

图 6.61 为上述 36 种轨道结构在轻轨列车作用下钢轨跨中最大振动加速度的变化分布图。可以看出,当钢轨下轨道板的长度和钢轨长度相等时,钢轨的振动加速度较大;钢轨下轨道板为 2 跨时,钢轨的振动加速度最小;之后随着钢轨下轨道板数目的增加,或者轨道板的长度减小,钢轨的振动加速度逐渐增加。

图 6.62 为上述 36 种轨道结构在轻轨列车作用下第 3 跨箱梁跨中最大振动位移的变化分布图。可以看出,轨道板的不同布置对箱梁的动挠度影响不大,但是箱梁的跨度对箱梁的动挠度的影响是很显著的,跨度减少 1/4(30、24m 及 20m),箱梁的动挠度就要降低 1 倍左右。从曲线 d 可以看出,当单跨轨道板下有 2 跨或 3 跨箱梁,即轨道板的设计长度是箱梁跨度的 2 倍或 3 倍时,箱梁跨中的位移相对较小。

图 6.63 为上述 36 种轨道结构在轻轨列车作用下第 3 跨箱梁跨中最大振动加速度的变化分布图。可以看出,随着钢轨下轨道板数目的增加,或者轨道板的长度越小,箱梁的振动加速度有增加的趋势;当钢轨下轨道大于 6 跨时,箱梁跨中的加速度增幅减小。

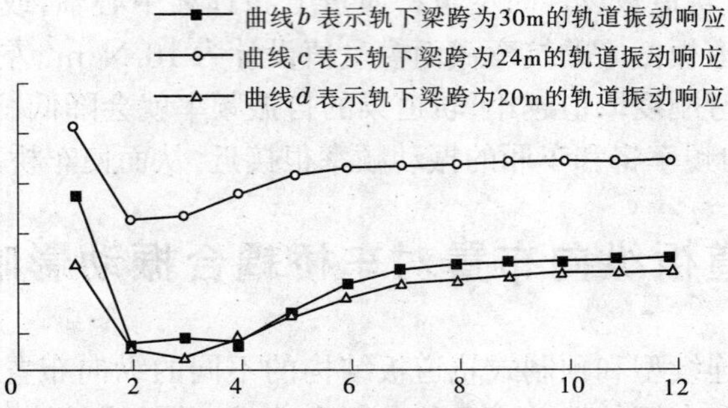

图 6.60 连续型轨道板不同纵向布置对 36 种轨道结构的钢轨跨中最大振动位移的影响分布图

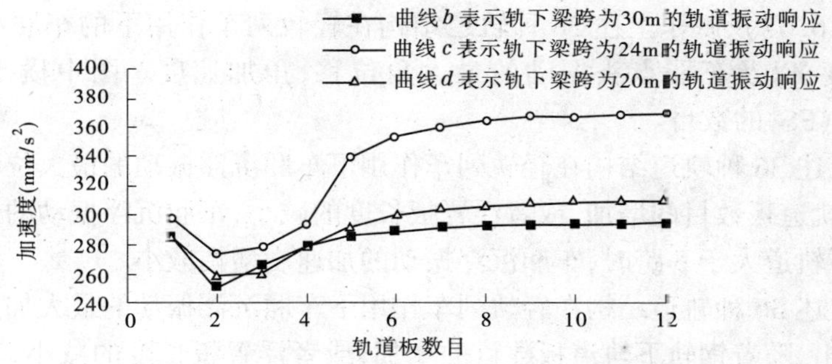

图 6.61 连续型轨道板不同纵向布置对 36 种轨道结构的钢轨跨中的最大振动加速度的影响分布图

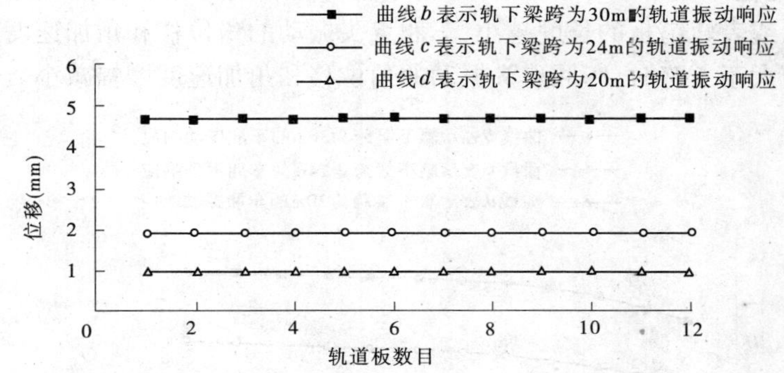

图 6.62 连续型轨道板不同纵向布置对 36 种轨道结构第 3 跨箱梁的跨中最大振动位移的影响分布图

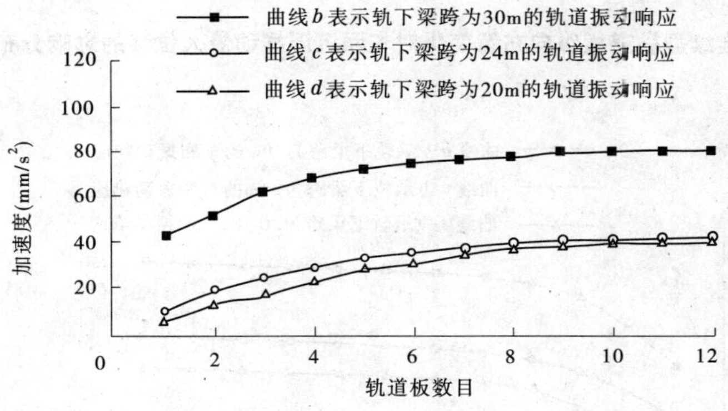

图 6.63 连续型轨道板不同纵向布置对 36 种轨道结构第 3 跨箱梁跨中最大振动加速度的影响分布图

结论与工程建议：当连续型轨道板的长度为箱梁跨度的 2 倍时，钢轨的位移、加速度，以及箱梁的动挠度、加速度值均相对较小；在对轨道板式无碴轨道进行初始设计时，本书建议连续型轨道板的长度可取为箱梁跨度的 2 倍。

6.4.1.2　**车厢的动力响应分析**

图 6.64～图 6.67 反映了上述 36 种轨道结构在轻轨列车作用下的车厢沉浮振动的最大位移、加速度，以及车厢点头振动的最大角位移、角加速度。图中横坐标为钢轨(120m)下轨道板(FS)的数目。

图 6.64 为上述 36 种轨道结构在轻轨列车作用下车厢沉浮振动的最大位移变化分布图。随着钢轨下轨道板数目的增加，或者浮置板长度的减小，车厢沉浮振动的位移有增加的趋势；当钢轨下轨道大于 5 跨时，车厢沉浮振动的加速度增幅减小。

图 6.65 为上述 36 种轨道结构在轻轨列车作用下车厢沉浮振动的最大加速度的变化分布图。可以看出，随着钢轨下轨道板数目的增加，或者浮置板长度的减小，车厢沉浮振动的加速度有增加的趋势；当钢轨下轨道大于 5 跨时，车厢沉浮振动的加速度增幅减小。

图 6.66、图 6.67 为上述 36 种轨道结构在轻轨列车作用下车厢点头振动的最大角速度和角加速度的变化分布图。可以看出，这两个图的分布规律比较近似。随着钢轨下轨道板数目的增加，或者轨道板的长度越小，车厢点头振动的角位移和角加速度有增加的趋势；当钢轨下轨道大于 5 跨时，车厢点头振动的角位移和角加速度增幅减小。

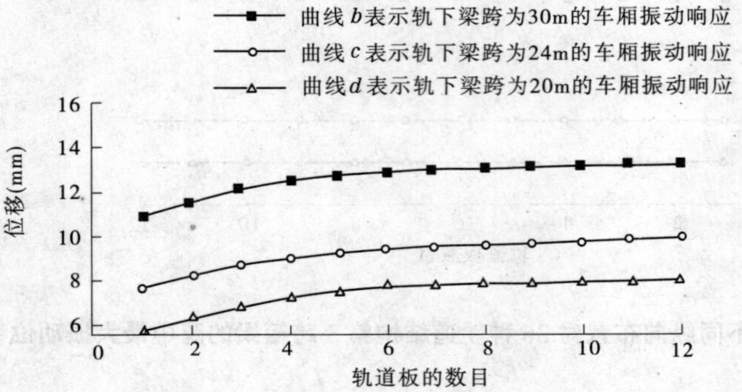

图 6.64　连续型轨道板纵向布置变化对车厢沉浮振动最大位移的影响分布图

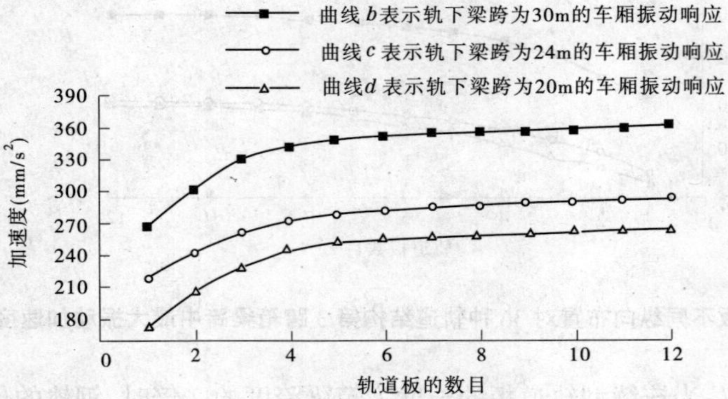

图 6.65　连续型轨道板纵向布置对车厢沉浮振动最大加速度的影响分布图

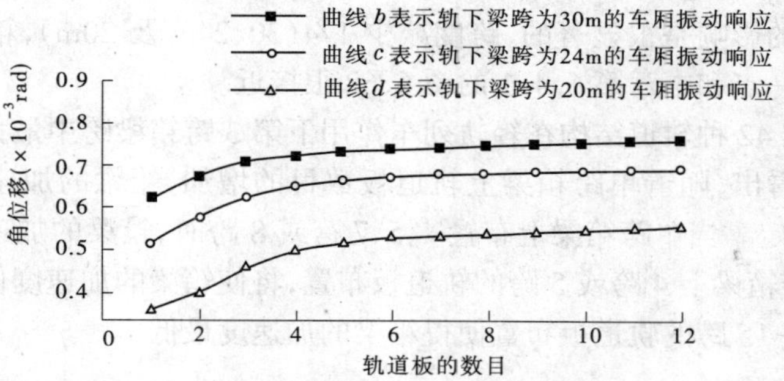

图 6.66　连续型轨道板纵向布置变化对车厢点头振动的最大角位移的影响分布图

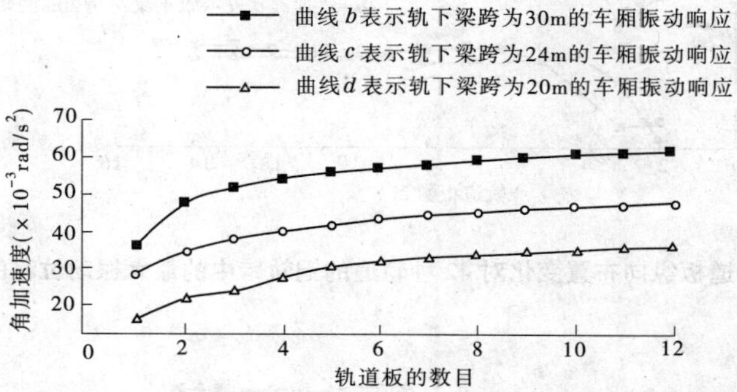

图 6.67　连续型轨道板纵向布置变化对车厢点头振动的最大角加速度的影响分布图

结论与工程建议：可以看出随着现浇连续型轨道板长度的增加，车桥耦合振动中车体的振动响应有降低的趋势，即轨道板长度增加对车体振动有抑制作用。为了施工便利，连续型轨道板长度在初始设计时可以考虑取箱梁跨度的 2 倍。

6.4.2　预制式轨道板的纵向布置对车桥振动的影响

前面已说明，本部分设定了 3 种箱梁跨度尺寸，对于任一规格的箱梁，其上的轨道板布置范围为 2～15 跨，共计 42 种轨道结构用来进行分析。

6.4.2.1　**轨道系统的振动分析**

图 6.68～图 6.71 反映了上述 42 种轨道结构在轻轨列车作用下的钢轨和箱梁最大的振动位移、加速度，图中横坐标为单跨箱梁上轨道板(FS)的数目。

图 6.68 为上述 42 种轨道结构在轻轨列车作用下钢轨跨中最大振动位移的变化分布图。可以看出，随着单跨箱梁上轨道板数目的增加，钢轨跨中的位移会增大，当轨道板数目增加到 6 跨以上后，钢轨跨中位移趋于稳定；钢轨下箱梁数为偶数跨时(4 跨或 6 跨)，钢轨的振幅要比奇数跨(5 跨)小 1 倍左右，第 6.4.1 部分的图 6.60 也有这样的现象。

图 6.69 为上述 42 种轨道结构在轻轨列车作用下钢轨跨中最大振动加速度的变化分布图。可以看出，随着单跨箱梁上轨道板数目的增加，钢轨跨中的加速度会增大，当轨道板数目增加到 6 跨以后，钢轨跨中加速度增幅趋于平缓。

图 6.70 为上述 42 种轨道结构在轻轨列车作用下第 3 跨箱梁跨中最大振动位移的变

化分布图。可以看出,轨道板的不同布置对箱梁的动挠度几乎不产生影响,但是箱梁的跨度对箱梁的动挠度的影响是很显著的,跨度减少 1/4(30、24m 及 20m),箱梁的动挠度要降低 1 倍左右。这一点和本章第 6.4.1 的图 6.62 很接近。

图 6.71 为上述 42 种轨道结构在轻轨列车作用下第 3 跨箱梁跨中最大振动加速度的变化分布图。可以看出,随着单跨箱梁上轨道板数目的增加,箱梁的加速度响应逐渐减小,9 跨以后趋于稳定。当单跨箱梁上布置 4、5、7 跨或 8 跨时,箱梁的加速度响应出现极大值点,特别是单跨箱梁上 4 跨或 5 跨的轨道板布置,将使箱梁的加速度值达到最大。单跨箱梁上 6 跨或 9~15 跨的轨道板布置使得箱梁的加速度最低。

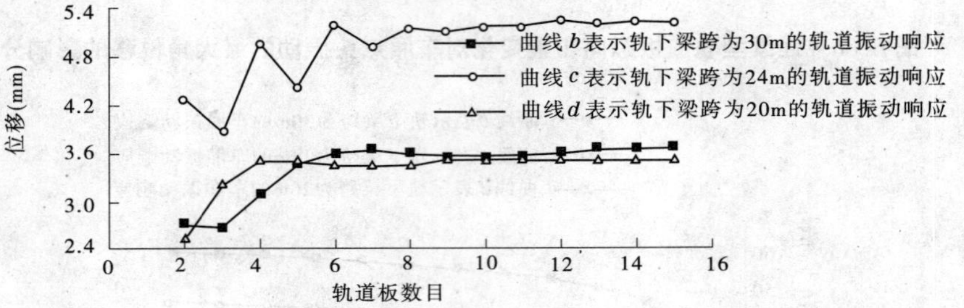

图 6.68　预制式轨道板纵向布置变化对 42 种轨道的钢轨跨中的最大振动位移的影响分布图

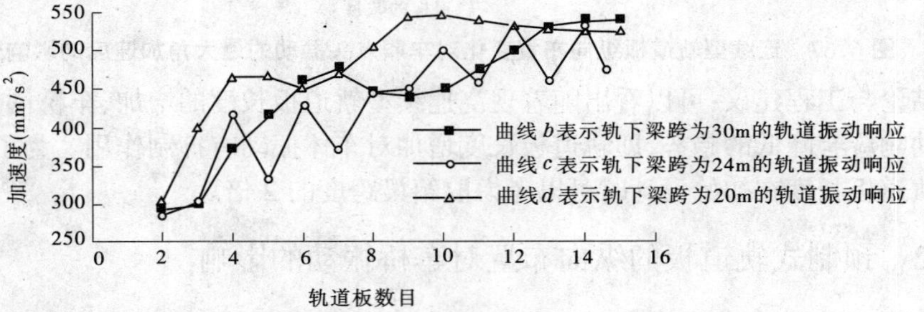

图 6.69　预制式轨道板纵向布置变化对 42 种轨道的钢轨跨中的最大振动加速度的影响分布图

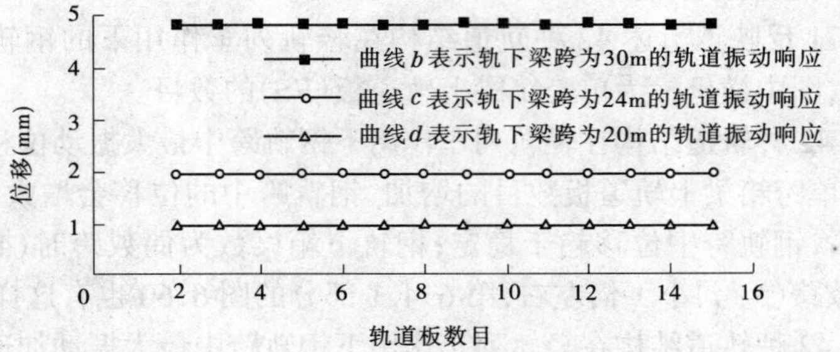

图 6.70　预制式轨道板纵向布置变化对 42 种轨道的第 3 跨箱梁跨中的最大振动位移的影响分布图

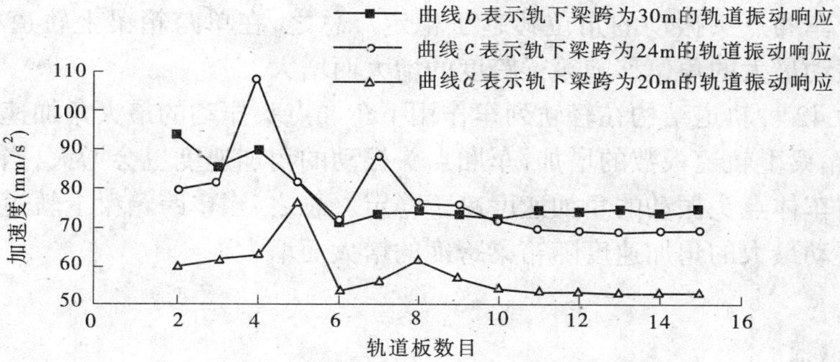

图 6.71　预制式轨道板纵向布置变化对 42 种轨道的第 3 跨箱梁跨中的最大振动加速度的影响分布图

由于桥梁的动力性能评定及标准中专门指出了现在限制桥梁竖向加速度的标准，无疑图 6.68～图 6.71 中反映加速度变化趋势的图 6.71 是最重要的。综合以上分析可以看出，当单跨箱梁上布置 6 跨或 8 跨以上预制式轨道板时较为合理，可使车桥耦合振动中箱梁和钢轨的振动响应相对较低。

结论与工程建议：①随着单跨箱梁上布置的预制式轨道板数目的增加，钢轨的位移和加速度值也随之增加，当轨道板数增加到 6 跨及以上时，钢轨的位移和加速度值趋于稳定；②箱梁的动挠度随着箱梁跨度的减小而明显减小，而不随箱梁上预制式轨道板的长度（或数目）的变化而变化；③当箱梁上布置 4 跨或 5 跨分布式轨道板时，箱梁跨中的加速度相对最大，单跨箱梁上的轨道板数为 6 跨或 8 跨以上时，箱梁的加速度趋于稳定且较小；④在对预制式轨道板的无碴轨道进行初始设计时，本书建议轨道板的长度可取为箱梁跨度的 1/6。

6.4.2.2　车厢的动力响应分析

前已说明，本部分设定了 3 种箱梁跨度尺寸，对于任一规格的箱梁，其上的轨道板布置范围为 2～15 跨，共计 42 种轨道结构用来进行分析。

图 6.72～图 6.75 反映了上述 42 种轨道结构在轻轨列车作用下的车厢沉浮振动和点头振动时最大的振动位移、加速度，以及角位移和角加速度。图中横坐标为单跨箱梁上轨道板的数目。

图 6.72 为上述 42 种轨道结构在轻轨列车作用下车厢沉浮振动的最大位移变化分布图。随着单跨箱梁上轨道板数目的增加，车厢沉浮振动的位移会增大，当轨道板数增加到 6 跨以后，沉浮振动的位移趋于稳定。总的来说，在单跨箱梁上轨道板数目相同时，车体沉浮振动最大位移随箱梁跨度的增大而增大。

图 6.73 为上述 42 种轨道结构在轻轨列车作用下车厢沉浮振动的最大加速度变化分布图。随着单跨箱梁上轨道板数目的增加，车厢沉浮振动的加速度会增大，当轨道板数增加到 5 跨以后，车厢沉浮振动的位移趋于稳定。总之，在单跨箱梁上轨道板数目相同时，车厢沉浮振动最大加速度随箱梁跨度的增大而增大。

图 6.74 为上述 42 种轨道结构在轻轨列车作用下车厢点头振动的最大角位移变化分

布图。随着单跨箱梁上轨道板数目的增加,车厢点头振动的角位移也会增大,在轨道板数增加到6跨后,车厢点头振动的角位移趋于稳定。总之,在单跨箱梁上轨道板数目相同时,车厢点头振动最大的角位移随箱梁跨度的增大而增大。

图6.75为42种轨道结构在轻轨列车作用下车厢点头振动的最大角加速度变化分布图。随着单跨箱梁上轨道板数的增加,车厢点头振动的角加速度也会增大,当轨道板数增加到6跨以后,车体点头振动的角加速度趋于稳定。总之,当单跨箱梁上轨道板数目相同时,车体点头振动最大的角加速度随箱梁跨度的增大而增大。

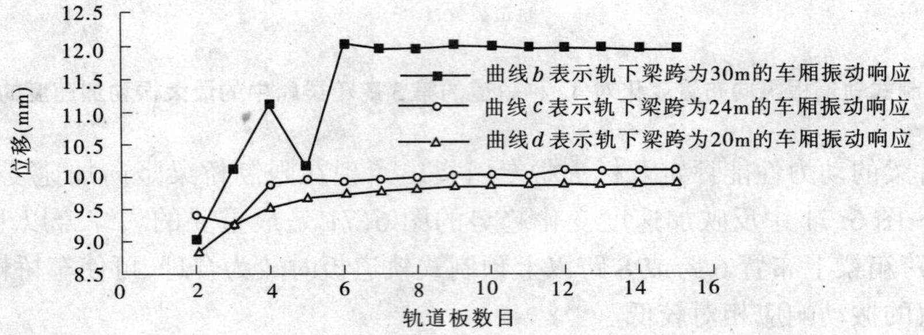

图6.72 预制式轨道板纵向布置变化对车厢沉浮振动的最大位移的影响分布图

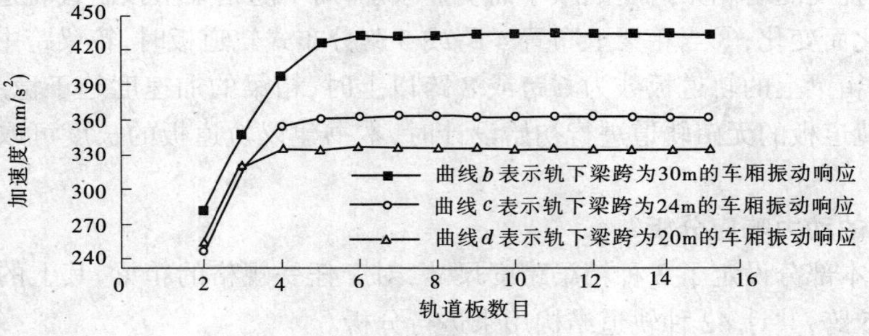

图6.73 预制式轨道板纵向布置变化对车厢沉浮振动的最大加速度的影响分布图

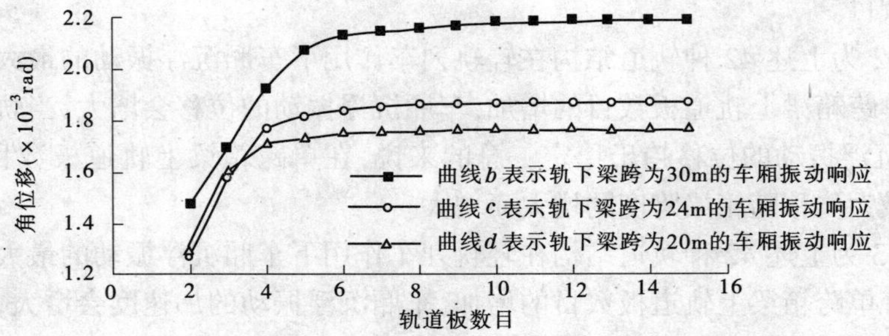

图6.74 预制式轨道板纵向布置变化对车厢点头振动的最大角位移的影响分布图

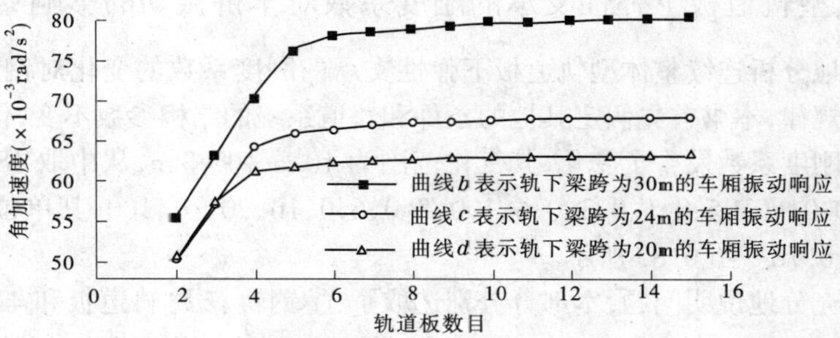

图 6.75 预制式轨道板纵向布置变化对车厢点头振动的最大角加速度的影响分布图

再结合 6.4.1 部分的图 6.64～图 6.67,如果每跨梁上的预制式轨道板结构变为连续型轨道板结构,则使车厢沉浮振动的位移、加速度,以及车厢点头振动的角位移、角加速度均降低很多。

随着单跨箱梁上轨道板跨数的增加,车厢的振动响应也会增加,当单跨箱梁上轨道板的数目增加到 6 跨以后,车厢的振动响应趋于稳定。单跨箱梁上的轨道板的长度大小,直接影响了轨道梁的整体性和自振频率(对于 20、24m 与 32m 这样的中小跨度简支梁,其自振频率在 4Hz 以上[84])的大小,箱梁上单跨轨道板变长(单跨箱梁上轨道板的数目减少),轨道梁的整体性得到提高,则轨道梁的自振频率也会相应提高。由于车桥动力相互作用是引起车桥系统振动的主要因素(激励源)之一[6,93],而车厢为低频振动(其沉浮振动和点头振动频率在 2Hz 以下[84]),因此轨道梁的整体性增加使得桥梁更加远离了车厢的自振频率,从而使车体的振动惯性力对桥梁的冲击和桥梁对车体的动力影响得到了减小,相应地也就使车厢的振动响应得到了抑制。

结论与工程建议:①随着箱梁上预制式轨道板数目的增加(或轨道板长度的减少),车体振动的响应也会增加,当单跨箱梁上布置的轨道板数增加到 5 跨或 6 跨之后,车体的振动响应趋于稳定,或者说预制式轨道板的长度增加对车体振动有抑制作用;②就对车体振动的影响而言,连续型轨道板更能有效地降低车体的振动响应,如果预制式轨道板的布置不能满足高速行车舒适性指标,可考虑轨道的布置采用 6.4.1 部分分析的连续型轨道板结构。

6.5 轨道板下弹性支承刚度系数对车桥耦合振动的影响

尽管不同类型的无碴轨道的轨道板下面的弹性垫层各不相同,板式轨道下面为均布水泥沥青(CA)砂浆的整体支承,弹性支承块的轨道板下面为均布的隔离垫层,浮置板式轨道结构板下的橡胶支承方式为整体、线性和分布支承 3 种,而板下的螺旋弹簧为分布支承。但是,在模型上可以将上述的不同类型的支承均等效为间距相等的弹簧(分布支承)。因此,本节仅分析间距相等的分布式弹簧的刚度系数的变化,对车桥耦合振动所产生的影响。

6.5.1 连续型轨道板下弹性支承的刚度系数对车桥振动的影响

为了系统地分析连续整体型轨道板下弹性支承的刚度系数的变化对钢轨、箱梁和车厢振动的影响规律，本书首先假定其他的条件和轨道系统的结构参数不变，仅仅是轨道板下弹性支承的刚度系数发生了变化，其变化范围为 $10^4 \sim 10^8$N/m，从中取 18 个点来进行分析，依次为 0.01、0.05、0.1、0.3、0.6、1.0、3.0、6.0、10、20、…、100，其单位为 10^6N/m。计算结果如图 6.76～图 6.83 所示。

为了更加充分地说明问题，本部分分别选取了：①钢轨、2 跨轨道板和 4 跨箱梁结构；②钢轨、1 跨轨道板和 5 跨箱梁结构；③钢轨、6 跨轨道板和 6 跨箱梁等三种轨道结构来进行分析。

6.5.1.1 轨道系统动力响应分析

图 6.76～图 6.79 反映了上述 3 种轨道结构在轻轨列车作用下的钢轨和箱梁的最大振动位移、加速度的变化，图中横坐标为连续型轨道板下弹簧模型的刚度系数值。

图 6.76 为上述 3 种轨道结构在轻轨列车作用下钢轨跨中最大振动位移的变化分布图。曲线 c 的左端最大值为 111.181 4mm，为了表达清楚，图中仅取其一部分。曲线 b、c、d 的降幅分别为 89.28%、79.89%、90.73%。3 条曲线在 $10^4 \sim 10^6$N/m 之间急剧减少，减少幅度占总的下降幅度的百分比依次为 88.77%、95.12%、88.41%，降至 10^6N/m 值之后降幅平缓。

图 6.77 为上述 3 种轨道结构在轻轨列车作用下钢轨跨中最大振动加速度的变化分布图。曲线 b、c、d 均由最左端值快速减少。曲线 b 在 3×10^6N/m 处达到最小值，降幅为 7.72%，之后逐步增加，到最右端其增幅为 6.22%；曲线 c 总的降幅为 12.23%，其中 $10^4 \sim 10^6$N/m 之间的降幅占总降幅的 53.67%，在 10^6N/m 之后降幅逐渐趋于平缓；曲线 d 在 10^6N/m 点处达到最小值，降幅为 6.93%，之后逐步增加，到最右端其增幅为 10.96%。

图 6.78 为上述 3 种轨道结构在轻轨列车作用下第 3 跨箱梁跨中最大振动位移的变化分布图，曲线 b、c、d 的降幅依次为 34.24%、11.23%、13.11%。其中，$10^4 \sim 10^6$N/m 区间里 3 条曲线的降幅占总降幅的百分比分别为 87.82%、76.53%、79.04%；在 10^6N/m 点之后 3 条曲线降幅平缓。

图 6.79 为上述 3 种轨道结构在轻轨列车作用下第 3 跨箱梁跨中最大振动加速度的变化分布图。曲线 b、c、d 均由最左端值快速减少。曲线 b 在 10^6N/m 点处达到最小值，降幅为 75.79%，之后逐步增加，到最右端其增幅为 11.1%；曲线 c、d 总的降幅分别为 64.38%、22.53%，其中 $10^4 \sim 10^6$N/m 之间的降幅分别占总降幅的 92.73% 和 33.05%，且在 10^6N/m 之后降幅逐渐趋于平缓。

结论和工程建议：如果对轨道系统和桥梁的振动进行评估和控制的话，连续型轨道板下弹簧模型的刚度系数取值在 1×10^6N/m～3×10^6N/m 之间为宜。

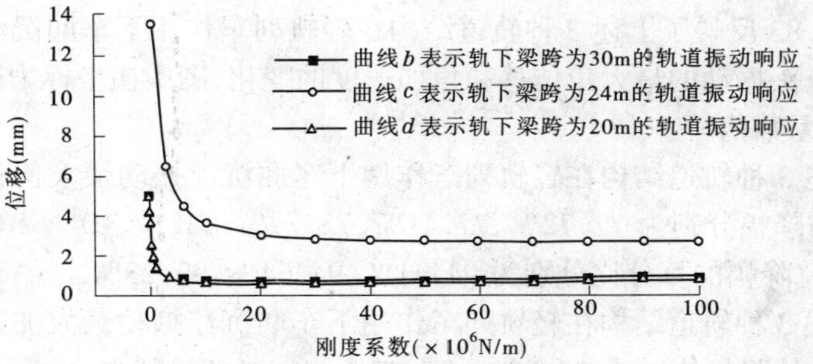

图 6.76　3 种轨道钢轨跨中的最大振动位移随轨道板下弹簧刚度系数的变化分布图

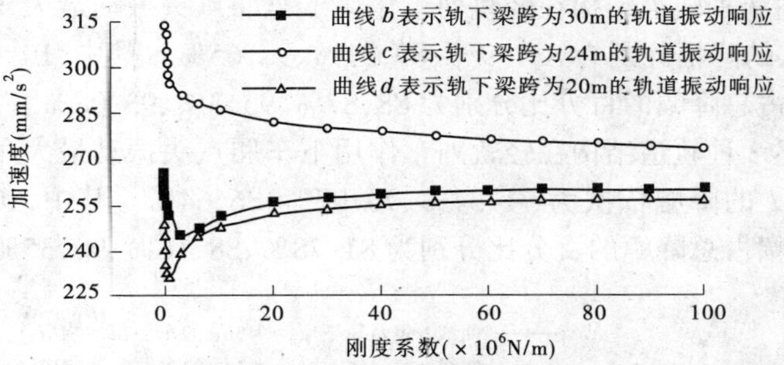

图 6.77　3 种轨道钢轨跨中的最大振动加速度随轨道板下弹簧刚度系数的变化分布图

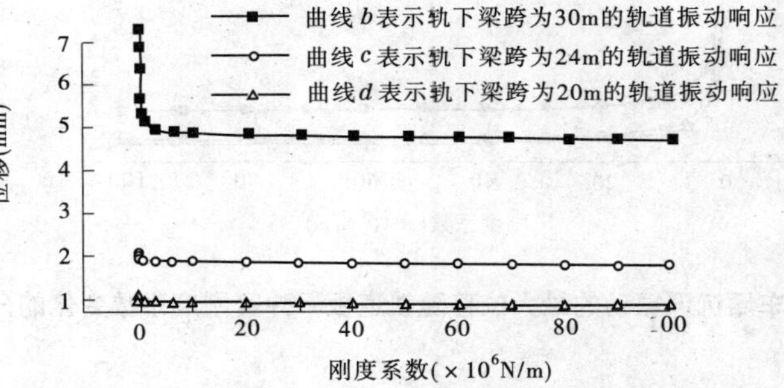

图 6.78　3 种轨道的第 3 跨箱梁跨中的最大振动位移随轨道板下弹簧刚度系数的变化分布图

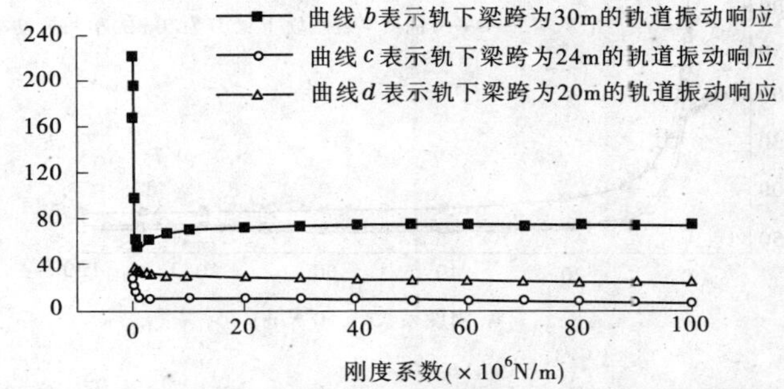

图 6.79　3 种轨道的第 3 跨箱梁跨中的最大振动加速度随轨道板下弹簧刚度系数的变化分布图

6.5.1.2　**车厢的动力响应分析**

图6.80～图6.83反映了上述3种轨道结构在轻轨列车作用下车厢沉浮振动的最大位移、加速度以及点头振动的最大角位移和角加速度的变化，图中横坐标为连续型轨道板下弹簧模型的刚度系数值。

图6.80为上述3种轨道结构在轻轨列车作用下车厢沉浮振动最大位移的变化分布图。曲线 b、c、d 的降幅分别为72.72%、77.41%、73.79%。其中，$10^4\sim10^7$N/m区间内3条曲线的降幅占总降幅的百分比分别为94.41%、94.64%、93.23%。

图6.81为上述3种轨道结构在轻轨列车作用下车厢沉浮振动最大加速度的变化分布图。曲线 b、c、d 的降幅依次为77.89%、77.37%、81.21%。其中，$10^4\sim10^7$N/m区间内3条曲线的降幅占总降幅的百分比分别为87.22%、95.31%、95.80%。

图6.82为上述3种轨道结构在轻轨列车作用下车厢点头振动最大角位移的变化分布图。曲线 b、c、d 的降幅分别为83.99%、89.31%、92.65%。其中，$10^4\sim10^7$N/m区间内3条曲线的降幅占总降幅的百分比分别为88.87%、93.3%、93.08%。

图6.83为上述3种轨道结构在轻轨列车作用下车厢点头振动最大角加速度的变化分布图，曲线 b、c、d 的降幅依次为71.34%、70.07%、86.64%。其中，$10^4\sim10^7$N/m区间内3条曲线的降幅占总降幅的百分比分别为81.78%、88.16%、90.35%。

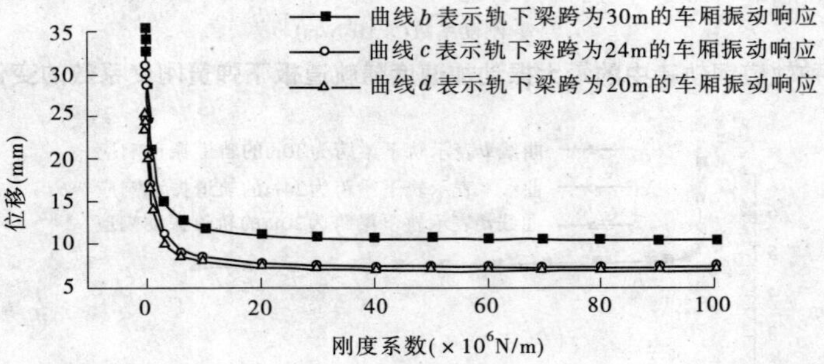

图6.80　车厢沉浮振动的最大位移随轨道板下弹簧刚度系数变化的分布图

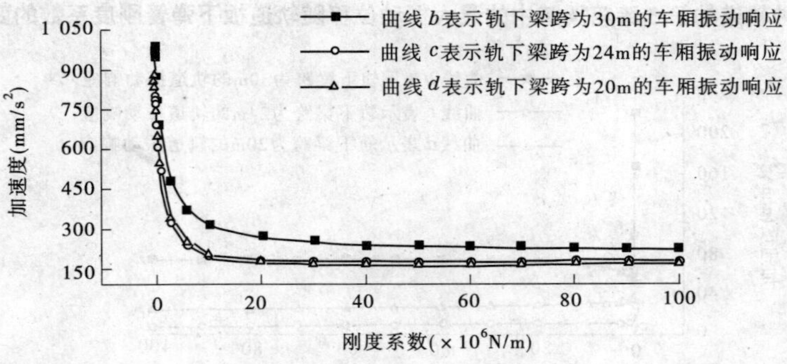

图6.81　车厢沉浮振动的最大加速度随轨道板下弹簧刚度系数变化的分布图

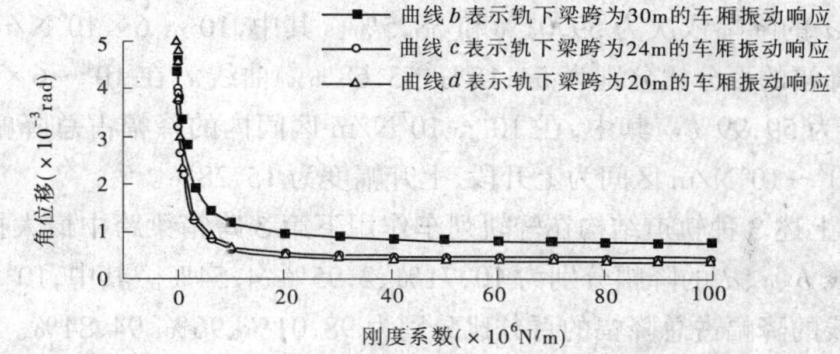

图 6.82　车厢点头振动的最大角位移随轨道板下弹簧刚度系数变化的分布图

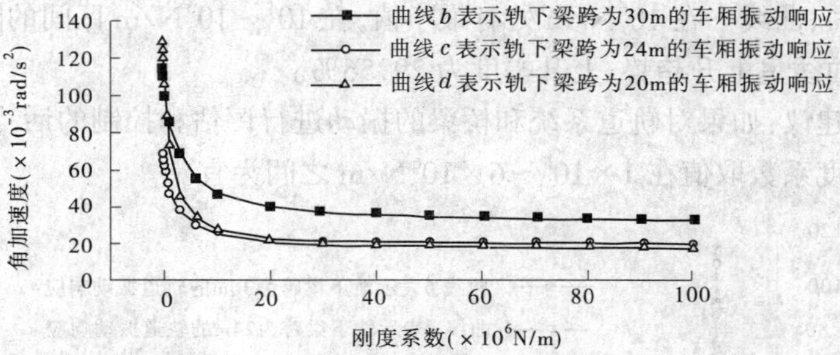

图 6.83　车厢点头振动的最大角加速度随轨道板下弹簧刚度系数变化的分布图

结论和工程建议:如果对车辆的振动进行控制和评估的话,连续型轨道板下弹簧模型的刚度系数取值在 1×10^7 N/m 左右及其以上时为宜。

6.5.2　预制式轨道板下弹性支承的刚度系数对车桥振动的影响

为了系统地分析预制式轨道板下的弹性支承的刚度系数的变化对钢轨、箱梁和车厢振动的影响规律,本部分所选取的弹簧模型的 18 个刚度系数值和 6.5.1 部分所选取的完全一样,计算结果如图 6.84～图 6.91 所示。

前面已说明,本部分设定了:①钢轨、24 跨轨道板和 4 跨箱梁结构;②钢轨、25 跨轨道板和 5 跨箱梁结构;③钢轨、24 跨轨道板和 6 跨箱梁结构共计 3 种轨道结构来进行分析。

6.5.2.1　轨道系统动力响应分析

图 6.84～图 6.87 反映了上述 3 种轨道结构在轻轨列车作用下的钢轨和箱梁的最大振动位移、加速度的变化,图中横坐标为预制式轨道板下弹簧模型的刚度系数值。

图 6.84 为上述 3 种轨道结构在轻轨列车作用下钢轨跨中最大振动位移的变化分布图。曲线 b、c、d 的降幅分别为 99.35%、97.81%、99.46%。其中,$10^4\sim6\times10^6$ N/m 区间内 3 条曲线的降幅占总降幅的百分比分别为 96.83%、97.66%、97.05%。

图 6.85 为上述 3 种轨道结构在轻轨列车作用下钢轨跨中最大振动加速度的变化分布图。曲线 b、d 的降幅依次为 59.01% 和 58.5%。其中,$10^4 \sim 6\times10^6$ N/m 区间内 2 条曲线降幅占总降幅的百分比分别为 54.15%、53.68%。曲线 c 在 $10^4 \sim 6\times10^7$ N/m 区间为下降段,降幅为 59.99%。其中,在 $10^4 \sim 10^7$ N/m 区间内的降幅占总降幅的 61.49%,曲线 c 在 $6\times10^7 \sim 10^8$ N/m 区间为上升段,上升幅度为 15.28%。

图 6.86 为上述 3 种轨道结构在轻轨列车作用下第 3 跨箱梁跨中最大振动位移的变化分布图。曲线 b、c、d 的降幅分别为 10.71%、2.95%、4.54%。其中,$10^4 \sim 3\times10^6$ N/m 区间内 3 条曲线的降幅占总降幅的百分比分别为 98.01%、96%、94.84%。

图 6.87 为上述 3 种轨道结构在轻轨列车作用下第 3 跨箱梁跨中最大振动加速度的变化分布图。曲线 b、d 在 6×10^6 N/m 处有最小值,在 $10^4 \sim 6\times10^6$ N/m 区间内 2 条曲线的降幅占总降幅的百分比分别为 66.68%、8.37%,之后曲线呈上升趋势,上升幅度分别为 5.35%、6.26%;曲线 c 在 10^6 N/m 处有最小值,在 $10^4 \sim 10^6$ N/m 区间的降幅占总降幅的 5.61%,之后曲线呈上升趋势,上升幅度为 29.56%。

结论和工程建议:如果对轨道系统和桥梁的振动进行评估和控制的话,预制式轨道板下弹簧模型的刚度系数取值在 $1\times10^6 \sim 6\times10^6$ N/m 之间为宜。

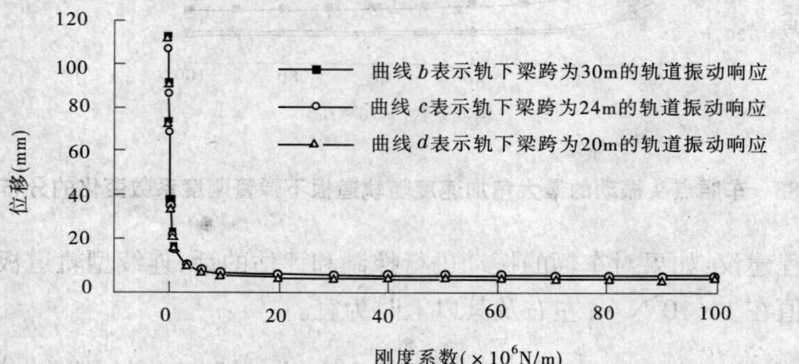

图 6.84　3 种轨道的钢轨跨中的最大振动位移随轨道板下弹簧刚度系数的变化分布图

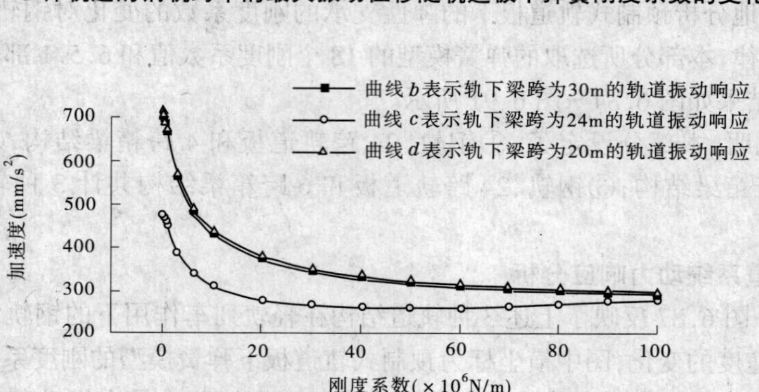

图 6.85　3 种轨道的钢轨跨中的最大振动加速度随轨道板下弹簧刚度系数的变化分布图

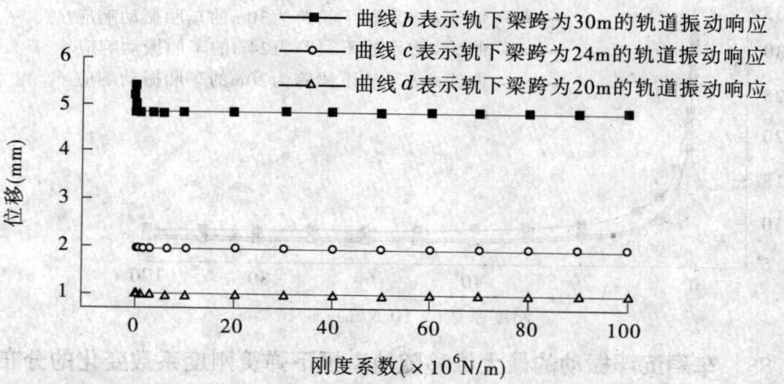

图 6.86　3 种轨道的第 3 跨箱梁跨中的最大振动位移随轨道板下弹簧刚度系数的变化分布图

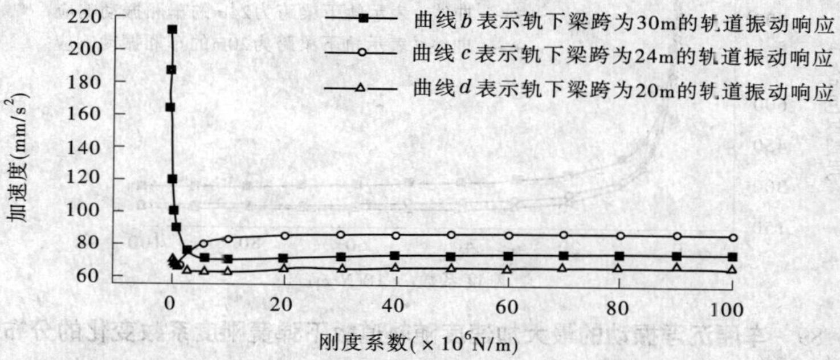

图 6.87　3 种轨道的第 3 跨箱梁跨中的最大振动加速度随轨道板下弹簧刚度系数的变化分布图

6.5.2.2　车厢的动力响应分析

图 6.88～图 6.91 反映了上述 3 种轨道结构在轻轨列车作用下车厢沉浮振动的最大位移、加速度以及点头振动的最大角位移和角加速度的变化，图中横坐标为预制式轨道板下弹簧模型的刚度系数值。

图 6.88 为上述 3 种轨道结构在轻轨列车作用下车厢沉浮振动最大位移的变化分布图。曲线 b、c、d 的降幅分别为 74.5%、73.35%、74.17%。其中，10^4～6×10^6N/m 区间内 3 条曲线的降幅占总降幅的百分比分别为 80.94%、85.39%、87.22%。

图 6.89 为上述 3 种轨道结构在轻轨列车作用下车厢沉浮振动最大加速度的变化分布图。曲线 b、c、d 的降幅依次为 71.37%、75.68%、76.92%。其中，10^4～6×10^6N/m 区间内 3 条曲线的降幅占总降幅的百分比分别为 76.67%、76.56%、78.56%。

图 6.90 为上述 3 种轨道结构在轻轨列车作用下车厢点头振动最大角位移的变化分布图。曲线 b、c、d 的降幅分别为 71.88%、75.81%、78.32%。其中，10^4～6×10^6N/m 区间内 3 条曲线的降幅占总降幅的百分比分别为 78.87%、78.94%、79.1%。

图 6.91 为上述 3 种轨道结构在轻轨列车作用下车厢点头振动最大角加速度的变化分布图。曲线 b、c、d 的降幅依次为 53.38%、63.07%、66.99%。其中，10^4～6×10^6N/m 区间内 3 条曲线的降幅占总降幅的百分比分别为 66.96%、67.76%、68.03%。

结论和工程建议：如果对车辆的振动进行控制和评估的话，预制式轨道板下弹簧模型的刚度系数取值在 6×10^6N/m 左右及其以上为宜。

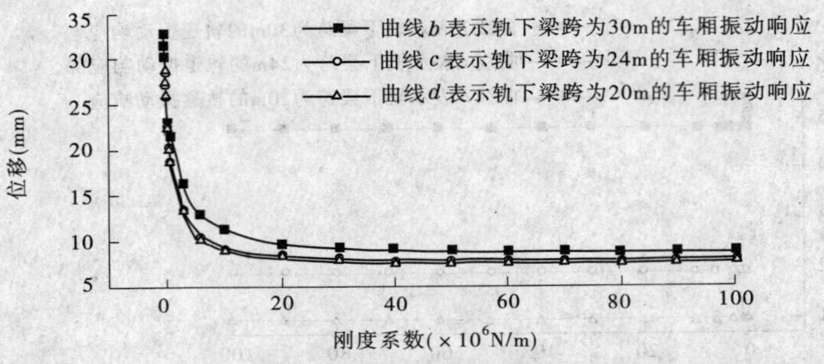

图 6.88　车厢沉浮振动的最大位移随轨道板下弹簧刚度系数变化的分布图

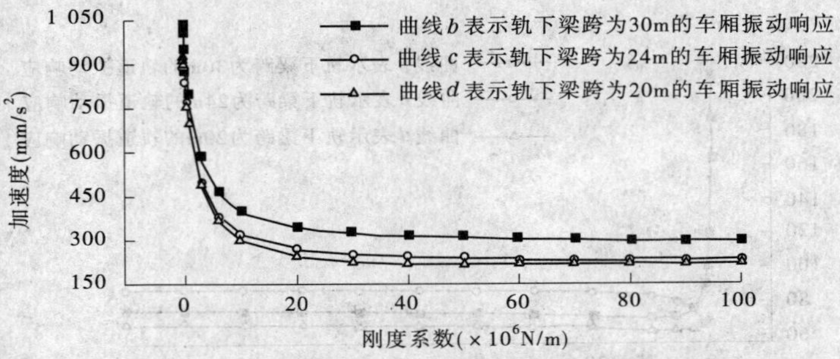

图 6.89　车厢沉浮振动的最大加速度随轨道板下弹簧刚度系数变化的分布图

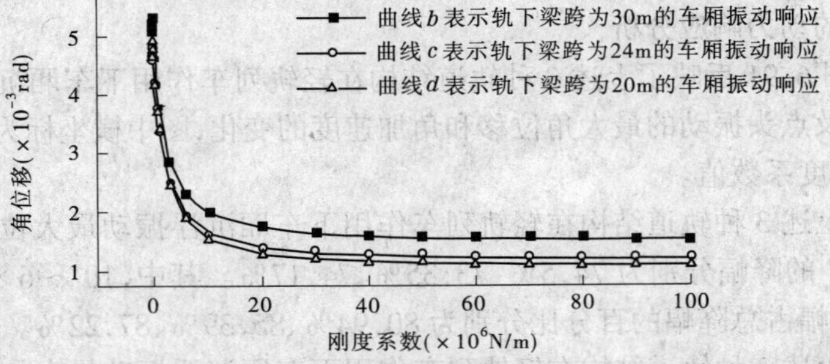

图 6.90　车厢点头振动的最大角位移随轨道板下弹簧刚度系数变化的分布图

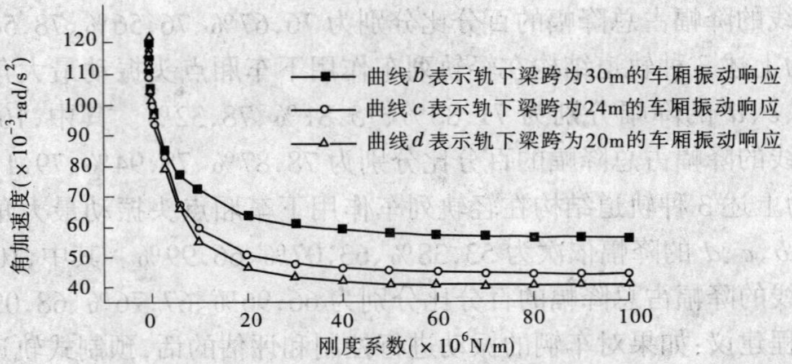

图 6.91　车厢点头振动的最大角加速度随轨道板下弹簧刚度系数变化的分布图

随着轨道板下橡胶支座刚度的取值减小，轨道梁的自振频率就会降低，当其刚度值小于 10^6N/m 时，轨道梁的频率将和车厢的振动频率很接近，从而使车桥系统振动加剧。

6.6 轨道板下支承阻尼系数对车桥耦合振动的影响

同 6.5 节相同，将不同类型的无碴轨道的轨道板下面的垫层的阻尼作用均等效为间距相等的黏滞阻尼器（分布支承）。因此，本节仅分析间距相等的分布式阻尼器的阻尼系数的变化，对车桥耦合的振动所产生的影响。

据文献[107]介绍，螺旋弹簧浮置板结构的钢螺旋圆柱弹簧的阻尼比约为 0.005。而浮置板下的橡胶支座（天然橡胶或合成橡胶）的阻尼比约为 0.05，是钢弹簧的 10 倍。高阻尼橡胶是以在天然橡胶中加入石墨，来提高橡胶的阻尼。根据石墨加入量的多少，可调整阻尼的大小，而且在较小的变形范围内有较大的阻尼，高阻尼橡胶的阻尼比可达 0.2 以上。

6.6.1 连续型轨道板下支承的阻尼系数对车桥振动的影响

为了系统地分析连续整体型轨道板下支承阻尼系数的变化对钢轨、箱梁和车厢振动的影响规律，本书首先假定其他的条件和轨道系统的结构参数不变，仅仅是轨道板下支承的阻尼系数发生了变化，其变化范围为 $10^2 \sim 10^6$N·s/m。依次取 18 个点来进行分析，分别为 0.01、0.05、0.1、0.3、0.6、1.0、3.0、6.0、10、20、…、100，其单位为 10^4N·s/m。计算结果如图 6.92～图 6.99 所示。

为了更加充分地说明问题，本部分分别选取了：①钢轨、2 跨轨道板和 4 跨箱梁结构；②钢轨、1 跨轨道板和 5 跨箱梁结构；③钢轨、6 跨轨道板和 6 跨箱梁等 3 种轨道结构来进行分析。

6.6.1.1 轨道系统动力响应分析

图 6.92～图 6.95 反映了上述 3 种轨道结构在轻轨列车作用下的钢轨和箱梁的最大振动位移、加速度的变化，图中横坐标为连续型轨道板下阻尼器的阻尼系数值。

图 6.92 为上述 3 种轨道结构在轻轨列车作用下钢轨跨中最大振动位移的变化分布图。曲线 b、d 的上升幅度分别为 11.84%、9.21%，曲线 c 的降幅为 2.19%。

图 6.93 为上述 3 种轨道结构在轻轨列车作用下钢轨跨中最大振动加速度的变化分布图。曲线 b、d 的上升幅度分别为 3.01%、9.14%，曲线 c 的降幅为 5.3%。

图 6.94 为上述 3 种轨道结构在轻轨列车作用下第 3 跨箱梁跨中最大振动位移的变化分布图。曲线 b、c 的上升幅度分别为 0.67%、0.04%，曲线 d 的降幅为 0.21%。箱梁的位移几乎不受连续型轨道板下支承阻尼的影响。

图 6.95 为上述 3 种轨道结构在轻轨列车作用下第 3 跨箱梁跨中最大振动加速度的变化分布图。曲线 b 在 3×10^4N·s/m 处有最小值，在 $10^2 \sim 3\times10^4$N·s/m 区间内曲线 b 的下降幅度为 21.85%，之后曲线呈上升趋势，其上升幅度为 4.89%；曲线 c、d 的降幅依次为 38.6%、22.72%，其中 $10^2 \sim 3\times10^4$N·s/m 区间内曲线 c、d 降幅分别占总降幅的百分比为 91.66%、58.17%。

结论和工程建议：如果对轨道系统和桥梁的振动进行评估和控制的话，连续型轨道板下阻尼器的阻尼系数的取值在 3×10^4N·s/m 左右为宜。

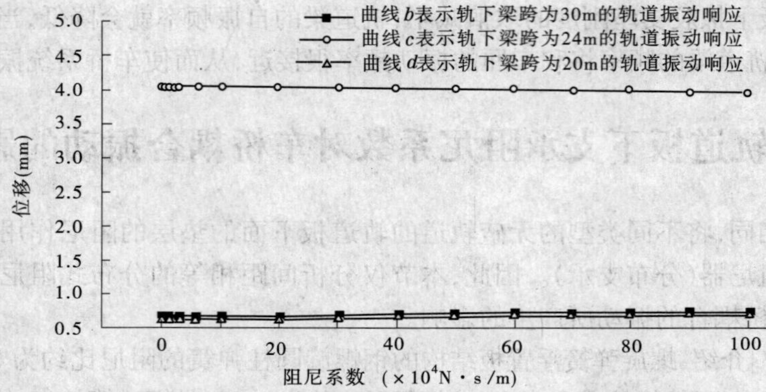

图 6.92　3 种轨道的钢轨跨中的最大振动位移随轨道板下阻尼器阻尼系数变化的分布图

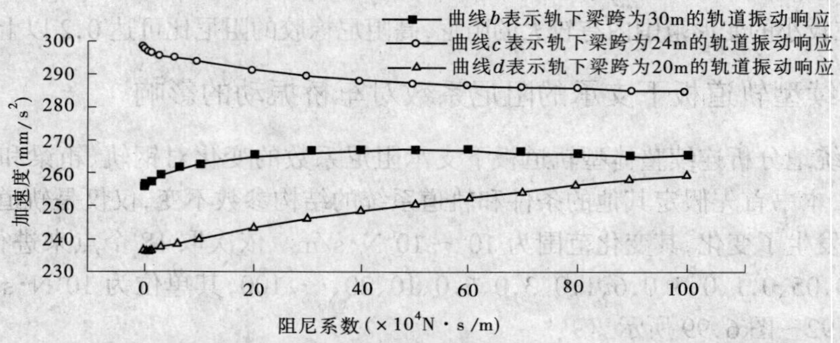

图 6.93　3 种轨道的钢轨跨中的最大振动加速度随轨道板下阻尼器阻尼系数变化的分布图

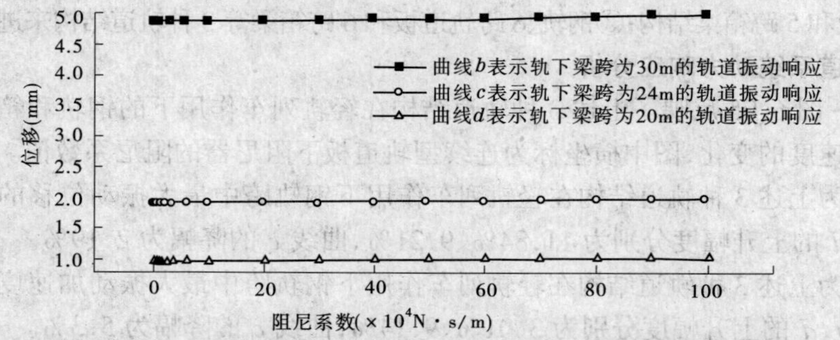

图 6.94　3 种轨道的第 3 跨箱梁跨中的最大振动位移随轨道板下阻尼器阻尼系数变化的分布图

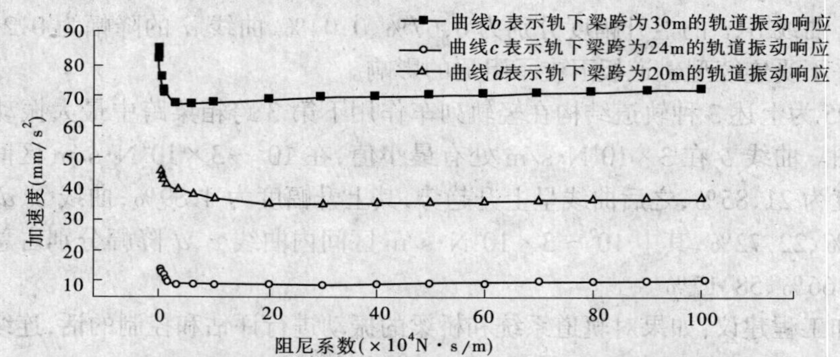

图 6.95　3 种轨道的第 3 跨箱梁跨中的最大振动加速度随轨道板下阻尼器阻尼系数变化的分布图

6.6.1.2　**车厢的动力响应分析**

图 6.96～图 6.99 反映了上述 3 种轨道结构在轻轨列车作用下车厢沉浮振动的最大位移、加速度以及点头振动的最大角位移和角加速度的变化，图中横坐标为连续型轨道板下阻尼器的阻尼系数值。

图 6.96 为上述 3 种轨道结构在轻轨列车作用下车厢沉浮振动最大位移的变化分布图。曲线 b、c、d 的降幅分别为 2.28%、1.66%、5.33%，3 条曲线随着连续型轨道板下阻尼器阻尼系数的增加而接近于线性减少。

图 6.97 为上述 3 种轨道结构在轻轨列车作用下车厢沉浮振动最大加速度的变化分布图。曲线 b、d、d 在 $10^2\sim2\times10^5$N·s/m 区间内 3 条曲线的上升幅度不到 1%；在 $2\times10^5\sim10^6$N·s/m 区间内 3 条曲线的降幅依次为 6.61%、7.28%、9.33%。

图 6.98 为上述 3 种轨道结构在轻轨列车作用下车厢点头振动最大角位移的变化分布图。曲线 b、c、d 在 $10^2\sim2\times10^5$N·s/m 区间内 3 条曲线的上升幅度分别为 2.06%、0.14%、1.26%；在 $2\times10^5\sim10^6$N·s/m 区间内 3 条曲线的降幅依次为 6.22%、7.53%、8.83%。

图 6.99 为上述 3 种轨道结构在轻轨列车作用下车厢点头振动最大角加速度的变化分布图。曲线 b、c、d 在 $10^2\sim3\times10^5$N·s/m 区间内 3 条曲线的上升幅度分别为 2.29%、5.59%、5.02%；在 $3\times10^5\sim10^6$N·s/m 区间内 3 条曲线的降幅依次为 6.86%、12.62%、13.52%。

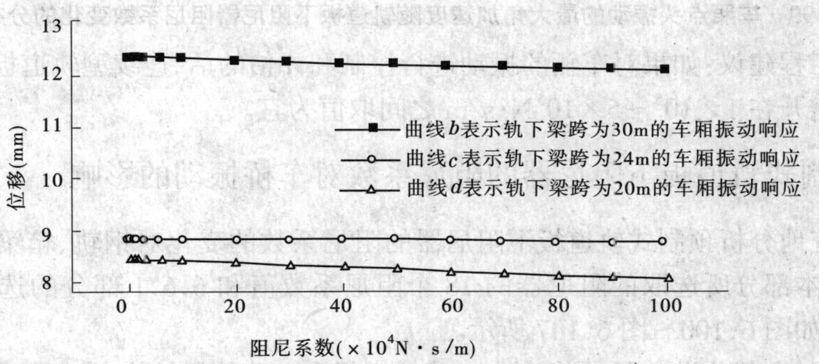

图 6.96　车厢沉浮振动的最大位移随轨道板下阻尼器阻尼系数变化的分布图

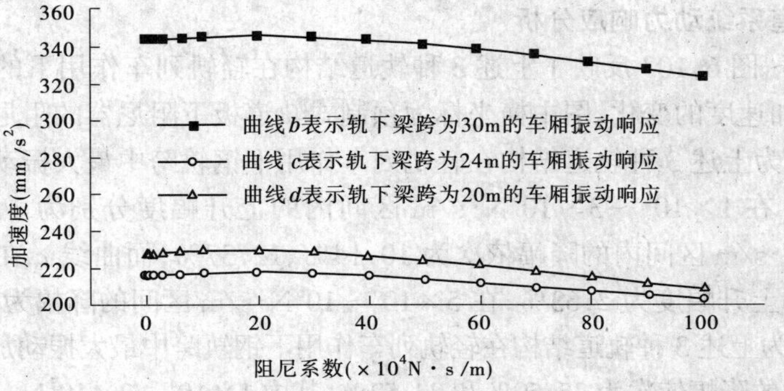

图 6.97　车厢沉浮振动的最大加速度随轨道板下阻尼器阻尼系数变化的分布图

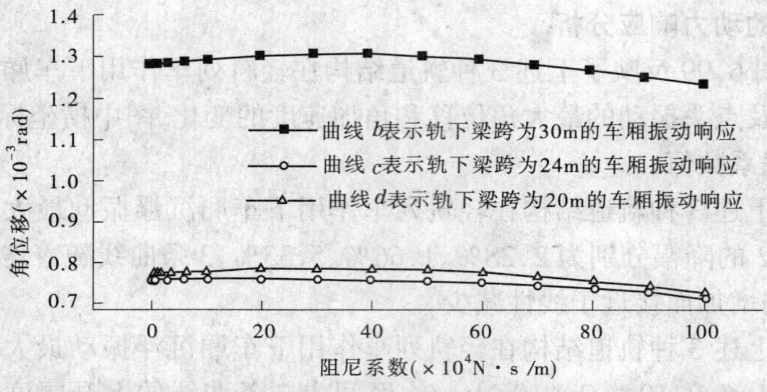

图 6.98　车厢点头振动的最大角位移随轨道板下阻尼器阻尼系数变化的分布图

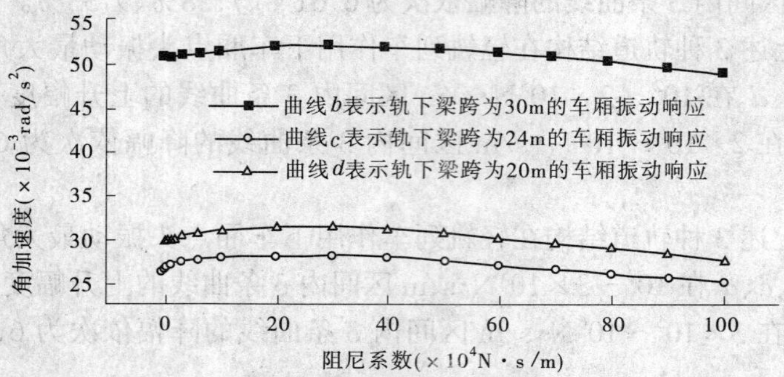

图 6.99　车厢点头振动的最大角加速度随轨道板下阻尼器阻尼系数变化的分布图

结论和工程建议:如果对车辆的振动进行控制和评估的话,连续型轨道板下阻尼器的阻尼系数应避开在 $1\times10^5\sim5\times10^5$N·s/m 之间取值为宜。

6.6.2　预制式轨道板下阻尼器的阻尼系数对车桥振动的影响

为了系统地分析预制式轨道板下阻尼器的阻尼系数的变化对钢轨、箱梁和车厢振动的影响规律,本部分所选取的阻尼器的 18 个阻尼系数值和 6.6.1 部分的选取值完全一样,计算结果如图 6.100～图 6.107 所示。

前已说明,本部分设定了:①钢轨、24 跨轨道板和 4 跨箱梁结构;②钢轨、25 跨轨道板和 5 跨箱梁结构;③钢轨、24 跨轨道板和 6 跨箱梁结构,共计 3 种轨道结构来进行分析。

6.6.2.1　轨道系统动力响应分析

图 6.100～图 6.103 反映了上述 3 种轨道结构在轻轨列车作用下的钢轨和箱梁的最大振动位移、加速度的变化,图中横坐标为预制式轨道板下阻尼器的阻尼系数值。

图 6.100 为上述 3 种轨道结构在轻轨列车作用下钢轨跨中最大振动位移的变化分布图。曲线 b、d 在 $1\times10^2\sim3\times10^5$N·s/m 区间内的上升幅度分别为 1.16%、1.17%,在 $3\times10^5\sim10^6$N·s/m 区间内的降幅依次为 10.14%、12.37%;而曲线 c 在 $1\times10^2\sim5\times10^5$N·s/m 区间的上升幅度为 2.63%,在 $5\times10^5\sim10^6$N·s/m 区间的降幅为 3%。

图 6.101 为上述 3 种轨道结构在轻轨列车作用下钢轨跨中最大振动加速度的变化分布图。曲线 b、d 的降幅依次为 35.59%和 34.57%,其中 $1\times10^4\sim2\times10^5$N·s/m 区间内 2 条曲线的降幅占总降幅的百分比分别为 57.99%、59.52%;曲线 c 上升幅度为 20.43%。

图 6.102 为 3 种轨道结构在轻轨作用下第 3 跨箱梁跨中最大振动位移的变化分布图。曲线 b、c、d 升降幅度均在 1%左右，可见轨道板下支承的阻尼值的变化对箱梁的位移几乎不产生影响。

图 6.103 为上述 3 种轨道结构在轻轨列车作用下第 3 跨箱梁跨中最大振动加速度的变化分布图。曲线 b 在 2×10^5N·s/m 点有最小值，在 $1\times10^2\sim2\times10^5$N·s/m 区间曲线 b 下降幅度为 7.68%，之后在 $2\times10^5\sim1\times10^6$N·s/m 区间曲线 b 上升的幅度为 7.01%；曲线 c、d 降幅依次为 10.8%和 21.6%，其中 $10^2\sim2\times10^5$N·s/m 区间内 2 条曲线降幅分别占总降幅的百分比为 73.91%、92.56%。

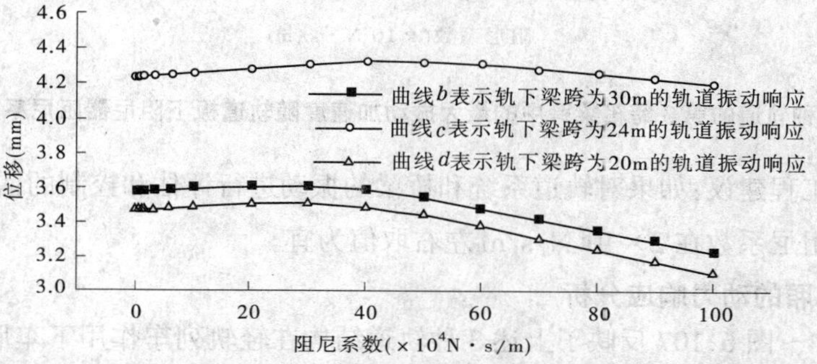

图 6.100　3 种轨道的钢轨跨中的最大振动位移随轨道板下阻尼器阻尼系数的变化分布图

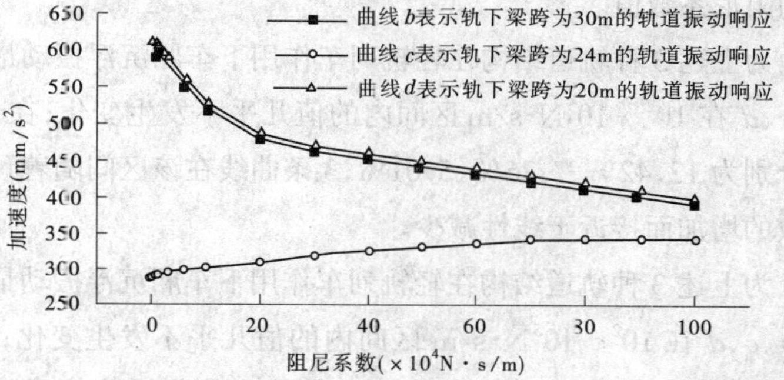

图 6.101　3 种轨道的钢轨跨中的最大振动加速度随轨道板下阻尼器阻尼系数的变化分布图

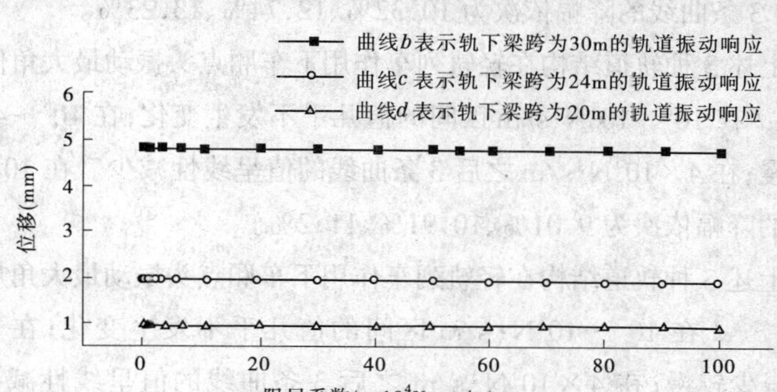

图 6.102　3 种轨道的第 3 跨箱梁跨中的最大振动位移随轨道板下阻尼器阻尼系数的变化分布图

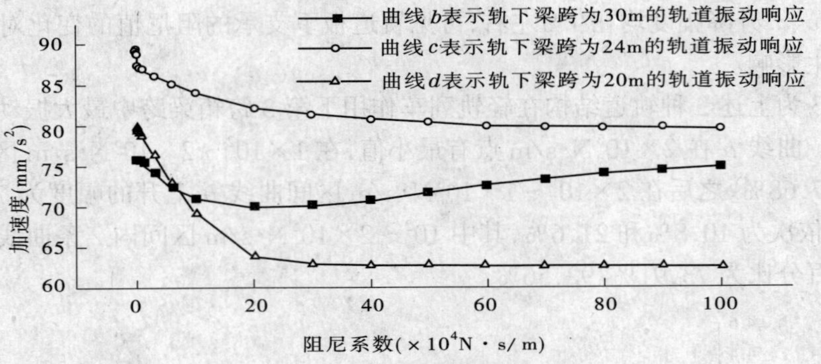

图 6.103　3 种轨道的第 3 跨箱梁跨中的最大振动加速度随轨道板下阻尼器阻尼系数的变化分布图

结论和工程建议:如果对轨道系统和桥梁的振动进行评估和控制的话,预制式轨道板下阻尼器的阻尼系数在 2×10^5N·s/m 左右取值为宜。

6.6.2.2　车厢的动力响应分析

图 6.104～图 6.107 反映了上述 3 种轨道结构在轻轨列车作用下车厢沉浮振动的最大位移、加速度以及点头振动的最大角位移和角加速度的变化,图中横坐标为预制式轨道板下阻尼器的阻尼系数值。

图 6.104 为上述 3 种轨道结构在轻轨列车作用下车厢沉浮振动最大位移的变化分布图。曲线 *b*、*c*、*d* 在 $10^2\sim10^5$N·s/m 区间内的值几乎不发生变化;在 $1\times10^5\sim10^6$N·s/m 区间的降幅分别为 12.42%、7.26%、5.01%,3 条曲线在该区间随着预制式轨道板下阻尼器的阻尼系数的增加而接近于线性减少。

图 6.105 为上述 3 种轨道结构在轻轨列车作用下车厢沉浮振动最大加速度的变化分布图。曲线 *b*、*c*、*d* 在 $10^2\sim10^5$N·s/m 区间内的值几乎不发生变化;在 $1\times10^5\sim4\times10^5$N·s/m之间的值减少较慢;在 4×10^5N·s/m 之后 3 条曲线的值呈线性减少。在 $10^5\sim10^6$N·s/m 区间内 3 条曲线的降幅依次为 10.32%、12.74%、13.23%。

图 6.106 为上述 3 种轨道结构在轻轨列车作用下车厢点头振动最大角位移的变化分布图。曲线 *b*、*c*、*d* 在 $10^2\sim10^5$N·s/m 区间的值几乎不发生变化;在 $10^5\sim4\times10^5$N·s/m 之间的值减少较慢;在 4×10^5N·s/m 之后 3 条曲线的值呈线性减少。在 $10^5\sim10^6$N·s/m 区间内 3 条曲线的降幅依次为 9.01%、10.91%、11.2%。

图 6.107 为上述 3 种轨道结构在轻轨列车作用下车厢点头振动最大角加速度的变化分布图。曲线 *b*、*c*、*d* 在 $10^2\sim10^5$N·s/m 区间的值几乎不发生变化;在 $10^5\sim4\times10^5$N·s/m之间的值减少较慢;在 4×10^5N·s/m 之后 3 条曲线的值呈线性减少。在 $10^5\sim10^6$N·s/m 区间内 3 条曲线的降幅依次为 7.87%、12.12%、11.58%。

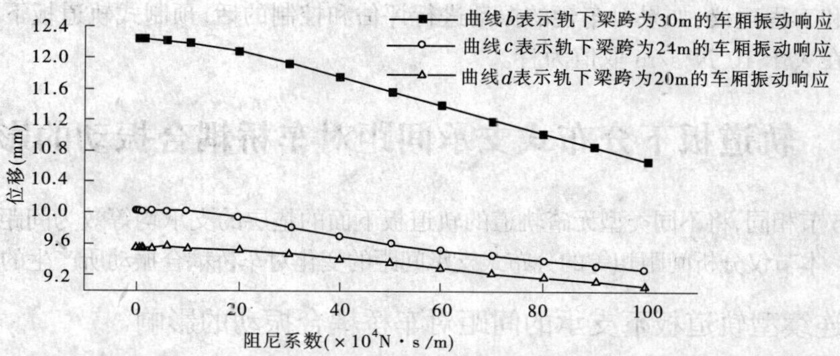

图 6.104　车厢沉浮振动的最大位移随轨道板下阻尼器阻尼系数变化的分布图

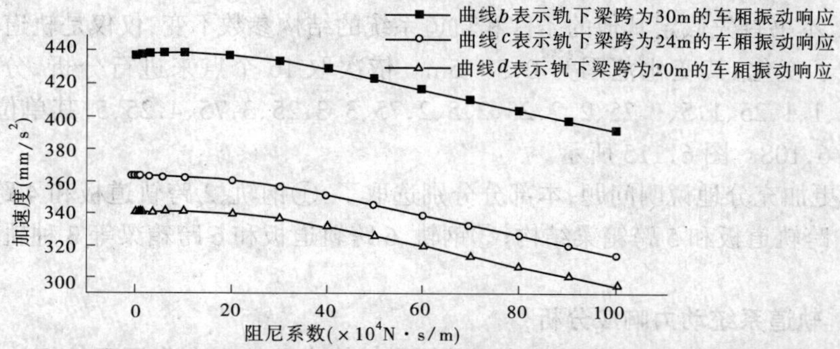

图 6.105　车厢沉浮振动的最大加速度随轨道板下阻尼器阻尼系数变化的分布图

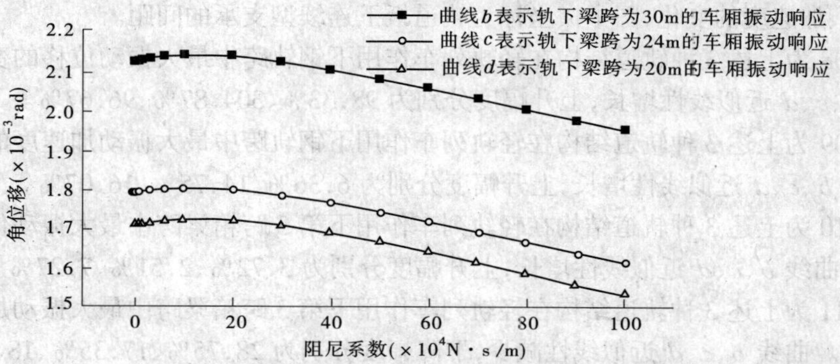

图 6.106　车厢点头振动的最大角位移随轨道板下阻尼器阻尼系数变化的分布图

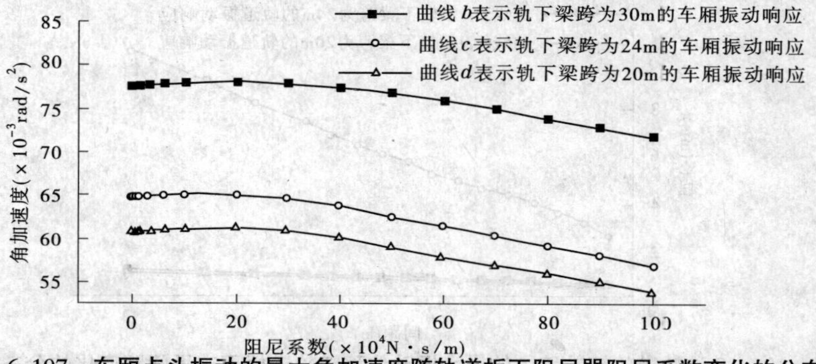

图 6.107　车厢点头振动的最大角加速度随轨道板下阻尼器阻尼系数变化的分布图

结论和工程建议：如果对车辆的振动进行评估和控制的话，预制式轨道板下阻尼器的阻尼系数在大于 10^5N·s/m 取值为宜。

6.7　轨道板下分布式支承间距对车桥耦合振动的影响

同6.5节相同，将不同类型无砟轨道的轨道板下面的垫层的支承均等效为间距相等的分布式支承。本节仅分析间距相等的分布式支承间距的变化对车桥耦合振动所产生的影响。

6.7.1　连续型轨道板下支承的间距对车桥耦合振动的影响

为了系统地分析连续整体型轨道板下支承的间距的变化对钢轨、箱梁和车厢振动的影响规律，本书首先假定其他的条件和轨道系统的结构参数不变，仅仅是轨道板下支承的间距发生了变化，其变化范围为 0.5～5m。依次取 16 个点来进行分析，分别为 0.25、0.5、0.75、1、1.25、1.5、1.75、2、2.25、2.5、2.75、3、3.25、3.75、4.25、5，其单位为 m，计算结构如图 6.108～图 6.115 所示。

为了更加充分地说明问题，本部分分别选取了：①钢轨、2 跨轨道板和 4 跨箱梁结构；②钢轨、1 跨轨道板和 5 跨箱梁结构；③钢轨、6 跨轨道板和 6 跨箱梁等 3 种轨道结构来进行分析。

6.7.1.1　轨道系统动力响应分析

图 6.108～图 6.111 反映了上述 3 种轨道结构在轻轨列车作用下的钢轨和箱梁的最大振动位移、加速度的变化，图中横坐标为轨道板下连续型支承的间距。

图 6.108 为上述 3 种轨道结构在轻轨列车作用下钢轨跨中最大振动位移的变化分布图。曲线 b、c、d 近似线性增长，上升幅度分别为 98.33%、304.87%、96.67%。

图 6.109 为上述 3 种轨道结构在轻轨列车作用下钢轨跨中最大振动加速度的变化分布图。曲线 b、c、d 近似线性增长，上升幅度分别为 6.36%、14.75%、16.07%。

图 6.110 为上述 3 种轨道结构在轻轨列车作用下第 3 跨箱梁跨中最大振动位移的变化分布图。曲线 b、c、d 近似线性增长，上升幅度分别为 3.72%、2.51%、7.27%。

图 6.111 为上述 3 种轨道结构在轻轨列车作用下第 3 跨箱梁跨中最大振动加速度的变化分布图。曲线 b、c、d 近似线性减少，下降幅度分别为 28.75%、17.35%、18.23%。

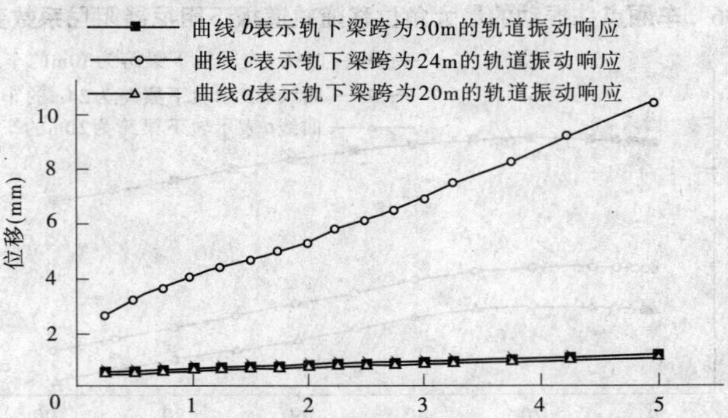

图 6.108　3 种轨道的钢轨跨中的最大振动位移随轨道板下支承间距变化的分布图

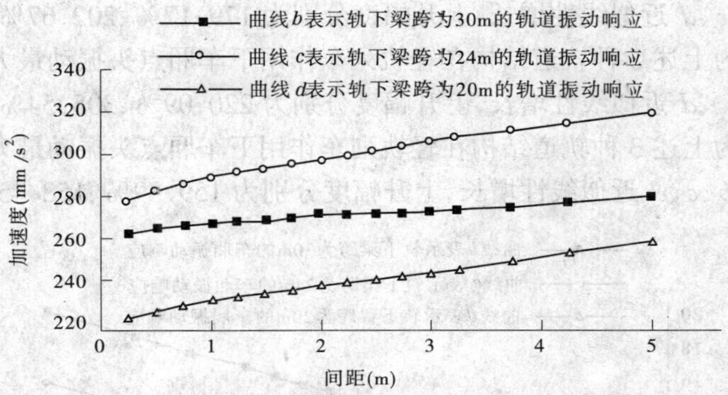

图 6.109 3 种轨道的钢轨跨中最大振动加速度随轨道板下支承间距变化的分布图

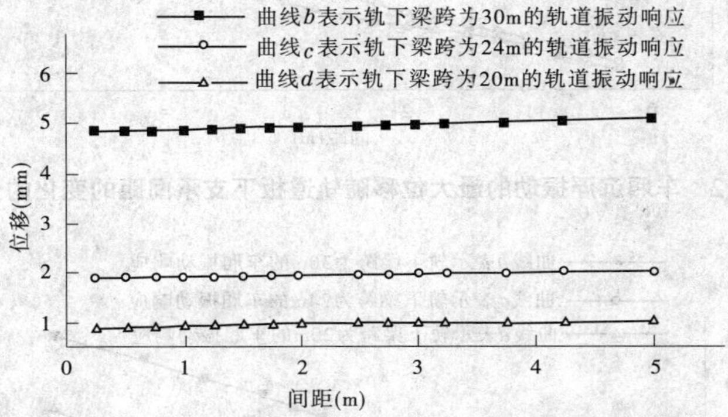

图 6.110 3 种轨道的第 3 跨箱梁跨中最大振动位移随轨道板下支承间距变化的分布图

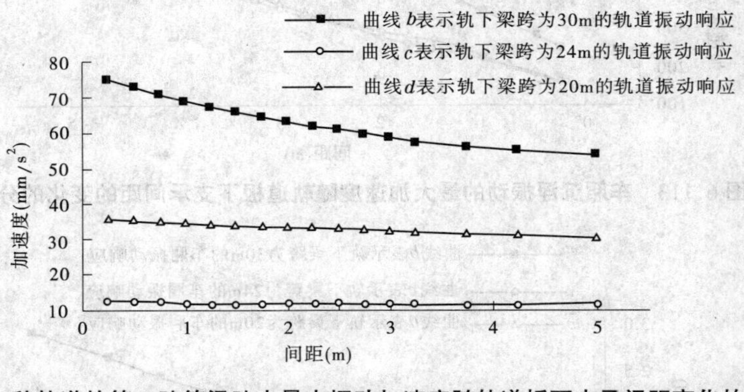

图 6.111 3 种轨道的第 3 跨箱梁跨中最大振动加速度随轨道板下支承间距变化的分布图

6.7.1.2 车厢的动力响应分析

图 6.112～图 6.115 反映了上述 3 种轨道结构在轻轨列车作用下车厢沉浮振动的最大位移、加速度以及点头振动角位移和角加速度的变化，图中横坐标为连续型轨道板下支承的间距。

图 6.112 为上述 3 种轨道结构在轻轨列车作用下车厢沉浮振动最大位移的变化分布图。曲线 b、c、d 近似线性增长，上升幅度分别为 84.62%、107.78%、101.51%。

图 6.113 为上述 3 种轨道结构在轻轨列车作用下车厢沉浮振动最大加速度的变化分

布图。曲线 b、c、d 近似线性增长，上升幅度分别为 179.17%、202.67%、226.24%。

图 6.114 为上述 3 种轨道结构在轻轨列车作用下车厢点头振动最大角位移的变化分布图。曲线 b、c、d 近似线性增长，上升幅度分别为 220.09%、305.54%、374.82%。

图 6.115 为上述 3 种轨道结构在轻轨列车作用下车厢点头振动最大角加速度的变化分布图。曲线 b、c、d 近似线性增长，上升幅度分别为 159.39%、158.45%、227.1%。

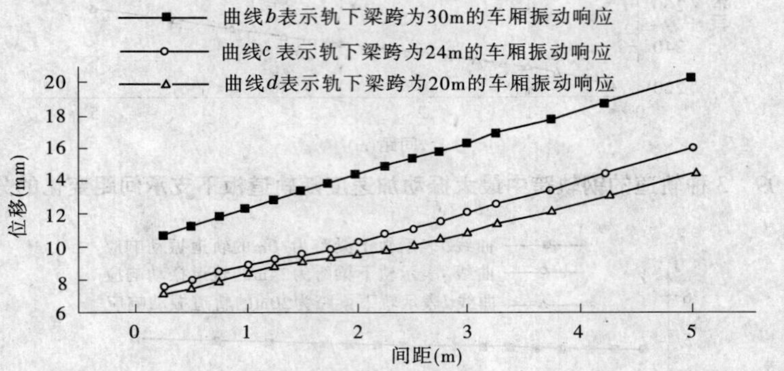

图 6.112　车厢沉浮振动的最大位移随轨道板下支承间距的变化的分布图

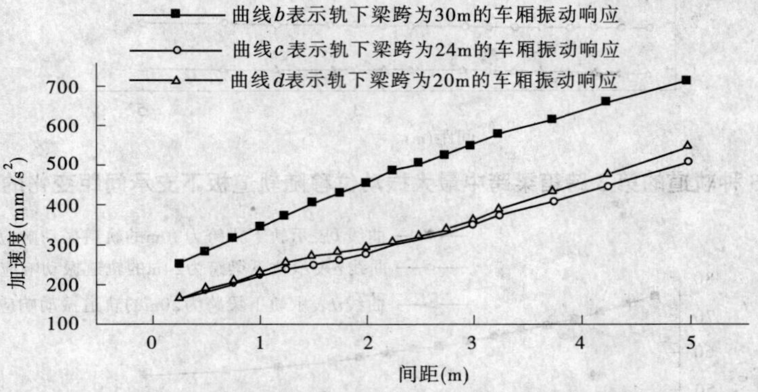

图 6.113　车厢沉浮振动的最大加速度随轨道板下支承间距的变化的分布图

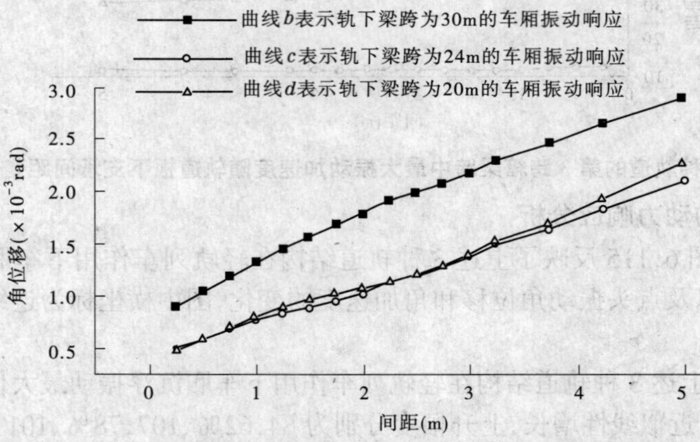

图 6.114　车厢点头振动的最大角位移随轨道板下支承间距的变化的分布图

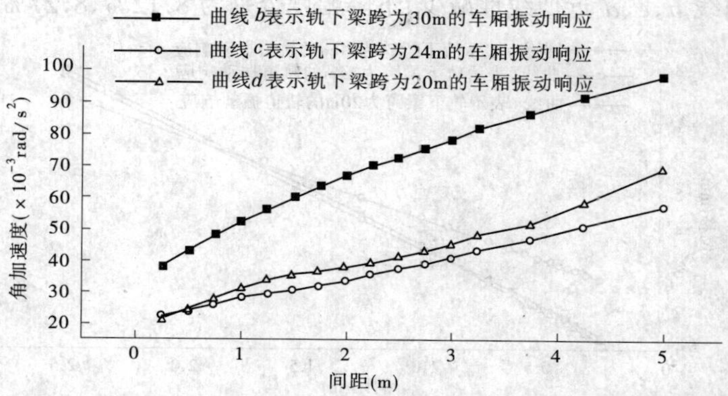

图 6.115　车厢点头振动的最大角加速度随轨道板下支承间距的变化的分布图

结论和工程建议:车辆、轨道和桥梁的动力响应值的大小与分布式支承间距成线性关系,除了箱梁跨中加速度线性减少外,其他值都随间距的增大而线性增大;如果对连续型轨道系统和车辆振动进行评估和控制的话,分布式轨道板下支承的间距应在 1.5m 以内取值为宜。

6.7.2　预制式轨道板下支承的间距对车桥耦合振动的影响

为了系统地分析预制式轨道板下支承的间距的变化对钢轨、箱梁和车厢振动的影响规律,本书首先假定其他的条件和轨道系统的结构参数不变,仅仅是轨道板下支承的间距发生了变化,其范围为 0.5～2.5m,依次取 15 个点来进行分析,分别为 0.25、0.312 5、0.357 1、0.384 61、0.416 7、0.454、0.5、0.556、0.625、0.714、0.833、1、1.25、1.666、2.5,其单位为 m。之所以最大间距取 2.5m,是因为本书选取的轨道板长度为 5m 左右,经计算发现,当支座间距大于 2.5m 时,即轨道板下仅有 2 个支座时,支座的间距对结果的影响不大,因此本节选取的支座间距以轨道板下至少有 2 个支座为准,下面不再说明。计算结果如图 6.116～图 6.123 所示。

前面已说明,本部分设定了①钢轨、24 跨轨道板和 4 跨箱梁结构;②钢轨、25 跨轨道板和 5 跨箱梁结构;③钢轨、24 跨轨道板和 6 跨箱梁结构共计 3 种轨道结构用来进行分析。

6.7.2.1　轨道系统动力响应分析

图 6.116～图 6.119 反映了上述 3 种轨道结构在轻轨列车作用下的钢轨和箱梁的最大振动位移、加速度的变化,图中横坐标为预制式轨道板下支承的间距。

图 6.116 为上述 3 种轨道结构在轻轨列车作用下钢轨跨中最大振动位移的变化分布图。曲线 b、c、d 线性增长,上升幅度分别为 503.69%、162.46%、535.51%。

图 6.117 为上述 3 种轨道结构在轻轨列车作用下钢轨跨中最大振动加速度的变化分布图。曲线 b、c、d 近似线性增长,上升幅度分别为 108.4%、31.51%、104.39%。

图 6.118 为上述 3 种轨道结构在轻轨列车作用下第 3 跨箱梁跨中最大振动位移的变化分布图。曲线 b 的下降幅度为 0.43%,而曲线 c、d 的上升升幅度分别为 3.01% 和 1.58%。可见预制式轨道板下支承的间距变化对箱梁的位移几乎不产生影响。

图 6.119 为上述 3 种轨道结构在轻轨列车作用下第 3 跨箱梁跨中最大振动加速度的

变化分布图。曲线 b、c、d 近似线性减少，下降幅度分别为 8.12%、8.27%、6.82%。

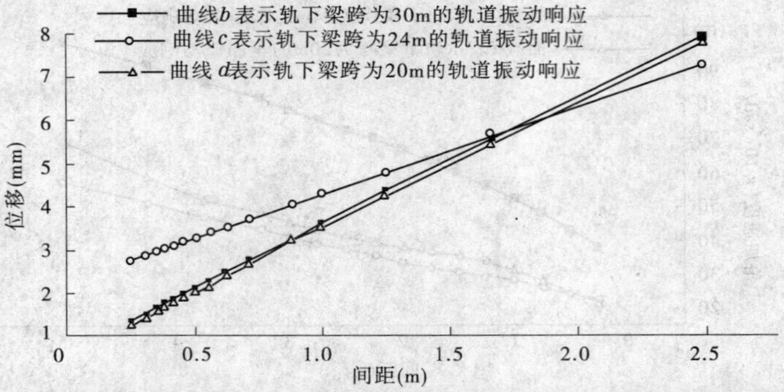

图 6.116　3 种轨道的钢轨跨中最大振动位移随预制式轨道板下支承间距变化的分布图

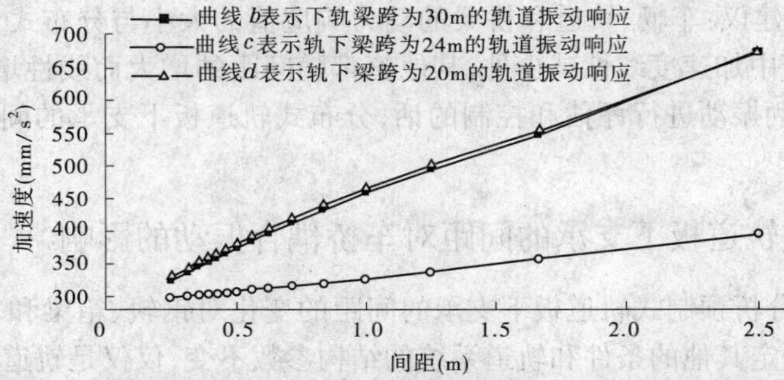

图 6.117　3 种轨道的钢轨跨中最大振动加速度随预制式轨道板下支承间距变化的分布图

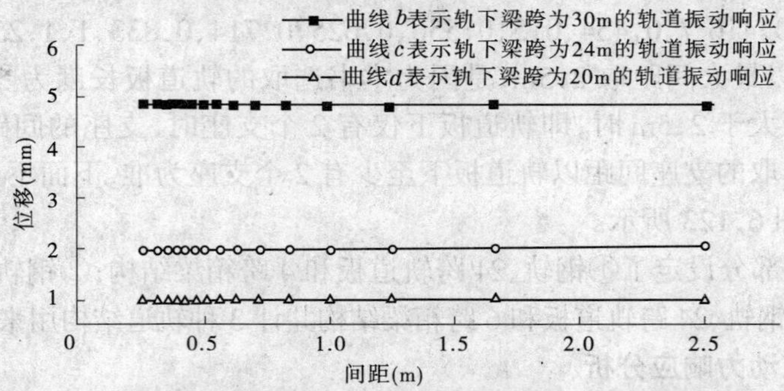

图 6.118　3 种轨道的第 3 跨箱梁跨中最大振动位移随预制式轨道板下支承间距变化的分布图

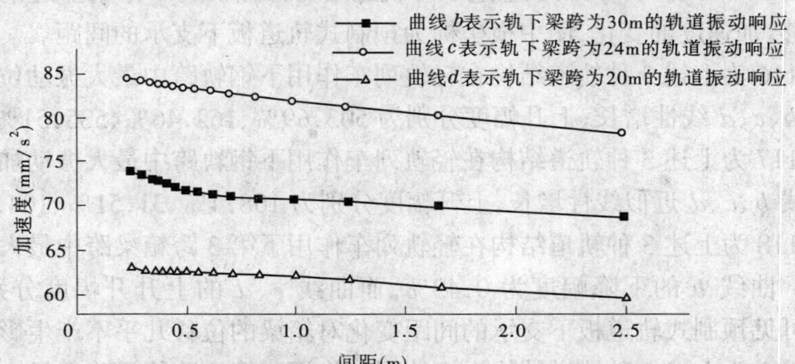

图 6.119　3 种轨道的第 3 跨箱梁跨中最大振动加速度随预制式轨道板下支承间距变化的分布图

6.7.2.2 车厢的动力响应分析

图 6.120～图 6.123 反映了上述 3 种轨道结构在轻轨列车作用下车厢沉浮振动的最大位移、加速度以及点头振动的角位移和角加速度的变化，图中横坐标为预制式轨道板下支承的间距。

图 6.120 为上述 3 种轨道结构在轻轨列车作用下车厢沉浮振动最大位移的变化分布图。曲线 b、c、d 近似线性增长，上升幅度分别为 104.3%、95.37%、97.37%。

图 6.121 为上述 3 种轨道结构在轻轨列车作用下车厢沉浮振动最大加速度的变化分布图。曲线 b、c、d 近似线性增长，上升幅度分别为 107.04%、131.4%、154.06%。

图 6.122 为上述 3 种轨道结构在轻轨列车作用下车厢点头振动最大角位移的变化分布图。曲线 b、c、d 近似线性增长，上升幅度分别为 96.13%、115.18%、130.65%。

图 6.123 为上述 3 种轨道结构与轻轨列车作用时车厢点头振动最大角加速度的变化分布图。曲线 b、c、d 近似线性增长，上升幅度分别为 87.13%、105.1%、120.66%。

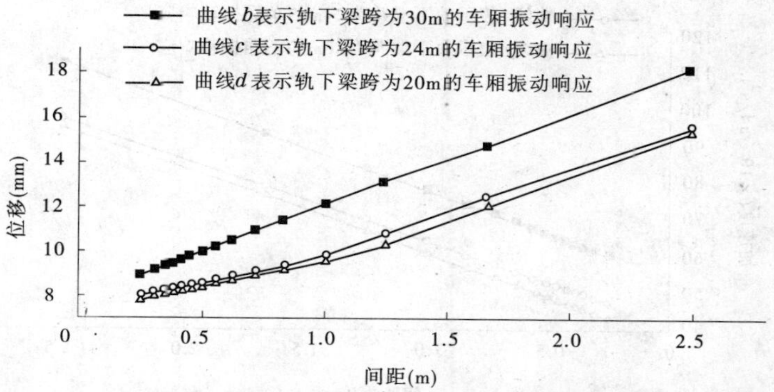

图 6.120 车厢沉浮振动的最大位移随预制式轨道板下支承间距变化的分布图

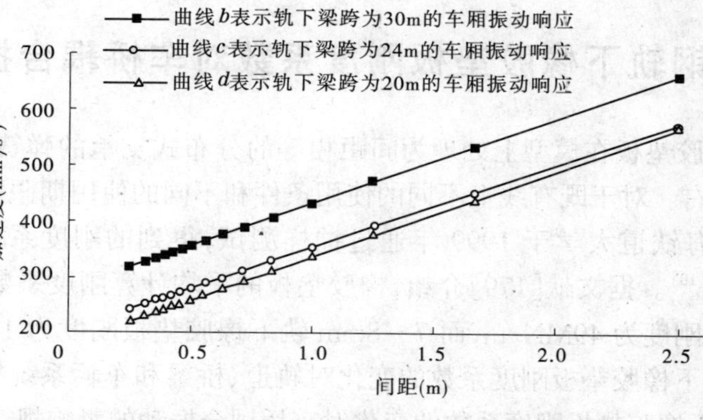

图 6.121 车厢沉浮振动的最大加速度随预制式轨道板下支承间距变化的分布图

结论和工程建议：车辆、轨道和桥梁的动力响应值的大小与预制式支承间距呈线性关系，除了桥梁跨中的振动加速度线性减少外，其他值都随间距的增大而线性增大；如果对预制式轨道系统和车辆振动进行评估和控制的话，预制式轨道板下支承的间距应在 1.5m 以内取值为宜。

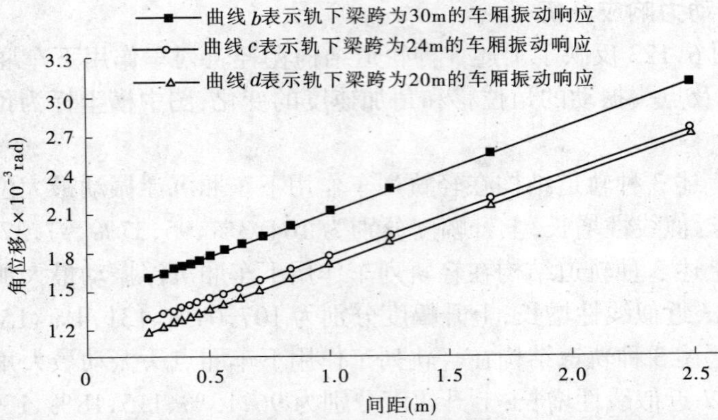

图 6.122　车厢点头振动的最大角位移随预制式轨道板下支承间距变化的分布图

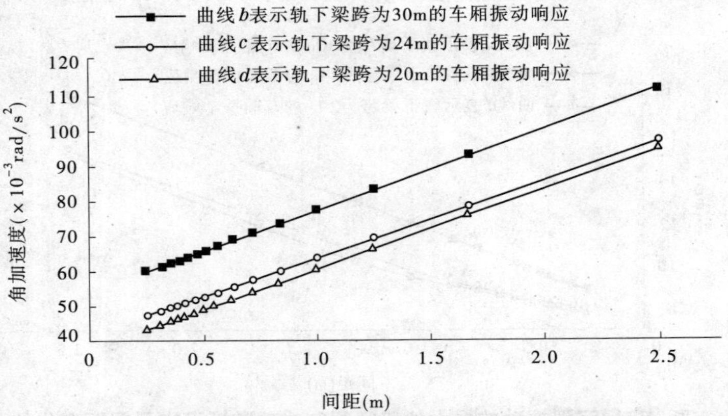

图 6.123　车厢点头振动的最大角加速度随预制式轨道板下支承间距变化的分布图

6.8　钢轨下橡胶垫板刚度系数对车桥耦合振动的影响

钢轨下橡胶垫板在模型上处理为间距相等的分布式支承的弹簧，橡胶垫板的间距一般为 0.6m 左右。对于既有线上不同的使用条件和不同的使用期限的轨下橡胶垫板的实际刚度，原上海铁道大学于 1999 年通过抽样测试，得到的刚度系数总范围为 45.57～173.01MN/m[10]。据文献[179]介绍，橡胶垫板的平均计算刚度系数为：12～14mm 高强轨下橡胶垫板刚度为 49MN/m，而 7～8mm 轨下橡胶垫板刚度为 117.6MN/m。本节的目的是通过轨下橡胶垫板刚度系数的变化对轨道、桥梁和车辆系统振动响应的分析和比较，总结出轨下橡胶垫板刚度系数的变化对车桥耦合振动的影响规律。

6.8.1　连续型轨道板上轨下橡胶垫板的刚度系数对车桥耦合振动的影响

为了系统地分析连续整体型轨道板上轨下橡胶垫板刚度系数的变化对钢轨、箱梁和车厢振动的影响规律，本书首先假定其他的条件和轨道系统的结构参数不变，仅仅是轨下橡胶垫板刚度系数发生了变化，其变化范围为 10^4～10^9N/m。依次取 20 个点来进行分析,分别为0.001、0.01、0.03、0.06、0.1、0.3、0.6、1、3、6、10、20、30、40、50、60、70、80、90、100,其单位为10^7N/m。计算结果如图6.124～图6.131所示。

为了更加充分地说明问题,本部分分别选取了:①钢轨、2跨轨道板和4跨箱梁结构;②钢轨、1跨轨道板和5跨箱梁结构;③钢轨、6跨轨道板和6跨箱梁3种轨道结构来进行分析。

6.8.1.1 轨道系统动力响应分析

图6.124～图6.127反映了上述3种轨道结构在轻轨列车作用下的钢轨和箱梁的最大振动位移、加速度的变化,图中横坐标为连续型轨道板上轨下橡胶垫板的刚度系数值。

图6.124为上述3种轨道结构在轻轨列车作用下钢轨跨中最大振动位移的变化分布图。曲线b、c、d的左端最大值分别为247.58mm、247.92mm和247.12mm。为了表达清楚,图中仅取其一部分。曲线b、c、d的降幅分别为99.89%、98.52%、99.93%,3条曲线在10^4～10^7N/m之间急剧减少,减少值占总下降幅度的百分比依次为99.39%、99.47%、99.37%,10^7N/m值之后降幅平缓。

图6.125为上述3种轨道结构在轻轨列车作用下钢轨跨中最大振动加速度的变化分布图。曲线b、c、d的降幅均主要在10^4～10^7N/m之间,在3×10^8N/m左右处达到最小值,其降幅分别为89.73%、89.11%、91.12%;之后逐步增加,到最右端其增幅分别为457.52%、343.58%、282.05%。

图6.126为上述3种轨道结构在轻轨列车作用下第3跨箱梁跨中最大振动位移的变化分布图。曲线b、c、d的降幅均主要在10^4～10^7N/m之间,其降幅分别为33.06%、2.26%、2.98%,在10^7～10^9N/m之间几乎不发生变化。

图6.127为上述3种轨道结构在轻轨列车作用下第3跨箱梁跨中最大振动加速度的变化分布图。曲线b、c、d在0.3×10^7N/m点附近有最小值;在10^4～0.3×10^7N/m区间3条曲线的下降幅度分别为86.52%、83.05%、26.84%;之后3条曲线呈上升趋势,其上升幅度分别为22.66%、10.85%、587.98%。

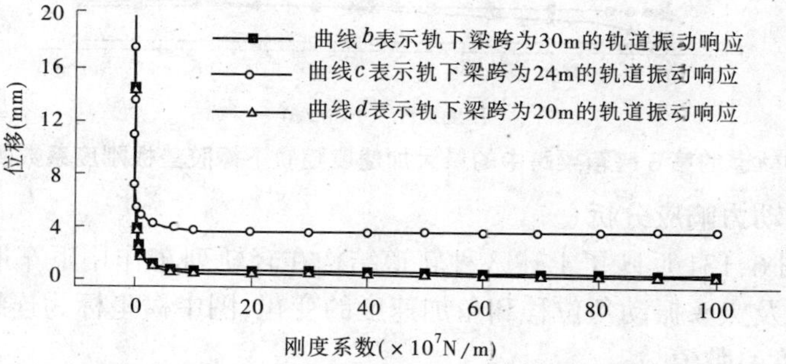

图6.124 3种轨道的钢轨跨中的最大位移随轨下橡胶垫板刚度系数的变化分布图

结论和工程建议:如果对轨道系统的振动进行评估和控制的话,连续型轨道板上的轨下橡胶垫板的刚度系数在3×10^8N/m左右取值为宜;而如果要对桥梁的振动进行评估和控制的话,连续型轨道板上的轨下橡胶垫板的刚度系数在1×10^7N/m左右取值为宜。另外,本书计算表明,如果轨下橡胶垫板刚度系数值达到1.5×10^9以上时,轨道和箱梁系统的位移和加速度值将远远大于第2章介绍的振动性能评价标准。

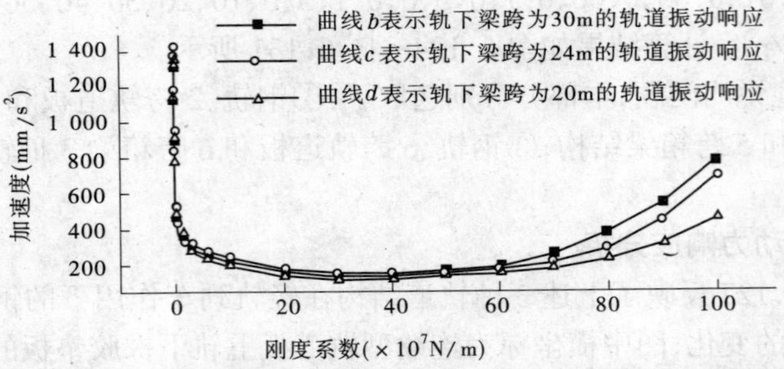

图 6.125　3 种轨道的钢轨跨中的最大加速度随轨下橡胶垫板刚度系数的变化分布图

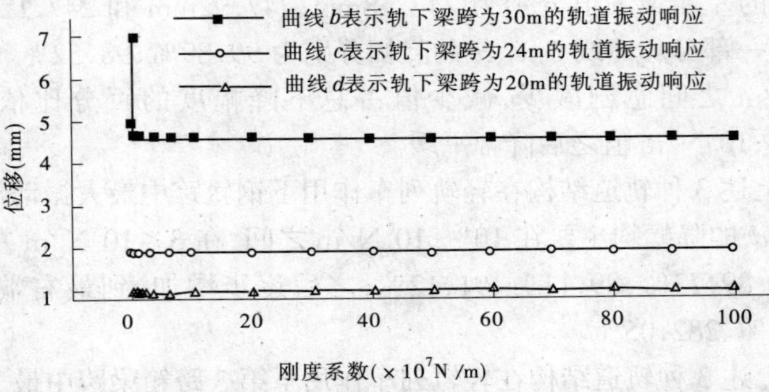

图 6.126　3 种轨道的第 3 跨箱梁跨中的最大位移随轨下橡胶垫板刚度系数的变化分布图

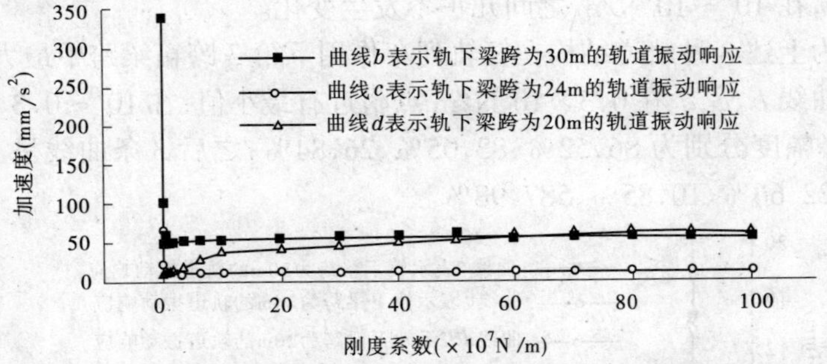

图 6.127　3 种轨道的第 3 跨箱梁跨中的最大加速度随轨下橡胶垫板刚度系数的变化分布图

6.8.1.2　车厢的动力响应分析

图 6.128～图 6.131 反映了上述 3 种轨道结构在轻轨列车作用下车厢沉浮振动的最大位移、加速度以及点头振动角位移和角加速度的变化，图中横坐标为连续型轨道板上轨下橡胶垫板的刚度系数值。

图 6.128 为上述 3 种轨道结构在轻轨列车作用下车厢沉浮振动最大位移的变化分布图。曲线 b、c、d 的降幅分别为 85.95%、89.59%、90.01%。其中，10^4～10^7N/m 区间内 3 条曲线的降幅占总降幅的百分比分别为 98.19%、98.2%、98.23%。

图 6.129 为上述 3 种轨道结构在轻轨列车作用下车厢沉浮振动最大加速度的变化分布图。曲线 b、c、d 的左端最大值分别为 2 351.94mm/s²、2 247.02mm/s² 和 2 255.03mm/s²。为了表达清楚，图中仅取其一部分。曲线 b、c、d 的降幅依次为

86.13%、91.04%、90.65%。其中，$10^4 \sim 10^7$ N/m 区间内 3 条曲线的降幅占总降幅的百分比分别为 96.8%、96.71%、96.76%。

图 6.130 为上述 3 种轨道结构在轻轨列车作用下车厢点头振动最大角位移的变化分布图。曲线 b、c、d 的降幅分别为 89.91%、94.19%、94.55%。其中，$10^4 \sim 10^7$ N/m 区间内 3 条曲线降幅占总降幅的百分比分别为 97.25%、97.55%、98.87%。

图 6.131 为上述 3 种轨道结构在轻轨列车作用下车厢点头振动最大角加速度的变化分布图。曲线 b、c、d 降幅依次为 81%、90.5%、89.2%。其中，$10^4 \sim 10^7$ N/m 区间内 3 条曲线的降幅占总降幅的百分比分别为 94.93%、95.38%、95.21%。

结论和工程建议：如果对车辆的振动进行控制和评估的话，连续型轨道板上轨下橡胶垫板的刚度系数在 $1\times10^7 \sim 1\times10^9$ N/m 之间取值为宜。

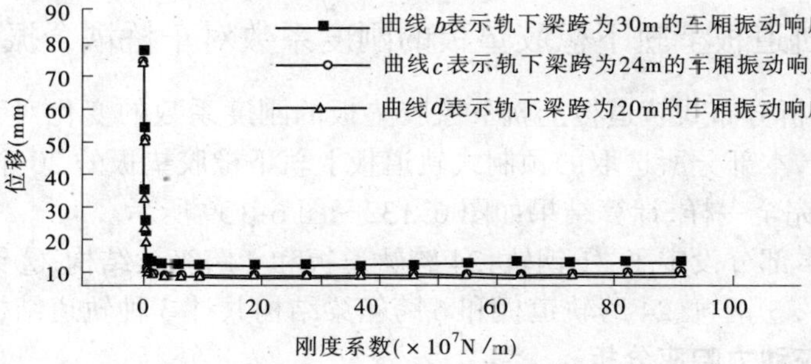

图 6.128　车厢沉浮振动的最大位移随轨下橡胶垫板刚度系数变化的分布图

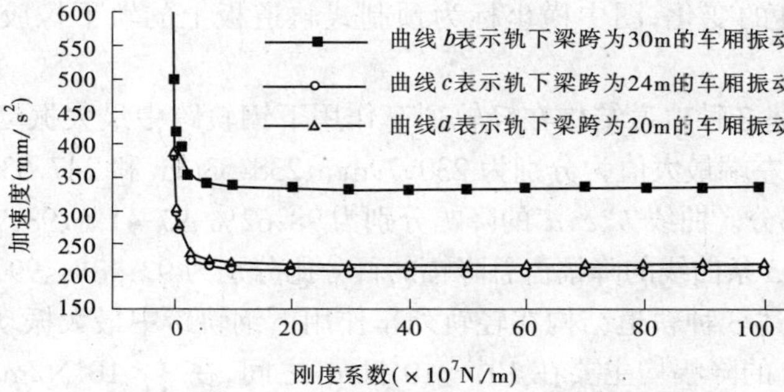

图 6.129　车厢沉浮振动的最大加速度随轨下橡胶垫板刚度系数变化的分布图

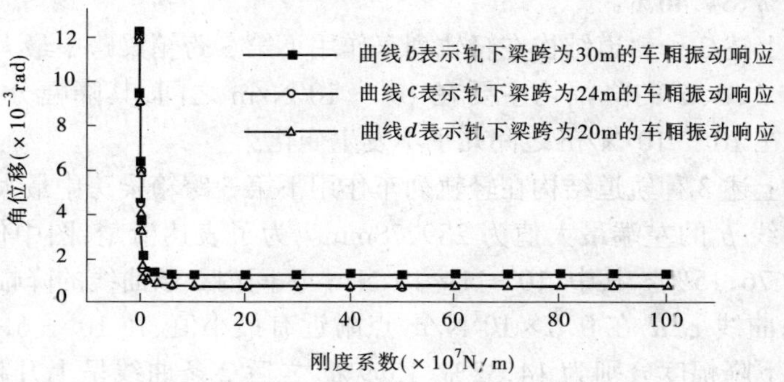

图 6.130　车厢点头振动的最大角位移随轨下橡胶垫板刚度系数变化的分布图

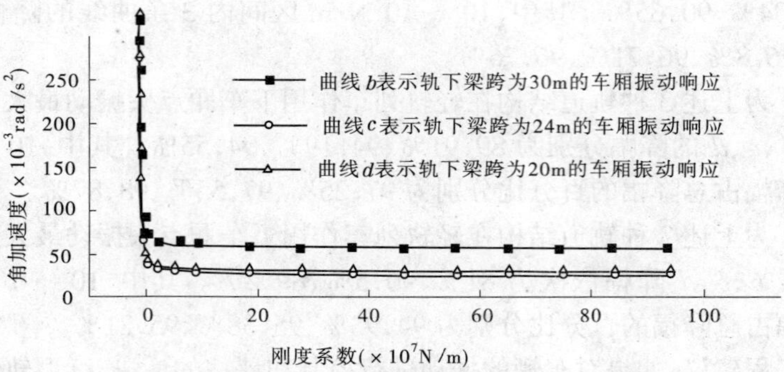

图 6.131　车厢点头振动的最大角加速度随轨下橡胶垫板刚度系数变化的分布图

6.8.2　预制式轨道板上轨下橡胶垫板的刚度系数对车桥耦合振动的影响

为了系统地分析分布式轨道板上轨下橡胶垫板的刚度系数的变化对钢轨、箱梁和车厢振动的影响规律,本部分所选取的预制式轨道板上轨下橡胶垫板的 20 个刚度系数值和 6.8.1 部分选取的完全一样,计算结果如图 6.132～图 6.139 所示。

前面已说明,本部分设定了:①钢轨、24 跨轨道板和 4 跨箱梁结构;②钢轨、25 跨轨道板和 5 跨箱梁结构;③钢轨、24 跨轨道板和 6 跨箱梁结构共计 3 种轨道结构来进行分析。

6.8.2.1　轨道系统动力响应分析

图 6.132～图 6.135 反映了上述 3 种轨道结构在轻轨列车作用下的钢轨和箱梁的最大振动位移、加速度的变化,图中横坐标为预制式轨道板上的轨下橡胶垫板的刚度系数值。

图 6.132 为上述 3 种轨道结构在轻轨列车作用下钢轨跨中最大振动位移的变化分布图。曲线 b、c、d 的左端最大值为分别为 230.79mm、238.53mm 和 247.63mm。为了表达清楚,图中仅取其一部分。曲线 b、c、d 的降幅分别为 98.62%、97.41%、98.76%。其中,10^4～1×10^7N/m 区间内 3 条曲线的降幅占总降幅的百分比分别为 99.48%、99.52%、99.48%。

图 6.133 为上述 3 种轨道结构在轻轨列车作用下钢轨跨中最大振动加速度的变化分布图。曲线 b、c、d 的降幅均主要在 10^4～10^7N/m 之间,在 3×10^8N/m 左右处达到最小值,其降幅分别为 73.6%、87.08%、73.04%,之后逐步增加,到最右端其增幅分别为 86.48%、186.37%、84.46%。

图 6.134 为上述 3 种轨道结构在轻轨列车作用下第 3 跨箱梁跨中最大振动位移的变化分布图。曲线 b、c、d 的降幅均主要在 10^4～10^7N/m 之间,其降幅分别为 31.19%、2.56%、3.01%;在 10^7～10^9N/m 之间几乎不发生变化。

图 6.135 为上述 3 种轨道结构在轻轨列车作用下第 3 跨箱梁跨中最大振动加速度的变化分布图。曲线 b 的左端最大值为 289.78mm。为了表达清楚,图中仅取其一部分。曲线 b 的降幅为 76.15%。其中,10^4～1×10^7N/m 区间内 3 条曲线的降幅占总降幅的百分比为 98.45%;曲线 c、d 在 0.6×10^7N/m 点附近有最小值、在 10^4～6.3×10^7N/m 区间内 2 条曲线的下降幅度分别为 14.32%、15.9%,之后 2 条曲线呈上升趋势,其上升幅度分别为 47.58%、88.56%。

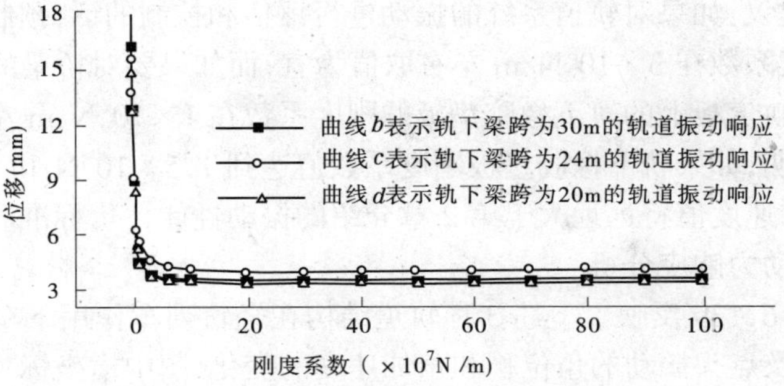

图 6.132　3 种轨道的钢轨跨中的最大位移随轨下橡胶垫板刚度系数的变化分布图

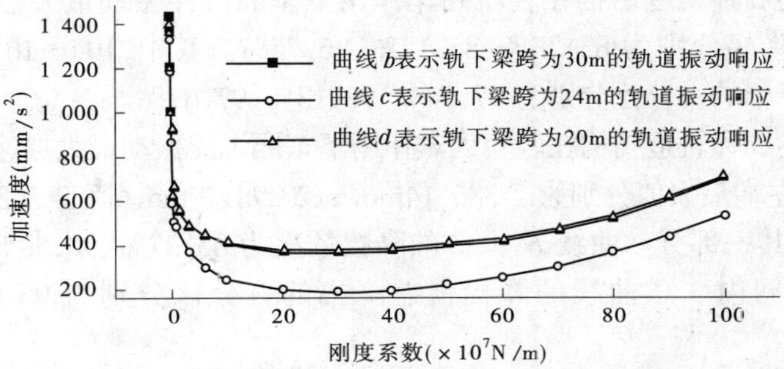

图 6.133　3 种轨道的钢轨跨中的最大加速度随轨下橡胶垫板刚度系数的变化分布图

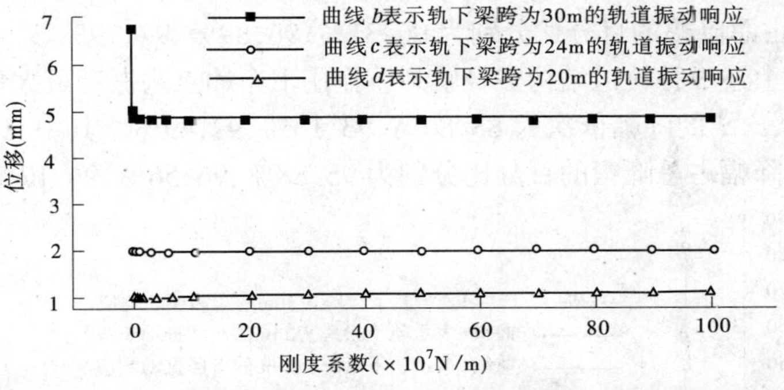

图 6.134　3 种轨道的第 3 跨箱梁跨中的最大位移随轨下橡胶垫板刚度系数的变化分布图

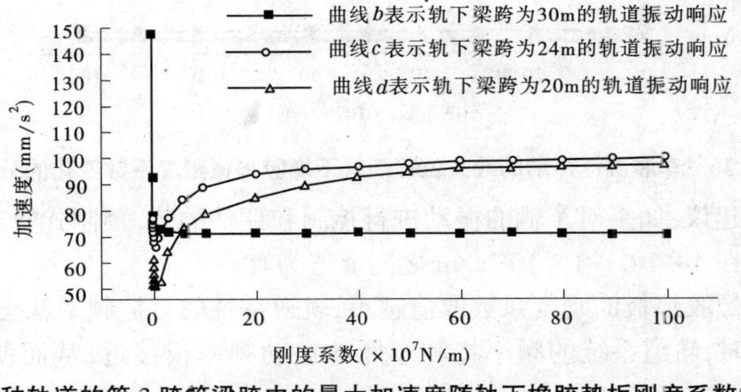

图 6.135　3 种轨道的第 3 跨箱梁跨中的最大加速度随轨下橡胶垫板刚度系数的变化分布图

结论和工程建议:如果对轨道系统的振动进行评估和控制的话,预制式轨道板上的轨下橡胶垫板的刚度系数在 3×10^8N/m 左右取值为宜;而如果要对桥梁的振动进行评估和控制的话,预制式轨道板上的轨下橡胶垫板的刚度系数在 1×10^7N/m 左右取值为宜。另外,本书的计算表明,如果轨下橡胶垫板刚度系数值达到 1.5×10^9N/m 以上时,轨道和箱梁系统的位移和加速度值将远远大于第 2 章介绍的振动性能评价标准。

6.8.2.2　**车厢的动力响应分析**

图 6.136~图 6.139 反映了上述 3 种轨道结构在轻轨列车作用下车厢沉浮振动的最大位移、加速度以及点头振动的角位移和角加速度的变化,图中横坐标为预制式轨道板上轨下橡胶垫板的刚度系数值。

图 6.136 为上述 3 种轨道结构在轻轨列车作用下车厢沉浮振动最大位移的变化分布图。曲线 b、c、d 的降幅分别为 83.38%、85.14%、86.75%。其中,$10^4\sim10^7$N/m 区间内 3 条曲线的降幅占总降幅的百分比分别为 97.54%、98.13%、97.67%。

图 6.137 为上述 3 种轨道结构在轻轨列车作用下车厢沉浮振动最大加速度的变化分布图。曲线 b、c、d 的左端最大值分别为 2 386.14mm/s、2 298.39mm/s 和2 363.69mm/s。为了表达清楚,图中仅取其一部分。曲线 b、c、d 的降幅依次为 85.27%、90.58%、91.27%。其中,$10^4\sim10^7$N/m 区间内 3 条曲线的降幅占总降幅的百分比分别为 95.83%、96.27%、96.37%。

图 6.138 为上述 3 种轨道结构在轻轨列车作用下车厢点头振动最大角位移的变化分布图。曲线 b、c、d 降幅分别为 88.96%、93.86%、93.17%。其中,$10^4\sim10^7$N/m 区间内 3 条曲线的降幅占总降幅的百分比分别为 96.31%、96.89%、97.79%。

图 6.139 为上述 3 种轨道结构在轻轨列车作用下车厢点头振动最大角加速度的变化分布图。曲线 b、c、d 的降幅依次为 88.86%、93.13%、92.89%。其中,$10^4\sim10^7$N/m 区间内 3 条曲线的降幅占总降幅的百分比分别为 95.88%、96.56%、96.17%。

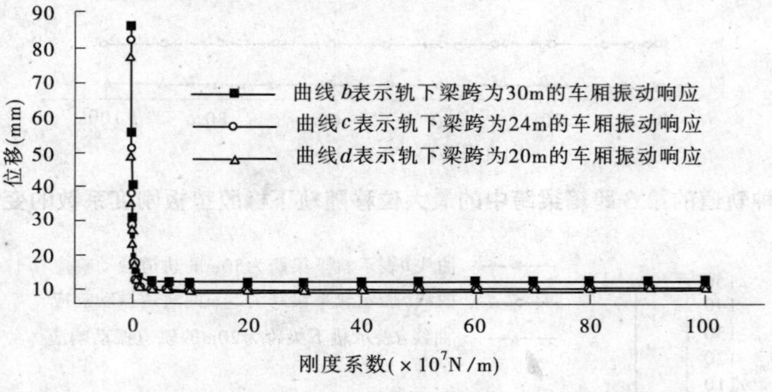

图 6.136　车厢沉浮振动的最大位移随轨下橡胶垫板刚度系数变化的分布图

结论和工程建议:如果对车辆的振动进行控制和评估的话,预制式轨道板上轨下橡胶垫板的刚度系数在 $1\times10^7\sim1\times10^9$N/m 之间取值为宜。

随着钢轨下橡胶垫板的刚度系数取值越小,轨道系统的自振频率就会越低,当其刚度值小于 10^7N/m 时,轨道系统的频率将和车厢的振动频率很接近,从而使车桥系统振动加剧。

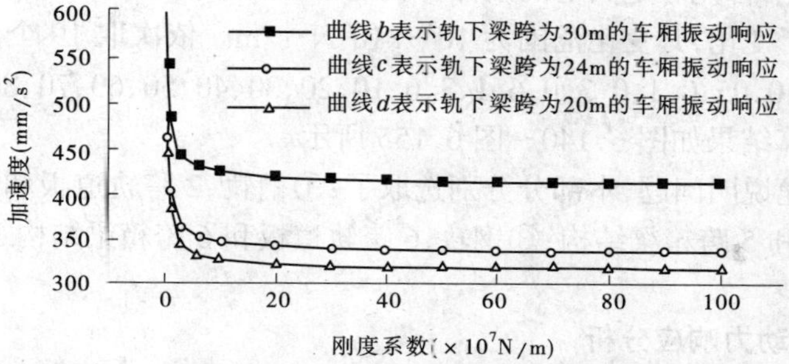

图 6.137　车厢沉浮振动的最大加速度随轨下橡胶垫板刚度系数变化的分布图

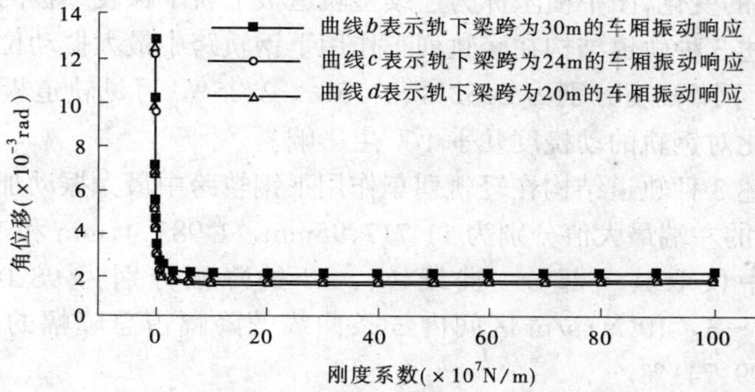

图 6.138　车厢点头振动的最大角位移随轨下橡胶垫板刚度系数变化的分布图

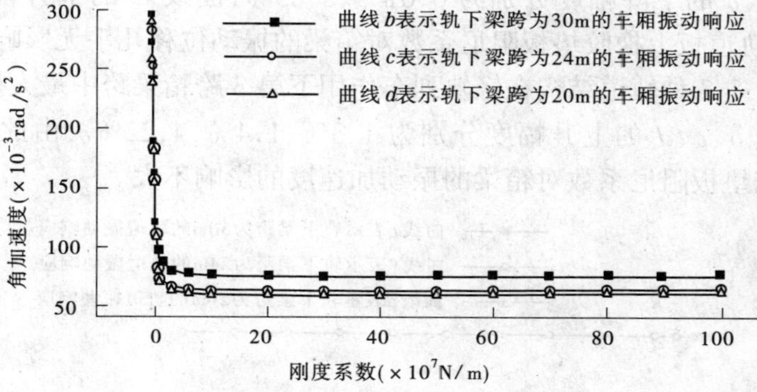

图 6.139　车厢点头振动的最大角加速度随轨下橡胶垫板刚度系数变化的分布图

6.9　钢轨下橡胶垫板阻尼系数对车桥耦合振动的影响

与 6.8 节的目的相同,通过对轨下橡胶垫板阻尼系数的变化对轨道、桥梁和车辆系统振动响应的分析和比较,总结出轨下橡胶垫板阻尼的变化对车桥耦合振动的影响规律。

6.9.1　连续型轨道板上轨下橡胶垫板的阻尼系数对车桥耦合振动的影响

为了系统地分析连续整体型轨道板上橡胶垫板阻尼系数的变化对钢轨、箱梁和车厢振动的影响规律，本书首先假定其他的条件和轨道系统的结构参数不变，仅仅是轨下橡胶垫板阻尼系数发生了变化，其变化范围为 $10^2 \sim 10^6$ N·s/m。依次取 19 个点来进行分析，分别为 0.001、0.01、0.05、0.1、0.3、0.6、1、3、6、10、20、30、40、50、60、70、80、90、100，其单位为 10^4 N·s/m，计算结果如图 6.140～图 6.155 所示。

为了更加充分地说明问题，本部分分别选取了：①钢轨、2 跨轨道板和 4 跨箱梁结构；②钢轨、1 跨轨道板和 5 跨箱梁结构；③钢轨、6 跨轨道板和 6 跨箱梁结构 3 种轨道结构来进行分析。

6.9.1.1 轨道系统动力响应分析

图 6.140～图 6.143 反映了上述 3 种轨道结构在轻轨列车作用下的钢轨和箱梁的最大振动位移、加速度的变化，图中横坐标为连续型轨道板上轨下橡胶垫板的阻尼系数值。

图 6.140 为上述 3 种轨道结构在轻轨列车作用下钢轨跨中最大振动位移的变化分布图。曲线 b、c、d 的下降幅度分别为 2.52%、0.15%、2.25%，可见轨道板上轨下橡胶垫板的阻尼系数的变化对钢轨的动挠度几乎不产生影响。

图 6.141 为上述 3 种轨道结构在轻轨列车作用下钢轨跨中最大振动加速度的变化分布图。曲线 b、c、d 的左端最大值分别为 11 717.95mm、11 983.41mm 和 10 507.99mm。为了表达清楚，图中仅取其一部分。曲线 b、c、d 的降幅分别为 98.01%、97.98%、98.71%。其中，$10^2 \sim 3\times10^4$ N·s/m 区间内 3 条曲线的降幅占总降幅的百分比分别为 99.65%、99.48%、99.741%。

图 6.142 为上述 3 种轨道结构在轻轨列车作用下第 3 跨箱梁跨中最大振动位移的变化分布图。曲线 b、c 的下降幅度分别为 0.01%、0.03%；曲线 d 的上升幅度为 0.2%。由此看来，连续型轨道板上橡胶垫板阻尼系数对箱梁的振动位移几乎无影响。

图 6.143 为上述 3 种轨道结构在轻轨列车作用下第 3 跨箱梁跨中最大振动加速度的变化分布图。曲线 b、c、d 的上升幅度分别为 1.3%、1.4%、4.22%。由此看来，连续型轨道板上轨下橡胶垫板阻尼系数对箱梁的振动加速度的影响不大。

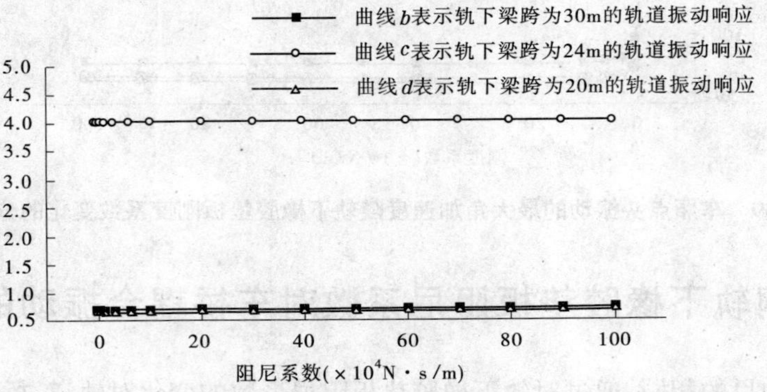

图 6.140 3 种轨道的钢轨跨中的最大振动位移随轨下橡胶垫板阻尼系数变化的分布图

6.9.1.2 车厢的动力响应分析

图 6.144～图 6.147 反映了上述 3 种轨道结构在轻轨列车作用下车厢沉浮振动的最大位移、加速度以及点头振动的角位移和角加速度的变化，图中横坐标为连续型轨道板上

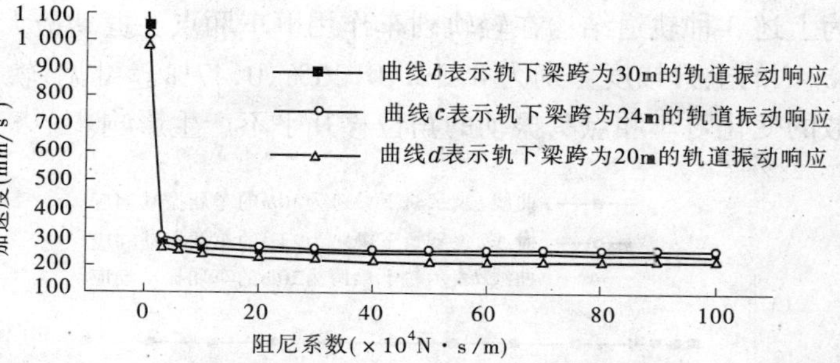

图 6.141 3 种轨道的钢轨跨中的最大振动加速度随轨下橡胶垫板阻尼系数变化的分布图

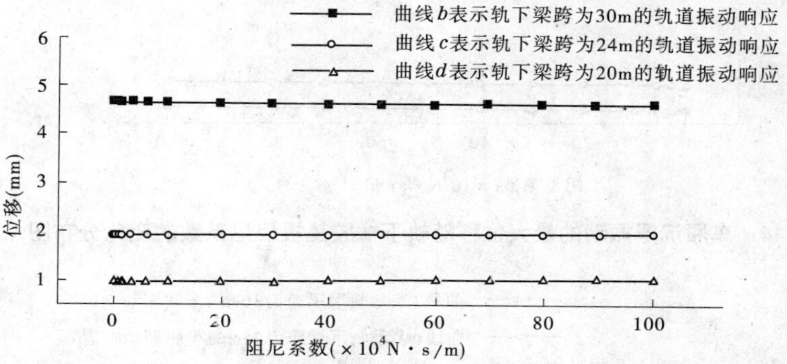

图 6.142 3 种轨道的第 3 跨箱梁跨中的最大振动位移随轨下橡胶垫板阻尼系数变化的分布图

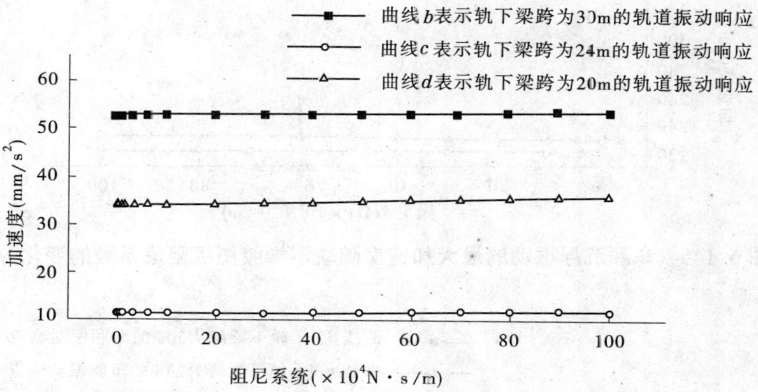

图 6.143 3 种轨道的第 3 跨箱梁跨中的最大振动加速度随轨下橡胶垫板阻尼系数变化的分布图

轨下橡胶垫板的阻尼系数值。

图 6.144 为上述 3 种轨道结构在轻轨列车作用下车厢沉浮振动最大位移的变化分布图。曲线 b、c、d 的上升幅度分别为 0.23%、0.33%、0.32%。可见，轨道板上轨下橡胶垫板的阻尼系数的变化对车厢沉浮振动的位移几乎不产生影响。

图 6.145 为上述 3 种轨道结构在轻轨列车作用下车厢沉浮振动最大加速度的变化分布图。曲线 b、c、d 的下降幅度分别为 0.07%、0.06%、0.1%。可见，轨道板上轨下橡胶垫板的阻尼系数的变化对车厢沉浮振动的加速度几乎不产生影响。

图 6.146 为上述 3 种轨道结构在轻轨列车作用下车厢点头振动最大角位移的变化分布图。曲线 b、c、d 的上升幅度分别为 0.3%、0.26%、0.47%。可见，轨道板上轨下橡胶垫板的阻尼系数的变化对车厢点头振动的角位移几乎不产生影响。

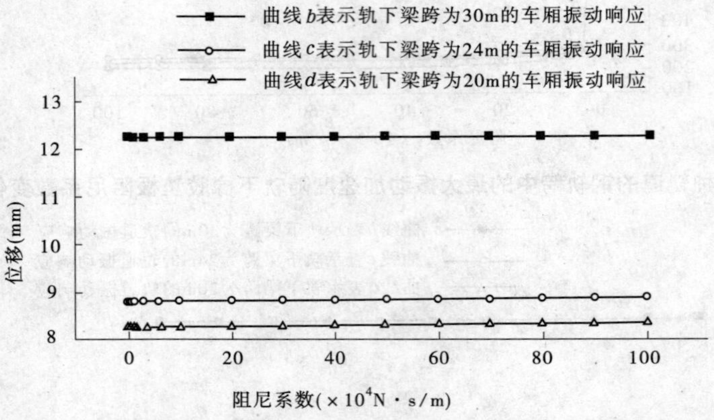

图 6.144　车厢沉浮振动的最大位移随轨下橡胶垫板阻尼系数的变化分布图

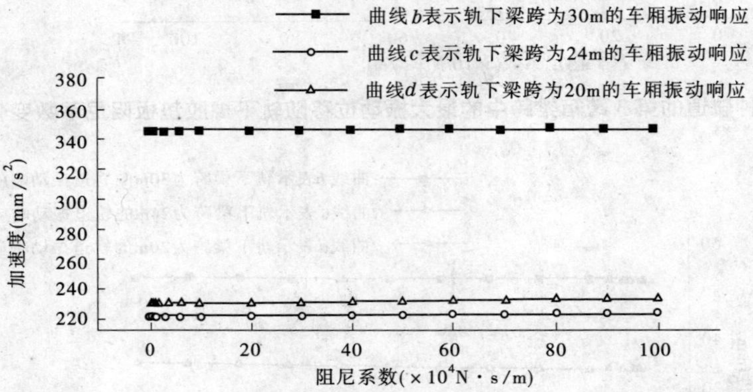

图 6.145　车厢沉浮振动的最大加速度随轨下橡胶垫板阻尼系数的变化分布图

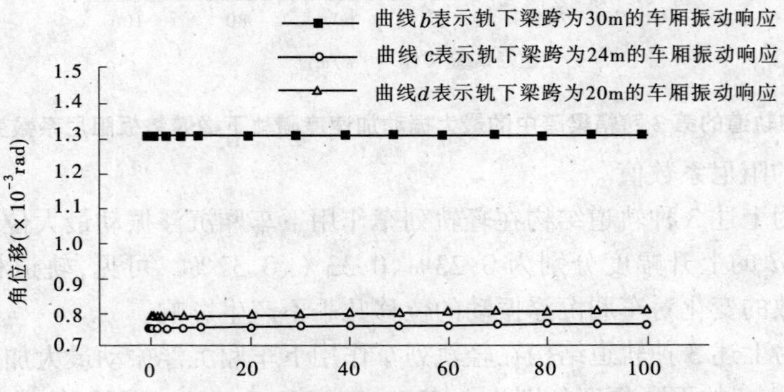

图 6.146　车厢点头振动的最大角位移随轨下橡胶垫板阻尼系数的变化分布图

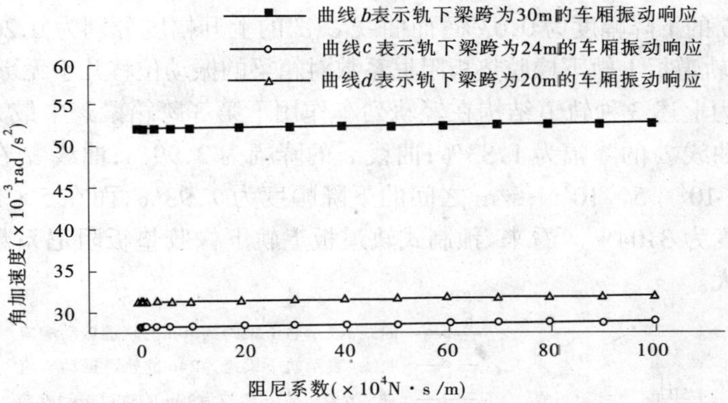

图 6.147　车厢点头振动的最大角加速度随轨下橡胶垫板阻尼系数变化的分布图

图 6.147 为上述 3 种轨道结构在轻轨列车作用下车厢点头振动最大角加速度的变化分布图。曲线 b、c、d 的上升幅度分别为 0.26%、0.42%、0.41%。可见，轨道板上轨下橡胶垫板的阻尼系数的变化对车厢点头振动的角加速度几乎不产生影响。

结论和工程建议：钢轨下橡胶垫板阻尼系数除了对钢轨的加速度有明显的抑制作用外，对车辆、轨道和桥梁结构的其他动力响应影响不大。如果对车桥系统的振动进行控制和评估的话，连续型轨道板上轨下橡胶垫板的阻尼系数在 $3\times10^4\sim1\times10^6$N·s/m 之间取值为宜。

6.9.2　预制式轨道板上轨下橡胶垫板的阻尼系数对车桥耦合振动的影响

为了系统地分析预制式轨道板上轨下橡胶垫板的阻尼系数的变化对钢轨、箱梁和车厢振动的影响规律，本部分所选取的预制式轨道板上轨下橡胶垫板的 19 个阻尼系数值和 6.8.1 节所选取的完全一样，计算结果如图 6.148～6.155 所示。

前面已说明，本部分设定了：①钢轨、24 跨轨道板和 4 跨箱梁结构；②钢轨、25 跨轨道板和 5 跨箱梁结构；③钢轨、24 跨轨道板和 6 跨箱梁结构共计 3 种轨道结构来进行分析。

6.9.2.1　轨道系统动力响应分析

图 6.148～图 6.151 反映了上述 3 种轨道结构在轻轨列车作用下的钢轨和箱梁的最大振动位移、加速度的变化，图中横坐标为预制式轨道板上的轨下橡胶垫板的阻尼系数值。

图 6.148 为上述 3 种轨道结构在轻轨列车作用下钢轨跨中最大振动位移的变化分布图。曲线 b、c、d 的下降幅度分别为 0.38%、0.57%、0.55%。可见，轨道板上轨下橡胶垫板的阻尼系数的变化对钢轨的振动位移几乎不产生影响。

图 6.149 为上述 3 种轨道结构在轻轨列车作用下钢轨跨中最大振动加速度的变化分布图。曲线 b、c、d 的左端最大值分别为 11 383.25mm、11 143.5mm 和 11 342.3mm。为了表达清楚，图中仅取其一部分。曲线 b、c、d 的降幅分别为 96.17%、97.68%、96.09%，其中，$1\times10^2\sim3\times10^4$N·s/m 区间内 3 条曲线的降幅占总降幅的百分比分别为 99.67%、99.25%、99.75%。

图 6.150 为上述 3 种轨道结构在轻轨列车作用下第 3 跨箱梁跨中最大振动位移的变化分布图。曲线 b 的下降幅度为 0.03%；而曲线 c、d 的上升幅度分别为 0.26%、0.92%。由此看来，预制式轨道板上轨下橡胶垫板阻尼系数对箱梁的振动位移几乎无影响。

图 6.151 为上述 3 种轨道结构在轻轨列车作用下第 3 跨箱梁跨中最大振动加速度的变化分布图。曲线 b 的降幅为 1.83%；曲线 c 的降幅为 2.99%；曲线 d 在 5×10^5N·s/m 处有最小值，在 $10^2\sim5\times10^5$N·s/m 之间的下降幅度为 1.93%，而在 $5\times10^5\sim10^6$N·s/m 之间的上升幅度为 3.04%。看来，预制式轨道板上轨下橡胶垫板阻尼系数对箱梁的振动加速度影响不大。

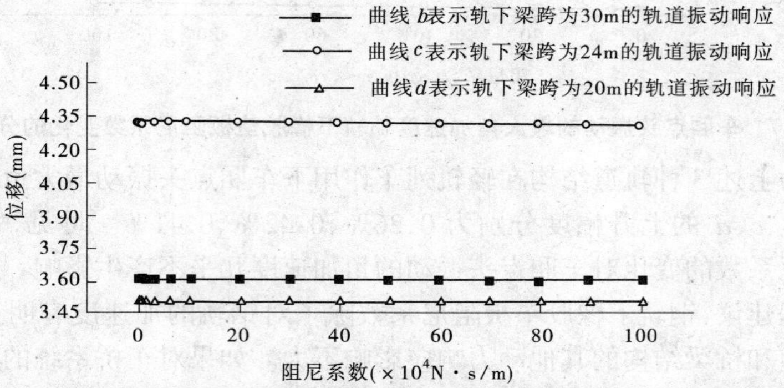

图 6.148　3 种轨道的钢轨跨中的最大振动位移随轨下橡胶垫板阻尼系数的变化分布图

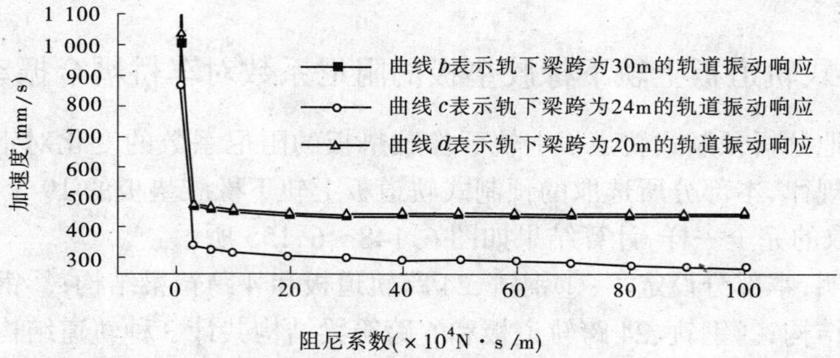

图 6.149　3 种轨道的钢轨跨中的最大振动加速度随轨下橡胶垫板阻尼系数的变化分布图

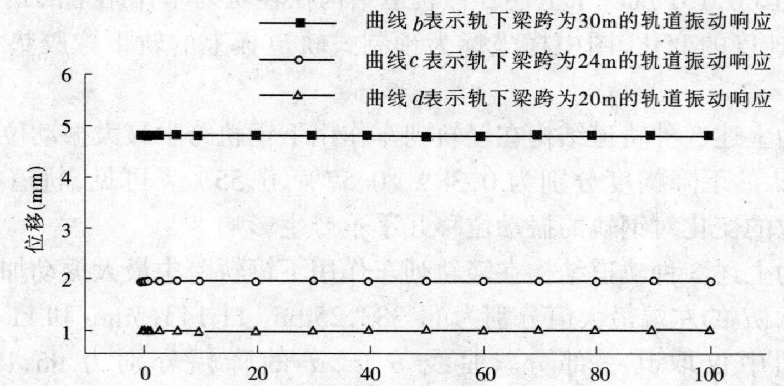

图 6.150　3 种轨道的第 3 跨箱梁跨中的最大振动位移随轨下橡胶垫板阻尼系数的变化分布图

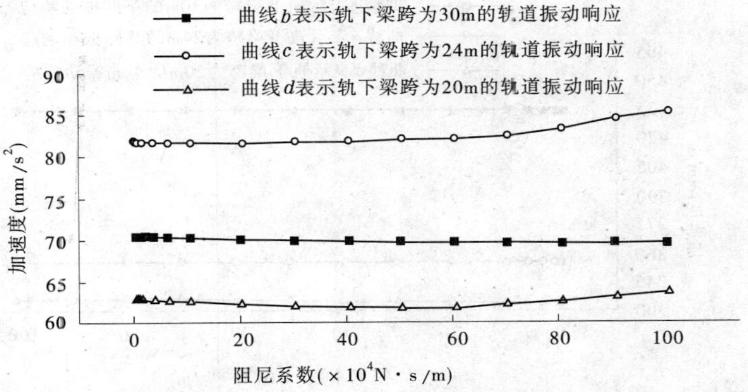

图 6.151　3 种轨道的第 3 跨箱梁跨中的最大振动加速度随轨下橡胶垫板阻尼系数的变化分布图

6.9.2.2　车厢的动力响应分析

图 6.152～图 6.155 反映了上述 3 种轨道结构在轻轨列车作用下车厢沉浮振动的最大位移、加速度以及点头振动的角位移和角加速度的变化，图中横坐标为预制式轨道板上轨下橡胶垫板的阻尼系数值。

图 6.152 为上述 3 种轨道结构在轻轨列车作用下车厢沉浮振动最大位移的变化分布图。曲线 b、c 的下降幅度分别为 0.33%、0.33%；曲线 d 的上升幅度为 0.22%。可见，预制式轨道板上轨下橡胶垫板的阻尼系数的变化对车厢的沉浮振动位移几乎不产生影响。

图 6.153 为上述 3 种轨道结构在轻轨列车作用下车厢沉浮振动最大加速度的变化分布图。曲线 b、c、d 的下降幅度分别为 0.3%、0.32%、0.38%。可见，预制式轨道板上轨下橡胶垫板的阻尼系数的变化对车厢的沉浮振动加速度几乎不产生影响。

图 6.154 为上述 3 种轨道结构在轻轨列车作用下车厢点头振动最大角位移的变化分布图。曲线 b、c、d 的下降幅度分别为 0.11%、0.09%、0.15%。可见，预制式轨道板上轨下橡胶垫板的阻尼系数的变化对车厢的点头振动角位移几乎不产生影响。

图 6.155 为上述 3 种轨道结构在轻轨列车作用下车厢点头振动最大角加速度的变化分布图。曲线 b、c、d 的下降幅度分别为 0.09%、0.08%、0.1%。可见，预制式轨道板上轨下橡胶垫板的阻尼系数的变化对车厢的点头振动角加速度几乎不产生影响。

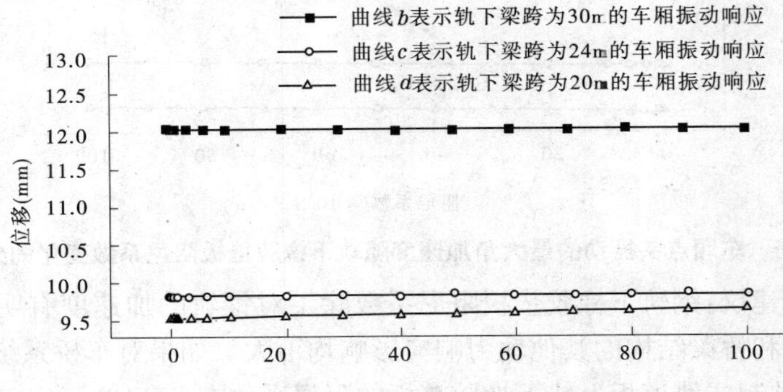

图 6.152　车厢沉浮振动的最大位移随轨下橡胶垫板阻尼系数变化的分布图

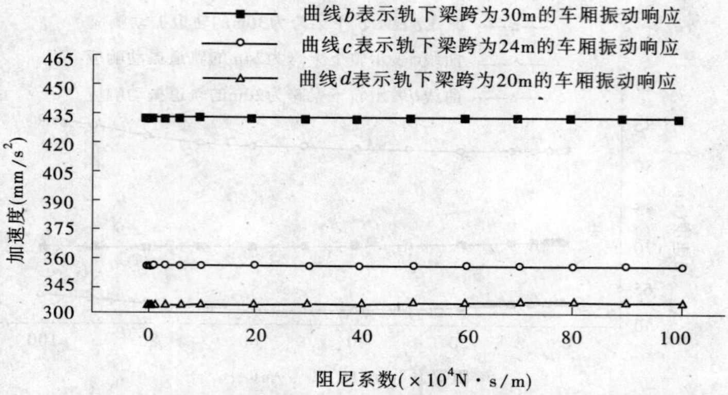

图 6.153　车厢沉浮振动的最大加速度随轨下橡胶垫板阻尼系数变化的分布图

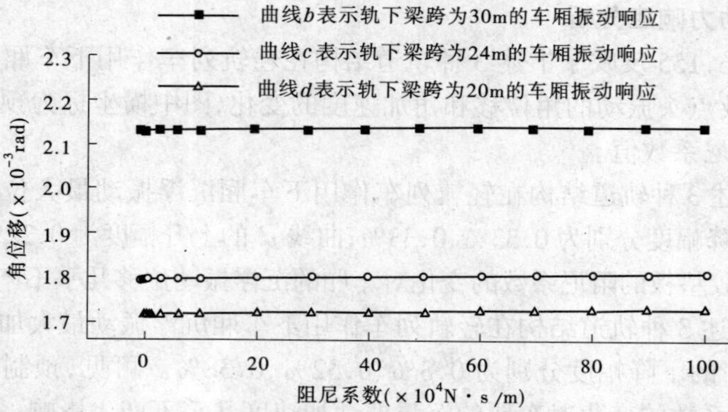

图 6.154　车厢点头振动的最大角位移随轨下橡胶垫板阻尼系数变化的分布图

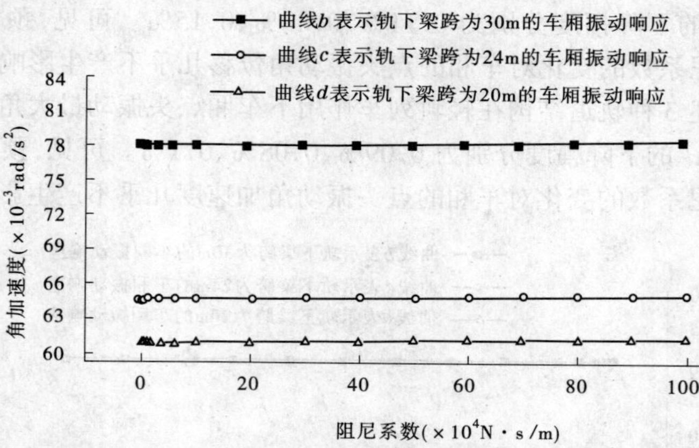

图 6.155　车厢点头振动的最大角加速度随轨下橡胶垫板阻尼系数变化的分布图

结论和工程建议:钢轨下橡胶垫板阻尼系数除了对钢轨的加速度有明显的抑制作用外,对车辆、轨道和桥梁结构的其他动力响应影响均不大。如果对车桥系统的振动进行控制和评估的话,预制式轨道板上轨下橡胶垫板的阻尼系数在 $3\times10^4\sim1\times10^6$N·s/m 之间取值为宜。

6.10 关于系统响应的频域分析的讨论

本章第 6.2～6.9 节对车辆与无碴轨道系统耦合振动响应的时域分析进行了系统的讨论。随着无碴轨道结构参数的改变,那么系统响应的频域变化特征是不是和时域变化特征有内在的必然联系呢?答案是肯定的。本节以本章 6.5.2 部分的车桥作用工况为例,来讨论钢轨和车厢振动响应的频域分析的特点。

6.10.1 钢轨振动响应频域分析的讨论

为了系统地分析分布式轨道板下的弹簧模型的刚度系数的变化对钢轨振动频域变化的影响规律,本部分所选取的弹簧模型的 18 个刚度系数值和 6.5.2 部分选取的完全一样,计算结果如图 6.156～图 6.165 所示。

前面已说明,本部分设定了:①钢轨、24 跨轨道板和 4 跨箱梁结构;②钢轨、25 跨轨道板和 5 跨箱梁结构;③钢轨、24 跨轨道板和 6 跨箱梁结构共计 3 种轨道结构来进行分析。

6.10.1.1 钢轨的位移响应的频域分析

图 6.156、图 6.157 分别为当轨道结构为第①类结构时,轨道板下支承材料的刚度系数为 10^6N/m 的钢轨跨中的位移变化时程图和与之对应的经过傅里叶变换后的频域图;同样,图 6.158、图 6.159 分别为轨道板下支承材料的刚度系数为 2×10^7N/m 的钢轨跨中的位移变化时程图和与之对应的经过傅里叶变换后的频域图。可以看出,随着振动位移的减小,最大的频域幅值也随之减小。频域主要集中在 0～10Hz,之后快速衰减;图 6.160为与图 6.84 对应的 3 种轨道结构在轻轨列车作用下钢轨振动时最大位移经傅里叶变换后的频域最大幅值的曲线图,横坐标为轨道板下支承的刚度系数。

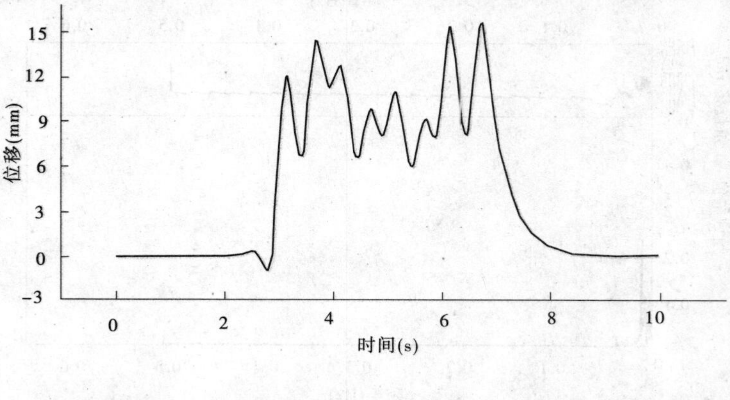

图 6.156 轨道板下支承材料刚度系数为 10^6N/m 钢轨跨中位移变化的时程图

6.10.1.2 钢轨的加速度响应的频域分析

图 6.161、图 6.162 分别为当轨道结构为第①类结构时,轨道板下支承材料的刚度系数为 10^6N/m 的钢轨跨中的加速度变化时程图和与之对应的经过傅里叶变换后的频域图;同样,图 6.163、图 6.164 分别为轨道板下支承材料的刚度系数为 2×10^7N/m 的钢轨跨中的加速度变化时程图和与之对应的经过傅里叶变换后的频域图。可以看出,随着振

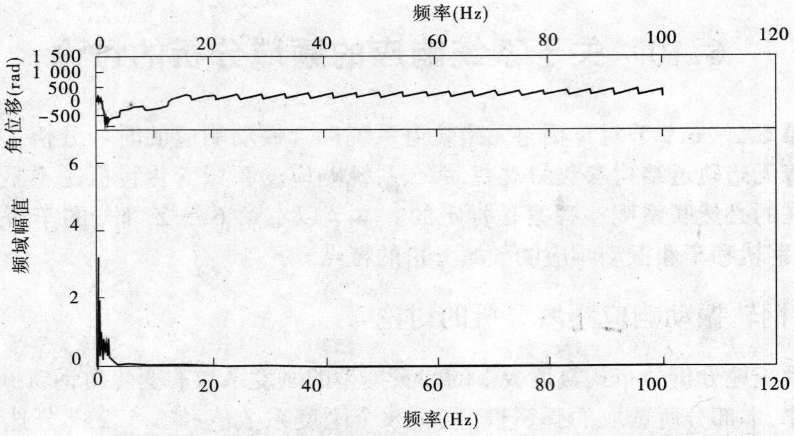

图 6.157　轨道板下支承材料刚度系数为 10^6 N/m 钢轨跨中位移变化的频域图

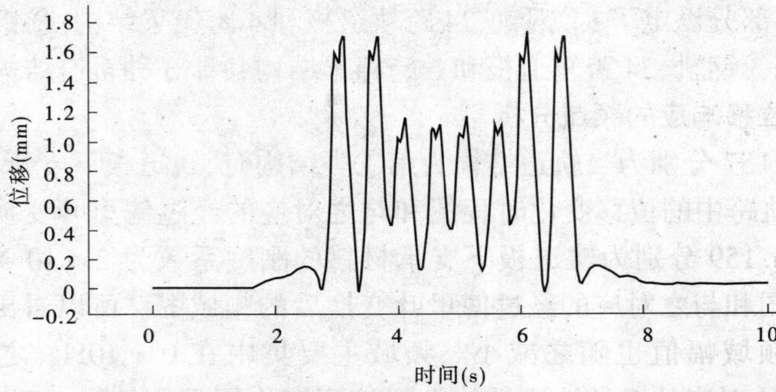

图 6.158　轨道板下支承材料刚度系数为 2×10^7 N/m 钢轨跨中位移变化的时程图

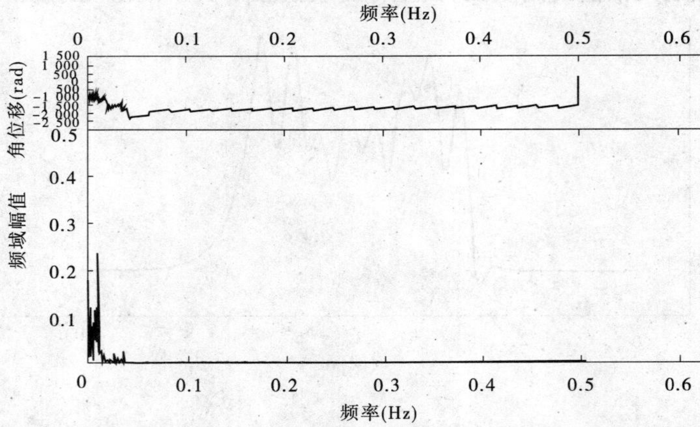

图 6.159　轨道板下支承材料刚度系数为 2×10^7 N/m 钢轨跨中位移变化的频域图

动加速度的减小,最大的频域幅值也随之减小。频域主要集中在 0～10Hz,之后快速衰减;图 6.165 为与图 6.85 对应的 3 种轨道结构在轻轨列车作用下钢轨振动时最大加速度经傅里叶变换后的频域最大幅值的曲线图,横坐标为轨道板下支承的刚度系数。

与实际测试相比,图 6.162 给出的钢轨的振动频率较为单调,且主要反映了低频振动,这是由于本书在计算中对车厢的弹性变形、机车发动机的高频振动,特别是轮对和钢

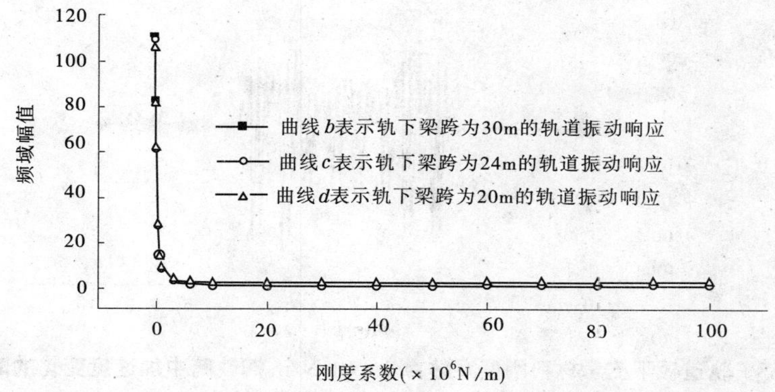

图 6.160　3 种轨道的钢轨跨中的最大位移的频域幅值随轨道板下弹簧刚度系数变化的分布曲线

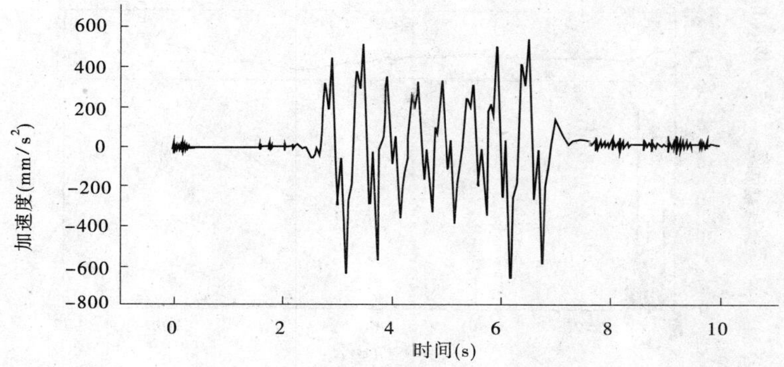

图 6.161　轨道板下支承材料刚度系数为 10^6N/m 钢轨跨中加速度变化的时程图

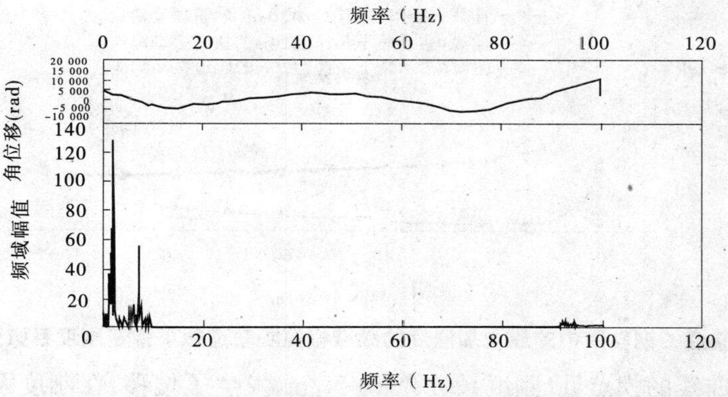

图 6.162　轨道板下支承材料刚度系数为 10^6N/m 钢轨跨中加速度变化的频域图

轨之间的撞击带来的钢轨的高频振动等因素没有考虑。

6.10.1.3　结论

(1)钢轨的振动响应越大,则对应的频率幅值越大;

(2)幅值越大反映的振动的能量越大;

(3)主频率比较突出,振动位移的主频 $f_i = 0.09766$,而振动加速度的主频在

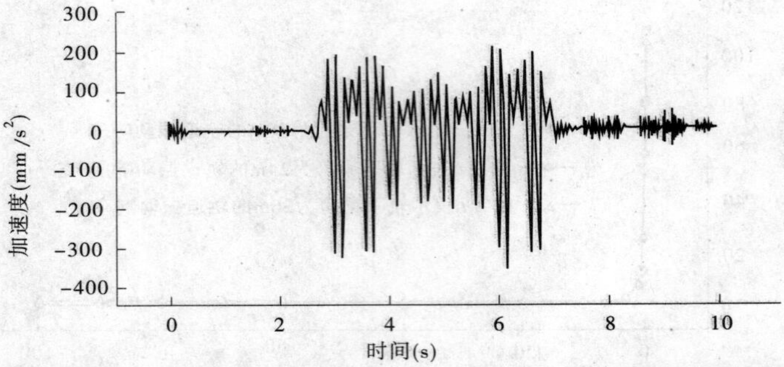

图 6.163　轨道板下支承材料刚度系数为 2×10^7 N/m 钢轨跨中加速度变化的时程图

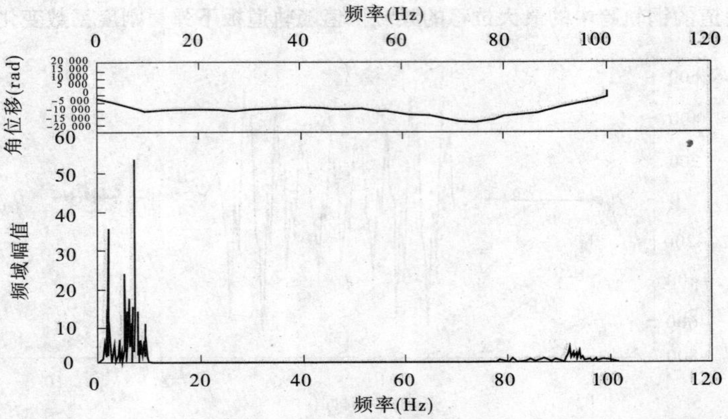

图 6.164　轨道板下支承材料刚度系数为 2×10^7 N/m 钢轨跨中的加速度变化的频域图

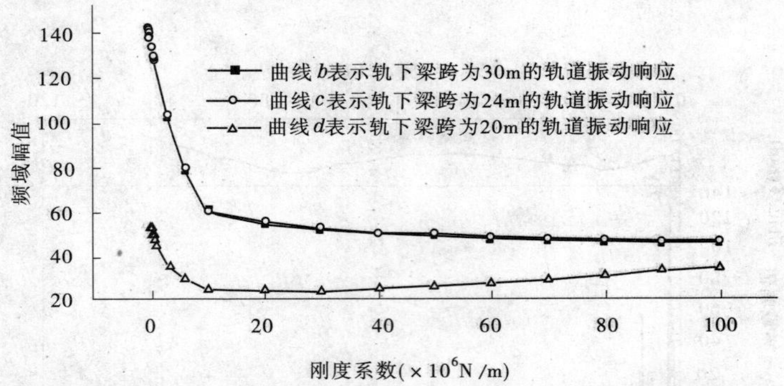

图 6.165　3 种轨道的钢轨跨中的最大加速度的频域幅值随轨道板下弹簧刚度系数变化的分布图

图 6.165中 3 条曲线的拐点处(刚度系数为 10^7 N/m)发生了偏移，在刚度系数为 10^7 N/m 之前的主频 $f_i=1.953\ 13$，而在刚度系数为 10^7 N/m 之后的主频偏移至 $f_i=6.933\ 59$；

(4)振动能量主要集中在 0～10Hz，之后迅速衰减。

6.10.2　车厢振动响应频域分析的讨论

本部分所选取的弹簧模型的 18 个刚度系数值与轨道结构和 6.10.1 部分选取的完全一样，计算结果如图 6.166～6.175 所示。

6.10.2.1 **车厢的位移响应的频域分析**

图6.166、图6.167分别为当轨道结构为第①类结构时，轨道板下支承材料的刚度系数为10^6N/m的车厢沉浮振动的位移变化时程图和与之对应的经过傅里叶变换后的频域图；图6.168、图6.169分别为轨道板下支承材料的刚度系数为2×10^7N/m的车厢沉浮振动的位移变化时程图和与之对应的经过傅里叶变换后的频域图。可以看出，随着沉浮振动位移的减小，最大的频域幅值也随之减小。频域主要集中在0～10Hz，之后快速衰减；图6.170为与图6.88对应的3种轨道结构在轻轨列车作用下车厢沉浮振动的最大位移经傅里叶变换后的频域最大幅值的曲线图，横坐标为轨道板下支承的刚度系数。

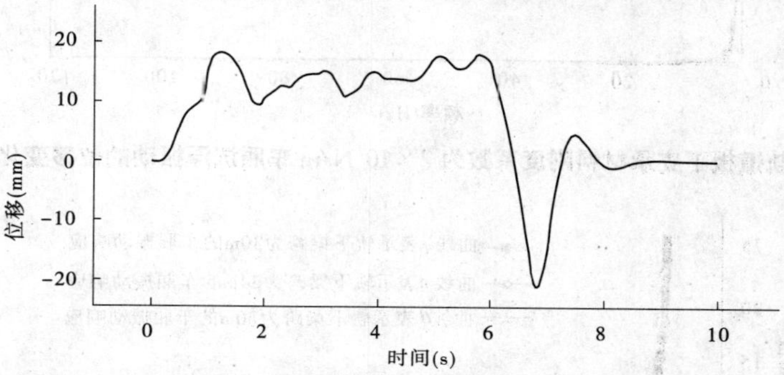

图6.166 轨道板下支承材料刚度系数为10^6N/m时车厢沉浮振动的位移变化的时程图

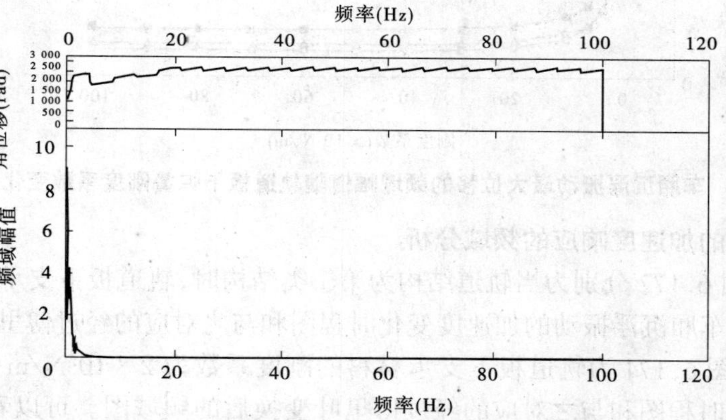

图6.167 轨道板下支承材料刚度系数为10^6N/m车厢沉浮振动的位移变化的频域图

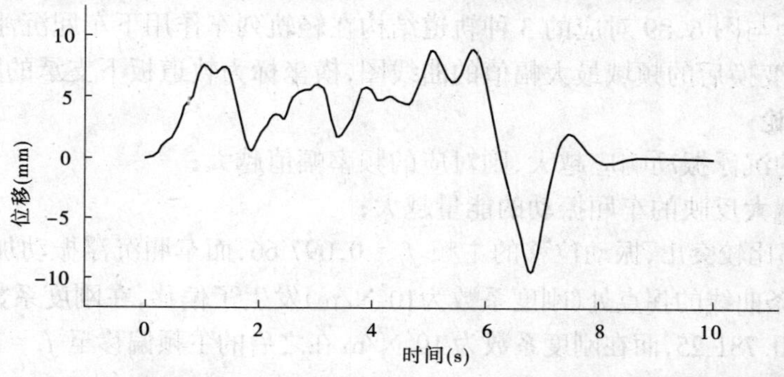

图6.168 轨道板下支承材料刚度系数为2×10^7N/m车厢沉浮振动的位移变化的时程图

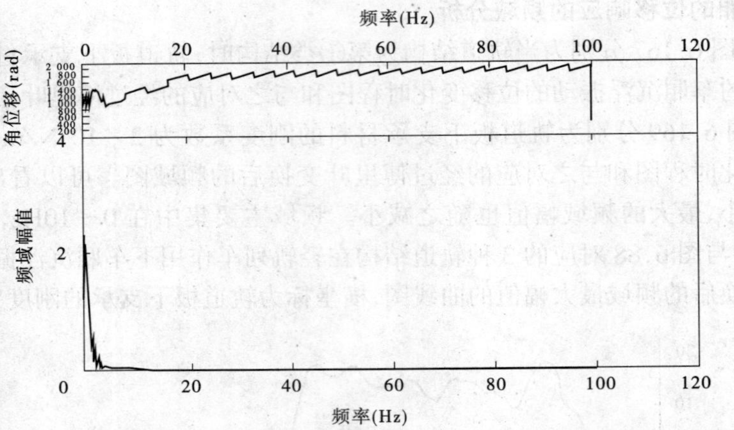

图 6.169　轨道板下支承材料刚度系数为 2×10^7N/m 车厢沉浮振动的位移变化的频域图

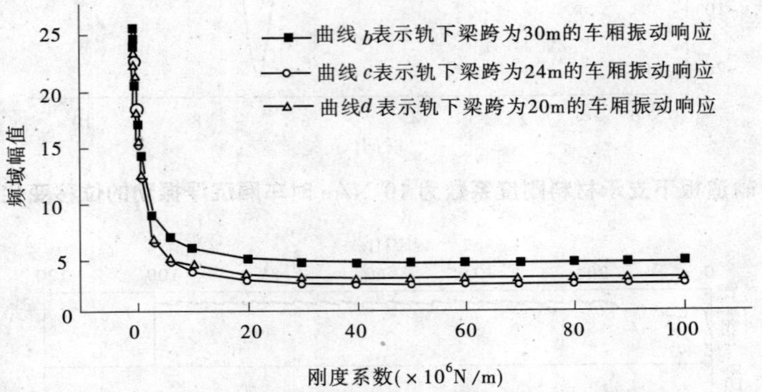

图 6.170　车厢沉浮振动最大位移的频域幅值随轨道板下弹簧刚度系数变化的曲线

6.10.2.2　车厢的加速度响应的频域分析

图 6.171、图 6.172 分别为当轨道结构为第①类结构时，轨道板下支承材料的刚度系数为 10^6N/m 的车厢沉浮振动的加速度变化时程图和与之对应的经过傅里叶变换后的频域图；图 6.173、图 6.174 为轨道板下支承材料的刚度系数为 2×10^7N/m 的车厢沉浮振动的加速度变化时程图和与之对应的经过傅里叶变换后的频域图。可以看出，随着沉浮振动加速度的减小，最大的频域幅值也随之减小。频域主要集中在 0～10Hz，之后快速衰减；图 6.175 为与图 6.89 对应的 3 种轨道结构在轻轨列车作用下车厢沉浮振动的最大加速度经傅里叶变换后的频域最大幅值的曲线图，横坐标为轨道板下支承的刚度系数。

6.10.2.3　结论

(1)车厢的沉浮振动响应越大，则对应的频率幅值越大；

(2)幅值越大反映的车厢振动的能量越大；

(3)主频率比较突出，振动位移的主频 $f_i=0.097\ 66$，而车厢沉浮振动加速度的主频在图 6.175 中 3 条曲线的拐点处(刚度系数为 10^7N/m)发生了偏移，在刚度系数为 10^7N/m 之前的主频 $f_i=0.781\ 25$，而在刚度系数为 10^7N/m 在之后的主频偏移至 $f_i=1.367\ 19$；

(4)振动能量主要集中在 0～10Hz，之后迅速衰减。

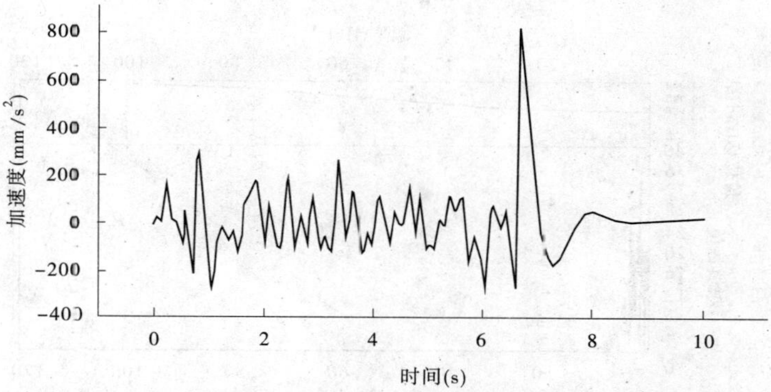

图 6.171　轨道板下支承材料刚度系数为 10^6 N/m 车厢沉浮振动加速度变化的时程图

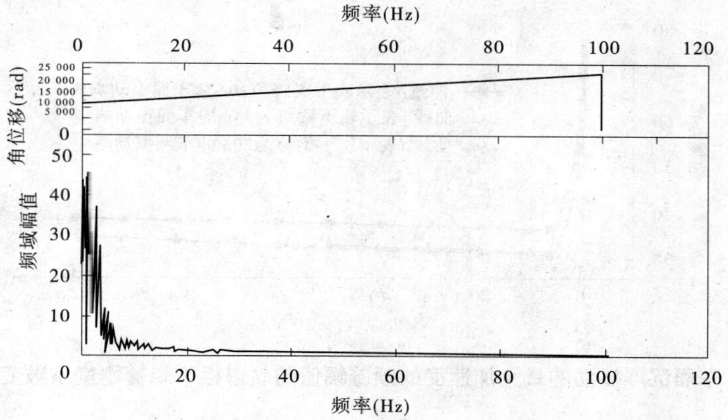

图 6.172　轨道板下支承材料刚度系数为 10^6 N/m 车厢沉浮振动加速度变化的频域图

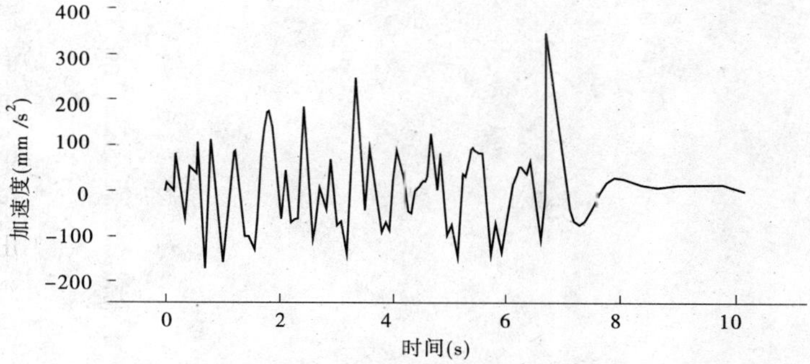

图 6.173　轨道板下支承材料刚度系数为 2×10^7 N/m 车厢沉浮振动加速度变化的时程图

实际上,车桥系统耦合振动的频率是从能量角度来反映振动的响应。一般说来,车辆、桥梁的振动响应(位移、加速度值)越大,其对应的频率的幅值也就越大。由此可见,本节中通过结构参数的变化引起的频率幅值的变化规律和本章 6.2～6.8 节反映的车桥振动响应的振动规律的变化是一致的。

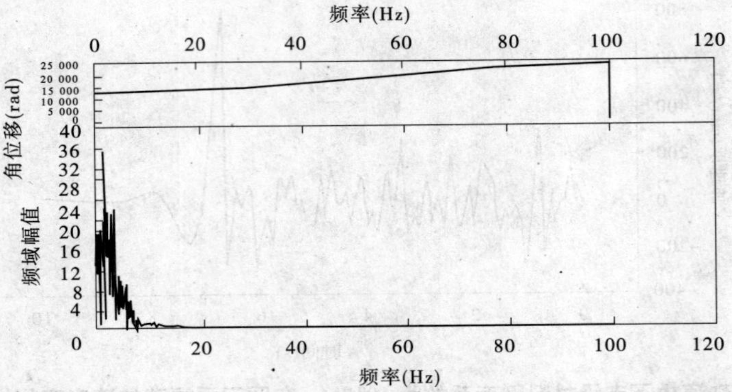

图 6.174　轨道板下支承材料刚度系数为 2×10^7 N/m 车厢沉浮振动加速度变化的频域图

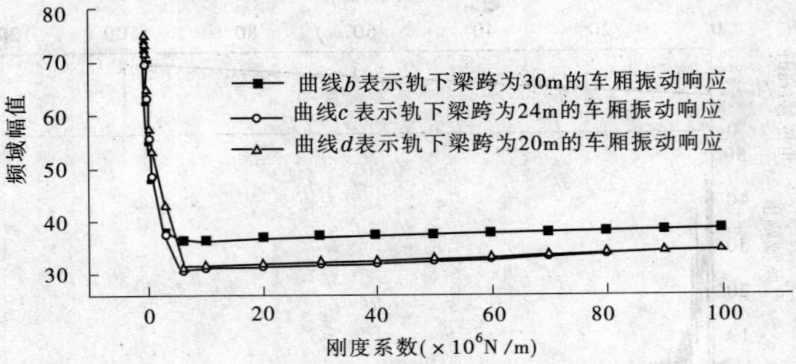

图 6.175　车厢沉浮振动的最大加速度的频域幅值随轨道板下弹簧刚度系数变化的分布图

第 7 章　无砟轨道系统结构减振优化设计的应用实践

本书第 4 章系统地分析了无砟轨道系统的结构特性对车辆、钢轨和桥梁的振动的影响，包括轨道板的质量、高度、抗弯刚度、纵向布置，以及轨道板下和轨下的减振材料的刚度系数和阻尼系数等情况的分析，并把轨道板分为连续型和预制式两种结构分别加以考虑。如果对上述这些结构参数进行合理的选择，可实现无砟轨道系统抗振结构的优化设计。

文献[10]、[108]以我国的秦沈客运专线运营条件为例分析了高速列车通过高架桥上无砟轨道时机车车辆、无砟轨道、桥梁的动力学性能，指出当高速列车以 300km/h 速度过桥时，车辆的加速度最大值已达到 $1.29m/s^2$，超过了舒适度限值 $1.25m/s^2$。因此，建议将桥梁梁高从 2.2m 增加到 2.4m，这时可满足高速行车的舒适性标准，但计算结果表明，其他动力学性能指标无明显改善。

本章从无砟轨道结构优化方面来探讨这个问题，即从轨道板的结构、轨道板下的支承以及轨下橡胶垫板的结构参数方面进行改进和车桥耦合振动动力分析，能够找到既经济，而减振效果又比较好的无砟轨道结构减振设计的参数。

7.1　秦沈客运专线沙河大桥车桥系统动力分析

秦沈客运专线西起秦皇岛，东至沈阳北站，全长 404.6km，设计速度 200km/h，基础设施预留提速至 250km/h，其中包括山海关－绥中北之间 66.8km 最高速度可达 250～300km/h 的高速试验段，是我国第一条客运专用的快速电气化专线铁路。它于 1999 年 8 月开工建设，2002 年 6 月全线铺通，2003 年 10 月 12 日正式投入运营。秦沈客运专线是我国铁路实施提速战略的重要措施，是拥有成套自主知识产权的快速客运专线，也是我国铁路建设技术水平的标志性工程。

7.1.1　秦沈客运专线沙河大桥结构及计算参数

作为分析实例的秦沈客运专线的沙河大桥，桥跨组成为 24m 无砟箱梁桥，其桥面布置示意图如图 7.1 所示，长枕埋入式无砟轨道结构组成为 60kg/m 钢轨、WJ－2 型扣件、WCK 型轨枕、预制轨道板、钢筋混凝土底座、隔离层。在纵平面内。每梁跨(24m)内有 6 块轨道板单元组成，布置成 B＋A＋A＋A＋A＋B 形式。其中，梁跨端部 B 型板单元长度为 4.028m，中部 A 型板长 4.036m，轨道板单元之间的缝隙宽度为 80mm。

铺设的无砟轨道的箱梁结构为跨度 24m、梁高 2.2m、梁体截面惯性矩 $4.780m^4$、单位长度梁重 204.7kN/m、二期恒载 157.3kN/m，设计挠跨比 1/5 025，允许挠跨比 1/1 800。

无砟轨道的结构为钢轨单位长度质量 60.64kg/m、轨下垫层刚度系数 $6\times10^7N/m$、轨

下垫层阻尼系数 7.5×10^4N·s/m，轨道板单位长度质量 1 115.62kg/m、扣件间距 0.588～0.625m。

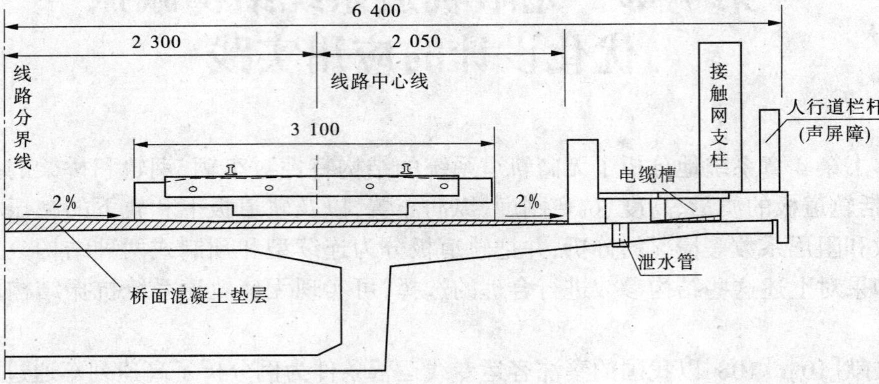

图 7.1　秦沈线沙河大桥上的长枕埋入式无碴轨道桥面布置示意图(单位:mm)

高速列车选取我国自行研制的动力集中式高速列车，其计算参数如表 7.1 所示。

表 7.1　轻轨列车的计算参数

车型	质量			点头惯量		刚度系数		阻尼系数	
	车体(kg)	构架(kg)	轮对(kg)	车体($kg\cdot m^2$)	构架($kg\cdot m^2$)	一系(N/m)	二系(N/m)	一系(N·s/m)	二系(N·s/m)
机车	63 807	4 297	1 900	1 349 328	4 033	2 339 600	885 800	21 000	63 750
车辆	47 400	3 500	1 400	1 288 200	3 470	550 000	400 000	12 000	80 000

7.1.2　分析结果

本节计算了列车以 300km/h 速度运行时机车车辆、无碴轨道及桥梁的动力学响应，主要包括：①车体位移、加速度及车体运行平稳性指标；②钢轨的振动位移和加速度；③桥梁的动挠度；④桥梁振动加速度。在高架桥上无碴轨道与高速列车车辆的动力学分析中，列车编组及工况参照本书的第 6 章。

图 7.2～图 7.9 反映了上述板式轨道、桥梁结构在高速列车作用下的钢轨、箱梁和车辆的最大的振动位移、加速度的变化，图中横坐标为车辆与桥梁作用时间。图 7.2、图 7.3 分别为钢轨跨中的振动位移和加速度变化的时程曲线；图 7.4、图 7.5 分别为第 3 跨箱梁跨中的振动位移和加速度变化的时程曲线；图 7.6、图 7.7 分别为车厢沉浮振动的位移和加速度变化的时程曲线；图 7.8、图 7.9 分别为车厢点头振动角位移和角加速度变化的时程曲线。文献[10]、[108]计算的高速列车和桥梁的振动响应见表 7.1。

表 7.2 给出了文献[10]、[108]的计算结果和本书的计算结果有些出入的原因是：文献[10]、[108]采用的轨道板的模型为梁模型，而本书的轨道板采用的是刚体模型。对于无碴轨道模型，本书采用的是二级隔振系统的计算模型。

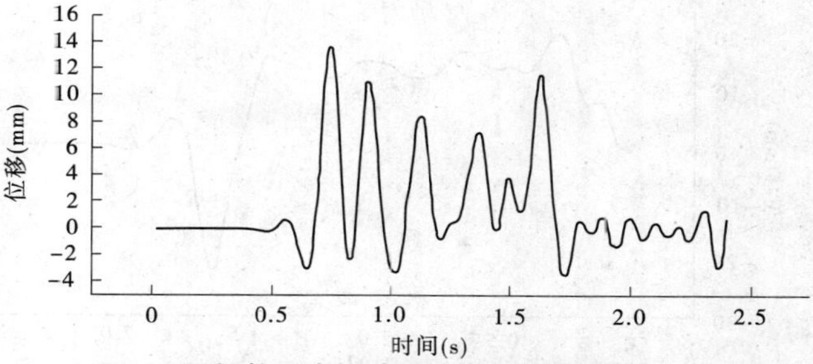

图 7.2 钢轨跨中振动位移变化的时程曲线

($D_{max}=13.864\text{mm}, D_{min}=-3.416\text{mm}$)

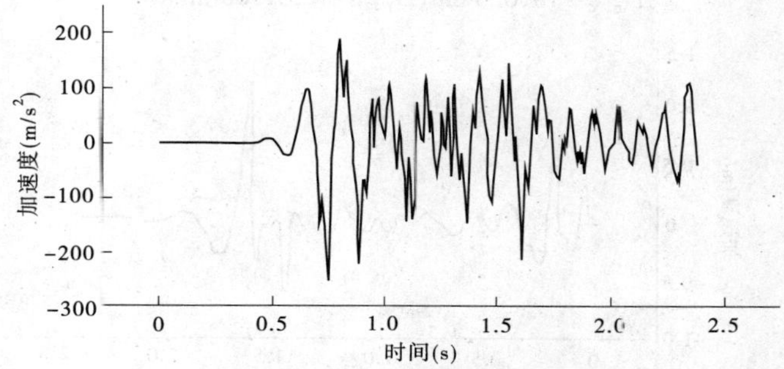

图 7.3 钢轨跨中振动加速度变化的时程曲线

($a_{max}=187.629\ 95\text{m/s}^2, a_{min}=-257.285\ 9\text{m/s}^2$)

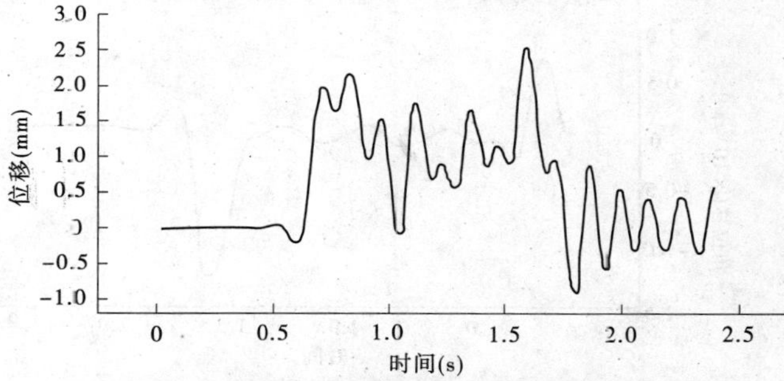

图 7.4 第 3 跨箱梁跨中振动的位移变化的时程曲线

($D_{max}=2.496\ 2\text{mm}$)

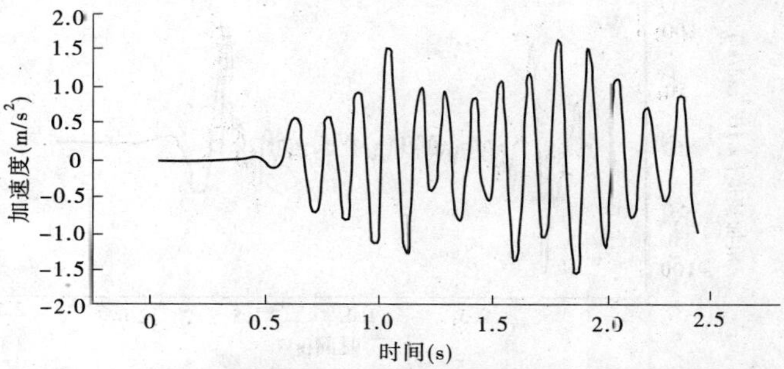

图 7.5 第 3 跨箱梁跨中振动的加速度变化的时程曲线

($a_{max}=1.621\ 23\text{m/s}^2, a_{min}=-1.543\ 2\text{m/s}^2$)

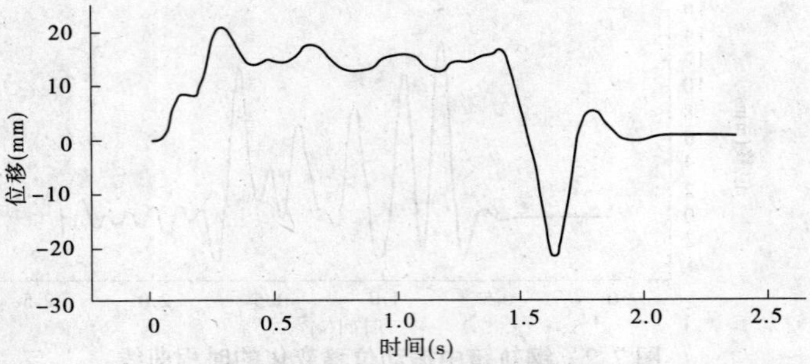

图 7.6　车厢沉浮振动的位移变化的时程曲线

($D_{max}=18.628\text{mm}, D_{min}=-22.786\ 2\text{mm}$)

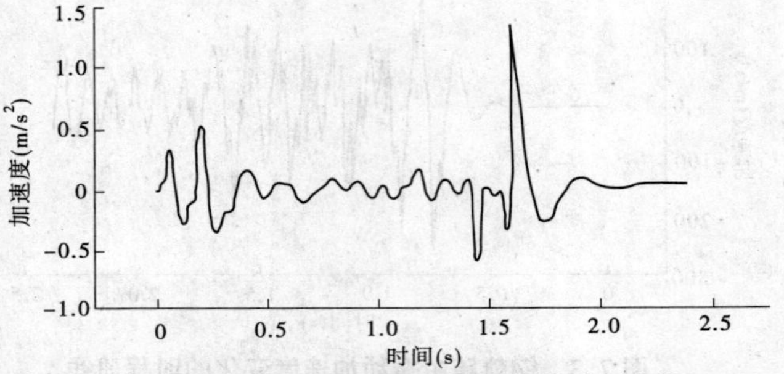

图 7.7　车厢沉浮振动的加速度的变化的时程曲线

($a_{max}=1.337\text{m/s}^2, a_{min}=-0.614\ 5\text{m/s}^2$)

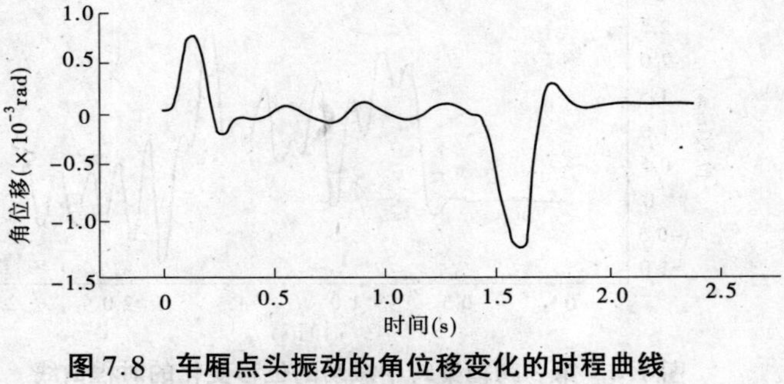

图 7.8　车厢点头振动的角位移变化的时程曲线

($A_{max}=0.649\ 574\times10^{-3}\text{rad}, A_{min}=-1.257\ 16\times10^{-3}\text{rad}$)

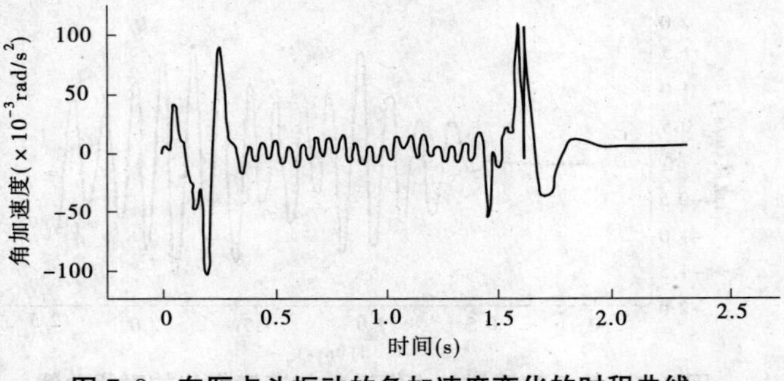

图 7.9　车厢点头振动的角加速度变化的时程曲线

($\alpha_{max}=107.299\times10^{-3}\text{rad/s}^2, \alpha_{min}=-105.675\ 3\times10^{-3}\text{rad/s}^2$)

表 7.2 文献[10]、[108]计算的高速列车和高架桥的动力学性能

速度 (km/h)	车辆加速度 (m/s^2)	钢轨加速度 (m/s^2)	桥梁加速度 (m/s^2)	桥梁挠跨比
300	1.290	266.23	1.455	1/3 219

图 7.5 给出了箱梁(梁跨 $L=24$m)跨中的最大加速度绝对值 1.621 23m/s^2,小于竖向振动加速度标准 0.35g。图 7.4 给出了箱梁跨中的最大位移 2.492 6mm,小于简支钢筋混凝土梁的挠度允许值 $L/800=30.0$mm。其挠跨比为 $2.492\ 6/24\ 000=1.038\ 58\times 10^{-4}$,也小于钢筋混凝土梁的竖向挠跨比 $1/4\ 000=2.5\times 10^{-3}$。可见本算例给出的桥梁的振动是满足桥梁动力评定标准[102]的。由图 7.7 给出了车厢沉浮振动的最大加速度为 1.337m/s^2,大于高速铁路和客运专线桥上列车车体振动加速度评定标准 1 250mm/s^2。可见算例中车辆的振动是不满足车辆运行平稳性标准的。下面几节将从轨道板的结构、轨道板下的支承性能和轨下橡胶垫板的支承性能等几方面进行改进,使其满足车辆运行平稳性标准[102]。

7.2 轨道板结构的改进

由本书的第 4 章第 4.4 节可知,轨道板尺寸的长度越长,其桥上运行的车辆的振动位移和加速度就越小,即轨道板的长度尺寸对车辆的振动有抑制作用。本节分为预制式和连续型轨道板两种情况分别加以考虑。

7.2.1 预制式轨道板

由 6.4 节的图 6.73 的曲线 c 可知,如果单跨桥梁上轨道板的数目由 6 跨降为 3 跨,则桥上的车辆振动加速度可降低幅度大于 10%。基于此,在纵向平面内,每梁跨内的 6 块轨道板单元降为 3 块,其长度尺寸由 4m 左右均改进为 7.93m,轨道板之间的缝隙宽度仍为 80mm。其他参数同 7.1 节。

图 7.10～图 7.17 反映了轨道板纵向布置改进后上述轨道、桥梁结构在高速列车作用下的钢轨、箱梁和车厢的最大振动位移、加速度的变化,图中横坐标为车辆与桥梁的作用时间。图 7.10、图 7.11 分别为钢轨跨中位移和加速度变化的时程曲线;图 7.12、图 7.13 分别为第 3 跨箱梁跨中位移和加速度变化的时程曲线;图 7.14、图 7.15 分别为车厢沉浮振动的位移和加速度变化的时程曲线;图 7.16、图 7.17 分别为车厢点头振动的角位移和角加速度变化的时程曲线。

由图 7.13 给出了箱梁(梁跨 $L=24$m)跨中的最大加速度绝对值 2.534 7m/s^2,小于竖向振动加速度标准 0.35g;图 7.12 给出了箱梁跨中的最大位移 3.302 9mm,小于简支钢筋混凝土梁的挠度允许值 $L/800=30.0$mm,其挠跨比为 $3.302\ 9/24\ 000=1.376\ 2\times 10^{-4}$,也小于钢筋混凝土梁的竖向挠跨比 $1/4\ 000=2.5\times 10^{-3}$。可见,本算例给出的桥梁的振动是满足桥梁动力评定标准[102]的。图 7.15 给出了车厢沉浮振动的最大加速度为 0.998 6m/s^2,小于高速铁路和客运专线桥上列车车体振动加速度评定标准 1 250

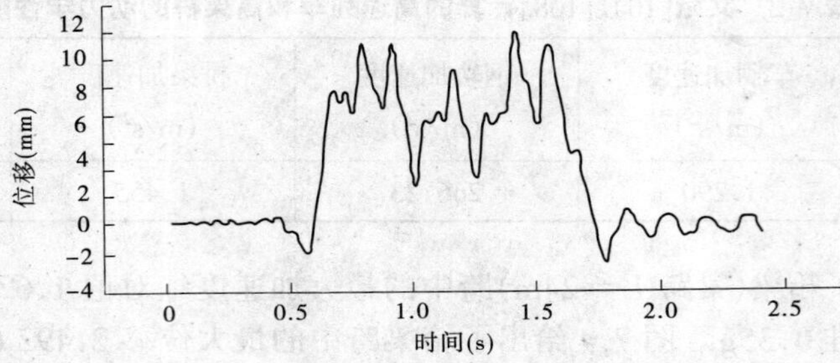

图 7.10　轨道板纵向布置改进后钢轨跨中位移变化的时程曲线($D_{max}=11.627mm$)

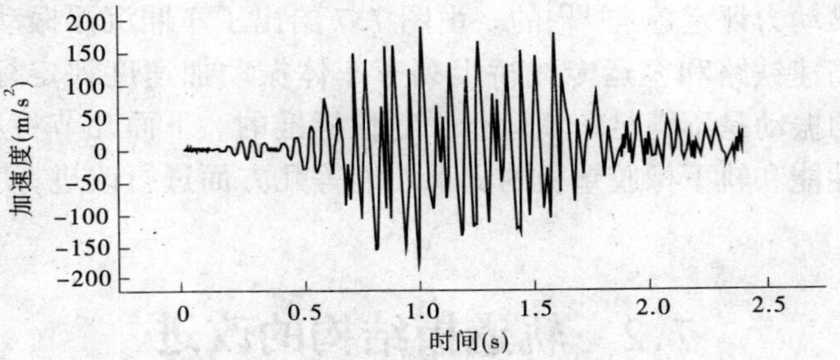

图 7.11　轨道板纵向布置改进后钢轨跨中加速度变化的时程曲线

($a_{max}=188.071\ 98m/s^2$, $a_{min}=-179.186\ 8m/s^2$)

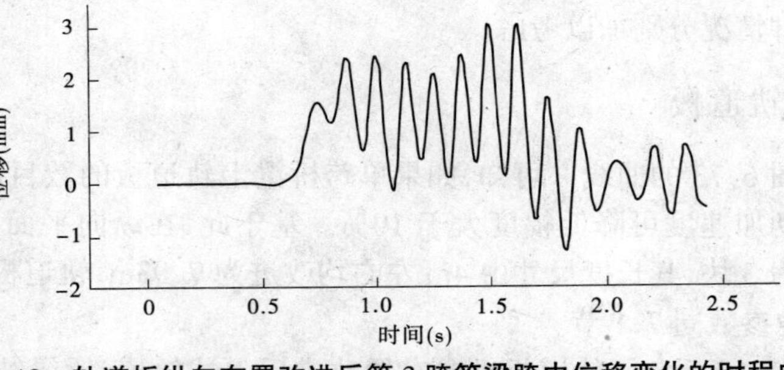

图 7.12　轨道板纵向布置改进后第 3 跨箱梁跨中位移变化的时程曲线

($D_{max}=3.032\ 9mm$, $D_{min}=-1.350\ 7mm$)

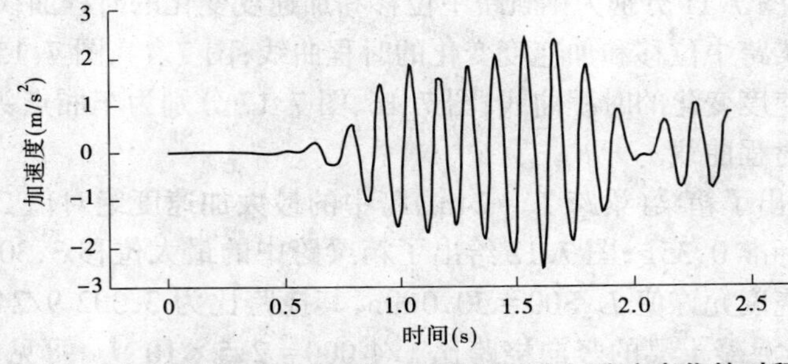

图 7.13　轨道板纵向布置改进后第 3 跨箱梁跨中加速度变化的时程曲线

($a_{max}=2.342\ 8m/s^2$, $a_{min}=-2.534\ 7m/s^2$)

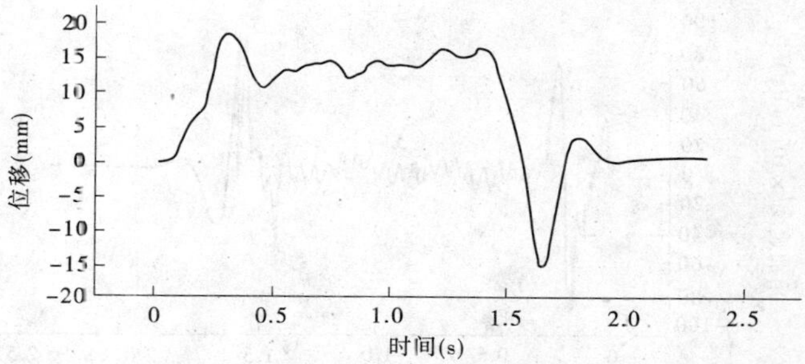

图 7.14　轨道板纵向布置改进后车厢沉浮振动位移变化的时程曲线

($D_{max}=18.385\ 7$mm, $D_{min}=-15.602\ 9$mm)

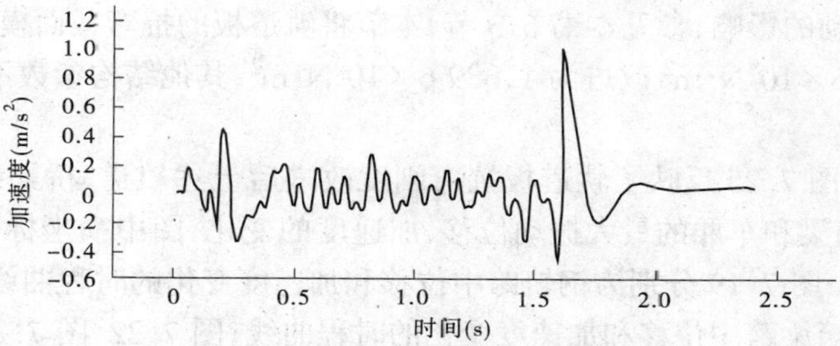

图 7.15　轨道板纵向布置改进后车厢沉浮振动加速度变化的时程曲线

($a_{max}=0.998\ 6$m/s^2, $a_{min}=-0.473\ 5$m/s^2)

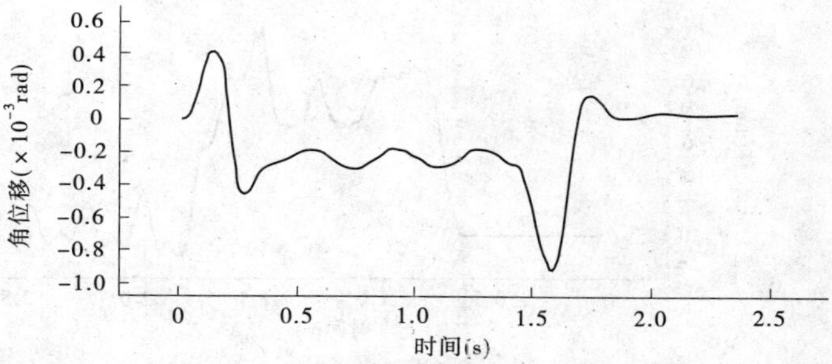

图 7.16　轨道板纵向布置改进后车厢点头振动角位移变化的时程曲线

($A_{max}=0.417\ 8\times10^{-3}$rad, $A_{min}=-0.940\ 8\times10^{3}$rad)

mm/s^2。可见,算例中车辆的振动是满足车辆运行平稳性标准[102]的。

通过轨道板的纵向尺寸的改变,使车辆的振动满足了文献[102]介绍的车辆运行平稳性标准的,只是箱梁的位移和加速度分别增加了 32.32%和 56.34%。

7.2.2　连续型轨道板

由 6.4 节的图 6.65 的曲线 c 可知,连续型轨道板结构系统与车辆耦合振动时车厢的振动要小于预制式轨道板结构系统与车辆耦合振动。本节设计了钢轨、5 跨轨道板和 5 跨箱梁这种无碴轨道系统与车辆耦合振动来进行分析。这种轨道系统中,轨道板和箱梁的长度都为 24m,钢轨下分别有 5 跨轨道板和 5 跨箱梁。另外,考虑到轨道板的抗弯刚度

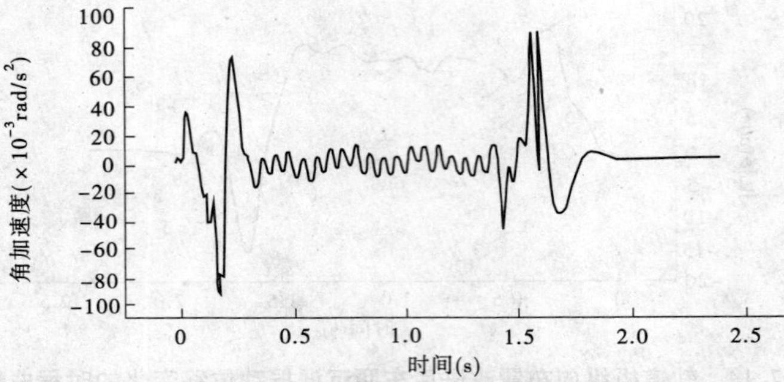

图 7.17　轨道板纵向布置改进后的车厢点头振动角加速度变化的时程曲线

($\alpha_{max} = 91.281\ 3 \times 10^3 \text{rad/s}^2, \alpha_{min} = -90.076\ 55 \times 10^{-3} \text{rad/s}^2$)

对车桥耦合振动的影响,参见本书 6.3 节,本节将轨道板的抗弯截面模量增加 10 倍,即由原来的 $1.089\ 6 \times 10^8 \text{N} \cdot \text{m}^2$ 改进为 $1.089\ 6 \times 10^9 \text{N} \cdot \text{m}^2$,其他结构参数不变,这时轨道板为空心板。

图 7.18～图 7.25 反映了轨道板抗弯刚度改进后上述轨道、桥梁结构在高速列车作用下的钢轨、箱梁和车厢的最大振动位移、加速度的变化,图中横坐标为车辆与桥梁作用时间。图 7.18、图 7.19 分别为钢轨跨中位移和加速度变化的时程曲线;图 7.20、图 7.21 分别为第 3 跨箱梁跨中位移和加速度变化的时程曲线;图 7.22、图 7.23 分别为车厢沉浮振动的位移和加速度变化的时程曲线,图 7.24、图 7.25 分别为车厢点头振动的角位移和角加速度变化的时程曲线。

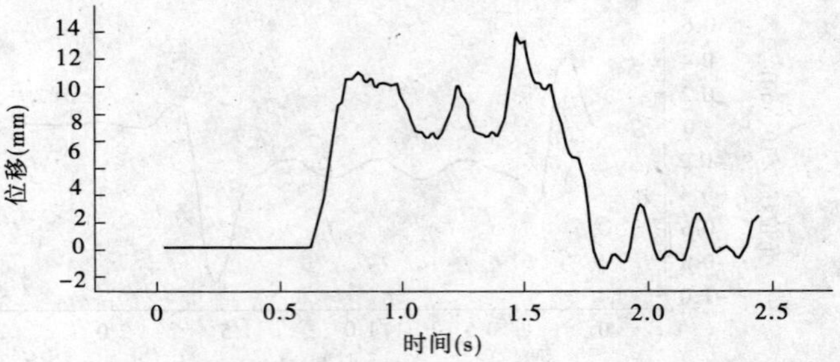

图 7.18　轨道板抗弯刚度改进后钢轨跨中位移变化的时程曲线($D_{max} = 13.297\ 3\text{mm}$)

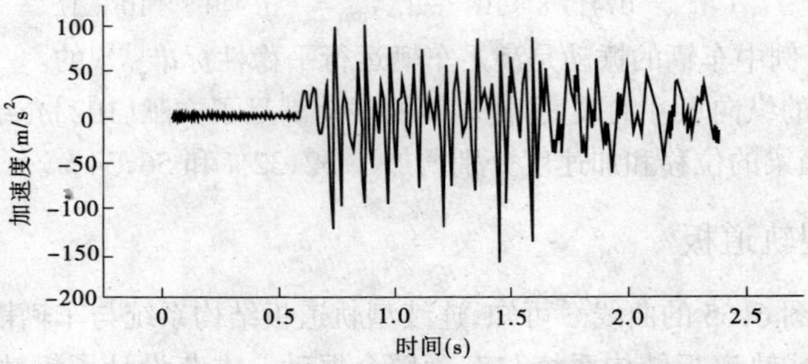

图 7.19　轨道板抗弯刚度改进后钢轨跨中加速度变化的时程曲线

($a_{max} = 103.059\ 5\text{mm/s}^2, a_{min} = -162.467\ 5\text{mm/s}^2,$)

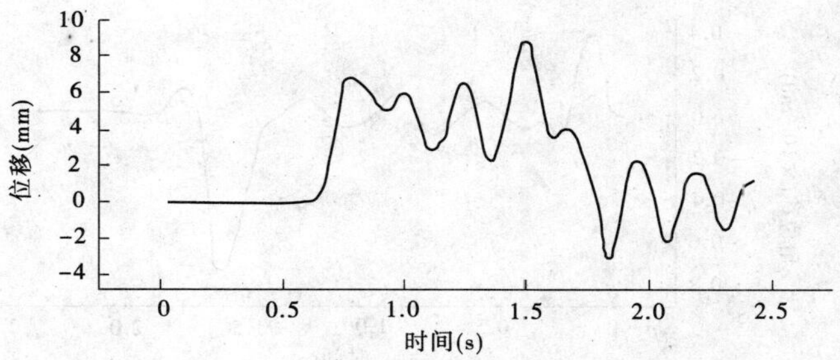

图 7.20　轨道板抗弯刚度改进后第 3 跨箱梁跨中位移变化的时程曲线

$(D_{max}=8.733\ 1mm, D_{min}=-3.144\ 898mm)$

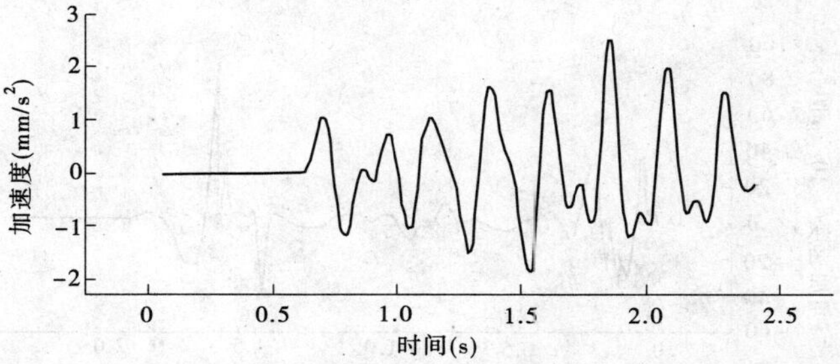

图 7.21　轨道板抗弯刚度改进后第 3 跨箱梁跨中加速度变化的时程曲线

$(a_{max}=2.481\ 67mm/s^2, a_{min}=-1.933\ 7mm/s^2)$

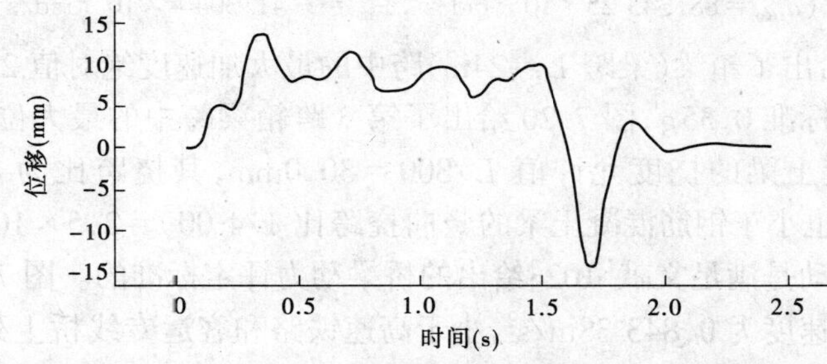

图 7.22　轨道板抗弯刚度改进后车厢沉浮振动位移变化的时程曲线

$(D_{max}=13.880\ 7mm, D_{min}=-14.648\ 7mm)$

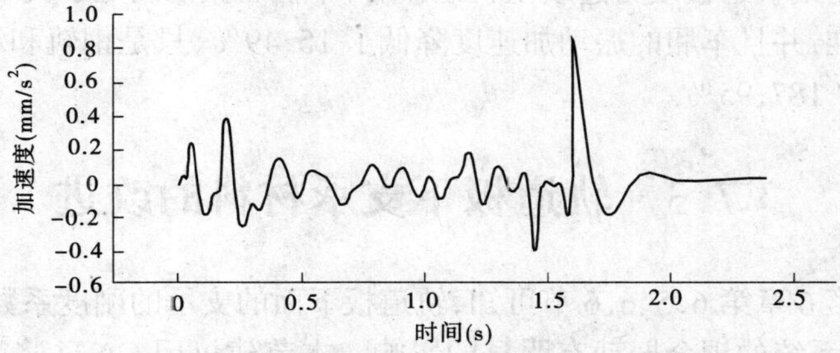

图 7.23　轨道板抗弯刚度改进后车厢沉浮振动加速度变化的时程曲线

$(a_{max}=0.843\ 38m/s^2, a_{min}=-0.406\ 39m/s^2)$

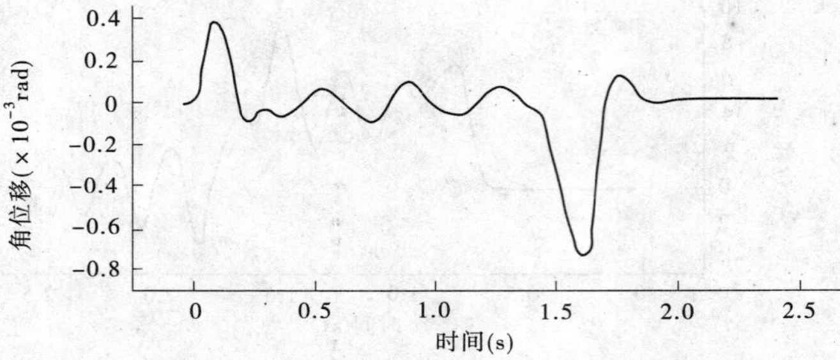

图 7.24　轨道板抗弯刚度改进后车厢点头振动角位移变化的时程曲线

($A_{max}=0.386\ 697\times10^{-3}$rad, $A_{min}=-0.745\ 685\times10^{-3}$rad)

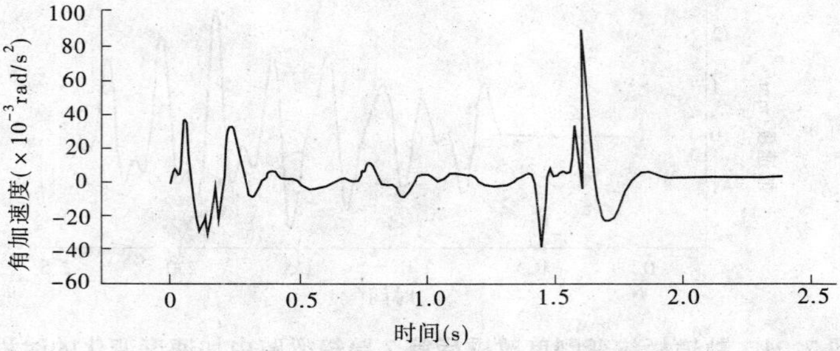

图 7.25　轨道板抗弯刚度改进后的车厢点头振动角加速度变化的时程曲线

($\alpha_{max}=88.343\ 25\times10^{-3}$rad/s², $\alpha_{min}=-41.304\ 4\times10^{-3}$rad/s²)

由图 7.21 给出了箱梁(梁跨 $L=24$m)跨中的最大加速度绝对值 2.481 67m/s²,小于竖向振动加速度标准 0.35g;图 7.20 给出了第 3 跨箱梁跨中的最大位移 8.733 1mm,小于简支钢筋混凝土梁的挠度允许值 $L/800=30.0$mm,其挠跨比为 $8.733\ 1/24\ 000=3.638\ 8\times10^{-4}$,也小于钢筋混凝土梁的竖向挠跨比 $1/4\ 000=2.5\times10^{-3}$。可见,本算例给出的桥梁的振动是满足文献[102]给出的桥梁动力评定标准的。图 7.23 给出了车厢沉浮振动的最大加速度为 0.843 38m/s²,小于高速铁路和客运专线桥上列车车体振动加速度评定标准 1 250mm/s²。可见,算例中车辆的振动是满足文献[102]给出的车辆运行平稳性标准的。

通过由预制式轨道板改为连续型轨道板后,车辆的振动满足了文献[102]给出的车辆运行平稳性标准,并且车厢的振动加速度降低了 15.49%,只是钢轨和箱梁的位移分别增加了 14.37%和 187.95%。

7.3　轨道板下支承材料的改进

由本书的第 6 章第 6.5、6.6 节可知,轨道板下面的支承的刚度系数和阻尼系数,对车辆、轨道和桥梁系统的耦合振动有明显的影响。本节建议用 CA 砂浆或用橡胶支座来代替板式轨道下面的隔离层,本书采用了橡胶支座,并进行了计算,橡胶支座间距为 1.25m,橡胶支座的刚度系数取为 1×10^7N/m,阻尼系数取为 1×10^6N·s/m。和 7.2.2 节的轨道结构相同，采用连续型轨道板结构，只是轨道板的抗弯刚度仍为原来的 1.0896×10^8 $N\cdot m^2$。其他参数同 6.1 节。

图 7.26～图 7.33 反映了上述轨道、桥梁结构在高速列车作用下的钢轨、箱梁和车厢的最大振动位移、加速度的变化，图中横坐标为车辆与桥梁的作用时间。图 7.26、图 7.27 分别为钢轨跨中位移和加速度变化的时程曲线；图 7.28、图 7.29 分别为第 3 跨箱梁跨中位移和加速度变化的时程曲线；图 7.30、图 7.31 分别为车厢沉浮振动位移和加速度变化的时程曲线；图 7.32、图 7.33 分别为车厢点头振动角位移和角加速度变化的时程曲线。

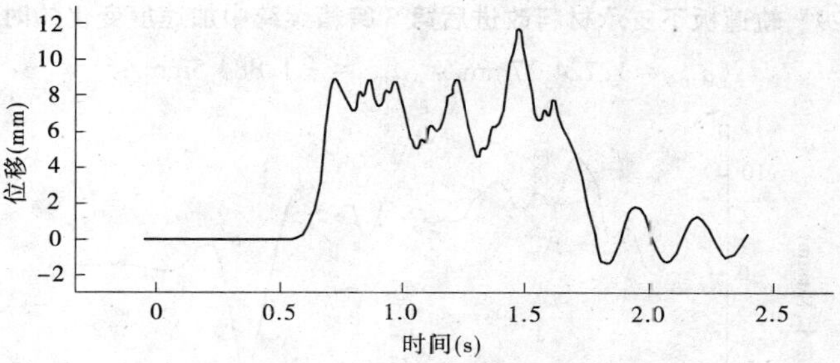

图 7.26　轨道板下支承材料改进后钢轨跨中位移变化的时程曲线

($D_{max}=11.7943mm, D_{min}=-1.3565mm$)

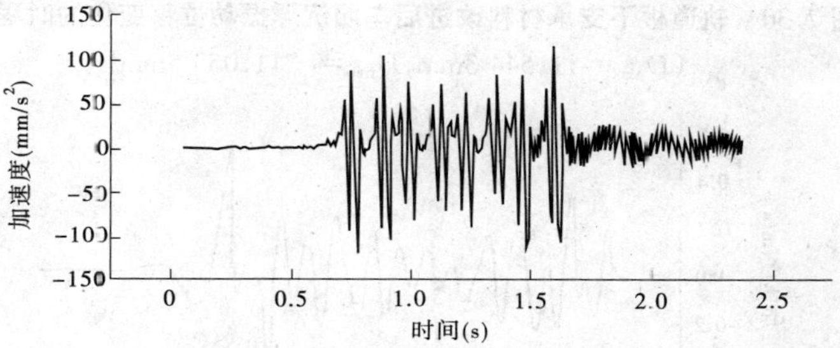

图 7.27　轨道板下支承材料改进后钢轨跨中加速度变化的时程曲线

($a_{max}=115.917mm/s^2, a_{min}=-117.8786mm/s^2$)

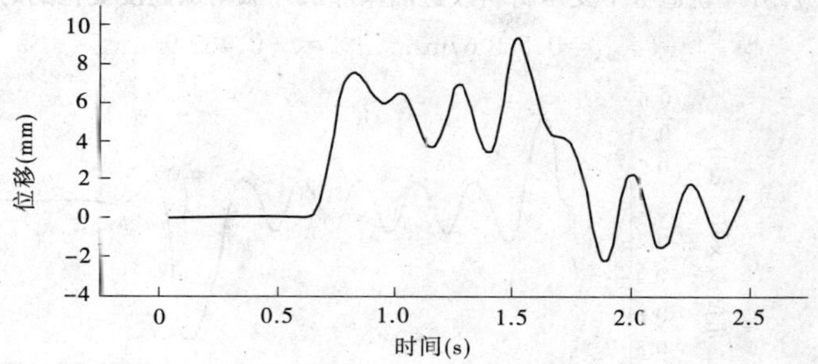

图 7.28　轨道板下支承材料改进后第 3 跨箱梁跨中位移变化的时程曲线

($D_{max}=9.171544mm, D_{min}=-2.49655mm$)

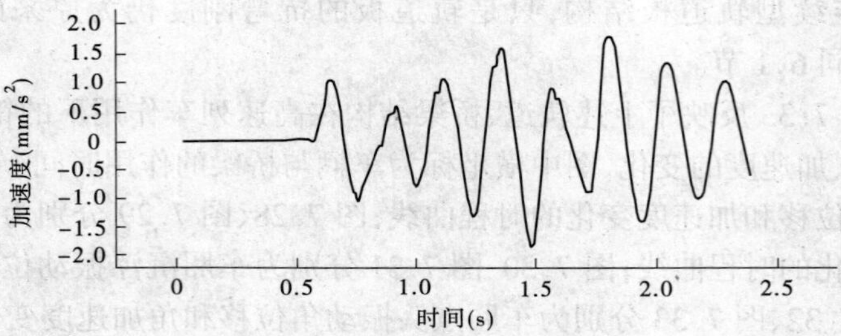

图 7.29　轨道板下支承材料改进后第 3 跨箱梁跨中加速度变化的时程曲线

($a_{max}=1.724\ 27mm/s^2$, $a_{min}=-1.884\ 5mm/s^2$)

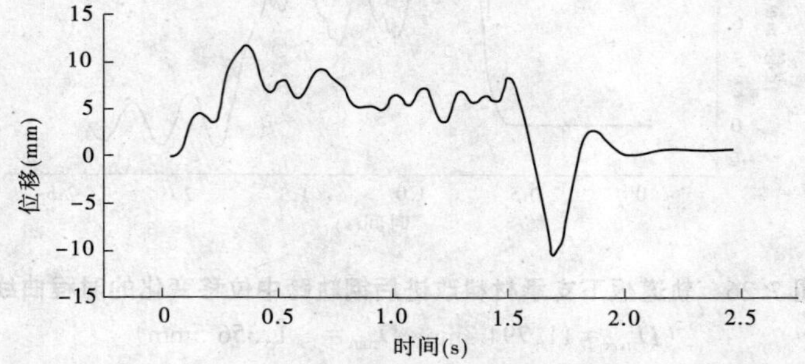

图 7.30　轨道板下支承材料改进后车厢沉浮振动位移变化的时程曲线

($D_{max}=11.544\ 3mm$, $D_{min}=-11.053\ 5mm$)

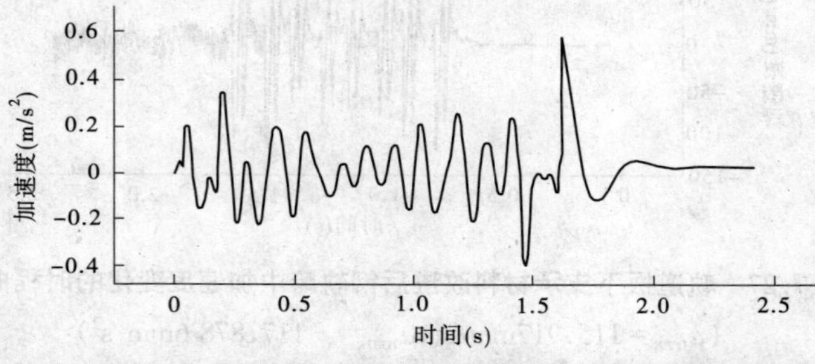

图 7.31　轨道板下支承材料改进后车厢沉浮振动加速度变化的时程曲线

($a_{max}=0.568\ 67m/s^2$, $a_{min}=-0.462\ 9m/s^2$)

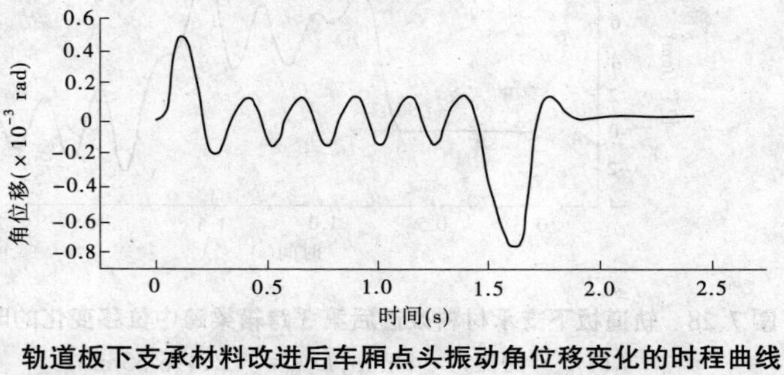

图 7.32　轨道板下支承材料改进后车厢点头振动角位移变化的时程曲线

($A_{max}=0.487\ 491\times10^{-3}rad$, $A_{min}=-0.772\ 355\times10^{-3}rad$)

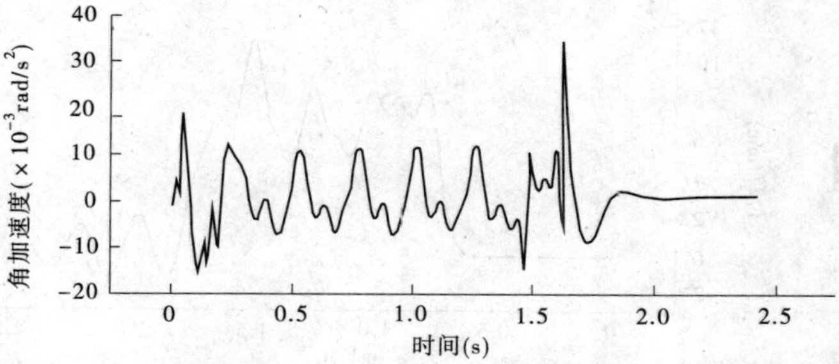

图 7.33　轨道板下支承材料改进后车厢点头振动角加速度变化的时程曲线

(α_{max} = 33.815 76×10^{-3}rad/s^2, α_{min} = −15.570 69×10^{-3}rad/s^2)

图 7.29 给出了箱梁(梁跨 L = 24m)跨中的最大加速度绝对值 1.884 5m/s^2,小于竖向振动加速度标准 0.35g;图 7.28 给出了箱梁跨中的最大位移 9.171 544mm,小于简支钢筋混凝土梁的挠度允许值 L/800 = 30.0mm,其挠跨比为 9.171 544/24 000 = 3.821 48×10^{-4},也小于钢筋混凝土梁的竖向挠跨比 1/4 000 = 2.5×10^{-3}。可见,本算例给出的桥梁的振动是满足桥梁动力评定标准[102]的。图 7.31 给出了车厢沉浮振动的最大加速度为0.568 67m/s^2,小于高速铁路和客运专线桥上列车车体振动加速度评定标准 1 250mm/s^2。可见,算例中车辆的振动是满足车辆运行平稳性标准[102]的。

通过由连续型轨道板下的隔离层改进为橡胶垫支承后,车辆的振动满足了文献[102]给出的车辆运行平稳性标准,并且车厢的振动加速度降低了 32.57%,钢轨和箱梁的加速度分别降低了 27.67%和 24.06%,只是箱梁的位移增加了 5.02%。

7.4　钢轨下橡胶垫板材料性能的改进

由本书的第 6 章第 6.8、6.9 节可知,钢轨下面的橡胶垫板的刚度系数和阻尼系数,对车辆、轨道和桥梁系统的耦合振动有明显的影响。本节在本书第 7.3 节的基础上,将轨下的轨枕改进为橡胶垫板,并将刚度系数和阻尼系数都扩大 10 倍,即由原来的轨下垫层的刚度系数 6×10^{7}N/m 和轨下橡胶垫板阻尼系数 7.5×10^{4}N·s/m,改进为轨下橡胶垫板,轨下橡胶垫板的刚度系数为 6×10^{8}N/m 和轨下橡胶垫的阻尼系数为 7.5×10^{5}N·s/m,其他参数同 7.3 节。

图 7.34～图 7.41 反映了上述轨道、桥梁结构在高速列车作用下的钢轨、箱梁和车厢的最大振动位移、加速度的变化,图中横坐标为车辆与桥梁作用时间。图 7.34、图 7.35 分别为钢轨跨中位移和加速度变化的时程曲线;图 7.36、图 7.37 分别为第 3 跨箱梁跨中位移和加速度变化的时程曲线;图 7.38、图 7.39 分别为车厢沉浮振动的位移和加速度变化的时程曲线;图 7.40、图 7.41 分别为车厢点头振动的角位移和角加速度变化的时程曲线。

图 7.37 给出了第 3 跨箱梁(梁跨 L = 24m)跨中的最大加速度绝对值 1.839 139m/s^2,小于竖向振动加速度标准 0.35g;图 7.36 给出了第 3 跨箱梁跨中的最大位移 8.398 5mm,小于简支钢筋混凝土梁的挠度允许值 L/800 = 30.0mm,其挠跨比为 8.398 5/24 000 =

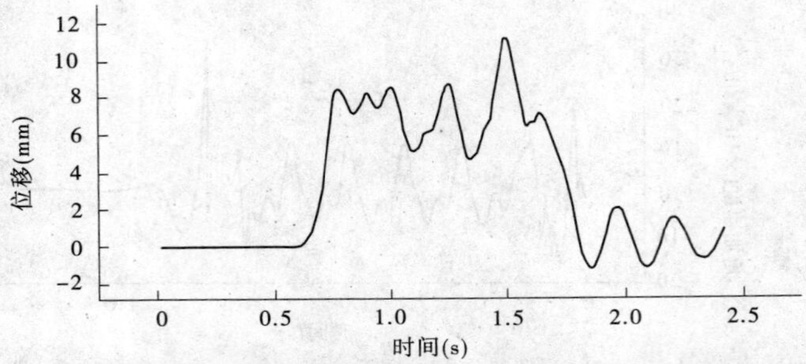

图 7.34　轨下橡胶垫板材料性能改进后钢轨跨中位移变化的时程曲线

($D_{max}=11.041\ 2mm, D_{min}=-1.403\ 1mm$)

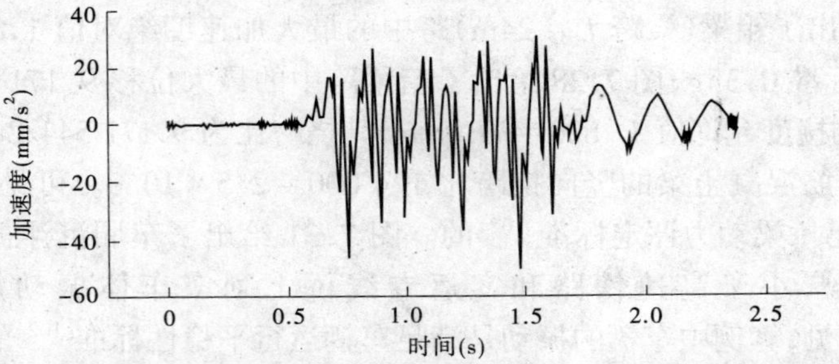

图 7.35　轨下橡胶垫板材料性能改进后的钢轨跨中的加速度变化的时程曲线

($a_{max}=30.275mm/s^2, a_{min}=-51.807\ 8mm/s^2$)

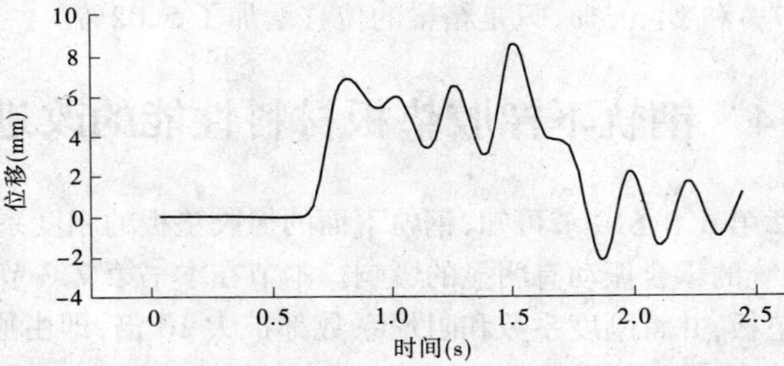

图 7.36　轨下橡胶垫板材料性能改进后第 3 跨箱梁跨中位移变化的时程曲线

($D_{max}=8.398\ 5mm, D_{min}=-2.359\ 915mm$)

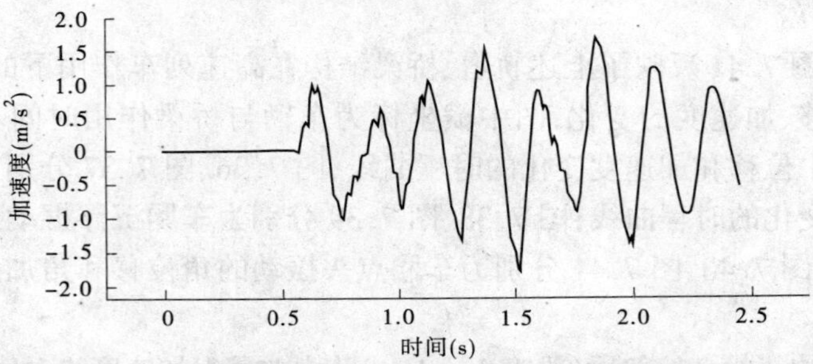

图 7.37　轨下橡胶垫板材料性能改进后第 3 跨箱梁跨中加速度变化的时程曲线

($a_{max}=1.676\ 465m/s^2, a_{min}=-1.839\ 139m/s^2$)

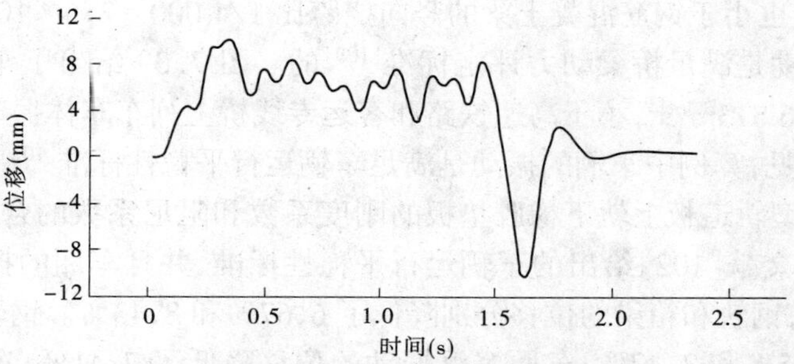

图 7.38　轨下橡胶垫板材料性能改进后车厢沉浮振动位移变化的时程曲线

($D_{max}=10.682\ 2\text{mm}, D_{min}=-10.061\text{mm}$)

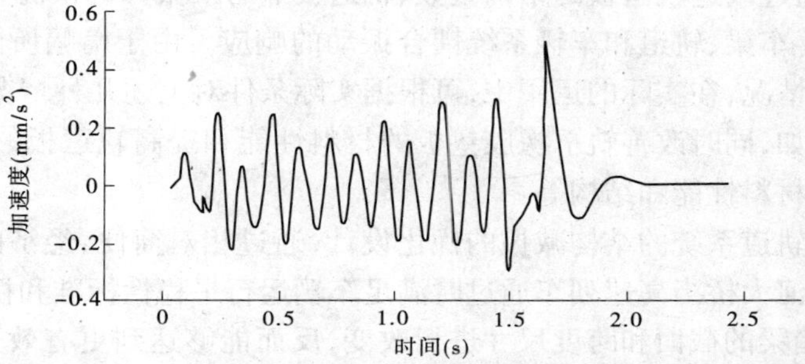

图 7.39　轨下橡胶垫板材料性能改进后车厢沉浮振动加速度变化的时程曲线

($a_{max}=496.813\text{mm/s}^2, a_{min}=-294.332\text{mm/s}^2$)

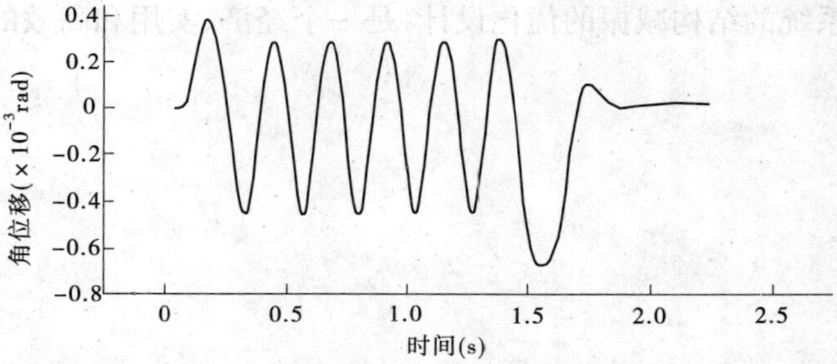

图 7.40　轨下橡胶垫板材料性能改进后车厢点头振动角位移变化的时程曲线

($A_{max}=0.381\ 36\times10^{-3}\text{rad}, A_{min}=-0.681\ 16\times10^{-3}\text{rad}$)

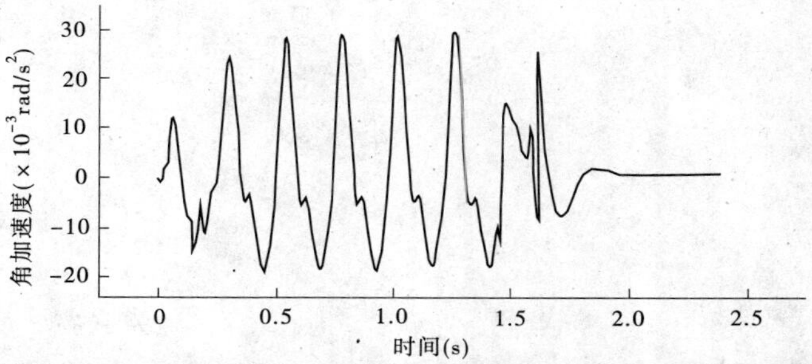

图 7.41　轨下橡胶垫板材料性能改进后车厢点头振动角加速度变化的时程曲线

($\alpha_{max}=28.998\ 57\times10^{-3}\text{rad/s}^2, \alpha_{min}=-18.891\ 5\times10^{-3}\text{rad/s}^2$)

3.499 37×10^{-4},也小于钢筋混凝土梁的竖向挠跨比 1/4 000=2.5×10^{-3}。可见,本算例给出的桥梁的振动是满足桥梁动力评定标准[102]的。图 7.39 给出了车厢沉浮振动的最大加速度为 0.496 813m/s^2,小于高速铁路和客运专线桥上列车车体振动加速度评定标准 1 250mm/s^2。可见,算例中车辆的振动是满足车辆运行平稳性标准[102]的。

通过由连续型轨道板上轨下橡胶垫板的刚度系数和阻尼系数的合理选择和改进,车辆的振动满足了文献[102]给出的车辆运行平稳性标准,并且车厢的振动加速度降低了 32.573%。此外,钢轨和箱梁的位移分别降低了 6.67%和 8.43%。钢轨和箱梁的加速度分别降低了 56.05%和 2.47%;车厢沉浮振动的位移降低了 7.41%;车厢点头振动的角位移和角加速度分别降低了 11.81%%和 14.25%。

综上所述,通过改进轨道板的结构参数、轨道板下的减振材料和轨下橡胶垫板的材料性能,均能够改善车梁、轨道和车辆系统耦合振动的响应。由于篇幅所限,本章仅简单地考虑了上述几种情况,在实际的运用中,可根据实际条件对上述几种情况的不同组合加以合理地选择。例如,同时改善轨下橡胶垫板的材料性能和提高轨道板的抗弯刚度以及改进轨道板下支承材料性能和结构等。

通过对无碴轨道系统的结构减振的优化设计,通过相对简便、经济的改进措施,可使秦沈客运专线沙河大桥当高速列车通过时满足车辆运行平稳性标准和桥梁动力性能评定标准,而无需将箱梁的截面和跨度尺寸进行改变,反而能够达到更有效可靠的减振效果,这是因为据文献[10]说明,当箱梁的尺寸从 2.2m 增加到 2.4m 时,计算结果表明车辆加速度仅仅降低了 4.65%,刚刚满足车辆运行平稳性标准,但其他动力性能无明显改变。看来,无碴轨道系统的结构减振的优化设计,是一个经济、实用和高效的减振措施。

第 8 章　总结与展望

8.1　车辆、无碴轨道和桥梁系统耦合振动分析的总结

8.1.1　车辆、轨道和桥梁系统方程的建立

本书首先详细介绍了广泛应用于轨道交通和高速铁路(或客运专线)的无碴轨道结构,即弹性支承块轨道结构、浮置板式轨道结构以及板式轨道结构。这几种结构的共同之处是:轨下橡胶垫板下面连接着轨道板。在模型建立上,本书没有把无碴轨道结构简单视为质量－弹簧的一级隔振系统;而是根据钢轨、轨下橡胶垫板、轨道板、板下支承、桥梁之间力的相互作用的关系,把钢轨、轨道板和桥梁看做二级隔振系统。结合浮置板有连续现浇和预制式浮置板两种基本类型,为了系统地探讨轨道板结构的长度尺寸大小对系统振动的影响,本书统一把轨道板结构划分为连续型和预制式两种结构类型。模型处理上,本书把连续型轨道板视为弹性支承上的等截面自由－自由边界的梁模型,用模态法处理之,而把预制分布式轨道板结构视为刚体模型,在建立预制式轨道板的运动方程时,本书参照了车辆转向架的方程的特点,认为单跨预制式轨道板同样有沉浮和点头两个自由度。另外,把钢轨和桥梁视为 Euler－Bemoulli 梁的模型。这样,钢轨、轨道板和桥梁通过轨下橡胶垫板和梁上支承材料相互连接在一起,轨下橡胶垫板和梁上支承材料等效为间距相等的弹簧元件和阻尼器元件。这样,无碴轨道和桥梁的二级隔振系统方程组就建立起来了。

车辆一般是二系悬挂系统,从减振的观点来看,车辆也属于二级隔振系统。只是,和无碴轨道二级隔振系统的差别在于车辆的一系和二系弹簧分别连接的是刚体(车厢、转向架和轮对),且单节车辆的一系、二系弹簧数目一般很有限,因此,与车辆的运动方程相比而言,其要简单得多。车辆、桥梁的方程在很多文献中已经说明得很详细了。

轮轨接触关系是一个很复杂也很重要的问题,它决定了车辆和方程组的形式和方程的求解方法。车辆轮对与钢轨的接触是弹性的,且是一个具有摩擦特性的耗散系统。在研究轨道动力学的车辆模型中,一般是在轮对与轨道之间用线性弹簧来模拟这种关系,即使这样处理,计算的轮对频率明显偏高。因此,实际可将轮对与钢轨处理为刚性接触,轮对的竖向运动一直是和钢轨接触的,轮对的竖向运动和钢轨是完全协调的。实际上,任一时刻车轮对钢轨接触的几何边界条件和力学边界条件都不确定[60]。数学物理方程告诉我们,边界不确定的微分方程是不能求解的。文献[60]介绍松花江大桥的振动响应的测试结果时,指出同一桥梁在同样列车以相同车速多次作用下的桥梁振动响应相差很多,并认为这种离散性主要由每次行车过程轮轨接触条件差异引起的,每次行车的轮轨接触条件是不同的、是随机的。因此,按轮轨接触理论计算时无法把握轮轨接触条件。面对上述困难,国内外都是建立车轮与钢轨的竖向衔接接触条件。但由于车辆与钢轨的横向水平

相对位移不确定，轮轨接触有时为一点接触、有时为两点接触[60]，轮轨的横向衔接条件无法建立，因而车桥横向振动解的唯一性不能保证[60]。

8.1.2　无碴轨道系统的结构参数对车桥系统的影响

由于轮轨接触关系和轨道不平顺的不确定性，因此难以在定量上精确描述车桥耦合振动的响应。但是可以通过不同轨道结构参数对系统振动影响的分析和比较，来确定出某一结构参数对系统振动的影响，定性和定量上来了解该参数在减振过程中所起到的作用，为减振结构的优化设计提供参考，本书认为这一点是具有一定工程意义的。

本书分析的无碴轨道的结构参数，包括轨道板的单位长度的质量、高度、轨道板的抗弯截面模量、轨道板的纵向长度和截面高度、轨道板下面支承材料的刚度系数和阻尼系数、轨下橡胶垫板的刚度系数和阻尼系数。下面分别说明分析结果。

8.1.2.1　轨道板的单位长度的质量对车桥系统耦合振动的影响

无论连续型还是预制式轨道板，其单位长度的质量增大，与车桥系统振动响应的减小没有必然的联系。因此，在高架桥上布置轨道板时，可采用空心板，以增大抗弯刚度和减轻桥面的恒载。

8.1.2.2　轨道板结构抗弯刚度或高度变化对车桥耦合振动影响

连续型轨道板的抗弯刚度值在 10^9N·m^2 左右时，车桥振动响应的衰减是很显著的，建议轨道板的抗弯截面模量在 10^9N·m^2 左右取值，但不能因抗弯截面模量过大而过分增加桥梁的恒载。本书建议在高架桥上布置空心的轨道板或增加钢板，以增加截面的弹性模量和减轻桥面的恒载以及使施工更加便利。

8.1.2.3　轨道板的纵向布置对车桥系统耦合振动的影响

(1)随着连续型轨道板的长度的增加，车桥耦合振动中钢轨和车体的振动响应有降低的趋势，即增加轨道板长度对车体振动有抑制作用。连续型轨道板长度的初始设计时可以考虑取箱梁跨度的 2 倍。

(2)随着单跨箱梁上布置的预制式轨道板数目的增加，钢轨和车体振动的位移和加速度值也随之增加，当轨道板数目增加到 6 跨及以上时，钢轨的位移和加速度值趋于稳定；单跨箱梁上的浮置板数目为 6 跨或 8 跨以上时，箱梁的加速度趋于稳定且较小；在对无碴轨道进行初始设计时，本书建议预制式轨道板的长度可取为箱梁跨度的 1/6。

(3)就对车体振动的影响而言，连续型轨道板更能有效地降低车体的振动响应，如果预制式轨道板的布置不能满足高速行车舒适性指标，可考虑轨道的布置采用连续型轨道板结构。

8.1.2.4　轨道板下弹性支承刚度系数对车桥系统耦合振动的影响

(1)轨道板下的弹性支承刚度系数值在 6×10^6N/m 左右时，车桥系统振动响应的衰减是很显著的。如果对轨道系统和桥梁的振动进行评估和控制的话，连续型轨道板下弹簧模型的刚度系数在 $1\times10^6\sim3\times10^6$N/m 之间取值为宜，预制式轨道板下弹簧模型的刚度系数在 $1\times10^6\sim6\times10^6$N/m 之间取值为宜。

(2)如果对车辆的振动进行控制和评估的话，连续型轨道板下弹簧模型的刚度系数在 1×10^7N/m 左右及其以上取值为宜；预制式轨道板下弹簧模型的刚度系数在 6×10^6N/m

左右及其以上取值为宜。

8.1.2.5 轨道板下阻尼支承的阻尼系数对车桥系统耦合振动的影响

(1)如果对轨道系统和桥梁的振动进行评估和控制的话,连续型轨道板下阻尼器的阻尼系数在3×10^4N·s/m左右取值为宜;预制式轨道板下阻尼器的阻尼系数在2×10^5N·s/m左右取值为宜。

(2)如果对车辆的振动进行控制和评估的话,连续型轨道板下阻尼器的阻尼系数应避开在$1\times10^5\sim5\times10^5$N·s/m之间取值为宜;而预制式轨道板下阻尼器的阻尼系数在大于10^5N·s/m取值为宜。

8.1.2.6 轨道板下分布式支承的间距对车桥耦合振动的影响

车辆、轨道和桥梁的动力响应值的大小与分布式支承的间距成线性关系。除了桥梁加速度线性减少外,其他值都随间距的增大而线性增大。如果对连续型轨道系统和车辆振动进行评估和控制的话,连续型、预制式轨道板下支承的间距均应在1.5m以内取值为宜。

8.1.2.7 钢轨下橡胶垫板刚度系数对车桥耦合振动的影响

(1)如果对轨道系统的振动进行评估和控制的话,连续型轨道板上的轨下橡胶垫板的刚度系数在3×10^8N/m左右取值为宜;而如果要对桥梁的振动进行评估和控制的话,连续型轨道板上的轨下橡胶垫板的刚度系数在1×10^7N/m左右取值为宜。另外,本书计算表明,如果轨下橡胶垫板刚度系数值达到1.5×10^9N/m以上时,轨道和箱梁系统的位移和加速度值将远远大于车辆桥梁的振动性能评价标准。

(2)如果对轨道系统的振动进行评估和控制的话,预制式轨道板上的轨下橡胶垫板的刚度系数在3×10^8N/m左右取值为宜;而如果要对桥梁的振动进行评估和控制的话,预制式轨道板上的轨下橡胶垫板的刚度系数在1×10^7N/m左右取值为宜。

(3)如果对车辆的振动进行控制和评估的话,连续型轨道板上轨下橡胶垫板的刚度系数在$1\times10^7\sim1\times10^9$N/m之间取值为宜;而预制式轨道板上轨下橡胶垫板的刚度系数在$1\times10^7\sim1\times10^9$N/m之间取值为宜。

8.1.2.8 钢轨下橡胶垫板阻尼系数对车桥耦合振动的影响

钢轨下橡胶垫板阻尼系数除了对钢轨的加速度有明显的抑制作用外,对车辆、轨道和桥梁结构的其他动力响应影响不大。如果对车桥系统的振动进行控制和评估的话,连续型轨道板上轨下橡胶垫板的阻尼系数在$3\times10^4\sim1\times10^6$N·s/m之间取值为宜;预制式轨道板上轨下橡胶垫板的阻尼系数同样在$3\times10^4\sim1\times10^6$N·s/m之间为宜。

8.1.3 无碴轨道系统结构减振优化设计的应用实践

文献[10]对我国的秦沈客运专线上沙河大桥进行了车桥耦合动力分析,分析了高速列车通过高架桥上板式轨道时机车车辆、无碴轨道及桥梁的动力学性能,其分析表明当高速列车以300km/h的速度过桥时,车辆的加速度最大值已达到1.29m/s,超过了舒适度限值$1.25m/s^2$。因此,建议将桥梁梁高从2.2m增加到2.4m,这时可满足高速行车舒适性标准,但计算结果表明,其他动力性能指标无明显改善。

基于此,本章分别从轨道板的结构、轨道板下的支承以及轨下橡胶垫板的结构参数方面进行改进和车桥耦合振动动力分析。希望能够找到既经济,而减振效果又比较好的无砟轨道结构减振设计的参数。

通过改进轨道板的结构参数、轨道板下的材料性能和轨下橡胶垫板的材料性能,均能够改善车梁、轨道和车辆系统耦合振动的响应。由于篇幅所限,本书仅简单地考虑了上述几种基本情况,在实际的运用中,可根据实际的条件来对上述几种情况的不同组合加以合理地选择,例如,同时改善轨下橡胶垫板的材料性能和提高轨道板的抗弯刚度以及改进轨道板下支承材料性能和结构等。

通过对无砟轨道系统的结构减振的优化设计,以及相对简便经济的改进措施,可使秦沈客运专线沙河大桥在有高速列车通过时,满足车辆运行平稳性标准和桥梁动力性能评定标准,而无需将箱梁的截面和跨度尺寸进行改变,从而能够达到更有效可靠的减振效果。这是因为据文献[10]介绍,当箱梁的尺寸从2.2m增加到2.4m时,计算结果表明车辆加速度仅仅降低了4.65%,刚刚满足车辆运行平稳性标准,但其他动力性能无明显改变。看来,无砟轨道系统结构减振的优化设计,是一个经济、实用和高效的减振措施。

8.1.4 车桥耦合振动中轮轨作用力迭代求解方法和车辆模型的改进及校核

为了检验本书编制程序的可靠性,本书对程序进行了校核,分别采用了车辆桥梁振动响应求解的统一模型法、轮轨接触力迭代的分离模型法以及有限元分析软件ANSYS等3种方法,对上述模型分别给予了计算,通过比较来说明程序的可靠性。同时,在用车辆桥梁通过轮轨接触力迭代求解的分离模型法来分析时,对文献[179]介绍的轮轨接触力迭代求解方法以及车辆模型给予了改进,通过计算结果的比较说明了本书中改进的合理性。本章首先介绍文献[179]介绍的轮轨接触力的迭代求解方法和车辆模型,随之说明本书的改进。

8.2 本书研究的创新性

广泛应用于有轨交通的3种无砟轨道结构,即板式轨道、弹性支承块式轨道和浮置板式轨道。本书分析了它们的结构特点,将其视为二级隔振系统,并根据轨道板的长度尺寸,建立了轨道板的弹性支承的梁模型和刚体模型;系统地分析了轨道板的质量、高度、抗弯刚度、纵向布置,以及轨道板下和钢轨下支承的刚度系数、阻尼系数与间距对车辆、轨道和桥梁振动的影响;将上述的分析结果成功地运用于秦沈客运专线桥上板式轨道的结构减振设计的改进上;还有轮轨接触力迭代求解方法的改进问题。本书主要的创新性研究成果如下。

8.2.1 建立了较为完善的无砟轨道、桥梁和车辆耦合振动模型

对于广泛应用于有轨交通的3种无砟轨道结构,即板式轨道、弹性支承块式轨道和浮置板式轨道,将这3种轨道结构视为二级隔振系统,并根据轨道板的长度尺寸大小建立了轨道板结构的两种模型,即弹性支承上的自由-自由边界的梁和刚体模型,以及和车辆、桥梁运动方程结合在一起,分别给予了系统地比较、分析和求解。

8.2.2 轨道板结构特性的减振分析

分析了轨道板的结构特性,即质量、抗弯刚度和纵向布置对车辆、轨道和桥梁耦合振动影响的规律。分析结果表明,轨道板质量的增加与车桥振动的改善无必然联系,而系统的振动与轨道板的抗弯刚度和轨道板在纵向平面内的纵向布置相关,并定量分析了它们之间的关系。建议高架桥上的轨道板结构(包括浮置板)设计为空心板,以减轻桥梁的恒载和增加轨道板的抗弯刚度。

8.2.3 轨道板下支承的材料性能的减振分析

系统地分析了连续整体型轨道板和预制式轨道板下支承的刚度系数、阻尼系数和分布式支承间距的变化对钢轨、箱梁和车厢振动的影响规律。为了获得较为理想的减振效果,对简支承材料的刚度系数值和阻尼系数值给出了合理的取值范围,对设计轨道板下支承的刚度系数、阻尼系数提出了建议。

8.2.4 钢轨下橡橡胶垫板支承的材料性能的减振分析

系统地分析了连续整体型轨道板和预制式轨道板上轨下橡橡胶垫板的刚度系数、阻尼系数的变化对钢轨、箱梁和车厢振动的影响规律。为了获得较为理想的减振效果,对轨下橡胶垫板的刚度系数值和阻尼系数值给出了合理的取值范围,对设计轨下橡胶垫板的刚度系数、阻尼系数提出了建议。

8.2.5 秦沈客运专线沙河大桥桥上板式无碴轨道的减振结构的优化设计

对秦沈客运专线沙河大桥桥上通过高速列车时不能满足车辆运行平稳性标准的情况,本书从轨道板的结构(采用空心板、增加截面抗弯刚度、修正纵向尺寸)、轨道板下的橡橡胶垫板(或 CA 砂浆)布置以及轨下橡胶垫板的材料性能等方面,通过车桥耦合振动分析,提出了满足车辆运行平稳性标准和桥梁动力性能评定标准的若干改进建议。

8.2.6 车桥耦合振动中轮轨作用力迭代求解方法和车辆模型的改进及校核

通过对车桥耦合振动的结果的分析,以及用 ANSYS 软件的计算所进行的校核,对有关文献[179]给出的车辆振动力学模型和轮轨接触力的迭代求解方法给予了改进,结果的比较和分析表明了本书给出的改进方法的合理性。

8.3 有待进一步研究的问题

桥梁振动研究的领域很广。在移动列车荷载作用下的车桥振动问题研究已有 100 多年的历史,许多学者为此花费了大量的时间和心血,提出和建立了许多分析理论和分析方法,其研究工作取得了不少重要的成果。但是,由于车桥耦合振动研究的复杂性,仍有一些问题尚待进一步完善与深入研究。对于高速铁路、客运专线和轨道交通的桥梁振动,还有一些研究分析需要开展大量的研究工作。

8.3.1 车辆、无碴轨道、桥梁模型、计算方法的进一步完善

本书较系统地分析了车辆、无碴轨道和桥梁的垂向耦合振动问题,建立了二维的无碴轨道系统的力学模型和动力学方程。但是,当车辆通过桥梁时,车桥系统的振动是空间的,再加上双线路桥运行单线列车时的偏载作用等,使采用的垂向或横向的研究难以全面反映车辆通过桥梁时实际的车辆与桥梁振动状态。另外,铁路提速后,除满足桥梁承载能力和耐久性等要求外,列车通过桥梁时的走行性(走行安全性及乘客舒适度)也是突出的问题,要求桥梁必须保证足够大的横向和竖向刚度及良好的整体性。这些都需要对车桥耦合振动进行空间分析。如何建立复杂的车辆、无碴轨道系统、桥梁的空间分析模型及高效的计算方法值得进一步的研究。

8.3.2 轮轨接触理论和车桥系统振动的随机分析理论需进一步完善

由车辆动力学可知,车轮与钢轨接触的几何边界条件和力学边界条件均不确定,轮轨的横向衔接条件无法建立;列车桥梁系统横向振动的激振源很难确定。解决车桥振动问题,尤其需要走理论和试验结合的道路,轮对蛇行波及轨道竖向几何不平顺等无法从数学上推导处理,必须实测。轮轨关系的问题十分复杂,涉及弹塑性力学、摩擦学、材料学、有限元的理论和方法、结构动力学、强度理论、数值方法[156],如不能很好地将它们交叉运用在轮轨关系的研究中,就不能完整地解决轮轨关系问题。由于目前计算手段和数值方法的限制以及学科交叉的难度,理论研究状况不尽人意,主要还是借助试验的手段。轮轨关系的问题始终贯穿着轮轨摩擦学问题,在轮轨滚动接触理论和数值分析中,摩擦定律是重要的控制方程,但由于它的存在,往往导致数值求解过程不收敛,使问题复杂化。解决轮轨关系问题对我国提速列车安全运营、降低运输成本、降低轮轨噪声及发展高速列车具有重要的意义。

8.3.3 有轨交通桥梁动态设计理论与方法的建立

目前,对桥梁结构设计采用的静态设计方法不能真实地反映车辆的动载效应以及桥梁变形对车桥系统的影响,而高速铁路的振动明显比一般线路的振动大得多。因此,应建立有轨交通桥梁的动态设计理论和方法,通过综合考虑车辆与桥梁之间动力作用的相互影响,设计出低动力响应的有轨交通桥梁结构。另外,加强对无碴轨道系统减振的优化设计,研究各级减振系统的材料之间减振性能的最佳组合关系,各相互作用结构之间的最佳组合关系,引进灵敏度分析等优化设计方法。

8.3.4 现场动力学试验以及相关研究有待进行

现场动力学试验的作用有两种:一是验证列车正常运行阶段轨道梁的振动反应;二是可以通过对问题的研究,对车辆荷载进行更深入的认识和讨论。现场测试结果修正后的模型将更准确地指导车辆－轨道系统的设计和施工。

8.3.5 有轨交通桥梁的振动控制研究

列车车辆通过桥梁时将产生较大的振动,因此有必要研究控制有轨交通车桥耦合振动、车桥共振、减少引起车辆振动的控制方法。

8.3.6 车辆与结构相互作用的环境影响问题

交通荷载引起的结构振动对周围环境和临近建筑物的影响已经引起人们的广泛关注。通过车辆-结构-基础-地基-周围地层-临近建筑物相互作用系统的振动分析,得到桥梁基础和地基的振动加速度及频率、地面和建筑物的振动响应特性及各指标的分布规律和相互关系,用于研究地面振动强度及其传播规律、对临近建筑物的振动影响以及环境振动控制措施等问题。

8.3.7 桥梁特殊荷载作用下的列车安全性问题

即研究大跨度桥梁在脉动风、地震、船舶撞击等荷载作用下的列车运行安全性和舒适性问题,以及桥梁结构的安全与振动状态问题。

8.3.8 桥梁结构的动力学性能评估和加固问题

随着行车速度的提高、荷载加大,桥梁结构的动力问题日益突出,列车过桥时由于桥梁振动和变形导致应力重新分配而产生结构安全性、动力承载力和试验可靠性等正在成为人们关注的重要问题。车桥反应的分析结果直接用于桥梁动力性能评估、动力加固方法的确定和加固效果评估的可行性研究。

8.3.9 车桥振动研究的可靠度问题

即在桥梁振动研究中引入动力可靠度理论,研究桥梁动力分析的可靠度问题以及桥梁结构的动力可靠度设计方法。

参考文献

[1] 周立新.有轨交通线路工程[M].上海:上海交通大学出版社,2001.
[2] 王午生.铁道线路工程[M].上海:上海科学技术出版社,1999.
[3] 陈应先.高速铁路线路与车站设计[M].北京:中国铁道出版社,2001.
[4] 毛保华,姜帆,刘迁,等.城市轨道交通[M].北京:科学出版社,2002.
[5] 张庆贺,朱合华,庄荣,等.地铁与轻轨[M].北京:人民交通出版社,2004.
[6] 魏晓东.城市轨道交通自动化系统与技术[M].北京:电子工业出版社,2004.
[7] 佟立本.交通运输设备[M].2 版.北京:中国铁道出版社,2003.
[8] 高爽.地铁车辆构造与维修管理[M]. 北京:中国铁道出版社,2003.
[9] 练松良.轨道动力学[M].上海:同济大学出版社,2003.
[10] 翟婉明.车辆-轨道耦合动力学[M].2 版.北京:中国铁道出版社,2001
[11] Willis R. Appendix of the Report of Commissioners Appointed to Inquire Application of Iron to Railway Structures[R]. London: His Majesty's Stationary Office, 1849.
[12] 陈英俊. 车辆荷载下桥梁振动基本理论的演变[J].桥梁建设,1975,2:21-36.
[13] Timoshenko S P. Forced Vibration of Ptismatic Bars [R]. Izvestiya Kievskogo Politekhnicheskogo Institute, 1908.
[14] Timoshenko S P. On the Forced Vibration of Bredges [J]. Philosoph Magazine Ser, 1992, 6(43): 1018-1019
[15] Inglis C E. A Mathematical Treatise on Vibrations in Railway Bridges [J]. Cambridge. Cambridge University Press, 1934.
[16] Muchnikov V M. Some Methods of Computing Vibration of Elastic Systems Subjected to Moving Loads [M]. Moscow: Gosstroiizdat, 1953.
[17] Mise K, Kunii S. A theory for the forced Vibrations of a railway bridge under the action of moving Loads [J]. Mechanics & Applied Mathematics, 1956, 9: 195-206.
[18] Fryba L. Vibration of Silids and Structures under Moving Loads [M]. London: Thomas Telford, 1999.
[19] Fryba L. Dynamics of Railway Bridges [M]. London: Thomas Telford, 1996.
[20] Biggs J M. Introduction to Structural Dynamics[M]. New York: McGraw-Hill Book Co., Inc., 1964.
[21] 松浦章夫. 高速铁路における车辆と桥桁の动的相互作用[C]. 铁道技术研究资料,1974,31(5):14-17.
[22] 松浦章夫. 高速铁路における车辆と桥桁の动的举动に关する研究[C]//土木学会论文集,1976,258(12):35-47.
[23] 松浦章夫.二轴货车走行性からみた长大吊桥の折れ角限度[R].铁道技术研究报告. 1978:1-44.
[24] Chu K H, et al. Railway-bridge impact: simplified train and bridge model [J]. Structural Engineering, ASCE, 1979, 105(9): 1823-1844.
[25] Chu K H, et al. Dynamic interaction of railway train and bridge [J]. Vehicle System Dynamics, 1980, 9(4): 207-236.
[26] Wiriyachai A, Chu K H, Garg V K. Bridge impact due wheel and track irregularities [J]. Engineering Mechanics Division, ASCE, 1982, 108(4): 648-665.
[27] Wiriyachai A, Chu K H, Garg V K. Impact study by various bridge models [J]. Earthquake Engineer-

ing & structural Dynamics,1982,10(1): 31-45.
[28] Diana G, et al. A numerical method to define the dynamic behavior of a train running on a deformable structure [J]. MECCANICA(special Issue),1988:27-42.
[29] Diana G, et al. Dynamic Interaction between Railway Vehicle and Track [R]. Milano: Report Dip. Di. Meccanica Politecnico di,1986.
[30] Diana G, Cheli F. Dynamic interaction of railway systems with large bridges [J]. Vehicle system Dynamics, 1989, 18(1-3): 71-106.
[31] Diana G, et al. Wind Effects on the Dynamic Behavior of Suspension Bridge [R]. Milano: International Report,1986.
[32] 日本铁道设施协会. 本州四国联络桥の列车走行に关する研究[R]. 东京:日本铁道设施协会. 1970.
[33] Bhatti M H. Vertical and Lateral and Dynamic Response of Railway Bridge Due to Nonlinear Vehicle and Track Irregularities [D]. Chicago: Illinois Institute of Technology, 1982.
[34] Wang T L, et al. Dynamic response of highway tracks duo to road surface roughness [J]. computers & structures, 1993,49(6): 1055-1067.
[35] Wang T L, Shahswy M. Impact in railway prestressed concrete bridges [J]. computers & structures, 1992,44(3): 525-534.
[36] Wang T L, Ramp/bridge interface in prestressed concrete railway bridges [J]. Structural Engineering, 1990, 116(6): 1648-1659.
[37] Wang T L. Impact and Fatigue in Open-deck Steel Truss and Ballasted Prestressed Concrete Railway Bridges [D]. Chicago: Illinois Institutev of Technology, 1984.
[38] Wang T L. Impact in a railway truss bridge [J]. computers & structures, 1993,49(6): 1045-1054.
[39] Wang T L, Chuu K H. Railway Bridge/vehicle interaction studies with new vehicle model [J]. Structural Engineering, 1991, 117(7): 2099-2116.
[40] Olsson M. Finite element model coordinate analysis of structures subjected to moving loads [J]. Sound & Vibration, 1985, 99(1): 1-12.
[41] Olsson M. On the fandarmental moving load problems [J]. Sound & Vibration, 1991, 145(2): 299-307.
[42] Bogaert Van. Dynamic response of trains crossing large span double-track bridges [J]. constructional Steel Research, 1993, 24(1): 57-74.
[43] Green M F, Cebon D. Dynamic response of highway bridges to heavy vehicles loads: theory and experimental Validation [J]. Sound & Vibration, 1994, 170(1): 51-78.
[44] Green M F, et al. Effects of vehicles suspension design on dynamics of highway bridges [J]. Structural Engineering, ASCE. 1995, 121(2): 272-282.
[45] Yang Y B, et al. Vehicle-bridge interaction analysis by dynamic condensation method [J]. Structural Engineering, ASCE, 1995, 121(11): 1636-1643.
[46] Yang Y B, et al. Impact formulas for vehicle moving over simple and continuous beams [J]. Structural Engineering, ASCE, 1995, 121(11): 1644-1650.
[47] Yang Y B, et al. Vehicle-bridge interaction element for dynamic analysis [J]. Structural Engineering, ASCE, 1997, 123(11): 1512-1518.
[48] Yang Y B, et al. Vibration of simple beams due to trains movinf at high speeds [J]. Engineering structures, 1997, 19(11): 936-944.

[49] Yang Y B, Wu Y S. Dynamic stability of trains moving over bridges shaken & earthquakes [J]. Sound & Vibration 2002,258(1):65-94
[50] 铁道部科学研究院铁道建筑研究所,等. 高速铁路桥梁动力性能研究报告[R]. 北京:铁道科学研究部铁道建筑研究所,1995.
[51] 铁道部科学研究院铁道建筑研究所,等. "九五"国家重点科技攻关计划专题——高速铁路线桥结构与技术条件(标准)的研究(总报告及各分报告)[R]. 北京:铁道科学研究部铁道建筑研究所. 1996,12.
[52] 李国豪. 桁梁桥的扭转、稳定和振动[M]. 北京:人民交通出版社,1975.
[53] 李国豪. 桥梁结构稳定与振动[M]. 北京:中国铁道出版社,1992.
[54] 胡人礼. 普通桥梁结构振动[M]. 北京:中国铁道出版社,1988.
[55] 胡人礼. 桥梁力学[M]. 北京:中国铁道出版社,1999.
[56] 何度心. 列车动载[J]. 地震工程与工程振动,1988,8(4):78-98.
[57] 何度心. 桥梁振动研究[M]. 北京:地震出版社,1989.
[58] 曾庆元,等. 桁梁行车空间振动计算的桁段有限元法[J]. 桥梁建设,1985,4:1-16.
[59] 曾庆元,杨平. 形成矩阵"对号入座"法则与桁梁空间分析的桁段有限元法[J]. 铁道学报,1986,8(1):48-58.
[60] 曾庆元,郭向荣. 列车桥梁时变系统振动分析理论及应用[M]. 北京:中国铁道出版社,1999.
[61] 曾庆元,骆宁安,等. 桥上列车横向摇摆力的初步研究[J],桥梁建设,1989,2:28-36.
[62] 曾庆元. 关于铁路桥梁的刚度问题[J]. 长沙铁道学院学报. 1991,9(3):1-17.
[63] 曾庆元,等. 列车-桥梁时变系统的横向振动分析[J]. 铁道学报,1991,13(2):38-46.
[64] 朱汉华.列车-桥梁时变系统振动分析能量随机分析理论[D]. 长沙:长沙铁道学院,1991.
[65] 陈淮,郭向荣,等. 大跨度斜拉桥动力特性分析[J]. 计算力学学报,1997,14(1):57-63.
[66] 张麒,曾庆元. 刚桁梁桥横向刚度控制指标的探讨[J]. 桥梁建设,1998,(1):1-4.
[67] 郭向荣,曾庆元. 高速铁路简支钢桁梁横向刚度限值研究[J]. 长沙铁道学院学报,1998,16(2):1-6.
[68] 曾庆元. 弹性系统动力学总势能不变值原理[J]. 华中理工大学学报, 2000, 28(1):1-3.
[69] 张麒,曾庆元. 焦枝复线洛阳黄河大桥横向刚度分析[J]. 桥梁建设,2000,4:14-16.
[70] 郭文华,郭向荣,等.大跨度斜拉桥空间振动计算分析[J]. 振动与冲击,1998,17(1):30-33.
[71] 郭文华,郭向荣,曾庆元. 京沪高速铁路南京长江大桥斜拉桥方案车桥系统振动分析[J]. 土木工程学报,1999,32(3):23-27 .
[72] 郭向荣,曾庆元. 高速铁路多Ⅱ形预应力混凝土梁桥动力特性及列车走行性分析[J]. 铁道学报,2000,22(1):72-78.
[73] 郭向荣,曾庆元. 高速铁路结合桥梁与列车系统振动分析模型[J]. 华中理工大学学报,2000,28(3):60-62.
[74] 曹雪琴. 列车通过时桥梁结构竖向振动分析[J]. 上海铁道学院学报,1981, 2(3): 1-15.
[75] 曹雪琴. 钢桁梁桥横向振动[M]. 北京:中国铁道出版社,1991.
[76] 曹雪琴, 陈晓. 轮轨蛇行引起桥梁横向振动随机分析[J]. 铁道学报,1986, 8(1):89-97.
[77] 曹雪琴,刘必胜,吴鹏贤. 桥梁结构动力分析[M]. 北京:中国铁道出版社,1987.
[78] 曹雪琴,顾萍. 沪宁线限速钢梁桥提速试验与分析[J]. 上海铁道科技, 2000, 3: 14-16.
[79] 曹雪琴,等. 列车过桥箱型钢梁空间振动分析[J]. 上海铁道学院学报, 1982, 3(3): 17-35 .
[80] 程庆国,许慰平. 大跨度铁路斜拉桥列车走行性探讨[C]. 武汉:92′全国桥梁结构学术大会,1992:41-51.
[81] 程庆国,潘家英. 大跨度铁路斜拉桥竖向刚度分析[C]. 武汉:92′全国桥梁结构学术大会,1992:

1163-1166.
[82] 许慰平. 大跨度铁路桥梁车桥空间耦合振动研究[D]. 北京:铁道科学研究院,1988.
[83] 王贵春. 大跨度铁路斜拉桥车激空间振动线性及非线性分析[D]. 北京:铁道科学研究院,1996.
[84] 高芒芒. 高速铁路列车－线路－桥梁耦合振动及列车走行性研究[D]. 北京:铁道科学研究院,2002.
[85] 张煅,柯在田. 既有线路提速至160km/h桥梁评估的研究[J]. 中国铁道科学, 1996,17(1): 9-20.
[86] 刘汉夫,杨孚衡,等. 对铁路上承式钢板梁横摆振动剖析[J]. 中国铁路, 1999, (5): 29-32.
[87] 谢毅,严普强,等. 准高速行车下铁路桥梁振动特性的试验研究[J]. 振动与冲击,1998,17(1):53-57.
[88] 高岩,张煅. 高速铁路中小跨度桥梁竖、横向刚度限值及合理分布的研究[J]. 铁道建筑技术,2000,4:11-14.
[89] 高岩,沈锐利,柯在田,等. 提速对桥梁振动与车辆过桥走行性的影响及对策[J]. 中国铁道科学,2000,21(2):19-25.
[90] 李小珍,强士中,等. 高速列车－大跨度钢斜拉桥空间耦合振动响应研究[J]. 桥梁建设,1998,4:65-68.
[91] 李小珍,强士中. 京沪高速南京越江钢斜拉桥车桥耦合振动分析[J]. 西南交通大学学报,1999,34(2):153-157.
[92] 李小珍. 高速铁路列车－桥梁系统耦合振动理论及应用研究[D]. 成都:西南交通大学,2000.
[93] 沈锐利. 列车过桥时桁梁桥的空间振动分析[D]. 成都:西南交通大学,1987.
[94] 沈锐利. 高速铁路线上简支梁桥与车辆耦合振动研究[D]. 成都:西南交通大学,1998.
[95] 沈锐利. 高速铁路线上简支梁桥车桥共振问题初探[J]. 西南交通大学学报, 1995, 30(3): 275-282.
[96] 沈锐利. 高速铁路简支梁桥竖向振动响应研究[J]. 中国铁道科学, 1996, 17(3): 24-34.
[97] 葛玉梅,袁向荣. 机车－桁架桥梁耦合振动研究[J]. 西南交通大学学报, 1998, 33(2): 138-142.
[98] 何发礼. 高速铁路中小跨度曲线梁桥车桥耦合振动研究[D]. 成都:西南交通大学, 1999.
[99] 何发礼,李乔. 曲率和超高对曲线梁桥车桥耦合振动影响[J], 桥梁建设, 1999, 3: 5-7.
[100] 夏禾,陈英俊. 车－桥－墩体系动力相互作用分析[J]. 土木工程学报, 1992, 25(2): 3-12.
[101] 夏禾,阎平贵. 列车－斜拉桥系统在风载作用下的动力响应[J]. 北方交通大学学报,1995,19(2):14-21.
[102] 夏禾,张楠. 车辆与结构动力相互作用[M]. 北京:科学出版社,2005,8.
[103] 阎贵平,夏禾,等. 列车与刚梁柔拱组合系桥系统的地震响应分析[J]. 北方交通大学学报,1994,18(1):9-16.
[104] 阎贵平,夏禾,等. 铁路斜拉桥的地震响应特性研究[J]. 北方交通大学学报,1995,19(2):137-142.
[105] 夏禾,陈英俊. 风和列车荷载同时作用下车桥系统的动力可靠性[J]. 土木工程学报, 1992, 25(2): 3-12.
[106] Xia He, Zhang Nan. Experimental analysis of railway bridge under high speed trains [J]. Sound & Vibration, 2005 (280): 1 233～1 242.
[107] 姚京川. 浮置板轨道结构理论与仿真计算分析及试验研究[D]. 北京: 铁道科学研究院, 2003.
[108] 蔡成标,翟婉明,王其昌. 高速列车与高架桥上无碴轨道相互作用研究[J]. 铁道工程学报,2000,67(3):29-32.
[109] Diana G, et al. A numerical method to define the dynamic behavior of a train running on a deformable

structure[J]. MECCANICA, 1988, special Issue: 27-42.
[110] Diana G, et al. Wind Effects on the Dynamic Behavior of Suspension Bridge[R]. Milano: International Report, 1986.
[111] 西冈隆,等. 横风作用下における长大桥梁上の铁道车辆に关する试验的研究[C]// 土木学会论文集, 1981, 309(5): 113-128.
[112] 西冈隆,桥本涉一. 水平地震动に对する桥梁上の2 轴货车の走行安全定性[C]. 土木学会论文集, 1980, 296: 61-72.
[113] Guo Wei Wei, Xia He, Zhang Nan. Dynamic responses of long suspension bridges and running safety of trains and earthquakes [C]// Progress in Safety Science and Technology. Beijing; New York: Science Press, 2004: 1937-1944.
[114] Han Yan, Xia He, Guo Wei Wei, et al. Dynamic analysys of cable bridge subjected to running trains and earthquakes [C]// Environmental Vibration. Beijing: China communications Press, 2003: 242-251.
[115] 涌井一. 铁道车辆と构造物の动的相互作用解析法に关する研究 – 力学モデルと实用解法[R]. 铁道总结报告. 1993, 7(4): 9-18.
[116] 佐藤吉彦. 走行安全ならびに乘心地な考虑した线路构造物の折れ角限度[R]. 铁道技术研究报告, 1972: 820-853.
[117] 姚忠达,杨永斌. 高速铁路车 – 桥互制理论[M]. 台湾:图文技术服务公司, 1999.
[118] 张楠, 夏禾. 地震对多跨简支梁桥上列车运行安全的影响[J]. 世界地震工程, 2001, 17(4): 43-49.
[119] Tanabe M, Yamada Y. Model method for interaction of train and bridge [J]. Computers & Structures, 1987, 27 (1): 119-127.
[120] 张楠. 高速铁路铰接式列车的车桥动力耦合问题的理论分析与实验研究[D]. 北京:北方交通大学, 2002.
[121] 张楠,夏禾, De Roeck G. 高速铁路铰接式列车车桥系统动力响应分析[J], 工程力学, 2004, 21(4): 46-53.
[122] 张宏杰,夏禾,阎贵平. 铁路钢板梁桥横向振动问题及加固方案研究[C]. //第13届全国桥梁学术大会论文集. 上海:同济大学出版社, 1998: 847-852.
[123] Xia He, et al. Dynamic analysis of train-bridge system under random excitations[J]. Engineering Mechanics, 2003, 20(3): 142-149
[124] Xia He, et al. Dynamic analysis of train-bridge system and its application in steel girder reinforcement [J]. Computers & Structures, 2001, 79: 1851-1860.
[125] 雷晓燕. 铁路轨道结构数值分析方法[M]. 北京:中国铁道出版社, 1998.
[126] Cao Y M. Controlling Approaches of traffic induced environmental and structural vibrations [C]. Tianjin: Structural Engineering for Yong Experts ISSEYE – 7. 2002: 421-418.
[127] Gao Ri, et al. Analysis and estimation of structural vibrations in elevated railway stations [C]. Osaka: 4th HOSNTSLE, 2001: 75-82.
[128] Gao Ri, et al. Types and virations of elevated railway station structures [C]. Beijing: TIVC′ 2001, 2001: 295-302.
[129] Xia He, et al. Experimental study of train-induced vibrations of environments and buildings [J]. Sound & Vibration, 2005 (280): 1017-1029.
[130] Xia He, Cao Yanmei. Vibration effects of light-rail train-viaduct system on sounding environment [J]. Structural Stability & Dynamics, 2002, 2(2): 227-240.

[131] 马筠,等. 我国铁路环境振动现状及传播规律[J]. 中国环境科学,1987,7(5):70-74.
[132] 茅玉泉. 交通运输车辆引起的地面振动特性和衰减[J]. 建筑结构学报,1987,1:66-77
[133] 刘维宁,夏禾,等. 地铁列车振动的环境响应[J]. 岩石力学与工程学报,1996, 15(9):586-593.
[134] 潘昌实,等. 地铁区间隧道列车振动测试与分析[J]. 土木工程学报,1990, 23(2): 21-28.
[135] 铁道部科学研究院.广深线准高速铁路行车噪声、振动环境影响和治理措施的研究与试验[R].北京:铁道部科学研究院, 1995.
[136] 王杰贤. 动力地基与基础[M]. 北京:科学出版社,2001.
[137] 夏禾,等. 高架轻轨系统列车振动效应研究[J]. 地铁与轻轨,1992,16(2):27-33.
[138] 夏禾,等. 轻轨列车和高架桥梁系统的动力响应分析[J]. 北方交通大学学报,1994, 18(2): 1-8.
[139] 夏禾,陈英俊. 列车过桥时高桥墩的动力响应及其对车辆运行稳定性的影响[D].北京:北方交通大学,1984.
[140] Yang Y B. Ground vibration induced by high-speed trains over viaducts [C]. Hangzhou: ISEV'2003, 2003:147-157.
[141] 杨永斌,等. 高速列车所引致之土壤振动分析[R]. 台北:台湾大学,1995.
[142] 铁道科学研究院环境评价与工程中心. 北京西至黄村联络线环境影响报告书[R].北京:铁道部科学研究院,1995.
[143] 翟婉明. 高速铁路轮轨系统的最优动力设计原则[J]. 中国铁道科学,1994,15(3):16-21.
[144] 王福天. 车辆系统动力学[M]. 北京:中国铁道出版社,1994 .
[145] 铁道综合技术研究所. 日本铁道构造物等设计标准[S]. 1992.
[146] 铁工电[1997]1279. 铁路桥梁检定规范[S]. 北京:中国铁道出版社,1989.
[147] 铁建设[2003]13. 京沪高速铁路设计暂行规定[S]. 北京:中国铁道出版社,2003.
[148] 铁建设函[2003]439. 新建时速 200 公里客货共线铁路设计暂行规定[S]. 北京:中国铁道出版社,2003.
[149] 铁运函[2004]120. 铁路桥梁检定规范[S]. 北京:中国铁道出版社,2004.
[150] GB5599—85. 铁道车辆力学性能评定和试验鉴定规范[S]. 北京:中国计划出版社,1985 .
[151] TB/T2360—93. 铁道机车动力学性能试验鉴定方法及评定标准[S]. 北京:中国铁道出版社,1993.
[152] TB10002.1—99. 铁路桥涵设计基本规范[S]. 北京:中国铁道出版社,2000.
[153] Europe Standard. Eurocode 1: Actions on Structures—— Part 2: Traffic Loads on Bridges[S], Draft prEN 1991-2.
[154] Europe Standard. Actions on Structures, Annex A2-Application for Bridges[S], Draft prEN 1990-Annex A2.
[155] ISO 2631:1974. Guide for the Evaluation of Human Exposure to Whole -body Vibration[S]. 1974.
[156] 刘延柱,等. 振动力学[M]. 北京:高等教育出版社,1998.
[157] 方同, 薛璞. 振动理论及应用[M]. 西安:西北工业大学出版社,2002.
[158] 程耀东. 机械振动学[M]. 杭州:浙江大学出版社,1988.
[159] 丁文镜. 减振理论[M]. 北京:清华大学出版社,1988.
[160] 陈书勋. 基础的柔性对于传递率的影响[J]. 振动与冲击. 1984,1:41.
[161] 王勖成,邵敏. 有限单元法基本原理和数值方法[M].北京:清华大学出版社,1999.
[162] Pater D, Yang G. The Geometrical Contact Between Track and Rail[J], Vehical System Dynamics, 1988, 17(3):126-135.
[163] 杨国桢. 磨耗形踏面轮轨几何参数[J]. 铁道车辆,1980:6-12.

[164] 陈果. 车辆－轨道耦合系统随机振动分析[D]. 成都:西南交通大学,2000.
[165] 铁道部科学技术司,西南交通大学.德国联邦铁路城间特快列车 ICE 技术任务书.成都:西南交通大学出版社,1993.
[166] 长沙铁道学院随机振动研究室. 关于机车车辆、轨道系统随机激励函数的研究[J]. 长沙铁道学院学报. 1985(2):1-36.
[167] 铁道部科学研究院. 我国干线轨道不平顺功率谱的研究报告[R]. 北京:铁道部科学研究院,1999.
[168] 星谷胜.随机振动分析[M]. 常宝琦,译.北京:地震出版社,1997.
[169] 罗林. 轨道随机干扰函数[J]. 中国铁道科学,1982,3(1):74-111.
[170] 郑治真,张少芬. 瞬态谱估计理论及其应用[M]. 北京:地震出版社,1993.
[171] 王元丰,等. 铁路轨道不平顺模拟的一种新方法[J]. 铁道科学,1997,19(6): 111-115.
[172] 陈果,翟婉明. 铁路轨道不平顺随机过程的数值模拟[J]. 西南交通大学学报,1999, 34(2):138-141.
[173] 张昕,蒋通. 考虑轨道不平顺的车－桥动力分析[J]. 力学季刊,2003,24(1): 15-22.
[174] Chu K H, Garg V K, Dhar C L. Railway-Bridge Impact: Simpified Train and Bridge Model[J]. Journal of the Structural Division, ASCE, 1979, 105(9): 1823-1844.
[175] 翟婉明,王其昌. 轮轨动力分析模型研究[J]. 铁道学报,1994,16(1): 65-72.
[176] 翟婉明. 车辆－轨道垂向耦合动力学[D]. 成都:西南交通大学,1991.
[177] 李成辉. 轨道、车辆系统竖向振动模态分析[J]. 西南交通大学学报,1995, 30(3): 291-294.
[178] Matsuura A. Dynamic Behaviour of Bridge Girder for High Speed Railway Bridge[R]. Quarterly Reports,1979,20(2):70-76.
[179] 雷晓燕. 轨道力学与工程新方法[M]. 北京:中国铁道出版社,2002.
[180] 颜华,姚力.浮置板轨道设计[J].铁道工程学报.2002,76(4):12-15.
[181] Timoshenko.工程中的振动问题[M]. 胡人礼,译.北京:人民铁道出版社,1978.
[182] Wen R K. Dynamic Response of Beams Traversed by two-axel Loads[J]. Journal of Engineering Mechanics Division, ASCE, 1960, 86,EM5:91-111.
[183] Jacobsen L S. Engineering Vibrations[M]. New York:McGraw-Hill, 1958.
[184] Veletsos A S, Huang T. Analysis of Dynamic Response of Dynamic Response of Highway Bridges[J], Journal of Engineering Mechanics Divison, ASCE,1970, 96(3): 593-620.
[185] Green M F, Cebon D. Effects of Vehicle Suspension Design on Dynamics of Highway Bridges[J]. Journal of Structural Engineering, ASCE, 1995, 121(11): 1636-1643.
[186] Cui F, Chew C H. The Effectiveness of Floating Slab Track System. Part I Receptance Methods[J]. Applied Acoustics,2000,61(4):441-453.
[187] 西北工业大学理论力学教研室. 理论力学[M]. 西安:西北工业大学出版社,1993.
[188] Y Cai,SS Chen. Dynamic characteristics of magnetically-levitated vehicle system[J].Appl Mech Rev, 1997,150(11):647-670.
[189] 翟婉明.车辆－轨道耦合动力学理论及其应用[J].中国铁道科学,1996,17(2):58-73.
[190] 金学松,刘启跃.轮轨摩擦学[M]. 北京:中国铁道出版社,2004.
[191] 钱智炜.多跨梁模型的动力学分析[D].上海:上海交通大学,2006.
[192] Hai-Ping Lin, S.C. Chang.Free vibration analysis of multi-span beams with intermediate flexible constraints[J].Journal of sound and vibration.2005 (281):155-169.